Auf dem Weg des Herzens

365 ausgewählte Texte und Impulse
von
John Eldredge

Titel der amerikanischen Originalausgabe:
The Ransomed Heart: A collection of devotional readings
Copyright © 2005 by John Eldredge
Originalausgabe: Thomas Nelson Inc., Nashville, Tennessee, USA.
All rights reserved.

Übersetzung aus dem Amerikanischen: Markus Baum
Lektorat: Renate Hübsch

Bibelzitate erfolgen i. d. R. nach der Übersetzung:
Hoffnung für alle®. © 1983, 1996, 2002 by International Bible Society®.
Übersetzung: Brunnen Verlag Basel und Gießen. Verwendung mit freundlicher Genehmigung des Verlags.

Wo der Zusammenhang es erfordert, wurden jedoch auch andere Übersetzungen oder freie Übertragungen verwendet.
EÜ – Einheitsübersetzung der Heiligen Schrift.
© 1985 Deutsche Bibelgesellschaft, Stuttgart.
L – Lutherbibel in der redivierten Fassung von 1984.
© 1985 Deutsche Bibelgesellschaft, Stuttgart.
GN – Die Gute Nachricht. Die Bibel in heutigem Deutsch.
© 1982 Deutsche Bibelgesellschaft, Stuttgart.
RE – Revidierte Elberfelder Bibel. © 1986 R. Brockhaus Verlag, Wuppertal.
NGÜ – Neue Genfer Übersetzung. © 2003 Genfer Bibelgesellschaft, Genf.

© 2009 Brunnen Verlag Gießen
www.brunnen-verlag.de
Umschlagfoto: Shutterstock, Plainpicture
Umschlaggestaltung: Sabine Schweda
Satz: Die Feder GmbH, Wetzlar
Herstellung: CPI – Ebner & Spiegel, Ulm
ISBN 978-3-7655-1720-4

*Hütet euch davor, etwas von dem, was ihr gesehen habt,
zu vergessen! Erinnert euch euer Leben lang daran.*

5. Mose 4,9

*Ich will euch immer wieder an all dies erinnern,
selbst wenn ich euch damit nichts Neues sage. Ihr seid ja
längst davon überzeugt und in der Wahrheit gefestigt,
die euch verkündet wurde. Trotzdem halte ich es für meine
Pflicht, euch immer wieder daran zu erinnern …*

1. Petrus 1,12.13

Das Leben ist eine Geschichte

Das Leben – Sie werden es schon bemerkt haben –, ist eine Geschichte.

Das Leben stellt sich uns nicht wie ein mathematisches Problem dar. Es kommt auf uns zu, wie Geschichten es tun, Szene um Szene. Was wird als Nächstes geschehen? Das erfährt man nicht – man muss in die Geschichte einsteigen, den Weg mitgehen, so, wie er eben kommt. Vielleicht scheint die Sonne. Oder es tobt ein Tornado. Vielleicht kommen Freunde vorbei und laden Sie zum Segeln ein. Oder Sie verlieren Ihren Job.

Das Leben entfaltet sich wie ein Drama. Es gibt alle erdenklichen Charaktere und alle erdenklichen Situationen. Ein Jahr vergeht wie ein Kapitel im Roman. Manchmal erscheint uns das Leben als Tragödie. Manchmal auch als Komödie. Meistens fühlt es sich an wie eine Seifenoper. Aber was auch immer geschieht, es ist vor allem eines: eine Geschichte.

Das zu wissen ist hilfreich. Wenn man herausfinden will, was es mit diesem Leben, das wir da leben, auf sich hat, ist es gut, wenn man den Rest der Geschichte kennt.

Sie kommen eines Abends nach Hause und entdecken, dass Ihr Auto völlig ramponiert ist. Alles, was Sie wissen, ist, dass Sie es vor ein paar Stunden einer Freundin Ihrer Tochter geliehen haben – und nun steht es hier mit einem Beinahe-Totalschaden. Was sagen Sie als Erstes? „Was ist *passiert*?"

In anderen Worten: „Erzähl mir die Geschichte."

Jemand ist Ihnen einige Erklärungen schuldig – und die kann er nur geben, indem er Ihnen die Geschichte *aus seiner Sicht* erzählt. Und nun heißt es: Vorsicht! Sie könnten sonst die falschen Schlüsse ziehen. Macht es etwa keinen Unterschied, wenn Sie erfahren, dass sie nicht zu schnell gefahren ist? Sondern dass der Unfall von einem Fahrer verursacht wurde, der eine rote Ampel überfuhr? Das verändert all Ihre Gefühle in dieser Sache. Dem Himmel sei Dank, den Mädchen ist nichts passiert.

Die Wahrheit ist: Wenn wir irgendetwas im Leben verstehen

wollen, dann müssen wir immer die größere Geschichte kennen, die dazugehört. Wir müssen den Zusammenhang verstehen. Liebesaffären, Entlassungen, der Zusammenbruch von Weltreichen, die Schulerlebnisse Ihres Sohnes – nichts davon ergibt einen Sinn, wenn Sie die größere Geschichte nicht kennen.

Im falschen Film?

Impuls: Welche Hauptkapitel gibt es in der Geschichte meines Lebens? Wie wird meine Geschichte in dem beginnenden Jahr weitergehen?

2 | Jedes Leben ist eine Geschichte

Wenn wir andere Menschen kennenlernen wollen, müssen wir *ihre* Geschichten kennen. Denn auch ihr Leben ist eine Geschichte. Warum ist Großvater so schweigsam? Warum trinkt er zu viel? Komm, ich erzähle dir etwas. Großvater, weißt du, war im Krieg …

„Aber damit du verstehen kannst", erklärte Virginia Woolf, „damit ich dir mein Leben geben kann, muss ich dir eine Geschichte erzählen."

Ich vermute, dass wir alle schon irgendwann einmal, in einem Versuch, unser eigenes Leben zu verstehen oder herauszufinden, was wir tun sollen, einem anderen Menschen unsere Geschichte erzählt haben. Das ist nicht nur die Domäne von Therapeuten oder Priestern, sondern das Vorrecht jedes guten Freundes. „Erzähl mir, was passiert ist. Erzähl mir deine Geschichte und ich will versuchen, dir behilflich zu sein, einen Sinn darin zu entdecken."

Als Menschen teilen wir alle diese Fragen, die uns begleiten. „Wer bin ich wirklich? Warum bin ich da? Wo finde ich das Leben? Was erwartet Gott von mir?" Und es scheint, als finden wir die Antwort auf diese Fragen nur, wenn wir die größere

Geschichte kennen. Wenn das Leben eine Geschichte ist, wie verläuft die Handlung? Welche Rolle soll ich spielen? Es wäre gut, das zu wissen, oder? Worum geht es hier überhaupt?

IM FALSCHEN FILM?

Impuls: Welche(n) Menschen habe ich besser verstanden, nachdem ich seine Geschichte erfahren habe? Was sind die Hauptthemen meiner eigenen Geschichte?

EIN ABENTEUER BEGINNT | 3

Versetzen Sie sich in eine mittelalterliche Stadt – Florenz vielleicht, oder Madrid. In der Dämmerung wandern Sie in der Altstadt umher. Enge Gassen, schwach beleuchtete kleine Läden – Pfandleiher, Antiquitätenläden, Buchhändler. Geheimnisvolle Räume, die Schätze aus fernen Kontinenten bergen. Teils aus Neugier und teils, weil Sie dem Gedränge der Menge entkommen wollen, betreten Sie einen muffigen Laden. Nachdem die Augen sich an das Dämmerlicht gewöhnt haben, erkennen Sie in den Gängen babylonischen Schmuck, persische Teppiche, Waffen, orientalische Töpferwaren. Sie durchstöbern den Raum voller alter und faszinierender Dinge.

Dann bleibt Ihr Blick an etwas hängen. Fast hätten sie es dort zwischen alten Silberpokalen und Weihrauchgefäßen übersehen. Aber es schien Sie zu rufen, Ihren Namen zu flüstern. Und schon haben Sie es fast in der Hand. *Das ist lächerlich*, denken Sie. Sie halten die Lampe in den Händen, betrachten sie von allen Seiten, suchen nach … Sie wissen es selbst nicht genau. Offensichtlich kommt sie aus dem Orient, vielleicht aus Arabien. *Was denke ich mir da eigentlich? So etwas gibt es nur im Märchen.*

Worte, die Sie vor langer Zeit gelesen haben, gehen Ihnen durch den Sinn. War es bei Chesterton? „Ein Abenteuer ist seinem Wesen nach etwas, das auf uns zukommt. Es ist etwas, das uns wählt – nicht umgekehrt." *Stimmt,* denken Sie. *Alice hat kein Wunderland gesucht, als sie durch den Spiegel fiel. Die vier Kinder sind durch einen alten Schrank nach Narnia hineingestolpert.*

Aber eine andere Stimme in Ihnen ruft Sie zur Ordnung. *Du hast noch Termine. Lass Dich doch nicht auf solche Fantastereien ein.* Eine sehr vernünftige Stimme. Natürlich. Aber auch, so scheint es, eine sehr alte und sehr müde Stimme. Von wie vielen Abenteuern hat sie Sie schon abgehalten? Wie viele Träume hat sie in der Schublade verblassen lassen? „Wir schließen gleich", sagt der Händler. Er löscht schon die Lichter. Ihr Herz rast. Irgendwo in den hinteren Regionen Ihres Verstands ruft die Stimme Sie zurück zu Ihren Pflichten. Aber es ist zu spät. Sie haben bereits an der Lampe gerieben.

Journal zu „Ganz leise wirbst du um mein Herz"

Impuls: *Mit welchen Empfindungen habe ich diesen Textabschnitt gelesen? Wann habe ich in meinem Leben ein Abenteuer erlebt?*

4 | Eine Stimme voller Leidenschaft

Nachdem wir einige Jahre auf unserer geistlichen Reise unterwegs sind, wenn die Wellen der Vorfreude, die den Beginn jeder Pilgerschaft kennzeichnen, allmählich im Dienst und der Geschäftigkeit der mittleren Jahre des Lebens verebben, spricht mitten in allem, was wir tun, eine Stimme zu uns. *Da fehlt etwas in alledem,* sagt sie. *Da ist noch mehr.*

Oft kommt die Stimme mitten in der Nacht oder in den frühen Morgenstunden, wenn wir unser Herz am wenigsten im Griff haben und am verwundbarsten sind. Anfangs verkennen wir die Quelle dieser Stimme und nehmen an, es sei nur Einbildung. Wir schütteln das Kissen auf, drehen uns um und schlafen wieder ein. Tage, Wochen, sogar Monate vergehen, und die Stimme spricht wieder zu uns: *Bist du denn nicht durstig? Hör auf dein Herz. Es fehlt etwas.*

Dann lauschen wir, und was wir hören, ist ... ein Seufzen. Und unter dem Seufzen ist etwas Gefährliches, etwas, das sich anfühlt, als wäre es untreu und illoyal gegenüber der Religion, der wir dienen. Wir spüren eine Leidenschaft tief in uns, die das Programm, nach dem wir leben, vollkommen über den Haufen zu werfen droht; sie fühlt sich zügellos und wild an.

Wir sagen uns, dass diese leise, leidenschaftliche Stimme ein Eindringling sei, der sich bei uns einschleichen konnte, weil wir nicht sorgfältig genug unsere Religion praktiziert haben. Auch der Pastor scheint dem zuzustimmen; er ermahnt uns von der Kanzel, uns um mehr Wahrhaftigkeit im Glauben zu bemühen. Wir versuchen die Stimme durch äußere Aktivitäten zum Schweigen zu bringen und verdoppeln unsere Anstrengungen im christlichen Einsatz. Wir schließen uns einer Kleingruppe an und lesen ein Buch darüber, wie wir ein effektiveres Gebetsleben entwickeln können. Wir lassen uns schulen, um im Evangelisationsteam der Gemeinde mitzuarbeiten. Wir sagen uns, dass die Freudlosigkeit, die wir empfinden, während wir unsere religiösen Aktivitäten steigern, ein Zeichen geistlicher Unreife sei, und wir tadeln unser Herz für seinen Mangel an Eifer.

Eine Weile später wagt die Stimme in unserem Herzen wieder zu uns zu sprechen, diesmal beharrlicher. *Hör mir zu – da fehlt etwas in alledem. Du sehnst dich nach einer großen Liebe, nach einem Abenteuer. Du bist für mehr geschaffen worden. Du weißt es genau.*

GANZ LEISE WIRBST DU UM MEIN HERZ

Impuls: *Kenne ich eine solche „leise Stimme" in meinem Leben? Wie reagiere ich darauf? Wie gehe ich mit ihr um?*

5 | Ein Flüstern von weit her

Als der junge Prophet Samuel in der Nacht hörte, wie die Stimme Gottes nach ihm rief, konnte er sich Rat holen bei seinem priesterlichen Mentor Eli, der ihm sagte, wie er antworten sollte. Doch selbst so brauchte er drei Anläufe, bis er erkannte, dass es Gott war, der ihn rief. Statt die Stimme zu ignorieren oder zurückzuweisen, hörte Samuel endlich zu.

In unserer modernen, pragmatischen Welt haben wir meistens keinen solchen Mentor, und so verstehen wir nicht, dass es Gott ist, der in unserem Herzen zu uns spricht. Nachdem wir den Kontakt zu unserer tiefsten Sehnsucht verloren haben, erkennen wir die Stimme nicht mehr – und auch nicht den, der uns durch sie ruft. Frustriert darüber, wie unser Herz ständig unser pflichtbewusstes christliches Leben sabotiert, bringen die einen die Stimme zum Schweigen, indem sie ihr Herz auf dem Speicher verschließen und es nur noch mit dem Wasser und Brot der Pflicht und Schuldigkeit versorgen, bis es fast tot ist und die Stimme nur noch schwach und leise erklingt. Doch manchmal in der Nacht, wenn unsere Abwehr erlahmt, hören wir sie immer noch rufen, ganz leise – ein Flüstern von weit her. Kommt dann der Morgen, schreien wieder die Aktivitäten des neuen Tages nach unserer Aufmerksamkeit, der Klang des leisen Rufens geht darin unter und wir gratulieren uns selbst dazu, dass wir endlich die Versuchung überwunden haben.

Andere lassen sich darauf ein, ihrem Herzen einen Platz auf dem Trittbrett zu gewähren, wenn es uns nur in Ruhe lässt und das Boot nicht zum Schaukeln bringt. Wir versuchen in unserer Arbeit aufzugehen oder uns „ein Hobby zuzulegen" (was sich beides bald wie eine Sucht anfühlt); wir haben eine Affäre oder entwickeln ein farbenfrohes Fantasieleben, gefüttert von Groschenromanen oder Pornografie. Wir lernen unsere Freude zu haben an den saftigen Intrigen und den Geheimnissen der Gerüchteküche. Wir achten darauf, genügend Abstand zwischen uns und anderen zu halten, sogar zwischen uns selbst und unserem Herzen, um den pragmatischen Agnostizismus zu verbergen, den wir leben, jetzt, nachdem unser inneres Leben von unserem äußeren Leben getrennt worden ist. Aber auch so, nachdem wir unser Herz derart beschwichtigt haben, sind wir gezwungen, unsere geistliche Reise aufzugeben, weil unser Herz nicht mehr mit uns kommen will. Es ist gefangen in den kleinen Genüssen, die wir ihm erlauben, um es uns vom Leib zu halten.

Ganz leise wirbst du um mein Herz

Impuls: „In unserer Sehnsucht spricht Gott zu uns" – was löst diese Aussage in mir aus? Wonach hungere ich zutiefst? Wie stille ich diesen Hunger?

Wir haben unsere Geschichte verloren | 6

Und genau hier stoßen wir auf ein Problem. Denn den meisten Menschen kommt das Leben vor wie ein Kinofilm, zu dem wir eine Stunde zu spät kommen.

Irgendwas Wichtiges geht vor … vielleicht. Es geschehen gute Dinge … Sie treffen jemanden, verlieben sich. Sie finden die Aufgabe, die Ihnen auf den Leib geschneidert ist. Aber es geschieht auch Tragisches. Ihre Liebe vergeht oder der geliebte Mensch erwidert Ihre Liebe nicht. Die Arbeit fühlt sich immer mehr wie eine Bestrafung an. Alles erscheint nur noch als öde Routine.

Wenn das Leben einen Sinn hat, warum kommen uns unsere Tage dann so beliebig vor? Was ist das für ein Drama, in das wir hier hineingeworfen sind? Und wenn es einen Gott gibt, welche Geschichte erzählt er? Es kommt der Punkt, an dem wir uns fragen, ob Macbeth nicht recht hat, wenn er sagt: „Was ist Leben? Ein Märchen ist es, das ein Tor erzählt, voll Wortschwall, und bedeutet nichts."

Kein Wunder, dass uns immer wieder der Mut sinkt.

Wir finden uns mitten in einer Geschichte vor. Manchmal ist diese Geschichte wunderbar, manchmal schrecklich, oftmals eine verwirrende Mischung aus beidem, und wir haben nicht den geringsten Anhaltspunkt dafür, welchen Sinn sie hat. Es ist, als hätten wir ein paar Buchseiten in der Hand, die irgendwo herausgerissen wurden. Und diese Seiten sind unsere Lebenstage. Fragmente einer größeren Geschichte. Sie sind, so scheint es, bedeutsam – oder zumindest wüssten wir gern, dass sie es sind. Aber was bedeutet das Ganze? Wenn wir nur das Buch finden könnten, in dem der Rest der Geschichte steht. Chesterton hatte recht: „Mit jedem Schritt unseres Lebens geraten wir tiefer hinein in eine Geschichte, die wir ganz sicher nur missverstehen können."

Im falschen Film?

Impuls: *Hat mein Leben einen „roten Faden"? Welche Rolle spielt Gott darin?*

7 | Es gibt eine grössere Geschichte

Gehen Sie in ein beliebiges Einkaufszentrum, ein Museum, einen Freizeitpark oder ein Krankenhaus. Sie werden im Eingangsbereich einen Plan mit dem berühmten roten Punkt finden, der den Standort markiert: „Sie sind hier." Diese Pläne helfen dem Besucher, sich zu orientieren und eine Perspektive auf das, was ihn umgibt, zu gewinnen: Dies hier ist das größere Bild. Und dies ist Ihr Platz in diesem Gesamtbild. Hoffentlich wissen Sie jetzt, welchen Weg Sie nehmen müssen. Sie haben jetzt einen Überblick.

Wenn es einen solchen Plan doch auch für unser Leben gäbe!

„Dies ist die Geschichte, in der Sie sich vorfinden. Schauen

Sie, so fing sie an. Und hier lief etwas falsch. Als Nächstes wird Folgendes geschehen. Und dies – dies ist Ihre Rolle. Wenn Sie Ihre Bestimmung finden wollen, dann müssen Sie Folgendes tun. Achten Sie auf folgende Stichworte. Und dann wird sich das Ende folgendermaßen gestalten ..."

Wir können.

Wir können *die* Geschichte entdecken. Vielleicht nicht mit absoluter Klarheit, vielleicht nicht in allen Einzelheiten, die wir gern kennen würden. Aber doch mit deutlich größerer Klarheit, als die meisten von uns sie jetzt besitzen – und das wäre schon das Eintrittsgeld wert. Etwas Klarheit wäre doch bereits jetzt Gold wert, oder?

IM FALSCHEN FILM?

Impuls: Von welcher Perspektive aus betrachte – und bewerte – ich mein Leben? Was sind meine Maßstäbe und Erwartungen? Gibt es einen größeren Zusammenhang, in dem mein Leben eine Rolle spielt?

DAS HERZ IST ENTSCHEIDEND | 8

Das Herz ist entscheidend. Dass wir daran überhaupt erinnert werden müssen, zeigt doch nur, wie weit wir bereits von dem Leben entfernt sind, das uns zugedacht war.

Mit keinem anderen Thema befasst sich die Bibel so oft wie mit dem Herzen. Weder Werke noch Gottesdienste, weder Glaube noch Gehorsam, weder Geld noch Anbetung werden so oft thematisiert. Vielleicht weiß Gott ja etwas, das wir vergessen haben. Aber selbstverständlich sind auch all diese anderen Dinge Herzenssache. Denken wir etwa an die folgenden Passagen:

> Du sollst den Herrn, deinen Gott, lieben mit ganzem Herzen, mit ganzer Seele und mit ganzer Kraft. (5. Mose 6,5)

(Jesus hat dieses Gebot als das größte Gebot bezeichnet – und beachten Sie: Das Herz wird zuerst genannt!)

> Ein Mensch sieht, was vor Augen ist, der Herr aber sieht das Herz an. (1. Samuel 16,7; L)
>
> Wo euer Schatz ist, da ist auch euer Herz. (Lukas 12,34)
>
> Verlass dich auf den Herrn von ganzem Herzen, und verlass dich nicht auf deinen Verstand. (Sprüche 3,5; L)
>
> In meinem Herzen habe ich dein Wort verwahrt, damit ich nicht gegen dich sündige. (Psalm 119,11; RE)
>
> Dieses Volk ehrt mich mit den Lippen, sein Herz aber ist weit weg von mir. (Matthäus 15,8)
>
> Denn die Augen des Herrn schweifen über die ganze Erde, um denen ein starker Helfer zu sein, die mit ungeteiltem Herzen zu ihm halten. (2. Chronik 16,9)
>
> DER UNGEZÄHMTE CHRIST

Impuls: *Ist mein Glaube eher eine Herzenssache oder eher eine Kopfangelegenheit?*

9 | EIN HERZ KANN REIN SEIN

Der Bibel zufolge kann das Herz beunruhigt, verwundet, betrübt, ja sogar gebrochen werden. Wie gut wir das alle kennen. Glücklicherweise kann es aber auch guter Dinge und fröhlich sein, es kann jauchzen und frohlocken. Man kann mit ganzem Herzen bei der Sache sein, das Herz kann aber auch schwanken. Das Herz kann weise oder töricht sein, standhaft, wahrhaftig, aufrecht, kühn, kämpferisch. (All diese Bedeutungsvarianten kann man unter dem Eintrag „Herz" in einer beliebigen Konkordanz finden.) Genauso kann es verzagt, kraftlos, feige, wachsweich sein. Das Herz kann in Bewegung sein, vergesslich, taub und uneinsichtig, stolz und verstockt. Es kann verfinstert und verdreht sein. Ich denke, auch das wissen wir nur zu gut.

Vielleicht überrascht es uns, aber Jesus zufolge kann ein Herz auch rein sein – so wie in der Seligpreisung beschrieben: „Selig sind, die reinen Herzens sind; denn sie werden Gott schauen" (Matthäus 5,8). Und selbst Edelmut schreibt er dem Herzen zu, so wie im Gleichnis vom Sämann: Frucht bringen demnach Menschen, „die das Wort hören und behalten in einem feinen, guten Herzen" (so hat Luther übersetzt; Lukas 8,15). In der Bibel wird das Herz als Quelle aller Kreativität, Tapferkeit und Überzeugung bezeichnet. Hier sind unser Glaube, unsere Hoffnung und selbstverständlich auch unsere Liebe angesiedelt. Von hier geht das Leben in uns aus (Sprüche 4,23), hier ist das Innerste unseres Seins, der Ursprung unseres Wesens.

DER UNGEZÄHMTE CHRIST

Impuls: Wie ist es um mein Herz bestellt? Mit welchen Eigenschaften würde ich es beschreiben? Was macht mich als Person aus? Was wünsche ich mir „von ganzem Herzen"?

STETER TROPFEN HÖHLT DEN STEIN | 10

Nur wenige Dinge sind für uns so wichtig wie unser eigenes Leben. Und zugleich sind wir über kaum etwas so unsicher wie über unser Leben.

Die Reise unseres Lebens verläuft nur selten so komfortabel wie die von Dorothy auf dem gelb gepflasterten Weg ins Land Oz. Obwohl: So abwegig ist dieser Vergleich gar nicht. Wir starten hoffnungsvoll und fröhlich und bei hellem Tageslicht, aber fast unvermeidlich führt unser Weg in das Dunkel der Wälder, die in tief hängende Nebel gehüllt sind. Wo ist das Leben in Fülle, das Jesus seinen Nachfolgern versprochen hat? Wo ist Gott, wenn wir ihn am dringendsten brauchen? Wozu sind wir bestimmt?

Die Tage, an denen wir vergebens nach einer Antwort suchen, summieren sich zu Jahren, und das nagt an uns. Mit der Zeit zweifeln wir an unserer Berufung; wir stellen Gottes gute Absichten infrage, und allzu leicht verlieren wir die wichtigsten Dinge im Leben aus den Augen.

Wir sind nicht mehr restlos davon überzeugt, dass Gott uns wirklich *das Leben* anbietet. Wir haben vergessen, dass es letztlich um das Herz geht. Und wir hatten keine Ahnung, dass wir in eine Welt hineingeboren wurden, die umkämpft ist.

DER UNGEZÄHMTE CHRIST

Impuls: Welche Erfahrungen lassen mich am ehesten an Gott zweifeln? „Leben in Fülle" – wo erfahre ich das?

11 | EIN BISSCHEN KLARHEIT

Was genau ist Ihnen gegenwärtig völlig klar? Wie sieht's zum Beispiel mit Ihrem Leben aus? Warum sind die Dinge gerade so gelaufen, wie sie gelaufen sind? Welche Rolle hat Gott dabei gespielt? Wissen Sie, was Sie als Nächstes tun sollen – und würden Sie darauf wetten, dass es auch nach Wunsch funktioniert? Lieber nicht? Nun, mir geht es genauso. Ich würde liebend gern morgens aufwachen mit einer klaren Vorstellung davon, wer ich bin und was Gott von mir erwartet. Keinerlei Zweifel an meiner Berufung, keine Fragezeichen im Hinblick auf die Beziehungen, in denen ich lebe. Es ist großartig, wenn ich diesen Weitblick habe. Aber die meiste Zeit und für die meisten von uns ähnelt das Leben eher einer Fahrt mit verschmierter Windschutzscheibe – und dann kommt plötzlich die Sonne raus. Man kann mit Mühe vielleicht gerade noch Umrisse ausmachen. Und ich nehme einfach an, dass die Ampel grün zeigt.

Würde uns nicht schon ein kleines bisschen Klarheit ein großes Stück weiterbringen?

Fangen wir mal an mit der Frage, warum das Leben so verdammt anstrengend ist. Sie versuchen ein wenig abzuspecken – aber es scheint nie zu klappen. Sie wollen gern im Beruf etwas erreichen – vielleicht sogar im hauptamtlichen Dienst für Gott –, aber ihre Vorstellungen werden nie Wirklichkeit. Einzelne schaffen vielleicht den Sprung, aber selbst die landen nicht immer dort, wo sie eigentlich hin wollten. Sie versuchen etwas in Ihrer Ehe geradezubiegen, und wie quittiert Ihr Ehepartner Ihre Bemühungen? Mit einem Gesichtsausdruck, der so viel bedeutet wie: „Netter Versuch. Aber ist es dafür nicht etwas spät?", und die ganze Angelegenheit endet in einem garstigen Wortwechsel vor den Ohren der Kinder. – Ja, wir haben unseren Glauben. Aber selbst da – vielleicht auch *gerade* da – scheint alles weit hinter den Verheißungen zurückzubleiben. Da ist die Rede von Freiheit und Leben in Fülle, vom Frieden, der wie ein Strom daherzieht und von unaussprechlicher Freude – aber wenn wir ehrlich sind, sehen wir nur wenig davon.

DER UNGEZÄHMTE CHRIST

Impuls: Wann war ich in meinem Leben „wunschlos glücklich"? Was hat mich in diesen Zeiten erfüllt?

AM ENDE | 12

Am Ende kommt es gar nicht darauf an, wie viel wir geleistet oder was wir erreicht haben – ein Leben ohne Herz ist es nicht wert, gelebt zu werden. Denn aus dieser Quelle unserer Seele entspringen alle wahre Anteilnahme und alles sinnvolle Arbeiten, alle wirkliche Anbetung und alle Opferbereitschaft. Unser Glaube, unsere Hoffnung und unsere Liebe strömen aus dieser Quelle. Denn unser Herz ist der Ort, wo wir zuallererst die Stimme Gottes hören, und in unserem Herzen erkennen wir ihn und lernen, in seiner Liebe zu leben.

Wir sehen also: Wer das Herz verliert, der verliert alles. Und ein „Verlust des Herzens" ist eine treffende Beschreibung für die meisten Männer und Frauen unserer Zeit. Es sind nicht nur die Süchte und Affären und Depressionen und Leiden, obwohl es, weiß Gott, genug von alledem gibt, um selbst die stärksten unter uns ihr Herz verlieren zu lassen. Aber dazu kommt die Geschäftigkeit, das Getriebensein, die Tatsache, dass es den meisten nur noch ums Überleben geht. Darunter fühlen wir uns rastlos, erschöpft und schutzlos.

Ja, die vielen Kräfte, die das moderne Leben antreiben, haben nicht nur das Leben unseres Herzens angegriffen, sie haben auch die Wohnstätte des Herzens zerstört – jenes Land des Geheimnisvollen und der Transzendenz, das wir als Kinder so gut kannten.

Wir alle haben diese Erfahrung irgendwann gemacht, ob wir nun gerade von unseren Lehrern kamen, von unseren Eltern, aus einem Gottesdienst oder von einem sexuellen Erlebnis; dieses Gefühl, dass etwas Wichtiges, vielleicht das einzig Wichtige wegerklärt oder beschmutzt worden und für immer verloren gegangen war. Stück für Stück oder in großen Brocken hat das Leben das Terrain erobert, das dazu bestimmt war, das wilde, ursprüngliche Leben des Herzens zu bewahren und zu nähren, und es gezwungen, sich wie eine gefährdete Tierart in kleinere, abgelegenere und oft dunklere Gefilde zurückzuziehen, um zu überleben. Dabei ist etwas verloren gegangen, etwas Lebenswichtiges.

GANZ LEISE WIRBST DU UM MEIN HERZ

Impuls: Was sind meine schönsten Kindheitserinnerungen? Was die schlimmsten? – Lebe ich zurzeit „aus vollem Herzen"? Bin ich „mit dem Herzen dabei"? Wenn nicht, was hindert mich daran?

Die grossen Geschichten | 13

Beobachten Sie einmal, dass alle großen Geschichten ziemlich demselben Muster folgen. Am Anfang war die Welt in Ordnung, dann geschah etwas Furchtbares, und nun muss eine große Schlacht geschlagen oder eine gefahrvolle Reise unternommen werden. Und genau im richtigen Moment (meistens im allerletzten Moment) erscheint der Held und bringt die Dinge in Ordnung, und damit kann das Leben noch einmal beginnen.

Dieses Muster finden Sie in jedem Märchen, jedem Mythos, jedem Western, jedem Heldenepos – in irgendeiner Form prägt es jede Geschichte, die man sich vorstellen kann. *Braveheart, Titanic, Star Wars, Herr der Ringe*. Alle folgen sie mehr oder weniger diesem Muster.

Haben Sie sich schon mal gefragt, warum das so ist?

Jede Geschichte, ob bedeutend oder unbedeutend, trägt diese eine Grundstruktur, weil jede Geschichte, die wir erzählen, ihre Dynamik aus einer größeren Geschichte bezieht, aus einer Geschichte, die in die Struktur unseres Wesens hineingewoben ist. Es ist das, was C. G. Jung Archetyp nannte, und Joseph Campbell, einer seiner populäreren Schüler, Mythos.

Alle diese Geschichten machen Anleihen bei *der* Geschichte. Bei der Wirklichkeit. Ihr Echo durchzieht unser ganzes Leben. Da gibt es ein Geheimnis, das uns ins Herz geschrieben ist. Eine große Schlacht, die es zu schlagen gilt, und jemanden, der für uns kämpft. Ein Abenteuer, etwas, das unseren ganzen Einsatz verlangt, etwas, das wir mit den Menschen teilen müssen, die wir lieben und die wir brauchen.

Da gibt es eine Geschichte, aus der wir einfach nicht herauskommen. Eine Geschichte, die dem menschlichen Herzen eingraviert ist.

Im falschen Film?

Impuls: Welche Geschichten (Bücher, Filme) haben mich fasziniert? Worin genau lag die Faszination gerade dieser Geschichte?

14 | In ein Epos hineingeboren

Eine Geschichte. Eine Heldengeschichte.
Etwas, das in einer fernen Vergangenheit verborgen ist.
Etwas Gefährliches, das gerade jetzt ans Licht tritt.
Etwas, das in der Zukunft auf uns wartet.
Eine entscheidende Rolle, die wir spielen müssen.

Der christliche Glaube, wenn er recht verstanden wird, sagt uns: Es gibt einen Autor, und dieser Autor ist gut. Er ist der Inbegriff alles Guten und Schönen und Wahren, denn er ist der Ursprung all dessen. Der Glaube sagt, dass dieser Autor unserem Herzen diese Sehnsucht eingepflanzt hat, denn er hat uns dazu geschaffen, in einer Heldengeschichte zu leben. Der Glaube warnt uns vor der ständigen Gefährdung, die Wahrheit zu verdrehen oder zu korrumpieren oder uns rauben zu lassen, denn es gibt auch einen Schurken in der Geschichte, einen Todfeind unseres Herzens, der nichts anderes im Sinn hat, als uns zu vernichten. Der Glaube ruft uns mitten hinein in eine Geschichte, die wahrer und bedeutsamer ist als jede andere. Und er versichert uns, dass wir genau dort den Sinn unseres Lebens entdecken werden.

Was, wenn ...

Was, wenn all die großartigen Geschichten, die Sie jemals bewegt haben – was, wenn sie nur den einzigen Zweck hätten, Ihnen etwas über die *wahre* Geschichte zu erzählen, in die Sie hineingeboren wurden, über das Epos, in dem Ihnen eine Rolle zufiel?

Wir werden weder unser Leben noch dieses sogenannte Evangelium, von dem das Christentum spricht, verstehen, solange wir nicht die Geschichte verstehen, in der wir drinstecken. Denn als Sie geboren wurden, wurden Sie in ein Epos hineingeboren, das sich schon seit geraumer Zeit abspielte. Es ist eine Geschichte von Schönheit und Intimität und Abenteuer, eine Geschichte von Gefahr und Verlust und Tapferkeit und Verrat.

Im falschen Film?

Impuls: „Schönheit, Abenteuer, Intimität" – was haben diese Begriffe für mich mit dem Glauben zu tun? Was haben die unerfüllten Sehnsüchte in meinem Leben mit Gott zu tun?

Eine Welt, die für Liebe geschaffen wurde | 15

Wenn Sie das Paradies nur aus dem Kindergottesdienst kennen (womöglich noch mit Flanellbildern), haben Sie etwas verpasst. Stellen Sie sich die schönsten Szenen vor, die Sie jemals auf dieser Erde gesehen haben – Regenwälder, eine blühende Steppe, Gewitterwolken über der afrikanischen Savanne, die Alpen im Winter. Und dann versuchen Sie sich vorzustellen, wie dieser Anblick wohl war an dem Tag, an dem dies alles geschaffen wurde.

Gott öffnet seine Hand und die Tiere bevölkern die Erde. Myriaden von Vögeln, in allen Formen und Tonarten und Größen, schweben auf – Habichte, Reiher, Lerchen. Die Geschöpfe des Meeres tummeln sich im Wasser – Wale, Delfine, Fische in Tausenden von Farben und Gestalten. Pferde, Gazellen, Büffel donnern in gewaltigen Herden windgeschwind über die Prärien. Unser Fassungsvermögen ist zu gering, um auch nur einen leisen Eindruck dieser Wunderwerke zu vermitteln. Kein Wunder dass „die Morgensterne miteinander jubelten und alle Söhne Gottes jauchzten" (Hiob 38,7). Ein gewaltiger Applaus erklingt aus den Himmeln.

Wir sind unempfindlich geworden gegenüber dieser Welt, in der wir leben. Wir haben vergessen, dass sie in keiner Hinsicht *selbstverständlich* oder *wissenschaftlich* ist. Sie ist fantastisch. Märchenhaft durch und durch. Ich meine das ernst. Elefanten! Raupen! Schnee! Wann haben Sie aufgehört zu staunen?

Nun, das mag so sein. Aber hin und wieder begegnet uns etwas, das uns so erschüttert, dass es uns aus unserer Abgestumpftheit und Resignation herausreißt.

Sie biegen um die Ecke, und direkt vor Ihnen ist eine Grille, ein Pfau, ein Keiler mit Hauern, so mächtig wie er selbst. Vielleicht ein Wasserfall, über den sich mannigfache Regenbögen spannen. Vielleicht wagt sich eine Maus aus ihrer Deckung und Sie sehen das Zittern in ihren Schnurrbarthaaren, bevor sie eilig das Weite sucht. Und für einen Moment wird uns wieder bewusst, dass wir in einer Welt leben, die wunderbarer ist als jedes Märchen.

In einer Welt, die für die Liebe geschaffen wurde.

Im falschen Film?

Impuls: Worüber kann ich staunen? Was hat mich zum letzten Mal „über mich selbst hinausgehoben" vor Begeisterung? Was bedeutet mir die Schöpfung, die Natur?

16 | Die höchste Würde

Gott macht uns fähig zu lieben.
Er schenkt uns das Kostbarste, was die Schöpfung umfasst: ein Herz. Denn er hat die Absicht, uns zu seinen engen Partnern zu machen, uns aufzunehmen in den heiligen Kreis der Intimität im Herzen des Universums. Wir sollen in der großen Liebesgeschichte Gottes eine Rolle spielen.

Wir haben großenteils heute verlernt, über die Welt, die uns umgibt zu staunen. Und ebenso haben wir vergessen, welch eine Kostbarkeit das menschliche Herz ist. Alles Glück, das wir je kannten, und alle Seligkeit, die wir noch erstreben, wäre unerreichbar, wenn wir kein Herz hätten. Wir könnten weder leben noch lieben, noch lachen oder weinen, wenn Gott uns kein Herz gegeben hätte.

Und mit diesem Geschenk ist etwas verbunden, das mir den Atem nimmt.

Gott gibt uns die Freiheit, ihn abzulehnen.

Er gibt uns einen eigenen Willen.

Um Himmels willen – *warum?* Er weiß doch, was willensbegabte Wesen anrichten können. Er hat doch schon einen massiven Verrat erlebt, als die Engel sich gegen ihn auflehnten. Er weiß, was wir mit unserer Freiheit anfangen werden, welches Elend und wie viel Leid und welche Höllen wir durch unsere Entscheidungsfreiheit auf der Erde entfesseln. *Warum?* Ist er noch bei Verstand?

Die Antwort ist einfach und lässt mich taumeln: Wer eine Welt will, in der es wirkliche Liebe gibt, muss jedem Menschen die Freiheit lassen zu wählen.

IM FALSCHEN FILM?

Impuls: „Gott will meine Freiheit." Ich lasse den Satz in mir nachklingen. Was löst er in mir aus?

DER VERLUST DES HERZENS | 17

Es waren gerade die religiösen Menschen seiner Zeit, die Jesus am eindringlichsten vor dem Verlust ihres Herzens warnte.

Es ist für jeden Menschen tragisch, wenn er den Kontakt zum Leben seines Herzens verliert. Besonders tragisch ist dies aber für die, die diesen Ruf in ihrem Herzen einmal gehört und als die Stimme Jesu von Nazareth erkannt haben. Wir erinnern uns vielleicht noch daran, wie er uns zu einem Leben voller Schönheit, Intimität und Abenteuer einlud, das wir verloren zu haben glaubten. Oder wir hatten, als er uns rief, zum ersten Mal in unserem Leben das Gefühl, als hätte unser Herz endlich eine Heimat gefunden. Wir antworteten im Glauben, in Hoffnung und in Liebe und traten die Reise an, die wir das christliche Leben nennen. Jeder Tag schien ein neues Abenteuer zu sein, als wir mit Gott an unserer Seite die Welt neu entdeckten.

Doch bei vielen von uns verebbten die Wellen der ersten Liebe im Wirbelwind christlicher Dienste und Aktivitäten, und allmählich entglitt uns die Romanze. Mit der Zeit fühlte sich unser Glaube immer mehr an wie eine Reihe von Problemen, die gelöst werden mussten, oder wie Prinzipien, die beherzigt werden mussten, bevor wir endlich Anteil an dem überfließenden Leben haben konnten, das uns von Christus versprochen wurde. Wir verlagerten unser geistliches Leben in die äußere Welt der Aktivität, und innerlich gerieten wir ins Treiben. Wir spürten, dass etwas nicht stimmte, und vielleicht versuchten wir es in Ordnung zu bringen – indem wir an unserem äußeren Leben herumreparierten. Wir versuchten es mit der neuesten geistlichen Mode, mit einer neuen Gemeinde, oder wir verdoppelten einfach unser Engagement, um den Glauben zum Funktionieren zu bringen. Doch trotz alledem waren wir erschöpft, abgestumpft oder einfach gelangweilt. Andere unter uns stürzten sich in Geschäftigkeit, ohne lange danach zu fragen, worauf all diese Aktivität hinauslaufen sollte. In meiner eigenen geistlichen Reise kam ich an einen Punkt, an dem ich mir die folgende Frage stellte: „Was soll ich denn nur *tun*, um das geistliche Leben auf eine Weise zu leben, die sowohl wahrhaftig als auch leidenschaftlich lebendig ist?"

Ganz leise wirbst du um mein Herz

Impuls: Ich erinnere mich an die Anfangszeit meines Glaubens. Was hat sie geprägt? Welche Erfahrungen haben sie bestimmt? Was prägt meinen Glauben zurzeit? Was macht ihn lebendig?

Ein Hinweis, wer wir wirklich sind | 18

Wir stecken alle in demselben Dilemma – wir sehnen uns nach Leben und sind uns nicht sicher, wo wir es finden können. Und wir fragen uns: Wenn wir es je finden – wird es überhaupt von Dauer sein? Die Sehnsucht nach Leben in uns scheint nicht deckungsgleich zu sein mit dem Leben, das wir um uns herum sehen. Das verfügbare Leben scheint dem, was wir erstreben, manchmal ziemlich nahezukommen – aber so ganz passt es nie. Unsere Tage erscheinen uns rätselhaft und die passenden Lösungen sind uns nicht mit der Geburtsurkunde ausgehändigt worden. Wir müssen uns auf eine Reise begeben, um das verheißene Leben zu finden. Und der Führer auf dem Weg dorthin, der uns mitgegeben ist, ist diese tiefe Sehnsucht in uns, jenes Verlangen, das wir oft übersehen oder missdeuten als etwas ganz anderes oder das wir gar bewusst ignorieren.

Die größte menschliche Tragödie besteht darin, dass jemand die Suche aufgibt. Nichts ist wichtiger als ein Leben aus der Tiefe des Herzens heraus. Wer sein Herz verliert, verliert alles. Und wenn wir unser Herz auf der Reise unseres Lebens nicht am Wegrand zurücklassen wollen, dann können wir diese Sehnsucht nicht außer Acht lassen. Wir dürfen es einfach nicht. Gerald May schreibt in seinem Buch *Ich schlafe, doch mein Herz ist wach*:

> Da ist ein Sehnen in uns, in jener tiefsten Mitte unseres Seins, die wir als unser Herz bezeichnen. Wir werden mit diesem Sehnen geboren, es wird niemals vollständig gestillt, und es hört niemals auf. Wir sind uns dessen oft nicht bewusst, aber es ist stets vorhanden ... Unsere wahre Identität, der Grund unseres Daseins, liegt in dieser Sehnsucht.

Den entscheidenden Hinweis zu der Frage, wer wir wirklich sind und warum es uns gibt, gibt uns dieses Verlangen.

Finde das Leben, von dem du träumst

Impuls: *Bin ich eher ein suchender Mensch oder jemand, der gefunden hat? Was treibt meine Suche an?*

19 | Gekrönt mit Ehre und Herrlichkeit

Wir alle – Männer und Frauen – waren zum Bild Gottes geschaffen. Ehrfurcht gebietend und wunderbar waren wir gemacht, geformt zu lebendigen Bildern des kühnsten, weisesten, erstaunlichsten Wesens im Universum. Wer Gott je begegnet ist, ging vor seinem atemberaubenden Anblick unweigerlich auf die Knie, ohne auch nur darüber nachzudenken. Eine schwache Ahnung davon bekommen wir heute vielleicht noch beim Anblick des Grand Canyon oder der Alpen oder eines Sonnenuntergangs am Meer. Diese Herrlichkeit hat Gott mit uns geteilt; wir waren, um mit Chesterton zu sprechen, „Skulpturen Gottes, die sich in einem Garten tummelten". Kraft und Schönheit waren uns eigen. Wir waren all das, was wir uns je wünschen konnten – und mehr als das. Wir hatten das Leben in Fülle. Wir waren ganz und gar lebendig.

> Gott schuf also den Menschen als sein Abbild; als Abbild Gottes schuf er ihn. Als Mann und Frau schuf er sie. (1. Mose 1,27)
>
> Ich bestaune den Himmel, das Werk deiner Hände,
> den Mond und alle die Sterne, die du geschaffen hast:
> Wie klein ist da der Mensch, wie gering und unbedeutend!
> Und doch gibst du dich mit ihm ab
> und kümmerst dich um ihn!
> Ja, du hast ihm Macht und Würde verliehen;
> es fehlt nicht viel und er wäre wie du. (Psalm 8,4-6; GN)

Ich möchte es mal so sagen: Man hat uns jede Menge über die Ursünde erzählt, aber nicht annähernd so viel über die ursprüngliche Herrlichkeit, die *vor* dem Sündenfall da war und die unserem Wesen viel eher entspricht. Wir waren „gekrönt mit Ehre und Herrlichkeit" (so übersetzt Luther). Warum sehnt sich jede Frau danach, schön zu sein? Warum wünscht sich jeder Mann, als tapfer zu gelten? Weil wir uns – wenn auch nur verschwommen – daran erinnern, dass wir einst mehr davon verkörperten als heute. Wenn Sie heute ernsthaft daran zweifeln, dass es an Ihrem Leben etwas Herrliches zu entdecken gibt, dann deshalb, weil diese Herrlichkeit das Streitobjekt in einem langen und erbarmungslosen Krieg war.

Der ungezähmte Christ

Impuls: „Abbild Gottes" – wo erkenne ich dieses Bild Gottes in anderen Menschen? – „Sündenfall" oder „ursprüngliche Herrlichkeit" – was hat mein Bild von mir selbst und anderen mehr geprägt?

Die Rettung ist Gottes Plan | 20

An dem Tag, als Adam und Eva aus der Gnade herausfielen, versteckten sie sich im Gebüsch. Und Gott kam, um sie zu suchen. Er rief sie: „Adam, wo bist du?" (1. Mose 3,9). Und damit begann die lange und schmerzhafte Geschichte der Suche Gottes nach seinen Menschen. Obwohl wir ihn verrieten und in die Hände des Feindes gefallen sind, gab Gott uns nicht preis. Auch ein noch so flüchtiger Blick ins Alte Testament genügt, um uns davon zu überzeugen, dass Gott nur eines im Sinn hat: Rettung. Zuerst bei Noah, dann bei Abraham, dann mit dem Volk Israel – immer wieder das eine Muster: Gott ist immer auf der Suche nach einem Volk, das sich ihm von Herzen wieder zuwendet, das wieder in enger Verbundenheit mit ihm leben will.

Das dramatische Urbild ist der Auszug aus Ägypten: Gott zieht in den Kampf gegen die ägyptischen Herren, um sein unterdrücktes Volk zu befreien.

Vierhundert Jahre haben sie ein Leben der Verzweiflung gelebt. Und dann plötzlich: Blut. Hagel. Heuschrecken. Finsternis. Tod. Plage auf Plage kommt über Ägypten wie die Schläge einer unbarmherzigen Axt. Der Pharao lockert seinen Griff, aber nur für einen Moment. Die flüchtenden Sklaven werden am Ufer des Roten Meers in die Enge getrieben, und Ägypten holt zu einem letzten Schlag aus und stürzt sich in Streitwagen auf sie.

Und Gott lässt die Soldaten in den Fluten untergehen, jeden einzelnen Mann. Am anderen Ufer stehen die Hebräer voller Schrecken und Freude und brechen in Jubel aus: „Der Herr ist ein Krieger" (2. Mose 15,3). Der Herr ist ein Krieger. Er zieht in den Kampf, um uns zu retten.

IM FALSCHEN FILM?

Impuls: Gott ist auf der Suche nach mir. Ich lasse diesen Satz in mir nachklingen. – Was ist Gottes Herzenswunsch? Welche Rolle spielt dieser Wunsch in meinem Gebet?

21 | DIE ZENTRALE ROLLE DES HERZENS

Denn vor allem anderen ist das christliche Leben eine Liebesaffäre des Herzens. Man kann es nicht in erster Linie als eine Reihe von Prinzipien oder ethischen Grundsätzen leben. Es lässt sich nicht mit Schritten und Programmen managen. Man kann es nicht ausschließlich als einen Moralkodex leben, der zur Gerechtigkeit führt. Auf die Frage, was man tun müsse, um wahres Leben zu erlangen, antwortet Jesus einem religiösen Experten mit einer Gegenfrage:

> „Was steht denn darüber im Gesetz Gottes? Was liest du dort?"
> Der Schriftgelehrte antwortete: „Du sollst Gott, deinen Herrn, lieben mit deinem *ganzen Herzen*, von ganzer Seele, mit aller Kraft und deinem ganzen Verstand. Und auch deinen Mitmenschen sollst du so lieben wie dich selbst."
> „Richtig!", erwiderte Jesus. „Tue das, und du wirst ewig leben."
> (Lukas 10,26-28; Hervorhebung d. Verfassers)

Die Wahrheit des Evangeliums soll uns dazu befreien, Gott und die Menschen mit ganzem Herzen zu lieben. Wenn wir diesen Herzensaspekt unseres Glaubens ignorieren und versuchen, unsere Religion ausschließlich als korrekte Lehre oder Ethik auszuleben, dann wird unsere Leidenschaft verkrüppelt oder pervertiert, und die Kluft zwischen unserer Seele und den Herzensabsichten, die Gott für uns hegt, wird immer tiefer werden.

GANZ LEISE WIRBST DU UM MEIN HERZ

Impuls: „Eine Liebesaffäre des Herzens" – würde ich meinen Glauben so beschreiben? Was müsste sich ändern, damit der Glaube wieder diese ursprüngliche Kraft und Lebendigkeit gewinnt?

DAS TIEFSTE GEHEIMNIS UNSERES HERZENS | 22

Mir scheint, wir können niemals aufhören zu sehnen und zu wünschen, solange wir am Leben sind. Es gibt bestimmte Dinge, die wir als schön und gut empfinden, und wir können nicht anders als uns nach ihnen sehnen. (George Eliot)

And I still haven't found what I'm looking for.
Noch immer habe ich nicht gefunden, wonach ich suche. (U2)

Im Herzen jedes Menschen wohnt ein Geheimnis. Oft nehmen wir keine Notiz davon. Wir könnten es wohl auch kaum in Worte fassen. Und doch begleitet es uns alle Tage unseres Lebens.

Dieses Geheimnis bleibt meist in unserem tiefsten Innern verborgen. Es ist unser Verlangen nach Leben, nach einem Leben, wie es eigentlich gedacht war. Gibt es da nicht dieses Leben, nachdem Sie immer schon gesucht haben? Vielleicht ist diese Suche Ihnen nicht immer bewusst, und es gibt Zeiten, da scheint es, als hätten Sie die Suche vollends eingestellt. Aber wieder und wieder kehrt sie zu uns zurück – jene Sehnsucht, die sich verzehrt nach jenem Leben, das wir uneingeschränkt feiern können.

Sie ist schwer zu fassen, keine Frage. Sie kommt und geht

scheinbar nach eigenem Gutdünken. Es kann Monate und Jahre dauern, bis sie wieder einmal auftaucht. Und obwohl sie uns zum Narren zu halten scheint, obwohl sie uns manchmal großen Schmerz verursacht, wissen wir doch, wenn sie zurückkehrt, dass sie kostbar ist. Denn wenn wir diese Sehnsucht zu fassen kriegen würden, wenn wir sie unter all den Ablenkungen freilegen könnten, dann hätten wir einen wahren Schatz in Händen. Wir würden das Geheimnis unseres Daseins erkennen.

FINDE DAS LEBEN, VON DEM DU TRÄUMST

Impuls: „Ein Leben, das wir uneingeschränkt feiern könnten" – *wie sähe das für mich aus? Wie kann ich heute mein Leben feiern? Was gibt mir jetzt schon dazu Grund?*

23 | GÖTTLICHE ROMANZE

Wir alle haben diese Sehnsucht nach einer Göttlichen Romanze im Herzen.

Diese Sehnsucht geht nicht weg, auch wenn wir uns über die Jahre noch so viel Mühe geben, uns für ihren Gesang unempfindlich zu machen, ihn zu überhören oder ihn nur an eine einzige Person oder Tätigkeit zu knüpfen. Es ist eine Romanze, die von Geheimnissen umwoben und tief in uns hineingepflanzt ist. Sie lässt sich nicht in Lehrsätze fassen oder ganz und gar durchschauen, genauso wenig, wie wir einen Menschen kennenlernen können, indem wir die Anatomie seiner Leiche studieren.

Die Philosophen nennen diese Romanze, dieses Verlangen des Herzens in uns „Sehnsucht nach Transzendenz"; das Verlangen, Teil von etwas zu sein, das größer ist als wir selbst, Teil von etwas Außergewöhnlichem, das gut ist. Transzendenz ist das, was wir ansatzweise, aber eindrucksvoll erleben, wenn „unsere" Fußballmannschaft gegen alle Wahrscheinlichkeit den Pokal gewinnt. Im tiefsten Herzen haben wir eine Sehnsucht, mit anderen Gleichgesinnten in einer heldenhaften Sache verbunden zu sein.

Ja, wenn wir an die Reise unseres Herzens zurückdenken, ist uns die Romanze am häufigsten in Form von zwei tiefen Wünschen begegnet: der Sehnsucht nach dem Abenteuer, das etwas von uns *erfordert*, und dem Verlangen nach Intimität – danach, jemanden zu haben, der uns so kennt, wie wir sind, während er uns gleichzeitig einlädt, ihn zu *erkennen* auf jene unverhüllte und erforschende Art, wie Liebende einander auf dem Ehebett kennenlernen. Vielleicht liegt bei Männern der Schwerpunkt mehr auf dem Abenteuer und bei Frauen mehr auf der Intimität. Doch beide Wünsche sind stark in uns, ob wir nun Männer oder Frauen sind. In uns allen kommen diese beiden Wünsche zusammen als eine Sehnsucht danach, in einer Beziehung von heroischen Ausmaßen zu leben.

GANZ LEISE WIRBST DU UM MEIN HERZ

Impuls: „Herausforderung" und „erkannt sein" – welche Rolle spielen diese Dinge in meinem Leben? Welche Rolle spielen sie in meiner Beziehung zu Gott?

KOPF UND HERZ AUF GETRENNTEN WEGEN | 24

Nach jenen Jahren der ersten Liebe mit ihrem Gefühl, Teil einer Großen Geschichte zu sein, eines Abenteuers mit Sinn und Ziel, wie es das christliche Leben ist, versickert dieses Gefühl allmählich, was immer wir auch tun, um das zu verhindern. Statt einer Liebesaffäre mit Gott fühlt sich das Leben immer mehr an wie eine Routineveranstaltung immer derselben Verhaltensweisen, so als ob man immer und immer wieder dasselbe Kapitel eines Buches liest oder denselben Roman schreibt. Die „Glinus"-Orthodoxie (*Gl*äubig *in u*nserem *S*inne), die wir auszuleben versuchen, reicht als Geschichte nicht aus, um den inneren Aufruhr und die Sehnsucht zu befriedigen, von denen unser Herz uns zu erzählen versucht. Irgendwie sind unser Kopf und unser Herz auf verschiedenen Straßen unterwegs, und keine davon fühlt sich wie das Leben an.

Am Ende spitzt sich diese Scheidung von Kopf und Herz in einer von zwei Richtungen zu. Wir können entweder unser Herz töten oder unser Leben in zwei Bereiche unterteilen, sodass unsere äußere Geschichte zum Schauplatz dessen wird, was wir sollen, und unsere innere Geschichte zum Schauplatz dessen, was wir brauchen, zu dem Ort, wo wir den Durst unseres Herzens mit dem erstbesten Wasser stillen, das zur Verfügung steht.

Ich wählte den zweiten Weg. In dem, was ich für mein religiöses Leben hielt, machten sich Trockenheit und Zynismus breit, während ich mir „Wasser" suchte, wo ich konnte: In sexuellen Fantasien, im Alkohol, im nächsten Essen im Restaurant, in Gewaltvideos am späten Abend, im Ansammeln von Wissen auf religiösen Seminaren – was immer mir half, die unersättliche Rastlosigkeit in meinem Inneren zu betäuben. Welchen Weg wir auch wählen – das Herz zu töten oder Kopf und Herz voneinander zu trennen – in jedem Fall verlieren wir unser Herz.

Das ist die Geschichte, die wir alle auf die eine oder andere Weise erleben. Der lockende Ruf der Romanze und die Botschaft der Wunden, die uns das Leben schlägt, sind so radikal verschieden und scheinen sich so sehr gegenseitig auszuschließen, dass sie unser Herz in zwei Teile spalten. In jeder Hinsicht, in der die Romanze voller Schönheit und Wunder ist, sind die Pfeile, die uns verwunden, ebenso mächtig in ihrer Hässlichkeit und Verheerung.

GANZ LEISE WIRBST DU UM MEIN HERZ

Impuls: Welche „Pfeile", welche schmerzhaften Erfahrungen meines Lebens sprechen am stärksten gegen die tiefste Sehnsucht meines Herzens?

DAS HERZ VERHÄRTEN | 25

Was an der Vorstellung des Jüngsten Gerichts so irritierend ist, ist die Aussicht, dass an diesem Tag alle unsere Scharaden und unsere Schauspielereien auffliegen, dass alle Geheimnisse offenbar werden, und dass Christus „die Absichten der *Herzen* aufdecken" wird (1. Korinther 4,5).

Das ist auch der springende Punkt der berühmten Bergpredigt. Jesus sagt zu Anfang, dass wir uns keine Hoffnungen auf den Himmel machen können, solange unsere Gerechtigkeit „nicht weit größer ist als die der Schriftgelehrten und der Pharisäer" (Matthäus 5,20). Wie kann das sein? Das waren doch ehrenwerte Bürger, Säulen der Gemeinde, sie haben doch peinlich alle Gebote eingehalten? – Genau, sagt Jesus, und das meiste davon war Heuchelei. Die Pharisäer beteten, um andere Menschen mit ihrer Frömmigkeit zu beeindrucken. Sie spendeten, um andere von ihrer Großzügigkeit zu überzeugen. Ihr *Verhalten* war ehrenwert, aber ihre *Motive* waren es nicht. Ihr Herz war buchstäblich nicht am richtigen Fleck. Der Charakter eines Menschen wird geprägt durch seine Motive und Motive sind stets Herzenssache. Dementsprechend heißt es im 1. Buch Samuel: „Ein Mensch sieht, was vor Augen ist; Gott aber sieht das Herz an." Gott beurteilt uns nicht nach unserem äußeren Auftritt oder nach unserer Intelligenz; er beurteilt uns nach unserem Herzen.

Insofern ergibt es auch einen Sinn, dass die Bibel unser Bewusstsein im Herzen ansiedelt. Dem Apostel Paulus zufolge zeigen selbst Menschen, die Gottes Gebote nicht kennen, „dass ihnen die Forderung des Gesetzes ins Herz geschrieben ist; ihr Gewissen legt Zeugnis davon ab" (Römer 2,15) – wie bei einem Kind, das schuldbewusst dreinschaut, weil es gelogen hat. Deshalb ist es auch so gefährlich, wenn wir das Gewissen zum Schweigen bringen und so unser Herz verhärten. Und deshalb auch ist das Angebot der Vergebung eine so befreiende Botschaft: So wird „das Herz ... gereinigt vom schlechten Gewissen" (Hebräer 10,22). Leben aus aufrichtigen Motiven und mit einem reinen Herzen – eine großartige Vorstellung. Ich bezweifle, dass diejenigen, die auf das Herz verzichten zu können meinen, auch auf das Gewissen verzichten wollen oder die Bedeutung des Charakters gering schätzen.

DER UNGEZÄHMTE CHRIST

Impuls: Welche Motive bestimmen mein Handeln? Was löst die Vorstellung vom Gericht Gottes „über die Absichten der Herzen" in mir aus?

26 | FREI, IN GOTTES NÄHE ZU LEBEN

Gott schuf uns in Freiheit zu seinen engen Gefährten, und er wird uns nicht aufgeben. Er sucht in uns noch immer seine Gefährten. Keine Religion. Keine guten Kirchgänger. Liebhaber. Verbündete. Wirklich enge Freunde.

> Ich gebe ihnen ein verständiges Herz, damit sie erkennen, dass ich der Herr bin. Sie werden mein Volk sein und ich werde ihr Gott sein; von ganzem Herzen werden sie wieder zu mir umkehren. (Jeremia 24,7)

Von allen Liebesgeschichten ist dies die schönste. Aber: Sie hat auch eine dunkle Seite. Denn es gibt einen Preis, den der König zahlen muss, um die Geliebte zu erwerben.

Er wird sterben müssen, um sie zu retten.

Haben Sie bemerkt, in wie vielen großen Geschichten der Held stirbt, um für die, die er liebt, Freiheit zu erwirken?

William Wallace in *Braveheart* wird brutal gefoltert, weil er es wagt, sich dem bösen König zu widersetzen. Er wird hingerichtet – und doch bricht sein Tod die Macht der Dunkelheit, die Schottland im Griff hatte. Neo in *Die Matrix* ist der Erwählte, schneller und wagemutiger als irgendjemand vor ihm. Trotzdem wird er getötet. Sein Tod und seine Auferstehung zerstören die Macht der Matrix, setzen die Gefangenen frei.

Aslan stirbt am Steintisch für den Verräter Edmund und für ganz Narnia. Maximus stirbt in der Arena, um für seine Freunde und für ganz Rom die Freiheit zu gewinnen. Dies alles sind Bilder eines größeren Opfers.

> Der Menschensohn ... kam, um zu dienen und sein Leben hinzugeben, damit viele Menschen aus der Gewalt des Bösen befreit werden. (Matthäus 20,28)

Erinnern Sie sich. Gott warnte uns damals im Garten: Der Preis für unser Misstrauen und unseren Ungehorsam würde der Tod sein. Nicht nur der physische Tod, sondern ein Tod der Seele – ein ewiges Getrenntsein von Gott und vom Leben und von Schönheit, Intimität und Abenteuer. Durch einen Akt unseres eigenen Willens wurden wir zu Geiseln des Reiches der Finsternis und des Todes. Der einzige Weg zur Befreiung ist ein Lösegeld.

IM FALSCHEN FILM?

Impuls: Was bedeuten der Tod und die Auferstehung Jesu für mich? Wie gehören sie in die Liebesgeschichte Gottes mit seinen Menschen hinein?

GOTT IST GUT | 27

Das Kommen Jesu gleicht der Eröffnungsszene im Film *Der Soldat James Ryan*. Eine gefährliche Mission, eine große Invasion, ein waghalsiger Vorstoß in feindliches Territorium, um die freie Welt zu retten – aber auch, um einen einzigen Mann zu retten.

Jesus erzählte eine vergleichbare Geschichte, um Licht auf seine eigene Sendung zu werfen: „Was meint ihr: Wenn ein

Mann hundert Schafe hat und eins läuft ihm davon, was wird er tun? Lässt er nicht die neunundneunzig in den Bergen zurück, um das verirrte Schaf zu suchen?" (Matthäus 18,12). Mitten in der großen Invasion – denken Sie an die Landung in der Normandie – richtet Gott seinen Blick auf einen einzigen Menschen, der ihm verloren ging. Auf Sie.

Historisch gesehen wurde Jesus von Nazareth von einem seiner Schüler verraten, von den jüdischen Autoritäten den Römern ausgeliefert und am Kreuz hingerichtet. Aber in diesem Tod entfaltete sich eine Größere Geschichte. Er gab sein Leben freiwillig dahin, um uns von der Macht des Bösen zu erlösen, um den Preis für unseren Verrat zu bezahlen, und um für alle Zeiten ein für alle Mal und zweifelsfrei zu beweisen, dass das Herz Gottes gut ist. Und dass ihm an Ihrem Herzen etwas gelegen ist, ja, mehr gelegen ist, als Worte ausdrücken können.

> Er hat uns aus der Gewalt der Finsternis befreit, und nun leben wir in der neuen Welt seines geliebten Sohnes Jesus Christus. Durch ihn sind wir erlöst, unsere Sünden sind vergeben. (Kolosser 1,13.14)
>
> Im falschen Film?

Impuls: „Erlöst von der Macht des Bösen", „aus der Gewalt der Finsternis befreit" – wie äußert sich das in meinem Leben?

28 | Populärer Unsinn

Natürlich ist das Herz nicht nur eine Sache von unklaren Gefühlen, gemischten Motiven und dunklen Sehnsüchten, ohne Sinn und Verstand. Ganz im Gegenteil. Für die Bibel ist das Herz auch der Ort, an dem wir unsere tiefsten Gedanken fassen. Dass „Jesus die Gedanken ihres Herzens erkannte", wird in den Evangelien häufig gesagt. Das wird diejenigen befremden, die dem großen Irrtum der Moderne aufgesessen sind, wonach der Verstand mit Vernunft gleichgesetzt wird und das Herz mit Gefühl. Die meisten Menschen denken so. Ich habe es erst kürzlich wieder von einem ansonsten scharfsinnigen jungen Mann gehört. „Wir denken mit dem Gehirn, wir fühlen mit dem Herzen." Was für ein populärer Unsinn. König Salomo gilt als der Inbegriff der Weisheit, und das nicht etwa wegen der Größe seines Gehirns. Vielmehr hat er, als Gott ihm einen Wunsch freistellte, um ein weises und verständiges *Herz* gebeten (1. Könige 3,9).

Unsere tiefsten Gedanken sind in unserem Herzen verwahrt. Das Wort Gottes wird in der Bibel charakterisiert als „kraftvoll und schärfer als jedes zweischneidige Schwert; es dringt durch bis zur Scheidung von Seele und Geist, von Gelenk und Mark; es richtet über die Regungen und Gedanken des Herzens" (Hebräer 4,12). Eben nicht die Empfindungen, sondern die *Gedanken* des Herzens. Nicht zu vergessen: Als die Hirten an der Krippe berichteten, was sie von den himmlischen Heerscharen auf den Feldern von Bethlehem gehört hatten, da heißt es von Maria: Sie „behielt all diese Worte und bewegte sie in ihrem Herzen" (Lukas 2,19), so wie es jeder von uns macht, wenn uns eine Nachricht von großer Bedeutung bis in die Nacht hinein beschäftigt.

Angenommen, Sie haben Höhenangst. Dann werden Sie sich durch noch so vernünftige Argumente nicht zum Bungee-Jumping überreden lassen. Und wenn man Sie fragt, was Sie bei dem Gedanken daran derart lähmt, dann werden Sie es vermutlich nicht erklären können. Es ist nicht rational, aber es ist gleichwohl Ihre Überzeugung. Deshalb auch konnte der Verfasser der Sprüche schon 2900 Jahre vor Freud schreiben: „Wie Wasser ein Spiegel ist für das Gesicht, so ist das Herz des Menschen ein Spiegel für den Menschen" (Sprüche 27,19). Es sind die Gedanken und Absichten des *Herzens*, die das Leben eines Menschen prägen.

Der ungezähmte Christ

Impuls: Ein „weises und verständiges Herz" – wie stelle ich mir das vor? Worum würde ich Gott bitten, wenn ich – wie Salomo – einen Wunsch frei hätte?

29 | Das Wichtigste im Leben

Ich liebe es, Wildpferde zu beobachten, wie sie in offenem Gelände grasen oder auf einer Hochebene in Montana frei herumgaloppieren. Ich liebe es, im Hochland zu wandern, wenn die Wildblumen blühen – die tiefvioletten Lupinen und die Kastilea, diese „Indianerpinsel", wenn sie gerade ihre scharlachrote Farbe annehmen. Ich liebe gigantische Wolkengebirge. Mit meiner Familie sitze ich gerne an Sommerabenden im Freien. Ich mag die Blitze und das Donnergrollen, wenn ein Gewittersturm über Colorado hinwegfegt. Ich liebe auch das Wasser – den Ozean, Ströme, Flüsse, Seen, Wasserfälle, Regen. Mit meinen Söhnen teile ich die Begeisterung für das Klippenspringen – von hohen Felsen rein ins Wasser. Ich liebe alte Scheunen, Windmühlen, den Westen der USA. Ich liebe Weinberge. Ich mag es, wenn meine Frau Stacy etwas mag. Ich liebe es, ihr Entzücken zu beobachten. Ich liebe meine Jungs. Ich liebe Gott.

Alles, was man liebt, macht ein Leben lebenswert. Nehmen Sie sich etwas Zeit, legen Sie das Buch zur Seite und erstellen Sie eine Liste all der Dinge, die Sie lieben. Üben Sie keine Selbstzensur; machen Sie sich keine Gedanken über die Reihenfolge oder etwas dergleichen. Denken Sie einfach nur an all das, was Sie lieben. Gleich, ob es sich um Menschen handelt oder um Gegenstände oder um Orte, die Ihnen wichtig sind, oder um Gott – Sie könnten sie nicht lieben, wenn Sie kein Herz hätten. Ein von Liebe erfülltes Leben entspricht am ehesten dem Leben, das Gott selbst führt – und damit dem Leben, wie es ursprünglich gedacht war (Epheser 5,1.2). Und Liebe erfordert ein lebendiges und waches und freies Herz.

Was von all den Dingen, die man uns im Leben abverlangt, ist am allerwichtigsten? Was ist die Kernaufgabe, die Bestimmung unseres Lebens? Jesus wurde eines Tages direkt mit dieser Frage konfrontiert, und er hat sie auf zwei Dinge reduziert: Gott lieben und den Nächsten lieben. Tut das, sagte er, dann habt ihr den Sinn des Lebens gefunden. Alles andere ergibt sich daraus wie von selbst. Und irgendwo tief in unserem Innern wissen wir, dass er damit recht hat. Wir wissen: Liebe ist der Dreh- und Angelpunkt. Wir wissen: Wenn wir wirklich lieben und wiedergeliebt werden und diese Liebe nie wieder verlieren, dann wären wir glücklich. Und wie soll uns dieses liebevolle Dasein möglich sein *ohne* Herz?

DER UNGEZÄHMTE CHRIST

Impuls: *Ich erstelle eine Liste mit allem, was ich liebe, was mein Leben lebenswert macht. – Wem schenke ich meine Liebe heute? Wer braucht sie vielleicht besonders?*

WENN WIR WÜSSTEN, DASS SEIN HERZ GUT IST | 30

Jeder ist schon einmal von jemandem verraten worden, manche schlimmer als andere. Verrat ist eine Verletzung, die uns im innersten Wesen trifft. Uns zu öffnen und uns auf Gedeih und Verderb einem anderen anzuvertrauen, nur um gerade von denen verletzt zu werden, auf die wir unsere Hoffnungen gesetzt haben, das ist mit der schlimmste Schmerz, den Menschen erleben können.

Manchmal fühlt sich die Art und Weise, wie Gott uns behandelt, wie Verrat an. Wir leben in einer gefährlichen Welt, unfähig, uns das Wasser zu verschaffen, das unsere durstigen Seelen so verzweifelt brauchen. Unser Seil reicht nicht aus, um den Eimer bis zum Grunde des Brunnens hinabzulassen. Wir wissen, dass Gott in der Lage ist, Wasser für uns zu schöpfen, aber oft tut er es nicht. Wir empfinden, dass uns Unrecht geschieht. Schließlich sagt die Bibel doch, dass wir, wenn wir die Macht haben, jemandem etwas Gutes zu tun, es tun sollten (Sprüche 3,27). Warum handelt Gott nicht genauso?

Als ich mich mit einer Freundin über ihr schweres Leben unterhielt und darüber, wie rücksichtslos und unberechenbar Gott manchmal erscheint, wandte sie sich mir ganz zu, sah mich eindringlich an und stellte mir die Frage, die wir alle uns irgendwo tief im Innern stellen: „Wie kann ich einem Liebhaber vertrauen, der so wild ist?" Ja, wie können wir ihm nicht nur vertrauen, sondern seine Liebe erwidern? Darauf gibt es nur eine mögliche Antwort: Wir könnten ihn lieben, wenn wir *wüssten*, dass sein Herz gut ist.

GANZ LEISE WIRBST DU UM MEIN HERZ

Impuls: *Was bringt mich dazu, daran zu zweifeln, dass Gott es gut mit mir meint? Kann ich mit Gott darüber reden? Was erwidert er?*

31 | DAS SUPERHIRN HINTER DER GESCHICHTE?

Hat Gott ein gutes Herz? Ist er gut? Wenn wir uns Gott als den Autor vorstellen, den großen Schachspieler, den Geist, der hinter allem steht, dann zweifeln wir an seinem Herzen. Wie Melville sagte: „Der Grund, warum die meisten Menschen Gott fürchten und ihn im tiefsten Grunde nicht mögen, ist der, dass sie seinem Herzen misstrauen und sich einbilden, er sei ganz und gar Gehirn, wie eine Uhr." Bauen Sie eine Beziehung zum Autor auf, wenn Sie einen Roman lesen oder einen Film sehen? Wenn die Handlung Sie packt, denken Sie dann überhaupt über den Autor nach? Wir identifizieren uns mit den Figuren in der Geschichte, eben weil sie *in* der Geschichte sind. Sie müssen sich mit dem Leben auseinandersetzen, so wie wir, hier unten auf dem Boden der Tatsachen, und wir sympathisieren mit ihren Kämpfen, weil es auch unsere Kämpfe sind. Wir lieben den Helden, weil er einer von uns ist und sich doch irgendwie über das Getümmel erhebt, um besser und weiser und liebevoller zu sein, als wir es für uns selbst je erhoffen.

Der Autor ist irgendwo dahinter, jenseits. Seine Allwissenheit und Allmacht erschaffen vielleicht das Drama, aber sie sind es auch, die uns von ihm trennen. Macht und Wissen sagen noch nichts über das Herz aus. Der schlimmste Schurke ist gerade derjenige, der seine Pläne mit kalter, berechnender Präzision ausführt. Er ist distanziert; er hat kein Herz. Wenn wir uns Gott als das Superhirn hinter der Geschichte vorstellen, als den, der die Fäden zieht, während wir wie Hiob die von ihm ersonnenen Katastrophen erdulden müssen – dann können wir manchmal nicht anders als das zu empfinden, was C. S. Lewis freimütig in Worte gefasst hat: „Wir sind die Ratten im kosmischen Labor." Mag sein, dass er nur unser Bestes im Sinn hat, aber er bleibt dennoch der „Vivisektionist" – einer, der mit uns Experimente macht.

Wir halten zu den Helden und der Heldin, wir lieben sie sogar, weil sie *in* dem Drama leben. Sie empfinden den Schmerz, sie erleiden Verluste und fassen Mut und vergießen ihr Blut in ihren Kämpfen gegen das Böse. Aber was wäre wenn? Was wäre, wenn wir Gott nicht als den Autor betrachten würden, als das kosmische Superhirn hinter allen menschlichen Erfahrungen, sondern als die Hauptfigur *in* der Großen Geschichte? Was könnten wir daraus über sein Herz lernen?

GANZ LEISE WIRBST DU UM MEIN HERZ

Impuls: *Wer ist Gott für mich vor allem? Der große Weltenlenker? Der Schöpfer? Der Vater? Oder ...? Was hat mein Bild von Gott geprägt? Wie hat es sich im Lauf meines Lebens verändert? Wodurch?*

Die Geschichte, die wir die Göttliche Romanze nennen, beginnt nicht mit Gott allein, dem Autor an seinem Schreibtisch, sondern mit Gott in einer Beziehung, in einer Intimität jenseits unserer wildesten Vorstellungen, in einer heroischen Intimität. Die Dreieinigkeit steht im Zentrum des Universums; vollkommene Beziehung ist das Herz aller Wirklichkeit. Denken Sie an Ihre besten Momente der Liebe oder Freundschaft oder der kreativen Partnerschaft, an die schönsten Zeiten mit Ihrer Familie oder mit Freunden beim gemeinsamen Essen, Ihre tiefsten Gespräche, an die Akte schlichter Freundlichkeit, die manchmal das Einzige zu sein scheinen, was das Leben lebenswert macht. Wie der Glanz des Sonnenlichtes auf einem See sind dies Widerspiegelungen der Liebe, die innerhalb der Dreieinigkeit strömt. Wir sehnen uns nach Intimität, weil wir nach dem Bild der vollkommenen Intimität geschaffen sind. Doch was uns fehlt und was wir vielleicht noch nie erlebt haben, ist oft eine stärkere Erinnerung an das, was sein *sollte*.

Unsere Geschichte beginnt mit der Liebe des Helden. Frederick Buechner erinnert uns: „Gott braucht die Schöpfung nicht, damit er etwas hat, das er lieben kann, denn Liebe geschieht in ihm selbst."

Aber was ist das für eine Liebe? Es gibt selbstsüchtige Formen der Liebe, Beziehungen, die zu geschlossenen Systemen führen, undurchdringlich für Außenstehende. Echte Liebe erzeugt eine großzügige Offenheit. Waren Sie schon jemals von etwas so gepackt, dass Sie es einfach mit anderen teilen mussten? Sie gehen allein im Wald spazieren, und etwas nimmt Ihnen den Atem – ein Sonnenuntergang, ein Wasserfall, das einfache Lied eines Vogels – und Sie denken: *Wenn doch nur der Mensch, den ich liebe, hier wäre!* Die besten Dinge im Leben sind dazu da, mit anderen geteilt zu werden. Darum wollen Liebende ihre Freude steigern, indem sie Kinder bekommen. Und so ist es auch mit Gott. „Vater", sagt Jesus, „ich möchte, dass die Menschen, die du mir anvertraut hast, bei mir sind, da wo ich bin. Ich möchte, dass sie mit uns eines Herzens und eines Geistes sind" (Johannes 17). Aus einer Großzügigkeit heraus, die aus einem Überfluss echter Liebe entspringt, erschafft er uns, damit wir Anteil an der Freude dieser großen Intimität haben.

GANZ LEISE WIRBST DU UM MEIN HERZ

Impuls: Ich schaue die Dreieinigkeit Gottes als Bild für sein Wesen sich verschenkender Liebe an. Was kommt mir nahe? Was ist mir fremd?

VON GANZEM HERZEN | 33

Das Herz ist die Verbindung, ist der Treffpunkt, an dem zwei Menschen zusammenkommen. Jene tiefe innere Vertrautheit mit Gott und mit anderen Menschen, nach der wir uns so sehnen, kann ausschließlich vom Herzen her erlebt werden. Wir wollen nicht das Projekt eines Menschen sein; wir wollen Gegenstand seiner Herzenssehnsucht sein. Gerald May stellt fest: „Die Menschheit hat die Effektivität vergötzt und hat so tatsächlich den höchsten Wirkungsgrad in der Geschichte erzielt, aber sind wir auch in Sachen Liebesfähigkeit weitergekommen?"

Vergleichbares gilt für unsere Beziehung zu Gott. Christen haben ihr ganzes Leben darauf verwendet, alle möglichen Prinzipien zu beachten, ihre Pflicht zu erfüllen, das Programm ihrer Gemeinde weiterzuentwickeln ... – und sind dabei doch niemals richtig mit Gott vertraut geworden, sind nicht ein Herz und eine Seele mit ihm. Es gibt da diese beunruhigende Aussage Jesu über die Schlussbilanz unseres Lebens, wo einige Leute baff erstaunt sein werden, dass für sie kein Platz im Himmel reserviert ist. Und dann heißt es da: „Viele werden an jenem Tag sagen: ‚Herr, Herr, sind wir nicht in deinem Namen als Propheten aufgetreten, und haben wir nicht mit deinem Namen Dämonen ausgetrieben und mit deinem Namen viele Wunder vollbracht?'" Und Jesus wird ihnen sagen: „Ich kenne euch nicht" (Matthäus 7,22.23). Es geht also nicht um Aktivismus – es geht um die Vertrautheit mit Gott. Sie können einen Kurs besuchen und Informationen aufsaugen und dann diese Informationen benutzen, um Ihre Lebensführung zu ändern. Aber das alles wird Ihre Verbindung zu Gott nicht vertiefen, genauso wenig wie ein Kurs in Anatomie Ihnen helfen kann, Ihren Partner zu lieben. „Ihr werdet mich finden", sagt Gott, „wenn ihr mich von ganzem Herzen suchen werdet" (Jeremia 29,13).

Was kann darüber hinaus noch gesagt werden; was könnte noch deutlicher sein als dieses: Um Gott zu finden, muss man die Suche mit dem ganzen Herzen betreiben. Um gottgegenwärtig zu leben, muss man herzensgegenwärtig leben. Um Gottes Stimme zu hören, muss man mit dem Herzen hören. Gott lieben – auch das geht nur von ganzem Herzen. Sie können nicht der Mensch werden, der Sie nach Gottes Willen sein sollen, und Sie können nicht das Leben führen, das Gott Ihnen zugedacht hat, solange Sie nicht vom Herzen her leben.

DER UNGEZÄHMTE CHRIST

Impuls: „Herzensgegenwärtig leben" – wie könnte das aussehen? Wie kann ich das einüben? – Welche Erfahrungen haben mein Vertrauen zu und meine Vertrautheit mit Gott vertieft und wachsen lassen?

ERNEUERUNG | 34

Schauen Sie sich das Leben Jesu an. Nehmen Sie wahr, was er tut.

Als Jesus die Blinden berührte, konnten sie *sehen;* alle Schönheit der Welt lag plötzlich vor ihren Augen. Er berührte die Tauben, und sie konnten *hören;* zum ersten Mal in ihrem Leben vernahmen sie Lachen und Musik und die Stimmen ihrer Kinder. Er rührte die Lahmen an, und sie *sprangen* auf ihre Füße und fingen an zu tanzen. Und er rief die Toten zurück ins *Leben* und gab sie ihren Familien wieder.

Sehen Sie? Überall dort, wo das Menschsein beschädigt war, stellte Jesus das Leben wieder her. Damit setzt er Zeichen – hier und dort und noch einmal. Wenn das Reich Gottes kommt, dann wird die Welt wiederhergestellt, wie er sie schuf.

Seit wir das Paradies verließen, flüstert uns Gott dieses Geheimnis durch die Schöpfung selbst zu, Jahr für Jahr im Frühling. Sicher, der Winter bietet seine Freuden. Schneeflocken um Mitternacht, eine Schlittenfahrt, der Zauber der Winterferien. Aber wenn der Winter einmal käme, um zu bleiben und nie mehr zu weichen, wären wir wohl trostlos. Jeder Baum kahl, alle Blumen dahin, die Gräser an den Hängen trocken und dürr. Eine Welt, die für immer kalt, stumm und öd wäre.

Nach den langen Wintermonaten sehne ich mich nach der Wiederkehr des Sommers. Sonnenschein, Wärme, Farben und die langen gemeinsamen Tage voller Abenteuer. Der Garten erblüht in seiner ganzen Schönheit. Die Wiesen sind grün und saftig. Urlaub. Ferien. Ist das nicht genau das, wonach wir uns am meisten sehnen? Den Winter der Welt hinter uns zu lassen, den Shakespeare den „Winter unseres Missvergnügens" genannt hat, und uns plötzlich auf einer weiten Sommerwiese wiederzufinden?

Wenn wir nur aufmerksam genug wären, dann würden wir etwas überaus Erfreuliches und Erstaunliches entdecken: Die Erneuerung der Welt, die sich im Frühling und Sommer vor unseren Augen abspielt, ist *genau* das, was Gott uns für unser Leben verspricht. Jedes Wunder, das Jesus tat, war ein Hinweis auf diese Erneuerung, auf den Tag, an dem er alles neu machen wird.

Im falschen Film?

Impuls: Welche Begebenheit aus den Evangelien berührt mich am meisten? Habe ich einen Lieblingstext, der mir aus dem Herzen spricht? Warum ist es gerade diese Begebenheit? – Wer ist Jesus vor allem für mich?

35 | Verrat an der Liebe

Können Sie sich vorstellen, dass auf Ihrer Hochzeitsreise einer von Ihnen heimlich ein Rendezvous mit einem vollkommen Fremden hat? Adam und Eva ließen die Hochzeitsreise platzen, indem sie mit dem Feind ins Bett gingen. Dann kommt einer der erschütterndsten Verse in der ganzen Bibel: „Warum hast du das getan?" (1. Mose 3,13). Man hört förmlich den Schock, den Schmerz über den Verrat in Gottes Stimme. Wir dürfen uns den Sündenfall von Adam und Eva nicht wie ein Verbrechen vorstellen, etwa wie einen Diebstahl, sondern als einen Verrat an der Liebe. In Liebe erschafft uns Gott für die Liebe, und wir geben ihm dafür einen Schlag ins Gesicht. Warum? Satan lockt uns auf seine Seite, indem er die Saat des Zweifels in den Geist unserer Ureltern ausstreut: „Gottes Herz ist überhaupt nicht gut. Er enthält euch etwas vor. Ihr müsst die Sache in eure eigenen Hände nehmen." Und so ging das Paradies verloren.

Doch das Herz Gottes hatte etwas an sich, was die Engel und unsere Ureltern noch nicht erkannt hatten. Gerade hier, am absoluten Tiefpunkt in unserer Beziehung, verkündet Gott seine Absicht, uns niemals zu verlassen, sondern nach uns zu suchen und uns zurückzugewinnen. „Ich werde zu euch kommen." Mit der *Gnade* wird ein neues Element im Herzen Gottes sichtbar. Bis zu diesem Moment wussten wir schon, dass er reich ist, verehrungswürdig, mächtig, sogar großzügig. Hinter alledem kann sich immer noch ein Herz verbergen, das weniger als gut ist. Die Gnade macht jedem Zweifel ein Ende.

Ganz leise wirbst du um mein Herz

Impuls: *Wo bin ich versucht, die Regie meines Lebens Gott aus den Händen zu nehmen, weil ich daran zweifle, dass er es gut mit mir meint?*

Zerbrochene Herzen heilen | 36

Jesus ist nicht für eine Idee gestorben. Er starb für eine Person, und diese Person sind Sie. Aber selbst hier sind wir in die Irre geführt worden. Fragen Sie ein paar Leute, wofür Jesus gekommen ist, und Sie werden eine Reihe unterschiedlicher Antworten bekommen, aber wohl kaum die richtige. „Er kam, um der Welt Frieden zu bringen." „Er kam, um uns den Weg der Liebe zu lehren." „Er kam, um zu sterben, damit wir in den Himmel gelangen können." „Er kam, um wirtschaftliche Gerechtigkeit zu schaffen." Und so geht es weiter, und zum Teil ist das ja noch nicht einmal falsch. Aber wäre es nicht besser, wir würden Jesus für sich selbst sprechen lassen?

Jesus betritt die Bühne. Er greift auf eine vierhundert Jahre alte Prophezeiung zurück, um uns zu erklären, wofür er gekommen ist. Er zitiert aus dem Buch des Propheten Jesaja, und das klingt dann so:

> Der Geist Gottes, des Herrn, ruht auf mir; denn der Herr hat mich gesalbt. Er hat mich gesandt, damit ich den Armen eine frohe Botschaft bringe und alle heile, deren Herz zerbrochen ist, damit ich den Gefangenen die Entlassung verkünde und den Gefesselten die Befreiung. (Jesaja 61,1)

Die Bedeutung dieser Verse ist verdunkelt worden durch Jahrhunderte religiöser Sprachregeln und zeremonielles Drumherum. Was sagt er? Es hat etwas zu tun mit guten Nachrichten, mit dem Heilen von Herzen, mit Befreiung.

Jesus hätte irgendeine von tausend anderen Passagen aus dem Alten Testament verwenden können, um den Zweck seiner Mission zu erklären. Er ist das Opferlamm, der Spross aus dem Stamm Isais, der Morgenstern. Aber hier, bei Dienstantritt gewissermaßen, hier hat er diese Prophezeiung allen anderen Passagen vorgezogen. Das ist das Entscheidende an seinem Auftrag. Alles andere, was er sonst noch sagt und tut, steht unter diesem Vorzeichen. Ich bin hier, um Ihnen Ihr Herz zurückzugeben und Sie zu befreien. *Deshalb* stimmt, was Irenäus gesagt hat: Die Ehre Gottes – das ist der lebendige Mensch. Gott verherrlicht sich in einem lebendigen Menschen. Gott hat gesagt, dass er genau das tun wird – Menschen lebendig machen. Das Gegenteil kann nicht wahr sein. „Gott wird verherrlicht, wo ein Mensch gerade so über die Runden kommt; wo ein Mensch gerade so am Leben bleibt." Wie könnte es Gottes Herrlichkeit nützen, wenn sein Ebenbild, seine eigenen Kinder, derart ramponiert, kaputt, gefesselt bleiben?

DER UNGEZÄHMTE CHRIST

Impuls: In welchem Bereich meines Lebens wünsche ich mir mehr Lebendigkeit? Wo brauche ich Heilung für mein Herz?

37 | VERDREHTE THEOLOGIE

Es ist einfach nur diabolisch, abscheulich, mit einem Wort: *böse,* dass das Herz derart missverstanden, zu Unrecht verdächtigt, gefürchtet und verstoßen wird. Aber hier sind wir wieder beim Punkt: Wenn es nach dem Feind geht, dann sollen wir *das* niemals erfahren. Sein Plan zielte von Anfang an darauf,

Herzen zu zerstören. Beschäftige sie derart, dass sie ihr Herz vergessen. Verletze sie so tief, dass sie gar kein Herz mehr wollen. Verdrehe ihre Theologie, sodass sie ihrem Herzen misstrauen. Raube ihnen den Mut. Zerstöre ihre Kreativität. Lass nicht zu, dass sie sich auf ein vertrauensvolles Verhältnis zu Gott einlassen.

Natürlich ist Ihr Herz das Objekt einer großen und erbitterten Schlacht. Es ist Ihr kostbarster Besitz. Ohne Ihr Herz können Sie Gott nicht finden. Ohne Ihr Herz können Sie nicht lieben. Ohne Ihr Herz können Sie nicht glauben. Ohne Ihr Herz können Sie nicht die Aufgabe erkennen, für die Sie geschaffen sind. Anders ausgedrückt: Ohne Ihr Herz können Sie kein *Leben* haben. Und nun ist die Frage: Hat Jesus sein Versprechen eingelöst? Was hat er getan für unsere Herzen?

Die Antwort wird Sie in Staunen versetzen.

DER UNGEZÄHMTE CHRIST

Impuls: Traue ich der Stimme meines Herzens? Wie kann ich Gottes Stimme in mir von eigenen oder falschen Stimmen unterscheiden?

DER KÖNIG UND DAS BETTELMÄDCHEN | 38

Sören Kierkegaard erzählt folgende Geschichte:

> Angenommen, ein König liebte ein Bettelmädchen. Der König war keinem anderen König gleich. Jeder Staatsmann zitterte vor seiner Macht. Niemand wagte es, ein Wort gegen ihn zu äußern, denn er hatte die Macht, all seine Gegner zu zermalmen. Und doch schmolz dieser mächtige König dahin in Liebe zu einem Bettelmädchen. Wie konnte er ihr seine Liebe gestehen? Auf eine seltsame Weise waren ihm gerade durch seine königliche Macht die Hände gebunden. Wenn er sie in den Palast brachte und ihr Haupt mit Juwelen krönte und ihren Leib in königliche Gewänder kleide-

te, so würde sie sich ihm sicherlich nicht widersetzen – niemand wagte es, sich ihm zu widersetzen. Aber würde sie ihn lieben? Natürlich würde sie sagen, dass sie ihn liebte, aber würde sie das auch wirklich tun? Oder würde sie in Furcht bei ihm leben und insgeheim dem Leben nachtrauern, das sie zurückgelassen hatte? Würde sie glücklich sein an seiner Seite? Wie konnte er das wissen? Wenn er in seinem königlichen Wagen vor ihrer Waldhütte vorfuhr, begleitet von einer bewaffneten Eskorte mit leuchtenden Fahnen, so würde auch das sie überwältigen. Er wollte keine kauernde Untertanin. Er wollte eine Geliebte, eine Gleichgestellte. Er wollte, dass sie vergaß, dass er ein König war und sie ein Bettelmädchen, und wollte ihre gemeinsame Liebe die Kluft zwischen ihnen überwinden lassen. Denn nur in der Liebe kann das Ungleiche gleich gemacht werden. (Paraphrasiert in *Enttäuscht von Gott*)

Der König legt die Kleider eines Bettlers an und entsagt seinem Thron, um ihre Hand zu gewinnen. Die Inkarnation, Gottes Kommen in Jesus, sein Leben und sein Tod, beantwortet ein für alle Mal die Frage: „Wie steht Gottes Herz zu mir?" Darum sagt Paulus in Römer 5: „Schaut hierher, ans Kreuz. Hier zeigt sich Gottes Herz. Gerade an dem Punkt unseres tiefsten Verrats, als wir weit von ihm fortgelaufen waren und uns so sehr in den Wäldern verirrt hatten, dass wir nie wieder unseren Weg nach Hause gefunden hätten, kam Gott und starb, um uns zu retten."

GANZ LEISE WIRBST DU UM MEIN HERZ

Impuls: Wodurch gewinnt Gott mein Herz? Was begeistert mich an Gott?

Gott sucht uns

Wie ist Gott? Ist sein Herz gut? Wir wissen, dass er derjenige ist, der vom Anfang bis zum Ende alles ins Rollen gebracht hat. Wie Simon Tugwell uns in Erinnerung ruft, ist Gott derjenige, der uns sucht:

> Solange wir uns einbilden, wir seien es, die nach Gott suchen müssten, werden wir oft den Mut verlieren. Aber es ist umgekehrt – er sucht nach uns. Und so können wir es uns leisten, uns bewusst zu machen, dass wir sehr oft gar nicht nach Gott suchen; im Gegenteil, wir befinden uns auf der Flucht vor ihm, in der Rebellion gegen ihn. Und er weiß das und hat es längst berücksichtigt. Er ist uns in unsere eigene Finsternis hinein gefolgt; dort, wo wir glaubten, ihm endlich entkommen zu sein, laufen wir direkt in seine Arme. Darum müssen wir nicht eine falsche eigene Frömmigkeit vorspiegeln, um uns die Hoffnung auf das Heil zu geben. Unsere Hoffnung liegt in seiner Entschlossenheit, uns zu retten, und er wird nicht nachlassen, entsprechend zu handeln. *(Prayer)*

Wenn wir das Gefühl haben, dass das Leben letzten Endes von uns selbst abhängt, dann ersticken wir. Wenn wir die Hauptfigur sind, dann ist die Welt so klein, dass wir kaum Bewegungsspielraum haben. Es befreit unsere Seele, zu wissen, dass schon lange vor uns etwas im Gang war, das uns einbezieht, das an uns gedacht hat und das doch nicht von uns abhängt oder in uns gipfelt, sondern uns einlädt, teilzunehmen an etwas Größerem.

Und was ist mit der Romanze und den Pfeilen? So war es nicht gedacht. Einst lebten wir in einem Garten; wir lebten an dem Ort, für den wir geschaffen waren. Es gab keine Pfeile, nur Schönheit. Unsere Beziehungen waren nicht von Furcht, Vorbehalten, Manipulationen, Leistungen und Gegenleistungen getrübt. Unsere Arbeit war lohnend; wir empfingen mehr, als wir gaben. Es gibt Schönheit, und wir sehnen uns so sehr danach, dass sie Bestand hat; wir wurden für den Garten geschaffen. Aber jetzt gibt es auch Leid und Not, und der Grund ist, dass wir jenseits von Eden leben. Die Pfeile, die Verwundungen scheinen der wahrste Teil des Lebens zu sein, aber das sind sie nicht. Das Herz des Universums ist immer noch vollkommene Liebe.

GANZ LEISE WIRBST DU UM MEIN HERZ

Impuls: „Gott ist die Liebe" (1. Johannes 4,8). Ich lasse diese Aussage auf mich wirken. Ich bringe alles, was mich dazu bewegt, ins Gespräch mit Gott.

40 | „GLÜCKLICH UND ZUFRIEDEN BIS AN IHR LEBENSENDE"

Und sie lebten glücklich und zufrieden bis an ihr Lebensende.

Moment. Lassen Sie das einmal für einen Moment zu: *Und sie lebten glücklich und zufrieden.*

Dies sind vielleicht die schönsten und zugleich die wehmütigsten Worte in der gesamten Menschheitsbibliothek. Warum finden wir uns am Ende einer großen Geschichte meist mit einem Kloß im Hals und einer Wehmut im Herzen vor? Wenn wir noch nicht ganz und gar abgestumpft sind, kann ein wirklich gutes Ende uns zu Tränen rühren.

Die Antwort ist einfach: weil Gott die Ewigkeit in unser Herz gelegt hat. Jede Geschichte, die wir erzählen, ist ein neuer Versuch, dem, was Gott da in unser Herz geschrieben hat, erneut in Worten und Bildern Ausdruck zu verleihen. Denken Sie an die Geschichten, die Sie lieben. Erinnern Sie sich daran, wie diese Geschichten enden.

Dieses Thema ist auf das menschliche Herz geschrieben: diese Sehnsucht nach einem „glücklich und zufrieden bis an ihr Lebensende".

Denn jede Geschichte hat ein Ende. Jede. Ihre auch. Haben Sie das schon mal bedacht? Selbst wenn es Ihnen gelingt, etwas vom Geschmack des Paradieses in diesem Leben zu finden, selbst wenn Sie zu den wenigen Glücklichen gehören, die ein wenig Liebe und Glück in dieser Welt finden, Sie können es nicht festhalten. Sie wissen das. Ihre Gesundheit wird nicht ewig stabil sein. Das Alter wird auch Sie erobern. Einer nach dem anderen werden die Freunde und die, die Sie lieben, aus Ihrem Leben verschwinden. Was Sie in dieser Welt ausrichten wollten, wird unvollendet bleiben. Ihre Zeit auf dieser Bühne geht einmal zu Ende. Wie jeder andere Mensch vor Ihnen werden Sie einmal Ihren letzten Atemzug tun.

Und dann? Ist das das Ende der Geschichte?

Wenn dies das Ende ist, dann spielen wir unsere Rolle in einer Tragödie. Macbeth hat Recht: „Leben ist nur ein wandelnd Schattenbild ... ein Märchen ist's, erzählt von einem Dummkopf, voller Klang und Wut, das nichts bedeutet." Früher oder später bricht uns das Leben das Herz. Oder vielmehr: Der Tod bricht uns das Herz. Vielleicht müssen Sie erst jemanden, den Sie lieben, verlieren, um diese Tatsache nicht länger zu leugnen. Der letzte Feind ist der Tod. Er wird kommen. Gibt es kein Entrinnen? Haben wir eine Zukunft?

IM FALSCHEN FILM?

Impuls: Wann musste ich mich bisher mit dem Tod auseinandersetzen? Hat es meine Sicht auf mein Leben verändert? – Worauf möchte ich zurückblicken können, wenn ich sterbe?

41 | Ein neuer Bund

> Ich schenke euch ein neues Herz und lege einen neuen Geist in euch. Ich nehme das Herz von Stein aus eurer Brust und gebe euch ein Herz von Fleisch. Ich lege meinen Geist in euch und bewirke, dass ihr meinen Gesetzen folgt und auf meine Gebote achtet und sie erfüllt. (Hesekiel 36,26.27)

Wir wissen mittlerweile: Das Herz ist entscheidend. Es ist von tiefer Bedeutung. Wenn wir mit den Augen des Herzens sehen, wenn wir sozusagen mythisch sehen, dann werden wir aufwachen und werden entdecken, dass die Dinge nicht so sind, wie sie scheinen. Wir *sind* im Krieg. Wir müssen um das Leben kämpfen, das Gott uns zugedacht hat, und das heißt: Wir müssen um unser Herz kämpfen, denn es ist der Ursprung des Lebens in uns.

Mitten auf dem Weg zum Leben – auf dem Weg des Herzens also – kommt uns ein gewaltiges Hindernis in die Quere. Es steht schon allzu lange, und es hat schon allzu viele Pilger das Leben gekostet. Bis heute ist unter Christen die Überzeugung verbreitet, dass das Herz hoffnungslos verdorben ist – selbst dann noch, wenn ein Mensch sich Jesus Christus anvertraut hat.

Diese Überzeugung macht glaubende Menschen zu Krüppeln.

Und sie ist unwahr.

Der ungezähmte Christ

Impuls: Gott hat versprochen: „Ich schenke euch ein neues Herz" (Hesekiel 36,26). Wie zeigt sich das in meinem Leben?

Begehrt werden | 42

Nur wenige Menschen haben sich wohl je begehrt gefühlt. Manchmal fragen wir uns eher, ob wir überhaupt bemerkt werden. Der Vater war zu beschäftigt, um zu unseren Fußballspielen zu kommen, oder vielleicht hat er sich ganz aus dem Staub gemacht. Die Mutter ging uns in einem niemals kleiner werdenden Wäscheberg verloren, oder in letzter Zeit in ihrem eigenen Beruf. Wir kommen in diese Welt mit der Sehnsucht, für irgendjemanden etwas Besonderes zu sein, und wir werden von Anfang an darin enttäuscht. Nur wenige Menschen haben das Glück, einfach so, wie sie sind, begehrt und gewollt zu sein – nicht für das, was sie tun können oder was andere von ihnen gewinnen können, sondern einfach um ihrer selbst willen. Können Sie sich erinnern, wann sich zum letzten Mal ein wichtiger Mensch in Ihrem Leben mit Ihnen zusammengesetzt hat aus dem einzigen Grund, weil er Ihr Herz tiefer kennenlernen wollte, und dabei ganz selbstverständlich erwartete, dass er seine Freude an dem haben würde, was er dort fand? Es gibt mehr Leute, die den Mount Everest bestiegen haben, als solche, die wirklich begehrt wurden. Und was folgt daraus für uns? Dass es in unserem Herzen nichts gibt, was sich kennenzulernen lohnt. Wer oder was auch immer dieses Mysterium sein mag, das wir *Ich* nennen, groß der Rede wert kann es wohl nicht sein.

Vielleicht gehen wir sogar noch weiter: „Wenn ich nicht begehrt werde, muss es wohl daran liegen, dass etwas mit mir nicht stimmt, irgendetwas in meinem Innern, das finster und verborgen ist." Wir sehnen uns danach, gekannt zu werden, und doch fürchten wir uns davor wie vor nichts anderem. Die meisten Leute leben mit einem unterschwelligen Grauen davor, dass eines Tages herauskommen könnte, wer sie wirklich sind, und dass sich dann die ganze Welt voller Abscheu von ihnen abwenden wird.

GANZ LEISE WIRBST DU UM MEIN HERZ

Impuls: „*Wir sehnen uns danach, gekannt zu werden, und doch fürchten wir uns davor wie vor nichts anderem.*" Wo erlebe ich diese Spannung? Wem gegenüber würde ich „mein Herz öffnen" – rückhaltlos? Was hält mich davon ab, anderen zu zeigen, was mir „auf dem Herzen liegt"?

43 | Wie ist Jesus?

Ist Jesus nun eher wie Mutter Teresa oder eher wie William Wallace? Die Antwort lautet: Es hängt von den Umständen ab. Einmal angenommen, Sie sind aussätzig, ausgestoßen aus der Gesellschaft, ein Paria. Niemand hat Sie jemals berührt, denn Sie gelten ja als „unrein". Alles, wonach Sie sich je gesehnt haben, ist ein gutes Wort – in dem Fall ist Jesus die Inkarnation der Barmherzigkeit und der Liebe. Er kommt Ihnen nah, er berührt Sie. Wenn Sie aber ein Pharisäer sind, ein Angehöriger dieser selbst ernannten Gesinnungspolizei – dann sehen Sie sich vor! Bei mehr als nur einer Gelegenheit hat Jesus mit diesen notorischen Heuchlern „Streit gesucht", den Kampf aufgenommen.

> Am Sabbat lehrte Jesus in einer Synagoge. Dort saß eine Frau, die seit achtzehn Jahren krank war, weil sie von einem Dämon geplagt wurde; ihr Rücken war verkrümmt, und sie konnte nicht mehr aufrecht gehen. Als Jesus sie sah, rief er sie zu sich und sagte: Frau, du bist von deinem Leiden erlöst. Und er legte ihr die Hände auf. Im gleichen Augenblick richtete sie sich auf und pries Gott. Der Synagogenvorsteher aber war empört darüber, dass Jesus am Sabbat heilte, und sagte zu den Leuten: Sechs Tage sind zum Arbeiten da. Kommt also an diesen Tagen und lasst euch heilen, nicht am Sabbat!
> Der Herr erwiderte ihm: Ihr Heuchler! Bindet nicht jeder von euch am Sabbat seinen Ochsen oder Esel von der Krippe los und führt ihn zur Tränke? Diese Tochter Abrahams aber, die der Satan schon seit achtzehn Jahren gefesselt hielt, sollte am Sabbat nicht davon befreit werden dürfen? Durch diese Worte wurden alle

seine Gegner beschämt; das ganze Volk aber freute sich über all die großen Taten, die er vollbrachte. (Lukas 13,10-17; EÜ)

Was wird Jesus beim nächsten Streitpunkt tun – wird er einen weiten Bogen um das Thema machen, um die Wogen nicht noch weiter aufzuschaukeln (eine beliebte Taktik bei vielen leitenden Leuten unserer Tage)? Wird er das Problem totschweigen, damit die „Einheit der Gemeinde gewahrt" bleibt? Nichts da. Er geht geradewegs dazwischen, er fordert die Pharisäer heraus, er nimmt den Kampf auf. Jesus lockt den Gegner aus der Reserve, stellt ihn bloß vor aller Öffentlichkeit.
Jesus – ein *Gentleman*?

Der ungezähmte Mann

Impuls: Wie konfliktfreudig bin ich? Wo bin ich herausgefordert, etwas offen anzusprechen, was nicht in Ordnung ist?

Ist das der Gott der Bibel? | 44

Gott hat eine Schlacht zu schlagen, und zwar eine Schlacht um unsere Freiheit. Tremper Longman sagt dazu: „Jedes Buch der Bibel – egal ob Altes oder Neues Testament –, jede einzelne Seite erzählt im Grunde von göttlichen Kampfhandlungen." Die Ägypter, die Israel lange unter der Knute hielten – sie werden Jahwe vermutlich nicht als *netten Kerl* empfunden haben. Plagen, Pestilenz, der Tod jedes Erstgeborenen – ein Gentleman würde so was nicht tun, oder? Und was würde wohl der Freiherr von Knigge zur Einnahme des Gelobten Landes sagen? Die Ausrottung der angestammten Bevölkerung kann man nicht gerade als Pflege guter Nachbarschaft bezeichnen.

Erinnern Sie sich an jenen wilden Helden der Frühzeit Israels, Simson? Er konnte auf eine eindrucksvolle Liste von Heldentaten verweisen: einen Löwen mit bloßen Händen zerrissen, dreißig Philister erschlagen, als sie seine Frau in eine Intrige gegen ihn verwickelten; und nachdem sie seine Frau dem Flammentod überlassen hatten, ging er mit dem Kieferknochen eines Esels auf sie los und tötete tausend Mann. Mit so einem legt man sich besser nicht an. Wohlgemerkt: Simson hat all das jeweils im Zustand geistlicher Ekstase getan – *„der Geist des Herrn kam über ihn"* (Richter 15,14).

Nun will ich an dieser Stelle klarstellen: Ich rede nicht der Gewalttätigkeit das Wort. Ich verlange von niemandem, dass er sich im Kraftraum fit machen soll, um anschließend mit irgendwelchen Pharisäern Händel anzufangen. Was ich will: Ich möchte dieses fatale Zerrbild korrigieren, das wir von Gott – und ebenso von Jesus – haben. Und damit auch das Zerrbild von uns selbst, die wir nach Gottes Ebenbild geschaffen sind. Dorothy Sayers beklagt in einem ihrer Bücher, die Christenheit habe „dem Löwen von Juda die Krallen gestutzt" und habe ihn „zu einem Haustier für bleiche Hilfspfarrer und frömmelnde alte Damen gemacht". Ist das der Gott, von dem wir in der Bibel lesen?

Einen Mann können Sie schlicht danach beurteilen, was für einen Eindruck er auf Sie macht. Langweilt er Sie? Macht Ihnen sein verbohrter Dogmatismus Angst? Oder rührt er Sie zu Tränen, weil er so unglaublich nett ist? Im Garten Gethsemane in der finstersten Nacht kam ein Söldnerhaufen zu Jesus, um ihn festzunehmen. Warum so verstohlen? Warum haben sie ihn nicht bei Tageslicht verhaftet, in der Öffentlichkeit? Und Jesus – ist er vor Furcht erstarrt? Nein, er geht in die Offensive.

DER UNGEZÄHMTE MANN

Impuls: Wo ist meine Sicht von Jesus einseitig? Welche Seiten an ihm sind mir fremd oder unverständlich oder ärgern mich?

Die gesamte Schöpfung ist unverschämt wild | 45

Wenn Sie bisher noch skeptisch waren, ob Gott wirklich die Wildnis liebt, dann verbringen Sie doch mal eine Nacht im Wald – aber allein. Gehen Sie in einem Gewittersturm spazieren. Nehmen Sie ein Bad im Meer – am besten in Gesellschaft von Orkas. Oder schauen Sie mal einem wütenden Elchbullen ins Auge. Und dann überlegen Sie: Wer hat sich wohl so etwas ausgedacht? Das Große Barriere-Riff mit seinen weißen Haien, die Dschungel Indiens mit ihren Tigern, die Wüste Arizonas mit ihren Klapperschlangen: Würden Sie diese Ecken der Welt als „nette Gegend" beschreiben? In weiten Regionen dieser Erde lebt es sich nicht sicher – aber gut. Diese Erkenntnis kam mir etwas spät, als ich mit meinem Freund Craig in Alaska unterwegs war. Wir wanderten den Kenai River flussaufwärts auf der Suche nach den besten Lachsgründen. In dem eisigen Wasser sollen auch gigantische Regenbogenforellen leben. Wir waren vor Bären gewarnt worden, aber das hatten wir nicht sonderlich ernst genommen. Bis wir mitten in den Wäldern waren, um uns herum unverkennbar Spuren von Grizzlys – Reste von Fischmahlzeiten. Prankenspuren an Bäumen, höher als Augenhöhe. Beeindruckende Kothaufen. *Ziemlich ungemütlich*, ging es mir durch den Kopf. *Was haben wir hier verloren?*

Doch dann ging mir auf, dass Gott all das – auch das! – ausdrücklich für *gut* erklärt hat. Offensichtlich liebt Gott Überraschungen, er liebt die Gefahr, er scheut kein Risiko. Und wie macht er uns das deutlich? Durch die Wildheit der Natur. Die gesamte Schöpfung ist *wild* – unverfroren, unverschämt *wild*. Gott liebt es so.

Der ungezähmte Mann

Impuls: *Darf Gott in meinem Leben auch unverständlich handeln? Wo bin ich versucht, ihn auf meinen Denkhorizont zu begrenzen und festzulegen? Wo bin ich der unberechenbaren, mächtigen, erschreckenden Seite Gottes begegnet?*

46 | Wir sollen leben und nie mehr sterben

Die Auferweckung Jesu war die erste von vielen weiteren, ein Vorläufer unserer eigenen Auferweckung. Er hat den Weg gebahnt.

> Tatsächlich aber ist Christus als Erster von den Toten
> auferstanden. So können wir sicher sein, dass auch die übrigen
> Toten auferweckt werden. (1. Korinther 15,20)

> Gott wusste von Anfang an, was er tat.
> Schon im Anfang entschied er, dass er das Leben der Menschen,
> die ihn lieben, nach dem Vorbild des Lebens formen wollte,
> das sein Sohn führte.
> Der Sohn ist der Erste in der Reihe der Menschheit,
> die er wiederhergestellt hat. (Römer 8,29 nach: The Message)

So sollen auch wir leben und nie mehr sterben. Die Schöpfung wird wiederhergestellt und *wir* werden wiederhergestellt. Und wir werden diese Erfahrung miteinander teilen. „Heute", sagt Jesus zu dem Verbrecher am Kreuz, „noch heute wirst du mit mir im Paradies sein" (Lukas 23,43). Stellen Sie sich das vor. Stellen Sie sich vor, sie sind wieder mit allen Menschen vereint, die Sie geliebt haben, mit allen großen und noblen Figuren dieser Geschichte – im Paradies.

Wir werden in der Abendfrische mit Gott im Garten spazieren gehen. Wir werden Jesus von Angesicht zu Angesicht sehen. Wir werden ihn lachen hören. Alles, was jemals zwischen uns stand, wird weggewischt sein, und unser Herz wird befreit sein zu wirklicher Liebe. Es beginnt mit einer großen Party, wie in *Titanic* – die Bibel spricht von der „Hochzeit des Lammes" (Offenbarung 19,9). Vielleicht werden Sie mit Adam und Eva Ihr Glas erheben, mit Paulus oder Franziskus, mit Ihrem Großvater und Ihrer Großmutter.

Und was für Geschichten werden Sie hören! Und alle Fragen werden endlich ihre Antwort finden. Und das werden keine einsilbigen Antworten sein, sondern Geschichten, Geschichten und noch mal Geschichten, ein Fest voller Staunen und Lachen und Freudentränen.

IM FALSCHEN FILM?

Impuls: Inwieweit bestimmt die Hoffnung auf eine Zukunft bei Gott mein Handeln im Hier und Jetzt?

DIE FREIHEIT, IHN ABZULEHNEN | 47

In der guten Absicht, Gottes Souveränität zu retten, haben Theologen uns das Bild eines Schach spielenden Gottes gezeichnet. Und zwar sitzt er auf beiden Seiten des Spielbrettes und macht sowohl seine als auch unsere Züge. Aber das ist natürlich Unsinn. Tatsächlich nimmt Gott ein immenses Risiko auf sich. Das größte denkbare Risiko ist er eingegangen, als er den Engeln und den Menschen einen freien Willen verliehen hat. Darin eingeschlossen die Möglichkeit, ihn abzulehnen – und das nicht nur einmal, sondern Tag für Tag. Flüstert Gott einem Menschen ein, dass er sündigen soll? „Das ist ausgeschlossen!", versichert der Apostel Paulus (Galater 2,17; RE). Und das bedeutet: Gott macht eben nicht alle Züge auf dem Schachbrett, denn die Menschen sündigen, ständig, jeden Tag. Gefallene Engel und Menschen missbrauchen Tag für Tag ihre Fähigkeiten und richten furchtbarstes Unheil an. Fängt Gott jede Kugel ab, die auf ein unschuldiges Opfer abgefeuert wird? Fährt er jedes Mal mit der Faust dazwischen, wenn ungeborenes Leben im Mutterleib getötet wird? Leben ist lebensgefährlich – gefährlicher, als wir uns gewöhnlich eingestehen wollen.

Die meisten Menschen unternehmen alles Erdenkliche, um das Risiko in ihrem Leben zu *vermindern*. Wir legen den Sicherheitsgurt an, wir überwachen unseren Cholesterinspiegel, wir praktizieren Empfängnisverhütung. Von einigen Paaren weiß ich: Sie wollen sich schlichtweg den Kummer ersparen, den Kinder ja auch machen könnten. Es könnte ja sein, dass ein Kind behindert oder entstellt zur Welt kommt. Es könnte ja sein, dass ein Kind seine eigenen Wege geht, dass es den Eltern oder Gott den Rücken kehrt. Und dann? – Gott scheint all dieser Übervorsichtigkeit ins Gesicht zu lachen. Gott hat sich entschieden, Kinder zu bekommen, obwohl er genau *wusste*, was passieren würde. Er wusste, welches Leid und welche Verheerungen menschlicher Ungehorsam anrichten würde. Anders als manche überkontrollierenden Eltern, die ihren Kindern keinerlei Entscheidungsfreiheit lassen, räumt Gott uns bemerkenswerte Freiheiten ein. Er hat Adam und Eva *nicht* zum Gehorsam gezwungen. Er ist damit ein Risiko eingegangen. Ein schwindelerregendes Risiko, mit schwindelerregenden Konsequenzen. Er hat andere in sein Abenteuer mit hineingenommen und er lässt zu, dass ihre Entscheidungen es tief greifend verändern.

Der ungezähmte Mann

Impuls: Wo bin ich in meinem Leben bisher Risiken eingegangen? Mit welchem Ergebnis? Wie kann ich Gott in seiner Risikobereitschaft aus Liebe ähnlicher werden?

48 | Willst du gesund werden?

Die verkrümmte Gestalt lag in der Sonne wie ein Lumpenhaufen, den man achtlos weggeworfen hatte. Man hätte kaum einen Menschen darin vermutet. Aber die, die dieses Tor in der Stadtmauer von Jerusalem regelmäßig benutzten, erkannten ihn. Das war sein Platz; hierhin hatte er sich gekauert, so lange man sich erinnern konnte. Er war verkrüppelt, wurde jeden Morgen dort von jemandem aus seiner Familie abgeladen und am Abend wieder aufgesammelt. Mit den Jahren hatte sich rings um den Teich Bethesda eine regelrechte Galerie der menschlichen Hinfälligkeit eingefunden – die Lahmen, die Blinden, die Tauben, die Leprakranken. Ein Gerücht machte die Runde, dass manchmal (niemand konnte sagen, wann genau) ein Engel das Wasser in Bewegung brachte, und dann würde der Erste, der ins Wasser stieg, heil. Eine Art Lotterie, wenn man so will. Und wie jede Lotterie, so zog auch diese die Verzweifelten an in der Hoffnung auf ein Wunder. In einem technischen Sinn war der Mann niemals allein. Aber es war schon so lange her, seit ihn zuletzt jemand wirklich *angesprochen* hatte, dass er zunächst glaubte, die Frage würde jemand anderem gelten. Er blinzelte aufwärts gegen die Sonne und erkannte nicht, wer da vor ihm stand. Der bemitleidenswerte Mann bat den Fremden, die Frage noch einmal zu wiederholen, nur für den Fall, dass er sich verhört hatte. Obwohl die Stimme freundlich war, klang die Frage doch harsch, um nicht zu sagen grausam.

„Willst du gesund werden?"

Er saß sprachlos da. Nur ganz langsam sackten die Worte in sein Bewusstsein, so als ob ihn eine Stimme aus einem Traum reißen würde. *Will ich gesund werden?* Allmählich nur, wie ein verrostetes Rad, begann sein Verstand zu arbeiten. *Was soll diese Frage? Warum wäre ich sonst hier? Warum sonst habe ich die letzten dreißig Jahre hier gelegen? Er treibt Spott mit mir.* Der Mann kannte sich aus mit Spott; schon viele hatten sich über ihn lustig gemacht. Aber nun, als sich seine Augen an die Helligkeit gewöhnt hatten, konnte er das Gesicht des Fragestellers sehen. Seine Augen. Da war kein Anflug von Spott. Dieses Gesicht war so freundlich wie die dazugehörige Stimme. Offensichtlich meinte der Mann, was er sagte, und wartete auf eine Antwort. „Willst du gesund werden? Was willst du wirklich?"

Jesus hat die Frage gestellt, also muss es da etwas geben, das wir möglicherweise verpasst haben. Er ist die Liebe in Person. Warum hat er dem gelähmten Zeitgenossen eine so sonderbare Frage gestellt?

Finde das Leben, von dem du träumst

Impuls: Was will ich wirklich? Nehme ich diese tiefste Sehnsucht ernst? – Was würde ich Jesus im Blick auf diese Begebenheit gern fragen?

49 | Endlich leben!

Das *Leben* ist uns angeboten, Freunde. Vergessen wir das nicht.

> Denn Gott hat die Menschen so sehr geliebt, dass er seinen einzigen Sohn für sie hergab. Jeder, der an ihn glaubt, wird nicht zugrunde gehen, sondern das ewige Leben haben. (Johannes 3,16)
>
> Und das allein ist ewiges Leben: dich, den einen wahren Gott, zu erkennen, und Jesus Christus, den du gesandt hast.
> (Johannes 17,3)
>
> Wer durstig ist, der soll kommen. Jedem, der es haben möchte, wird Gott das Wasser des Lebens schenken. (Offenbarung 22,17)

Es gibt keine einfachere oder schönere Weise, es zu sagen, als diese: In Akt vier der Großen Geschichte geht es um die Wiederherstellung des Lebens, wie Gott es von Anfang an gedacht hatte.

Es ist die Rückkehr der Dinge, für die wir geschaffen wurden: Schönheit, Intimität, Abenteuer. Dafür sind wir geschaffen; dies hätten wir genießen sollen. An jedem Tag unseres Lebens haben wir uns danach gesehnt. Und es wird unvergänglich sein. Wir können es nie mehr verlieren. Es kann uns nicht mehr genommen werden. Jeder Sonnenaufgang und jeder Sonnenuntergang erzählt uns davon, erinnert uns an die Herrlichkeit von Eden und weist voraus auf die Wiederherstellung des Paradieses.

Und welche Abenteuer werden wir erleben, wenn wir das Reich erhalten, das uns von Anfang an hätte gehören sollen. Hören Sie sich das an:

Dann wird der König zu denen an seiner rechten Seite sagen: „Kommt her! Euch hat mein Vater gesegnet. Nehmt die neue Welt Gottes in Besitz, *die er seit Erschaffung der Welt für euch als Erbe bereithält!*" (Matthäus 25,34)

Adam und Eva und all ihre Söhne und Töchter wurden geschaffen, um über die Erde zu regieren – um zu forschen, zu entdecken, zu schaffen, um all die Dinge zu tun, die Menschen tun, wenn sie ihre besten Möglichkeiten ausschöpfen.

Dazu wurden wir geschaffen. Das ist unsere Bestimmung.

IM FALSCHEN FILM?

Impuls: *Wie stelle ich mir die Zukunft Gottes vor? Ist das für mich ein Grund, sie herbeizusehnen?*

DIE BOTSCHAFT DER PFEILE | 50

Irgendwann stehen wir alle vor derselben Entscheidung – was fangen wir mit den Pfeilen an, die uns getroffen haben? Oder vielleicht sollten wir besser sagen: Wozu haben sie uns zu bringen versucht? Wie auch immer sie zu uns kommen, ob durch einen Verlust, den wir als Verlassenheit empfinden, oder durch eine tiefe Verletzung, durch die wir uns misshandelt fühlen, ihre Botschaft ist immer dieselbe: Töte dein Herz. Scheide dich von ihm, vernachlässige es, fliehe vor ihm oder verwöhne es mit irgendeinem Betäubungsmittel (unseren diversen Süchten). Denken Sie daran, wie Sie mit der Not umgegangen sind, die Ihr Herz durchbohrt hat. Wie sind die Pfeile zu Ihnen gekommen? Wo sind sie gelandet? Sind sie noch da? Was haben Sie infolgedessen getan?

Es kann irreführend sein, wenn wir sagen, dass wir alle vor einer Entscheidung stehen, wenn wir von einem Pfeil durchbohrt werden. Das lässt den Prozess so rational erscheinen, als hätten wir die Möglichkeit, die Situation kühl einzuschätzen und uns logisch zu überlegen, wie wir reagieren. Doch das Leben ist nicht so – das Herz lässt sich nicht aus der Distanz managen (schon gar nicht, wenn wir jung sind, also in dem Alter, in dem uns die schmerzhaftesten Pfeile treffen). Das Ganze läuft eher ab wie ein Überfall, und unsere Reaktion kommt aus dem Bauch. Vielleicht kleiden wir sie nicht einmal in Worte.

Unsere tiefsten Überzeugungen bilden sich ohne bewusste Anstrengung heraus, aber die Folge ist eine Verschiebung tief in unserer Seele. Es bildet sich eine innere Entschlossenheit, nie wieder in diese Lage zu geraten, nie wieder diesen Schmerz zu erleben. Das Ergebnis ist eine Grundhaltung gegenüber dem Leben, die wir oft als unsere Persönlichkeit bezeichnen. Wenn Sie aufmerksam auf Ihr Leben hören, erkennen Sie vielleicht allmählich, wie sehr es von den Pfeilen geformt ist, von denen Sie getroffen wurden, und von den inneren Überzeugungen, die Sie infolgedessen angenommen haben. Selbst unser geistliches Leben wird von den Pfeilen gefärbt und zum Teil gesteuert.

GANZ LEISE WIRBST DU UM MEIN HERZ

Impuls: Was ist der tiefste Schmerz in meinem Leben? Wie beeinflusst er mein Bild von mir selbst? Welche meiner Grundüberzeugungen hat er geprägt? Wie beeinflusst er meine Beziehung zu Gott?

51 | BEGEHREN WILL GELERNT SEIN

Vielleicht wird die folgende Botschaft Sie überraschen: Der christliche Glaube ist keine Aufforderung dazu, ein besserer Mensch zu werden.

Der Glaube ist kein Programm, das uns zu anständigen Menschen macht. Er will auch nicht die Gesellschaft reformieren. Er wird sich in unserem Leben nachhaltig auswirken, aber wenn er dazu führt, dass sich unser Leben tatsächlich verändert, dann nur als *Begleiterscheinung* von etwas anderem, als Folge von etwas, was sich auf der Ebene unseres Herzens abspielt. Man könnte es so auf den Punkt bringen: Der christliche Glaube beginnt mit einer Einladung, etwas zu *begehren*.

Schauen wir uns an, wie Jesus mit Menschen umgeht. Da ist jene Frau in Samaria, der Jesus am Jakobsbrunnen begegnet. Sie ist allein in der Mittagshitze an den Brunnen gekommen, um Wasser zu schöpfen, und beide wissen, warum: Wenn die Sonne erst einmal so hoch am Himmel steht, dann ist es weniger wahrscheinlich, dass sie hier mit jemandem zusammentrifft. Ihr Lebenswandel hat ihr einen gewissen Ruf eingetragen. Sie ist mittlerweile beim sechsten Liebhaber angelangt, und so erträgt sie lieber die stechenden Strahlen der Mittagssonne, als sich dem verächtlichen Gerede der „anständigen" Frauen auszusetzen, die erst in der Abenddämmerung zum Wasserholen kommen. Es gelingt ihr, der Begegnung mit den Frauen auszuweichen, aber dafür rasselt sie mit Gott zusammen. Und welches Gesprächsthema wählt Jesus? Spricht er sie an auf ihren unmoralischen Lebenswandel? Nein, er spricht mit ihr – über ihren *Durst*. „Wenn du wüsstest, was Gott dir geben will und wer dich hier um Wasser bittet, würdest du mich um das Wasser bitten, das du wirklich zum Leben brauchst" (Johannes 4,10).

Bemerkenswert. Er hält ihr keinen Vortrag über Anständigkeit; er gibt ihr nur ganz knapp zu erkennen, dass er Bescheid weiß. „Fünf Männer hast du gehabt, und der, mit dem du jetzt zusammenlebst, ist nicht dein Mann" (Johannes 4,18). Anders ausgedrückt: Da wir es beide wissen, lass uns jetzt lieber darüber sprechen, wonach dein Herz sich sehnt. Denn das Leben, das du gewählt hast, funktioniert offensichtlich nicht. „Wer von dem Wasser trinkt, das ich ihm gebe, der wird nie wieder Durst bekommen. Dieses Wasser wird in ihm zu einer Quelle, die bis ins ewige Leben hinein fließt" (Johannes 4,14).

FINDE DAS LEBEN, VON DEM DU TRÄUMST

Impuls: „Alles beginnt mit der Sehnsucht", sagt Nelly Sachs. Welche Rolle spielt meine Sehnsucht, spielen meine tiefsten Wünsche in meiner Beziehung zu Gott? Ich erinnere mich an Erfahrungen, durch die ein Hunger oder Durst nach Leben gestillt wurde. Wo habe ich das erlebt?

52 | Unglaublich

Das ist die Welt, die Gott geschaffen hat. Und die er bis heute am Leben erhält. Und er wendet sich nicht einfach ab von der Unordnung, die wir in dieser Welt angerichtet haben. Vielmehr hält Gott trotz allem die Beziehung aufrecht – eine bewegte Beziehung zu uns und unserer Welt. Und es scheint, er hat seine Freude daran. Gewiss fordert sie etwas Heldenhaftes in ihm heraus. Unzählige Male entdecken wir in der Bibel, dass Gott eingegriffen hat – in der einen oder anderen Form. Gott macht Geschichte. Und es passieren unglaubliche Geschichten. Nehmen wir den Fall, wo Israel am Ufer des Schilfmeeres steht, in mörderischer Wut nähern sich die Truppen des Pharao. Kein Ausweg. Da tritt Gott auf den Plan. Oder nehmen wir Schadrach, Meschach und Abed-Nego: Sie werden erst gerettet, als sie bereits *im* Feuerofen waren. *Erst dann* hat Gott eingegriffen. Er lässt es zu, dass ein wilder Mob Jesus zu Tode bringt, dass er begraben wird ... Dann tritt Gott auf den Plan. Wissen Sie, warum Gott derart unglaubliche Geschichten schreibt? Weil er es selbst gerne wissen will. Er lässt es darauf ankommen, weil es liebt, uns deutlich zu machen, dass er das Zeug zu einem Sieger hat.

Es ist nicht Gottes Art, sein Risiko zu begrenzen und seine Rückzugswege abzusichern. Ganz im Gegenteil. Oft scheint er gegen alle Vernunft zu handeln. Wen lässt er gegen Goliath antreten, gegen einen mit allen Wassern gewaschenen Berufskiller? Einen sommersprossigen Hirtenjungen mit einer Steinschleuder.

Die meisten Kommandeure fordern, wenn sie in die Schlacht ziehen, so viel Fußtruppen wie nur möglich. Gott dagegen reduziert Gideons Armee von zweiunddreißigtausend Mann auf dreihundert. Dann rüstet er den verbliebenen undisziplinierten Haufen aus – mit Fackeln und Tonkrügen. Und es sind ja nicht nur zwei oder drei Gefechte, die Gott zu führen hat. Haben Sie schon mal überlegt, wie Gott mit seinem Evangelium verfährt? Gott muss eine lebenswichtige Botschaft unter den Menschen verbreiten. Ohne diese Botschaft wird die Menschheit ins Verderben laufen. Und wen rekrutiert er für diesen Auftrag? Er fängt mit denkbar ungeeignetem Personal an: ein paar Fischern mit maximal Hauptschulabschluss, einigen Prostituierten und einem Steuereintreiber. Und dann spielt er uns den Ball zu. Unglaublich!

DER UNGEZÄHMTE MANN

Impuls: Was erhoffe ich mir von einem Leben mit Gott? Was erhofft sich Gott von mir?

DAS GRÖSSTE RISIKO, DAS MAN ÜBERHAUPT | 53
EINGEHEN KANN, IST, JEMANDEN ZU LIEBEN

Gottes Beziehung zu uns und unserer Welt ist genau das: eine *Beziehung*. Wie in jeder Beziehung gibt es auch in dieser ein unvorhersehbares Element. Und wie in jeder Beziehung muss man auch in dieser damit rechnen, dass man verletzt werden kann. Jemanden lieben – das ist das größte Risiko, das man überhaupt eingehen kann. C. S. Lewis sagt: „Liebe etwas – und es wird dir das Herz brechen. Wenn du sichergehen willst, dass dein Herz heil bleibt, dann verschenke es an niemanden – noch nicht einmal an ein Haustier." Aber Gott verschenkt sein Herz, wieder und wieder und wieder, bis ihm das Herz buchstäblich blutet vor Liebe. Gottes Risikobereitschaft ist einfach überwältigend. Sie geht weit über das hinaus, was irgendjemand von uns an seiner Stelle aufbringen würde.

Die Kirche hat jahrhundertelang versucht, Gottes Souveränität und den freien Willen des Menschen unter einen Hut zu bringen – ergebnislos, ratlos. Wir müssen bescheiden anerkennen, dass die Sache äußerst geheimnisvoll ist und bleibt. (Ich plädiere hier nicht für irgendeine Spielart des Deismus, für alle, die genauer nachfragen.)

Wie dem auch sei: Im Herzen Gottes steckt ganz unbestreitbar etwas Unbezähmbares.

Der ungezähmte Mann

Impuls: Wo ziehe ich in meiner Liebe zu anderen die Grenze? Welche Rolle spielt die „Risikobereitschaft der Liebe" in meinem Glauben und in meinem Leben?

54 | Angst vor Leidenschaft?

Wie könnten wir König David vergessen? Ja, seine Leidenschaften haben ihm eine Menge Ärger eingetragen – und zugleich verdanken wir ihnen unser Gebetbuch, die Psalmen.

Oder denken wir an Petrus: Er war ein hitzköpfiger Jünger mit einem raschen Mundwerk. Damals im Garten Gethsemane war er es, der dem Diener des Hohen Priesters das Ohr abgetrennt hat. Aber er war zugleich der Erste, der begriffen und bekannt hat, dass Jesus der Messias ist, und trotz seiner Verleugnung am Karfreitag ist er zu einer Schlüsselfigur im Apostelkreis geworden. Er ist Jesus mit aller Konsequenz nachgefolgt, bis hin zu seiner eigenen Kreuzigung, bei der er darum bat, man möge ihn kopfunter ans Kreuz nageln, denn er sei nicht würdig, genauso zu sterben wie sein Herr.

Wir erinnern uns natürlich auch, dass Paulus ehemals Saulus hieß und ein fanatischer junger Pharisäer war: „In der Treue zum jüdischen Gesetz übertraf ich die meisten Altersgenossen in meinem Volk, und mit dem größten Eifer setzte ich mich für die Überlieferungen meiner Väter ein" (Galater 1,14; EÜ). Sein Eifer machte ihn zum erbittertsten Verfolger der Kirche. Als Jesus ihn auf der Straße nach Damaskus vom Pferd holte, da war Saulus gerade auf Christenjagd, „voller Wut und mit schweren Drohungen" (Apostelgeschichte 9,1; GN). Jesus hat seinen Eifer für sich in Dienst genommen, und nach Damaskus führte dieser Eifer dazu, dass Saulus-Paulus sich „viel mehr ... als alle anderen Apostel" (1. Korinther 15,10; GN) einsetzte.

Augustinus war ebenfalls ein sehr leidenschaftlicher junger Mann, sexuell ausschweifend, angetan von den Vergnügungen Roms, „die Wunde der Lust aufkratzend", so hat er später geschrieben, nachdem Jesus ihn mit Beschlag belegt hatte. Er wurde gleichwohl zu einer der tragenden Säulen der Kirche; er legte den Grund für den Aufstieg des Christentums nach dem Niedergang Roms.

Die großen Heiligen waren aus demselben Holz geschnitzt wie die „schmackhaften Sünder". Beiden gemeinsam ist die Sehnsucht, ein leidenschaftliches Verlangen nach mehr. Wer die Leidenschaft generell ausmerzen will, tötet damit auch jene Essenz ab, die Glaubenshelden hervorbringt.

FINDE DAS LEBEN, VON DEM DU TRÄUMST

Impuls: Wofür kann ich mich leidenschaftlich ereifern oder einsetzen? Welche Rolle spielt Leidenschaft in meiner Beziehung zu Gott?

55 | Leidenschaftslos und gleichgültig

Ich dachte an die letzte Begebenheit aus dem Leben des Propheten Elisa. Joasch, der damalige König von Israel, suchte den Propheten an seinem Krankenlager auf. Er wusste, dass die Zukunft des Landes ohne die Hilfe des großen Propheten düster aussah. Feinde standen an den Grenzen, warteten auf die Gelegenheit zum Zuschlagen. Elisa forderte den König auf, einige Pfeile in die Hand zu nehmen.

> Als der König von Israel sie genommen hatte, befahl ihm Elisa, auf den Boden zu schlagen. Der König tat drei Schläge und hielt dann inne. Da wurde der Gottesmann unwillig über ihn und sagte: ‚Du hättest fünf- oder sechsmal schlagen sollen; dann hättest du die Aramäer vernichtend geschlagen. Jetzt aber wirst du sie nur dreimal schlagen.' Elisa starb und man begrub ihn.
> (2. Könige 13,18-20; EÜ)

Das war's auch schon. Was für eine befremdliche Geschichte! Warum war der alte Prophet so aufgebracht? Weil der König so nonchalant war, so gleichgültig, so leidenschaftslos. Er schlug dreimal halbherzig auf den Boden. Er war nicht richtig bei der Sache. Gott antwortet sinngemäß so: „Wenn dir die Zukunft des Volkes so wenig am Herzen liegt, dann wirst du auch nur so viel Hilfe bekommen." Anders ausgedrückt: Wenn du nicht mit dem Herzen dabei bist, nun gut, dann bin ich es auch nicht. Man kann kein Land regieren, geschweige denn eine gute Ehe führen mit einer solchen Einstellung. Wer der Sehnsucht abschwört, sagt letztlich: „Ich brauche dich nicht wirklich; ich will dich nicht wirklich. Aber ich lebe weiter mit dir, weil es von mir erwartet wird." Das ist eine groteske Verzerrung dessen, was eigentlich als anmutiger Tanz zwischen Verlangen und Hingabe gedacht war.

Finde das Leben, von dem du träumst

Impuls: *In welchen Bereichen meines Lebens bin ich „halbherzig"?*

Heiligung heisst nicht: | 56
die Sehnsucht töten

Sie werden die Geschichte kennen: Jesus erzählt von einem Landbesitzer, der seinen drei Dienern Millionenbeträge (nach heutigen Maßstäben) anvertraut. Er trägt ihnen auf, seine Geschäfte ordentlich zu betreiben, während er auf Reisen ist. Dann kehrt er zurück und hört sich an, was sie zu berichten haben. Die ersten beiden haben das Geld gut investiert und haben es verdoppeln können. Dafür werden sie großzügig ausgezeichnet.

Dem dritten Diener ergeht es nicht so gut. Ihm wird sein Gold abgenommen und er wird hinausgeworfen „in die Finsternis, in der Heulen und Zähneklappern sein wird". Meine Güte. Warum das? Er hat doch lediglich das Geld unterm Kopfkissen versteckt, bis sein Herr zurückkam. Die meisten von uns können sein Vorgehen nachvollziehen – es war der sicherste Weg. Aber nun achten Sie auf seine Begründung – da liegt der Fehler. Dem Herrn sagt er Folgendes:

> „Ich kenne dich als strengen Herrn und dachte:
> Du erntest, was andere gesät haben; du nimmst dir,
> was ich verdient habe. Aus Angst habe ich das Geld
> sicher aufbewahrt." (Matthäus 25,14-30; EÜ)

Er fürchtete sich vor seinem Herrn; er sah vor allem seine Strenge. Er hatte kein Vertrauen zu seinem Herzen.

Es geht also nicht darum, wie sehr wir die anvertrauten Talente vermehren – sondern darum, was wir von Gott halten. Wenn wir unsere Sehnsucht begraben, dann drücken wir damit letztlich ebenfalls aus: „Gott, ich traue mich nicht, mein Verlangen ernst zu nehmen, denn ich habe Angst vor dir. Ich kenne dich als harten Herrn."

Sicher, auf einer bestimmten Ebene können wir einen aufrichtigen Glauben an ihn haben; aber auf einer anderen Ebene benehmen wir uns wie der dritte Diener. Unser Gehorsam gründet sich nicht so sehr auf Liebe als vielmehr auf Vorsicht. „Du musst mir nur sagen, was ich tun soll, Gott, dann werde ich es tun."

Die Sehnsucht kreuzigen – das mag nach dem perfekten Christenleben aussehen. Aber in Wahrheit ist es gottlos. Es ist unser Weg, wie wir das Leben ohne Gott führen.

Die tiefste moralische Frage lautet stets: Was halten wir in der Tiefe unseres Herzens von Gott? Und nichts gibt über diese innere Überzeugung besser Auskunft als die Weise, wie wir mit unserer Sehnsucht umgehen.

FINDE DAS LEBEN, VON DEM DU TRÄUMST

Impuls: Welchem Diener im Gleichnis Jesu ähnele ich? Welche Rolle spielt die Angst in meiner Beziehung zu Gott?

57 | VON FORMELN ZU EINER BEZIEHUNG

Unser falsches Selbst fordert immer erst ein Erfolgsrezept, bevor es einen Finger krumm macht. Es will eine Versicherung gegen drohendes Scheitern – und eine derartige Versicherung gibt es nicht. Also kommt im Leben eines Mannes unvermeidlich der Tag, an dem er alle Sicherheiten hinter sich lassen und mit Gott ins Unbekannte aufbrechen muss. Das ist eine entscheidende Etappe auf unserer Reise zur Männlichkeit, und wenn wir sie nicht unter die Füße nehmen, dann schlägt das ganze Unternehmen fehl.

Gott hat Adam vor dem Moment seiner größten Versuchung keine Schritt-für-Schritt-Anleitung an die Hand gegeben, hat ihm keine Formel und kein Rezept verraten, wie er mit der Angelegenheit fertig werden könnte. Das war nicht etwa Ausdruck von Vernachlässigung, sondern vielmehr Zeichen seiner *Wertschätzung* für Adam. *Du bist ein Mann, ich muss dich nicht am Händchen halten, damit du diese Situation überstehst. Du schaffst das selber, du hast das Zeug dazu.* Gott hat Adam aber sehr wohl etwas angeboten, und zwar seine Freundschaft. Adam musste das Leben nicht allein meistern; er konnte mit Gott in der Abenddämmerung spazieren gehen, und da tauschten sie sich aus über Liebe und Ehe und Kreativität, über die bevorstehenden Lektionen und Abenteuer. Eine derart enge Beziehung bietet Gott auch uns an. Oswald Chambers schreibt:

> Der alles durchkreuzende Ruf Gottes ertönt auch in unserem Leben. Gottes Ruf kann nie ausdrücklich festgestellt werden; er ergeht stillschweigend an uns. Der Ruf Gottes ist wie der Ruf des Meeres; keiner hört ihn, außer demjenigen, der die Natur des Meeres in sich trägt. Es kann nicht genau festgestellt werden, wozu Gott uns ruft, weil er uns auffordert, zur Erfüllung *seiner eigenen* Zwecke mit ihm in Gemeinschaft zu treten; und wir werden dabei auf die Probe gestellt, ob wir auch wirklich glauben, dass Gott weiß, worauf er hinauswill.

Bestehen können wir dieses Abenteuer mit all seinen Gefahren und seiner Unvorhersehbarkeit und den unvorstellbaren Hindernissen überhaupt nur in einer wachsenden, vertrauensvollen Beziehung zu Gott. Die Kontrolle, die wir unbedingt gewinnen wollen, ist schiere Illusion. Besser, wir tauschen dieses Bemühen ein gegen Gottes Angebot der Kameradschaft; lassen unsere Formeln und Erfolgsrezepte fahren und akzeptieren stattdessen Gottes Freundschaft.

Der ungezähmte Mann

Impuls: Wie wichtig ist mir in meinem Leben Sicherheit? Wie kann ich die Freundschaft mit Gott intensivieren?

58 | WILD UND ROMANTISCH

Nicht zu trennen von der Wildheit und kühnen Risikoversessenheit Gottes ist seine romantische Neigung. Was das angeht, hüllen sich die meisten Theologen in Schweigen. Aber diese Sprachlosigkeit sagt mehr über die Theologen aus als über Gott. Musik, Wein, Dichtkunst, Sonnenuntergänge – das alles hat *er* erfunden, nicht wir. Wir haben lediglich wiederentdeckt, woran er lange vor uns gedacht hat. Liebende und Frischvermählte wählen sich die Toskana, Hawaii oder die Bahamas als Hintergrundkulisse für ihre Liebe. Aber wer hat all diese wunderbaren Plätze erfunden? Wer ist denn auf die Idee gekommen, die Menschen so zu schaffen, dass ein Kuss etwas derart Köstliches sein kann? Und dabei hat der Schöpfer es ja nicht belassen, wie Liebende bestätigen können. König Salomo weidet sich in der Hochzeitsnacht am Anblick seiner Geliebten und lässt dabei nichts aus. Er liebt ihre Haare, ihr Lächeln, von ihren Lippen „tropft Honig", „Milch und Honig ist unter deiner Zunge". Sie werden feststellen, dass er sich langsam nach unten vorarbeitet:

> Dein Hals ist wie der Turm Davids ...
> Deine beiden Brüste sind wie junge Zwillinge von Gazellen ...
> Bis der Tag kühl wird und die Schatten schwinden,
> will ich zum Myrrhenberge gehen und zum Weihrauchhügel.
> (Hohelied 4,4-6; L)

Und seine Braut antwortet: „Mein Geliebter komme in seinen Garten und esse von den köstlichen Früchten" (4,16; EÜ). Was muss das für ein Gott sein, der das Hohelied der Liebe in den Kanon der Heiligen Schriften einfügt? Können Sie sich vorstellen, dass ein derart erotisches Buch in die Bibel aufgenommen worden wäre, wenn das Leute zu entscheiden gehabt hätten wie die Christen, die Sie so kennen?

DER UNGEZÄHMTE MANN

Impuls: Mit welchen Eigenschaften würde ich Gott beschreiben? Wie passen „wild", „risikobesessen" und „romantisch" zu meinem Bild von Gott?

Die dunklen Seiten der Seele | 59

Ich hoffe, Sie können sich allmählich ein Bild machen, wovon ich rede. Wenn ein Mann nichts von den Dingen findet, für die sein Herz geschaffen ist; wenn er sich niemals herausgefordert sieht, dem Ruf seines Herzens zu folgen, dann wird er sich nach Ersatz umsehen. Warum ist Pornografie der Fallstrick Nummer eins für einen Mann? Er sehnt sich nach einer Prinzessin, aber ohne den Mut und ohne die Leidenschaft des Herzens kann er sie weder finden noch gewinnen noch behalten. Es zieht ihn zwar mit aller Kraft hin zu einer Frau, aber er versteht nicht um sie zu kämpfen; er begreift ja noch nicht einmal, *dass* er um sie kämpfen muss. Stattdessen bleibt sie zumeist ein unlösbares Rätsel, und so bleibt er innerlich stets auf Distanz. Und wendet sich insgeheim dem Imitat zu. Pornografie macht deshalb so viele Männer süchtig, weil sie ihnen mehr als alles andere das *Gefühl* gibt, Männer zu sein, ohne dass sonst etwas von ihnen gefordert würde. Je weniger sich ein Mann in Gegenwart einer Frau wirklich als Mann fühlt, umso anfälliger ist er für Pornografie.

So also wird das Herz eines Mannes in die dunkleren Regionen der Seele getrieben: Nachdem man ihm all das versagt hat, wonach es sich wirklich sehnt, landet es unweigerlich an finsteren Orten. Natürlich sind die inneren Konflikte, die Wunden und die Abhängigkeiten eines Mannes vielschichtiger, als es hier dargestellt wurde, aber im Wesentlichen stimmt das Bild. Wie George Herbert warnt: „Er beginnt zu sterben, das löscht auch seine Sehnsüchte." Darf ich etwas behaupten? Wir alle kennen das. Jeder Mann weiß, dass es irgendwo einen Bruch gab, dass etwas schiefgelaufen ist. Wir wissen nur nicht genau, was.

DER UNGEZÄHMTE MANN

Impuls: Gibt es in meinem Leben Ersatzbefriedigungen, mit denen ich in Wirklichkeit eine andere Sehnsucht zu stillen versuche?

60 | ADAM VERSAGT

Adam hat's nicht gepackt.

Adam wurde von Gott eingewiesen in den rechten Umgang mit der Schöpfung. Er wird mit seiner Rolle in dem Schauspiel vertraut gemacht. Es sind schlichte und sehr großzügige Anweisungen. Vermutlich wird Ihnen die Stelle geläufig sein. Aber jetzt achten Sie mal darauf, was Gott Adam *nicht* sagt.

Es gibt keinerlei Instruktion im Hinblick auf das, was sich demnächst ereignen wird: die Versuchung von Eva. Verblüffend. Im Gespräch zwischen Gott und Adam fehlt auffallend eine Anweisung wie diese: „Adam, noch eins. Am Dienstag in einer Woche, nachmittags so gegen vier, da wirst du mit Eva unten in der Obstwiese sein, und etwas Gefährliches wird passieren. Adam, hörst du mir zu? Von diesem Moment hängen Glück und Unglück der gesamten Menschheit ab. Und jetzt pass auf, ich erkläre dir genau, wie du es anstellen musst …" – Diese Passage fehlt in der Bibel. Gott hat Adam nicht gewarnt. Meine Güte – *warum* denn nicht? Weil Gott Adam *vertraut* hat. Adam ist so geschaffen, dass er schwierige Situationen meistern kann. Er braucht keine Schritt-für-Schritt-Anleitung; denn hier geht es darum, wozu Adam da ist. Er hat bereits alles, was er zur Lösung der Aufgabe braucht. Es ist in seinem Herzen angelegt.

Wir wissen: Die Geschichte geht nicht gut aus. Adam versagt. Er versagt gegenüber Eva, und er reitet die gesamte Menschheit mit hinein. Wo ist Adam, als Eva von der Schlange versucht wird? Er steht direkt neben ihr: „Sie nahm von seinen Früchten und aß; sie gab auch ihrem Mann, der bei ihr war, und auch er aß" (1. Mose 3,6; EÜ). Das hebräische Wort für „bei ihr" meint unmittelbar neben ihr, Ellbogen an Ellbogen sozusagen. Adam ist nicht sonst wo in einem anderen Teil des Waldes; er hat kein Alibi. Er steht direkt daneben und beobachtet, was vor sich geht. Was unternimmt er? Nichts. Absolut nichts. Er sagt kein Wort, er rührt keinen Finger. Er riskiert nichts, er kämpft nicht, er rettet Eva nicht. Unser Stammvater – der erste echte Mann – ist erstarrt. Er hat seine wahre Natur verleugnet und ist tatenlos geblieben. Jeder Mann nach ihm, jeder Sohn Adams, trägt in seinem Herzen nun dasselbe Versagen mit sich herum. Jeder Mann begeht die Sünde Adams, jeden Tag. Wir riskieren nichts, wir kämpfen nicht, und wir rühren keinen Finger, um Eva zu retten. Wie der Vater, so die Söhne.

DER UNGEZÄHMTE MANN

Impuls: „Gott vertraut dem Menschen." Die Beziehung zu ihm soll umgekehrt auf Vertrauen beruhen. Worin zeigt sich für mich Vertrauen? Bringe ich mir selbst gegenüber ebenfalls ein solches Vertrauen auf?

DIE SCHÖNE UND DAS BIEST | 61

Die Schöne fürchtete, sie hätte seinen Tod verursacht. Sie lief aufgelöst weinend durch den Palast. Nachdem sie überall gesucht hatte, fiel ihr wieder ihr Traum ein, und so lief sie in den Garten zu dem Kanal, wo sie ihn im Traum erblickt hatte. Da fand sie die arme Kreatur, wie tot hingestreckt. Ohne auf sein abscheuliches Äußeres zu achten, warf sie sich auf seinen Leib und fühlte sein Herz schlagen. So schöpfte sie etwas Wasser aus dem Kanal und schüttete es in sein Gesicht.

Das Biest öffnete seine Augen und sagte: „Ihr habt Euer Versprechen nicht eingehalten, meine Schöne. Aus Kummer über Euren Verlust habe ich beschlossen, mich zu Tode zu hungern. Aber nun werde ich getrost sterben, denn ich hatte das Glück, Euch noch einmal zu sehen."
„Nein, mein liebes Tier, Ihr dürft nicht sterben", sagte die Schöne. „Ihr werdet leben und werdet mein Gemahl sein. Ich gebe Euch meine Hand, und ich schwöre, dass ich von diesem Augenblick an allein Euch gehören werde. Ach, ich dachte bisher, dass ich nur Freundschaft für Euch empfände. Erst durch die Sorge um Euch ist mir klar geworden, dass ich ohne Euch nicht leben kann."
Kaum hatte die Schöne diese Worte ausgesprochen, da erstrahlte das Schloss in hellem Licht. Feuerwerk und Musik kündigten ein Fest an. Aber das konnte ihre Aufmerksamkeit nicht lange fesseln. Sie wandte sich wieder ihrem geliebten Ungeheuer zu, um dessen Leben sie immer noch bangte. Doch wie groß war ihre Überraschung, als sie entdeckte, dass das Tier verschwunden war, und zu ihren Füßen lag ein Prinz, schöner als Eros selbst, der ihr dafür dankte, dass sie ihn aus seiner Verzauberung erlöst hatte.

Das ist die tiefste und wunderbarste von allen mythischen Wahrheiten, hier offenbart in der Geschichte *Die Schöne und das Biest*, verfasst von Jeanne-Marie Leprince de Beaumont: die Verwandlung. Eine Kreatur, deren Anblick niemand ertragen konnte, wird in einen stattlichen Prinzen verwandelt. Was vorher finster und hässlich war, ist nun ehrbar und gut. Ist das nicht das schönste Ende einer Geschichte, das man sich ausdenken kann? Vielleicht liegt das daran, dass dieses Ende das tiefste Sehnen des menschlichen Herzens aufnimmt.

Der ungezähmte Christ

Impuls: Kenne ich „verwandelnde" Erfahrungen? In welchen Bereichen meines Lebens wünsche ich mir zurzeit eine Verwandlung?

Vom hässlichen Entlein zum Schwan | 62

Der Vogel Phönix ersteht neu aus der Asche. Aschenputtel verwandelt sich vom unansehnlichen Dienstmädchen in eine Königin. Das hässliche Entlein wird zu einem wunderschönen Schwan. Pinocchio wird zu einem Jungen aus Fleisch und Blut. Der Frosch wird zum Prinzen. Der alte Scrooge wird „ein so guter Freund, ein so guter Herr, ein so guter Mann, wie ihn die gute alte Stadt noch nicht gesehen hatte, oder irgendeine andere gute alte Stadt, ein Dorf oder eine Gemeinde in der guten alten Welt." Der feige Löwe bekommt seinen Mut zurück und die Vogelscheuche bekommt ihr Gehirn und der blecherne Holzfäller bekommt ein neues Herz. Ihrer aller Hoffnung wird noch weit übertroffen; sie alle werden verwandelt in eben das Wesen, von dem sie niemals gedacht hätten, dass sie je so werden könnten.

Warum rühren uns solche Geschichten von Verwandlungen derart an? Ich kenne kaum einen Film oder eine Erzählung oder ein Märchen, das nicht irgendwie darauf hinausläuft. Warum ist Verwandlung ein wesentlicher Bestandteil jeder großen Geschichte? Weil es das Geheimnis des christlichen Glaubens ist, und dieser Glaube ist das Geheimnis des Universums. „Ihr müsst von Neuem geboren werden" (Johannes 3,7). Wir müssen verwandelt werden. Das Gesetz befolgen, die Regeln einhalten, an unserem Verhalten arbeiten – das wird es nicht richten. Es zählt allein, ob wir wirklich in neue und andere Menschen verwandelt worden sind (Galater 6,15). Ist das nicht die Kernbotschaft des Evangeliums? Aus Zachäus, dem schlitzohrigen Betrüger, wird Zachäus, der Ehrliche. Aus Maria, der Hure, wird Maria, die Letzte der Getreuen. Aus Paulus, dem selbstgerechten Verfolger, wird Paulus, der demütige Apostel.

Und wir? Ich glaube kaum, dass viele von uns so weit gehen würden zu behaupten, dass wir *verwandelt* worden sind. Unsere Namen sind irgendwo im Himmel verzeichnet, und uns ist vergeben worden. Vielleicht haben wir uns ein bisschen verändert im Hinblick auf das, was wir glauben und wie wir uns verhalten. Wir können neuerdings das Glaubensbekenntnis aufsagen, wir haben unser Temperament etwas besser unter Kontrolle – meistens jedenfalls. Aber *verwandelt*, das wäre dafür denn doch ein zu starkes Wort. Wie wär's mit ‚*unterwegs mit bereinigter Vergangenheit*'? So würden wohl die meisten Christen beschreiben, was mit ihnen geschehen ist.

Das ist teils wahr – und teils *unwahr*, und der unwahre Teil, der bringt uns um. Denn was hat man uns erzählt? Obwohl wir unsere Hoffnung auf Jesus Christus gesetzt haben, obwohl wir seine Nachfolger geworden sind, ist angeblich unser *Herz* immer noch hoffnungslos verdorben.

Der ungezähmte Christ

Impuls: „Ich fühle mich wie neugeboren" – was löst dieser Satz in mir aus? Was würde ich gern hinter mir lassen? Was hat der Glaube an Gott in meinem Leben verändert? Wie verändert er mich zurzeit?

63 | Ein Wochenende mit den Verwandten

Etwas ist falsch gelaufen mit der Menschheit, und wir sind uns dessen bewusst. Besser gesagt: Etwas ist falsch gelaufen *innerhalb* der Menschheit. Man muss keinen Theologen oder Psychologen bemühen, um das zu erkennen. Schlagen Sie die Zeitung auf. Verbringen Sie ein Wochenende mit Ihrer Verwandtschaft. Beobachten Sie einfach nur die Regungen Ihres eigenen Herzens im Lauf eines Tages. Der größte Teil der Misere, die wir auf diesem Planeten erleiden, ist das Ergebnis des verdorbenen menschlichen Herzens.

Die Bibel lässt daran keinen Zweifel. Ja, Gott hat uns geschaffen, um seine Herrlichkeit widerzuspiegeln, aber keine drei

Kapitel weiter in dem Drama haben wir das ganze Projekt torpediert. Die Sünde erschien auf der Bildfläche und verbreitete sich wie ein Computervirus. Schon im sechsten Kapitel im ersten Buch der Bibel hat unsere Abwärtsspirale den Punkt erreicht, an dem selbst Gott es nicht mehr aushalten kann: „Der Herr sah, dass auf der Erde die Schlechtigkeit des Menschen zunahm und dass alles Sinnen und Trachten seines Herzens immer nur böse war. Da reute es den Herrn, auf der Erde den Menschen gemacht zu haben, und es tat seinem Herzen weh" (1. Mose 6,5.6). Das ist übrigens das erste Mal, dass Gottes Herz in der Bibel erwähnt ist, und das in einem zweifellos traurigen Zusammenhang. Sein Herz ist gebrochen, weil unseres abgestürzt ist.

Jeder aufrichtige Mensch weiß das. Wir wissen, dass wir nicht so sind, wie wir ursprünglich geschaffen waren. Die meisten Weltreligionen stimmen an diesem Punkt überein: Etwas muss sich ändern.

Aber die üblichen Lösungsvorschläge erschöpfen sich in irgendeiner Art Bemühung unsererseits, in einer Art Schönheitsoperation, durch die wir unseren Auftritt retten und uns endlich so verhalten können, wie wir sollen. Juden versuchen das Gesetz zu erfüllen. Buddhisten folgen dem achtfachen Pfad. Muslime leben nach den fünf Säulen des Islam. Viele Christen versuchen es mit regelmäßigem Kirchenbesuch und moralisch einwandfreier Lebensführung. Man sollte meinen, bei all den Anstrengungen müsste die Menschheit mittlerweile auf einem hohen Niveau angelangt sein. Aber nein, all diese Maßnahmen scheitern letztlich, und der Grund dafür ist, dass wir eine gründlich falsche Diagnose gestellt haben. Das Problem liegt nicht in unserem Verhalten – das Problem liegt *in uns selbst*. Jesus sagt: „Denn *aus dem Herzen* kommen böse Gedanken, Mord, Ehebruch, Unzucht, Diebstahl, falsche Zeugenaussagen und Verleumdungen" (Matthäus 15,19). Wir brauchen keine Frischzellenkur. Wir brauchen eine Verwandlung. Wir brauchen ein Wunder.

Der ungezähmte Christ

Impuls: Mit welchen Strategien versuche ich, das Leben in den Griff zu kriegen? Was sagt Gott dazu?

64 | Welche Rolle spielen Sie?

Wir kommen in die Welt mit einer Sehnsucht, gekannt zu werden, und mit einer tief sitzenden Furcht, dass wir nicht das sind, was wir sein sollten. Damit sind wir Kandidaten für eine ausgewachsene Identitätskrise. Und dann, sagt Frederick Buechner, macht sich die Welt an die Arbeit:

> Angefangen mit der etwas zu hübschen jungen Frau und dem charmanten, aber etwas unzuverlässigen jungen Mann, die zusammen genauso wenig über das Elternsein wissen wie über die Rückseite des Mondes, macht sich die Welt daran, uns zu dem zu machen, was wir nach ihrem Geschmack sein sollen, und da wir ja schließlich überleben müssen, versuchen wir, uns selbst zu etwas zu machen, wovon wir hoffen, dass es der Welt besser gefallen wird, als es offenbar bei dem der Fall war, was wir ursprünglich waren. Das ist die Geschichte unseres Lebens, und während wir diese Geschichte ausleben, wird unser ursprüngliches, glänzendes Ich so tief vergraben, dass die meisten von uns am Ende kaum noch einen Bezug dazu haben. Stattdessen lernen wir aus all den anderen Ichs heraus zu leben, die wir ständig an- und ausziehen wie Mäntel und Hüte, um dem Wetter der Welt zu begegnen. *(Telling Secrets)*

Denken Sie an die Rolle, die Sie selbst spielen, das Ich, das Sie überstreifen wie ein Kostüm. Wer hat Ihnen diese Rolle zugewiesen? Die meisten von uns leben nach einem Drehbuch, das jemand anderes für uns geschrieben hat. Wir werden nie dazu aufgefordert, aus unserem Herzen heraus zu leben, die zu sein, die wir in Wahrheit sind, und deshalb ziehen wir diese falschen Ichs an, in der Hoffnung, auf diese Weise für die Welt akzeptabler oder nützlicher zu werden. Wir lernen unsere Rollen schon von frühester Jugend an, und wir lernen sie gut.

Ganz leise wirbst du um mein Herz

Impuls: Was ist meine „Lebensrolle"? Nach wessen Drehbuch spiele ich sie?

TRAGÖDIEN, KOMÖDIEN UND MÄRCHEN | 65

Dem Teil der Geschichte zufolge, in den Gott uns Einblick gewährt hat, ist der Lockruf, den wir verspüren, sein Aufruf an uns, auf eine Reise zu gehen. Die Auferweckung unseres Herzens erfordert, dass die Göttliche Romanze wahr ist, und das ist genau das, was uns die Bibel sagt. Wie Frederick Buechner uns in seinem wunderbaren Buch *Telling the Truth: The Gospel as Tragedy, Comedy and Fairy Tale* in Erinnerung ruft, *ist* die Welt des Evangeliums die Welt des Märchens, mit einer beachtenswerten Ausnahme:

> Es ist eine Welt der Magie und des Mysteriums, der tiefen Finsternis und des flackernden Sternenlichts. Es ist eine Welt, in der schreckliche Dinge geschehen, aber auch wunderbare Dinge. Es ist eine Welt, in der das Gute gegen das Böse kämpft, die Liebe gegen den Hass, die Ordnung gegen das Chaos, in einer großen Auseinandersetzung, in der es oft schwerfällt, genau zu wissen, wer auf welche Seite gehört, weil der Schein immer wieder trügt. Doch trotz all dieser Verwirrung und Wildheit ist es eine Welt, in der die Schlacht letzten Endes zugunsten der Guten ausfällt, die glücklich leben bis in alle Ewigkeit, und in der auf lange Sicht alle, die Guten wie die Bösen, unter ihrem wahren Namen bekannt werden ... Das ist das Märchen des Evangeliums, das sich natürlich in einem entscheidenden Punkt von allen anderen Märchen unterscheidet, nämlich darin, dass es für sich in Anspruch nimmt, wahr zu sein, dass es nicht nur „einmal war", sondern seither immer wieder geschehen ist und bis heute immer wieder geschieht.

Lassen Sie uns gemeinsam das Drama erkunden, das Gott schon vor Anbeginn der Zeit zu weben begonnen und das er auch in unser Herz hineingelegt hat. Wer sind die Hauptfiguren in dieser Großen Geschichte? Was ist die Handlung? Wo kommen wir darin vor? Wenn wir nun die älteste Geschichte in der Welt, diese immer wieder junge Geschichte, neu entdecken, treten wir eine Reise an in das Herz Gottes und in Richtung auf die Wiederherstellung unseres eigenen Herzens. Denn vielleicht wäre Gott allein Grund genug, für die Romanze offen zu bleiben, wenn wir wüssten, dass er über unsere Sicherheit wacht. Und an dieser Stelle erleben wir eine große Furcht und Verwirrung.

Ganz leise wirbst du um mein Herz

Impuls: Was hindert mich daran, der tiefsten Sehnsucht meines Herzens zu folgen? Welche Umstände würden es mir ermöglichen, ihr zu folgen?

66 | Wir stehen in einem Kampf

> Der Dieb kommt nur, um ... zu stehlen, zu schlachten und ins Verderben zu stürzen. Ich aber bin gekommen, um ihnen das Leben zu geben, Leben im Überfluss. (Johannes 10,10; GN)

Haben Sie sich jemals gefragt, warum Jesus diese beiden Aussagen miteinander verknüpft hat? Ist Ihnen das überhaupt jemals aufgefallen? Er spricht beides quasi in einem Atemzug aus. Und er hat seine Gründe dafür. Gott hat Ihnen zweifellos Leben zugedacht. Aber im Augenblick ist dieses Leben *bedroht*. Es kommt jedenfalls nicht einfach so des Wegs. Da gibt es einen Dieb, und der ist auf Diebstahl, Mord und Vernichtung aus. Anders ausgedrückt: Ja, das Angebot lautet: Leben. Aber Sie werden darum kämpfen müssen, denn da gibt es einen Feind in Ihrem Leben mit ganz anderen Vorstellungen.

Jemand oder etwas steht uns entgegen.

Wir stehen in einem Kampf.

Ich mag diese Tatsache genauso wenig wie Sie, aber je eher wir uns der Tatsache stellen, desto größer die Hoffnung, dass wir am Ende das ersehnte Leben erringen. Wir leben nicht im

Paradies – das werden Sie auch schon herausgefunden haben. Wir leben nicht im Schlaraffenland, nicht auf der Insel der Seligen, nicht in einer friedlichen Idylle. Die Welt, in der wir leben, ist ein Kriegsschauplatz. Hier prallen zwei Reiche aufeinander in einem erbitterten Kampf auf Leben und Tod. Verzeihen Sie, wenn ich es bin, der Sie mit dieser Neuigkeit konfrontiert: Sie sind in eine umkämpfte Welt hineingeboren worden, und bis ans Ende Ihrer Tage wird um Sie herum eine große Schlacht wogen. Alle Mächte des Himmels und der Hölle sind an dieser Schlacht beteiligt – und sie wird hier auf diesem Planeten ausgetragen.

Oder was dachten Sie, woher all diese zähen Widerstände kommen?

Der ungezähmte Christ

Impuls: Die Welt als Kampfplatz, mein Leben als umkämpfter Ort – was löst diese Vorstellung in mir aus?

Gewöhnung und Zynismus | 67

Etwas Schlimmes ist passiert, etwas Entsetzliches. Etwas Schlimmeres noch als der Sündenfall des Menschen. Denn in jener größten Tragödie von allen haben wir letztlich nur das Paradies verloren – und damit alles, was das Leben lebenswert gemacht hat. Seither aber ist das Undenkbare passiert: Wir haben uns daran gewöhnt. Wir haben uns mit der Vorstellung abgefunden, dass die Dinge womöglich genau so sein sollen. Die Menschen, die buchstäblich im Dunkeln tappen, haben ihre Augen an die Verhältnisse angepasst. Ganz gleich, welcher Religion oder Weltanschauung wir anhängen, leben die meisten von uns so, als ob dieses Leben ziemlich genau so verläuft, wie es sein sollte. Wir tun das Flüstern der Freude ab mit einem zynischen „War ich schon, hab ich schon gemacht". Auf die Art und Weise müssen wir uns nicht mit der quälenden Sehnsucht befassen.

Ich unterhielt mich gerade mit ein paar Freunden über Urlaubsziele, und ich empfahl ihnen, einmal die Teton-Berge anzusteuern. „Oh, da waren wir schon mal. Nettes Plätzchen." Abgehakt. Und genauso betäuben wir unsere Sorgen mit Sarkasmus, überkleben sie mit einem Sticker: „Das einzig Lustige im Leben ist der Tod." Und dann versuchen wir weiterzuleben. Wir füttern die Katze, bezahlen die Rechnungen, verfolgen die Nachrichten und schleichen anschließend ins Bett, damit wir genau dasselbe morgen wieder tun können.

Ich stand vor dem offenen Kühlschrank und in mir wirbelten die Fernsehbilder, die ich gerade gesehen hatte. Hunger in Afrika. Völkermord in ... wo? Ein Land, dessen Namen ich nicht einmal aussprechen kann. Muss früher mal zur Einflusssphäre der Sowjets gehört haben. Korruption in Washington. Das Übliche. Es endet stets damit, dass der Nachrichtensprecher seine Zettel zusammenschiebt und ein freundliches „Gute Nacht" wünscht. Gute Nacht? Und das soll es gewesen sein? Sonst hast du nichts zu sagen? Du hast uns eben zugekippt mit den Schrecken der Welt, in der wir leben, und alles, was dir dazu einfällt, ist „Gute Nacht"? Nur einmal Mal hätte ich mir gewünscht, er hätte am Ende seiner Meldungen kurz innegehalten, einmal tief durchgeatmet und dann gesagt: „Wie weit sind wir eigentlich gekommen?" Oder: „Hätten wir das nicht vermeiden können?" Oder: „Gott sei Dank geht auch unser Aufenthalt hier einmal zu Ende." Aber das passiert nie. Ich bezweifle jedenfalls, dass es passieren könnte. Keiner von uns würde einen zweiten Gedanken daran verschwenden. Es ist eben so, wie es immer läuft.

FINDE DAS LEBEN, VON DEM DU TRÄUMST

Impuls: Welche Rolle spielen Resignation und Zynismus in meinem Leben? Was will ich damit eigentlich erreichen?

Sehnsucht ist Treibstoff | 68

Aber Gott sei Dank können wir unsere Sehnsucht nie gänzlich zum Erlöschen bringen.

In den schweigenden Momenten des Tages spüren wir ein inneres Drängen, eine Unzufriedenheit, einen Hunger nach etwas. Aber weil wir das Rätsel unseres Daseins noch nicht gelöst haben, vermuten wir, dass etwas verkehrt läuft – nicht mit dem Leben, aber mit uns. *Alle anderen kommen offenbar zurecht. Was mache ich falsch?* Wir fühlen uns schuldig wegen unserer anhaltenden Enttäuschung. *Warum kann ich eigentlich nicht einfach zufrieden sein mit meiner Arbeit, meiner Ehe, meiner Gemeinde, meinem Freundeskreis?* Merken Sie: Sogar noch wenn wir andere Dinge tun, „uns mit dem Leben arrangieren", halten wir insgeheim immer noch Ausschau nach dem Leben, das wir wirklich wollen. Wenn es jemand offensichtlich geschafft hat, dann fragen wir uns: *Wie hat er das hingekriegt?* Vielleicht renken sich die Dinge auch bei uns ein, wenn wir dieselben Bücher lesen, Zeit mit diesem Menschen verbringen, in seine Gemeinde gehen. Wir können unsere Suche jedenfalls niemals gänzlich aufgeben. Gerald May erinnert uns:

> Wenn die Sehnsucht schier unerträglich wird, dann beerdigen wir sie oft unter rastloser Geschäftigkeit und einer Fülle von Gedanken, oder wir versuchen ihr zu entfliehen, indem wir unser unmittelbares Bewusstsein für das Leben einschläfern. Es ist möglich, der Sehnsucht jahrelang, ja selbst jahrzehntelang davonzulaufen, aber wir können ihr nie gänzlich entkommen. Sie wird uns immer noch anrühren, wird hie und da aufflackern in unseren Träumen, unseren Hoffnungen, in unseren unbeobachteten Momenten.

Er sagt, dass unsere Sehnsucht selbst dann wach ist, wenn wir schlafen. „Sie ist das, was uns ausmacht." Wir *sind* Sehnsucht. Sie ist das Wesen der menschlichen Seele, das Geheimnis unseres Daseins. Absolut nichts Großartiges, was Menschen zustande bringen, geschieht jemals ohne sie. Sehnsucht ist der Treibstoff, der unsere Suche nach Leben befeuert. Immer dieselbe alte Geschichte – das ist nicht genug. Wird nie genug sein.

Finde das Leben, von dem du träumst

Impuls: Wenn ich meine Sehnsucht ernst nehmen würde, wohin würde sie mich „befördern"? Wozu möchte sie mich antreiben?

69 | Eintritt in die Gesellschaft der grossen Entdecker

Es steckt uns in den Genen, man muss uns nicht erst dazu auffordern. Es kommt von allein, genau wie unsere Liebe zu Landkarten angeboren ist. Im Jahr 1260 brach Marco Polo auf, um China zu suchen, und 1967, im Alter von sieben Jahren, habe ich das auch probiert – aber auf dem direkten Weg. Mit meinem Freund Danny Wilson zusammen wollte ich ein Loch gradewegs bis nach China graben. Wir sind nur etwa zweieinhalb Meter tief gekommen – aber auch das hat schon eine großartige Festung abgegeben. Hannibal hat die Alpen überquert, und irgendwann kommt im Leben eines Jungen der Tag, wo auch er zum ersten Mal die Straße überquert und sich der Gesellschaft der großen Entdecker anschließt. Scott und Amundsen haben den schnellsten Weg zum Südpol gesucht, Peary und Cook haben dasselbe im Norden probiert, und als ich meinen Söhnen im vorletzten Sommer etwas Kleingeld in die Hand drückte und ihnen erlaubte, sich unten im Dorf eine Limo zu kaufen, da stürzten sie sich auf ihren Fahrrädern zu Tal, als ob es um die Entdeckung des Äquators ginge. Magellan segelte westwärts, um Kap Hoorn herum, die Südspitze Amerikas – ungeachtet der Warnungen, dass er und seine Mannschaft am Rand der Welt ins Bodenlose stürzen würden –, und mit ebenso wenig Rücksicht auf mögliche Gefahren ist Huckleberry Finn den Mississippi hinabgefahren.

Powell ist dem Colorado River flussaufwärts durch den Grand Canyon gefolgt, obwohl – nein, *gerade weil* niemand zuvor das gewagt hatte und *gerade weil* alle anderen es für unmöglich hielten.

DER UNGEZÄHMTE MANN

Impuls: Was, glaube ich, ist meine „ureigene Sache", etwas, das nur ich tun kann? Gibt es so eine Ahnung in meinem Leben?

EIN NETTER KERL | 70

Und dann kommt zu allem Überfluss noch die Kirche. Das Christentum, so wie es sich derzeit darstellt, hat Männern einige besondere Grausamkeiten angetan. Und was ist das Resultat? Meinem Eindruck nach sind die meisten christlichen Männer davon überzeugt, dass Gott sie dazu geschaffen hat, *brave Jungen* zu sein. Das Hauptproblem von Männern, so sagt man uns, sei dieses: Sie wissen nicht, wie man Versprechen hält, geistliche Autorität erwirbt und ausübt, mit Frauen redet oder die eigenen Kinder erzieht. Aber wenn sie sich nur richtig anstrengen, dann können sie das hohe Ziel erreichen: Sie können ... *nette Kerle* werden. Das wird uns als das Ideal christlicher Reife vorgeführt: richtig nette, brave Kerle. Wir trinken nicht, wir rauchen nicht, wir tun niemandem was zuleide: Das macht uns zu *Männern*. Nun möchte ich allen männlichen Lesern eine Frage stellen: Als Sie noch ein Junge waren – haben Sie jemals davon geträumt, ein harmloser, netter Kerl zu werden? (Meine Damen: War der Prinz Ihrer Mädchenträume verwegen und mutig – oder war er nur nett?)

Mal ganz im Ernst: Habe ich übertrieben? Gehen Sie mal in eine x-beliebige Gemeinde, sehen Sie sich um und beantworten Sie dann die Frage: Was ist ein christlicher Mann? Denken Sie nicht an das, was man so sagt; halten Sie sich an das, was Sie sehen. Zweifellos werden Sie feststellen, dass ein christlicher Mann vor allem eines ist: gelangweilt.

Vor einiger Zeit habe ich mich auf einer Einkehrtagung mit einem Mann von etwa Mitte fünfzig unterhalten. Er erzählte mir von seiner Entwicklung als Mann: „Ich habe mich in den letzten zwanzig Jahren wirklich bemüht, ein guter Mann zu sein – wie die Kirche das eben definiert." Ehrlich gespannt fragte ich, was er sich denn darunter vorstelle. Er nahm sich einige Sekunden Zeit zum Überlegen. „Pflichtbewusst", sagte er dann, „und sich selbst und seinem Herzen fremd." *Perfekte Beschreibung*, dachte ich. *Traurig, aber nur allzu wahr.*

Der ungezähmte Mann

Impuls: Was macht authentische Männlichkeit aus? Wer steht mir vor Augen, wenn ich an einen „echten Mann" denke?

71 | Eine Schönheit, die begehrenswert ist

Der Wunsch, schön zu sein, ist eine zeitlose Sehnsucht. Schönheit wird überschätzt und angebetet und ist damit für die meisten von uns außer Reichweite. (Lassen Sie sich gerne fotografieren? Schauen Sie sich später wenigstens die Fotos gerne an? Wie fühlen Sie sich, wenn jemand Sie nach Ihrem Alter fragt? Das Thema Schönheit versteckt sich in so vielen Dingen!) Andere haben erlebt, dass Schönheit mit Scham verbunden ist, dass sie ausgenutzt und missbraucht wird. Manche wissen aus leidvoller Erfahrung, dass Schönheit gefährlich sein kann. Und dennoch ist das Erstaunliche: All dem Leid und Elend zum Trotz, das Schönheit bei uns Frauen verursacht hat, *bleibt* die Sehnsucht danach ungebrochen.

Und es geht dabei nicht nur um den Wunsch nach äußerlicher Schönheit, sondern vielmehr um die Sehnsucht, eine im Kern ihres Wesens bezaubernde Person zu *sein*. Aschenputtel ist schön, das ist schon richtig, aber außerdem ist sie auch noch gut. Ihre äußerliche Schönheit wäre hohl ohne die Schönheit und Güte ihres Herzens. Wir lieben sie, weil sie beides vereint. In *The Sound of Music* übertrifft die Gräfin Maria zweifellos an Schönheit, und beiden ist das bewusst. Aber Maria verfügt dafür über eine seltene und schöne geistige Tiefe. Sie ist fähig, eine Liebe zu Schneeflocken auf kleinen Katzen zu entwickeln und sie gibt sich mit einfältigen Kindern ab. Sie erkennt Gottes Handschrift in der Musik und im Lachen und im Bäumeklettern. Ihre Seele ist lebendig. Und das macht sie so anziehend für uns.

Ruth ist vielleicht eine reizende, starke Frau gewesen, aber was Boas letztlich für sie einnimmt sind ihr beharrlicher Mut, ihre Verletzlichkeit und ihr Vertrauen auf Gott. Esther ist die mit Abstand schönste Frau im Land, aber es sind ihre Tapferkeit und ihr überwältigend gutes Herz, die den König bewegen, ihre Landsleute zu verschonen. Hier geht es also nicht um feine Stoffe und um Kosmetik. Schönheit ist so wichtig, dass wir in diesem Buch wieder und wieder darauf zurückkommen werden. Für den Moment reicht es festzuhalten, dass jede Frau gerne wahrgenommen, *gesehen* werden will und sich danach sehnt, bezaubernd zu sein. Wir wünschen uns eine Schönheit, die begehrenswert ist, um die und für die es sich zu kämpfen lohnt, eine Schönheit, die unser *wahres* Wesen sichtbar macht. Wir wollen sichtbare Schönheit, Schönheit, die man spüren kann, Schönheit, die auf andere wirkt. Eine nur uns selbst eigene Schönheit, die offenbar wird.

WEISST DU NICHT, WIE SCHÖN DU BIST?

Impuls: Was macht authentische Weiblichkeit aus? Wer steht mir vor Augen, wenn ich an eine „echte Frau" denke?

Tatsächlich legen die Dinge, die uns geschehen, oft den Gedanken nahe, dass der Titel des Dramas, in dem wir alle leben, nicht „Gott ist Liebe" lautet, sondern: „Gott ist gleichgültig." Tief in unserem Herzen, da, wo die Geschichte ausgebildet wird, treibt uns diese Erfahrung eines gleichgültigen Gottes dazu, unsere eigenen Drehbücher zu schreiben. Hiob lebte offensichtlich mit dieser ängstlichen Ungewissheit über Gott, schon bevor das Unheil über ihn hereinbrach, wie man an seinem Ausruf auf den Trümmern seines Hauses und seines Lebens sieht: „Meine schlimmsten *Befürchtungen* sind eingetroffen, und wovor mir immer *graute* – das ist jetzt da" (Hiob 3,25).

Hiob war ein gottesfürchtiger Mann, und doch regte sich in ihm der Argwohn, dass der Glaube an Gott nicht unbedingt Frieden und Sicherheit mit sich bringen musste. Natürlich hatte Hiob keine Ahnung von der Diskussion, die im Himmel zwischen Gott und Satan stattfand. Es war eine Debatte darüber, ob das Reich Gottes wirklich auf das Fundament echter Liebe oder bloß auf Macht gebaut sei. Und das Erstaunliche ist, dass Gott die Wahrnehmung seiner eigenen Integrität wie auch den Ruf seines ganzen Reiches davon abhängig macht, dass Hiobs Herz wahrhaftig ist (siehe Hiob 1,6-12; 2,1-10).

Wenn wir uns vergegenwärtigen, was für eine zentrale Rolle Hiob in dem Drama zu spielen hatte, das Gott inszenierte, werden wir mit der Realität konfrontiert, dass auch wir in eine solche Lage geraten könnten. Es scheint, als wäre die Rolle, die Gott für uns geschrieben hat, viel zu groß und ganz bestimmt zu gefährlich für uns. Paulus bestätigt diesen Gedanken im Epheserbrief, wo er uns sinngemäß sagt: „Seht ihr, die Gemeinde ist keine Randerscheinung der Welt; die Welt ist eine Randerscheinung der Gemeinde. Die Gemeinde ist der Leib Christi, in dem er spricht und handelt, durch den er alles mit seiner Gegenwart erfüllt" (siehe Epheser 1,22-23). Jedes menschliche Wesen hat für Gott große Bedeutung, aber diejenigen, die Gott zu sich gezogen hat, damit sie an ihn glauben, stehen in einem Drama von kosmischen Dimensionen in der Mitte der Bühne.

GANZ LEISE WIRBST DU UM MEIN HERZ

Impuls: Was bedeutet es für mich, Jesus zu folgen? Welche Rolle spielt dabei, was Paulus „den guten Kampf des Glaubens" nennt (1. Timotheus 6,12)?

„WIE LANGE NOCH, HERR?" | 73

Als Gott zu Jeremia kommt, um ihn als seinen Propheten zu beauftragen, dem Volk von Juda sein Gericht anzukündigen, da protestiert Jeremia und sagt: „,O nein, mein Herr und Gott! Ich habe keine Erfahrung im Reden, denn ich bin noch viel zu jung.' Doch der Herr entgegnete: ‚Sag nicht: Ich bin zu jung! Zu allen Menschen, zu denen ich dich sende, sollst du gehen und ihnen alles verkünden, was ich dir sagen werde. Fürchte dich nicht vor ihnen, ich bin bei dir und werde dich beschützen. Darauf gebe ich, der Herr, mein Wort'" (Jeremia 1,6-8).

Gott sagt, dass diese Dinge dadurch geschehen werden, dass Jeremia sich auf seine Kraft und seine Fürsorge verlässt, und dass er ihn retten wird. Doch Gottes Rettungsaktionen haben es so an sich, dass sie nicht sofort in Aktion treten, sobald wir die Notrufnummer wählen. Er lässt Abraham mit erhobenem Messer dastehen, bereit, die Klinge in Isaaks Herz zu senken, und er lässt Isaak auf das herabsinkende Messer warten; er lässt Josef jahrelang in einem ägyptischen Gefängnis dahinvegetieren; er lässt zu, dass die Israeliten vierhundert Jahre Sklaverei unter den Ägyptern erleiden, und dieselben Israeliten lässt er mit dem Rücken zum Roten Meer dastehen, während die Streitwagen des Pharao auf sie zudonnern. Er lässt Jesus am Kreuz allein und rettet ihn überhaupt nicht. Und dann gibt es manche unter uns, die gemeinsam mit den Heiligen vor dem himmlischen Altar unter der Last von Dingen stöhnen, die schiefgegangen sind, und darauf warten, dass dieser selbe Jesus zurückkehrt und uns in Macht und Herrlichkeit mit sich nimmt. „Wie lange noch, Herr?", flüstern wir in unserer Erschöpfung und unserem Schmerz.

In der Tat ruft Gott uns in Schlachten, wo scheinbar die Karten zugunsten jener gezinkt sind, die seine und unsere Feinde sind, nur um die Dramatik seines Stückes zu verstärken. Und von Gott selbst kommt die klare Aussage, dass er das tut, um seine eigene Ehre zu vergrößern.

GANZ LEISE WIRBST DU UM MEIN HERZ

Impuls: Wo erlebe ich den Glauben zurzeit als Kampf? Was steht dabei auf dem Spiel?

74 | KÄMPFE UM DEIN LEBEN

Solange wir die Einsicht von uns weisen, dass *Krieg* der Kontext unseres alltäglichen Daseins ist, werden wir das Leben nicht verstehen. Wir werden 90 Prozent dessen, was uns und was um uns herum geschieht, falsch interpretieren. Wir werden dann nur sehr schwer glauben können, dass Gott uns wirklich Leben im Überfluss zugedacht hat; und noch schwerer werden wir den Gedanken von uns weisen können, dass wir selbst schuld sind an unserer Lage. Schlimmer noch, wir werden uns zwangsläufig ziemlich schlimme Gedanken über Gott machen. Jenes vierjährige Mädchen, das von seinem Vater missbraucht wird – das soll „Gottes Wille" sein? Das hässliche Scheidungsdrama, das Ihre Familie gespalten hat – hat Gott etwa auch das gewollt? Und der Flugzeugabsturz, der so viele Menschen das Leben gekostet hat – sollte Gott so etwas billigend in Kauf nehmen?

Die meisten Menschen bleiben an einem gewissen Punkt stecken, weil es ihnen so scheint, als habe Gott sie im Stich gelassen. Er gibt sich ihnen offenbar nicht zu erkennen. Kürzlich erzählte mir eine junge Frau mit einer Mischung aus Enttäuschung und Sarkasmus über ihr Leben: „Gott ist zurzeit recht schweigsam." Ja, es muss schrecklich für sie sein. Ich bezweifle das keinen Augenblick. Sie wird nicht geliebt; sie hat keine Arbeit; sie lebt in schlechten Verhältnissen. Aber ihre Einstellung kommt mir gleichwohl grenzenlos naiv vor – so als ob jemand im Krieg zwischen die Fronten geraten ist und nun schockiert sagt: „Gott, kannst du nicht dafür sorgen, dass sie aufhören, auf mich zu schießen?" Tut mir leid, aber darum geht es doch in dem Moment wirklich nicht. Wir sind an einer ganz anderen Stelle im Drehbuch. Der Tag wird schon noch kommen, *später*, an dem der Löwe mit dem Lamm friedlich zusammenliegen wird und wir Schwerter zu Pflugscharen umschmieden. Aber gegenwärtig ist nun mal eine heftige Schlacht im Gange.

Das erklärt eine ganze Menge.

Solange Sie Ihr Leben nicht unter dem Aspekt des *Kampfes* betrachten, werden Sie es nicht verstehen. Noch werden Sie klar beurteilen können, was Ihnen widerfahren ist und wie Sie in Zukunft leben sollen. Ihr Herz steht unter Beschuss.

DER UNGEZÄHMTE CHRIST

Impuls: Wie ändert sich meine Sicht auf mein Leben, wenn ich es unter dem Aspekt des Kampfes betrachte?

75 | Das Unsichtbare ist unvergänglich

> Darum werden wir nicht müde; wenn auch unser äußerer Mensch aufgerieben wird, der innere wird Tag für Tag erneuert. Denn die kleine Last unserer gegenwärtigen Not schafft uns in maßlosem Übermaß ein ewiges Gewicht an Herrlichkeit, uns, die wir nicht auf das Sichtbare starren, sondern nach dem Unsichtbaren ausblicken; denn das Sichtbare ist vergänglich, das Unsichtbare ist ewig. (2. Korinther 4,16-18)

In der Übersetzung „Gute Nachricht" klingt die erste Zeile noch packender: „Darum verliere ich nicht den Mut." Da weiß also jemand, wie man nicht mutlos wird? Ich bin ganz Ohr. Denn uns *allen* sinkt der Mut. Tagtäglich. Das ist die eine universale Eigenschaft, die alle Angehörigen der menschlichen Rasse auf diesem Planeten gemeinsam haben. Wir verlieren den Mut – oder haben ihn bereits verloren. Das ruhmreiche, robuste Ebenbild Gottes in uns verblasst, verblasst immer mehr bis zur Unkenntlichkeit. Und nun behauptet da einer, er kenne einen Ausweg.

Also dann, Paulus – *wie?* Wie können wir es schaffen, dass uns nicht das Herz in die Hose rutscht?

> Wir starren nicht auf das Sichtbare, sondern blicken aus nach dem Unsichtbaren. (2. Korinther 4,18)

Wie bitte? Mir entrang sich ein enttäuschtes Stöhnen. *Sehr hilfreich, dieser Rat.* „Schau auf das, was du nicht sehen kannst." Das klingt nach fernöstlicher Mystik, nach jener Sorte von fragwürdigen Weisheiten, die vor Spiritualität nur so triefen, sich im Praxistest aber als völlig unbrauchbar erweisen. Das Leben ist eine Illusion. Schau auf das, was du nicht sehen kannst. *Was kann er damit meinen?* Ich erinnerte mich daran, dass ein wenig Demut einen manchmal weiterbringt, und so versuchte ich es noch einmal. Dieser weise alte Visionär sagt, dass es einen Weg gibt, das Leben zu erkennen, und diejenigen, die diesen Weg entdecken, sind in der Lage, buchstäblich beherzt zu leben – unter allen Umständen. Wie schaffen sie das? Indem sie mit den Augen des Herzens sehen. „Gott gebe euch erleuchtete Augen des Herzens" (Epheser 1,18).

DER UNGEZÄHMTE CHRIST

Impuls: Was macht mich mutlos? Welche Hoffnung kann ich den entmutigenden Erfahrungen entgegenstellen?

DIE DINGE LIEGEN ANDERS, ALS ES SCHEINT | 76

Was sagen uns all die großen Geschichten und Mythen? Was haben sie gemeinsam? Was versuchen sie zu vermitteln? Woher sie auch stammen, wie sie auch angelegt sein mögen, sie richten uns fast immer drei ewige Wahrheiten aus. Erstens versuchen uns diese Geschichten daran zu erinnern, dass *die Dinge anders liegen, als es scheint*. Es passiert um uns herum eine Menge mehr, als wir mit dem menschlichen Auge wahrnehmen können. Viel mehr.

War das nicht auch die Lektion auf dem Weg nach Emmaus? Sie kennen die Geschichte: Zwei Jünger Jesu verdrücken sich aus der Stadt, nachdem Jesus gekreuzigt worden ist. Sie sind so enttäuscht, wie zwei Menschen nur sein können, und haben mehr als genug Argumente dafür parat. Ihre Hoffnungen sind zerschlagen worden. Sie hatten all ihre Erwartungen auf den Nazarener gerichtet, und nun ist er tot. Wie sie in ihr Heimatdorf zurückschleichen, gesellt sich unbemerkt Jesus zu ihnen, sehr lebendig, aber inkognito. Er schaltet sich in das Gespräch ein, stellt sich ahnungslos – und sie merken nicht, dass er es ist.

Wir leben in zwei Welten zugleich, oder genauer: in einer zweigeteilten Welt – der eine Teil ist unseren Sinnen zugänglich, den anderen können wir nicht sehen. Zu unserem eigenen Wohl wird uns nahegelegt: Wir sollen die unsichtbare Welt, den Rest der Wirklichkeit, unbedingt ernst nehmen, denn er könnte bedeutender und realer und gefährlicher sein als der Teil der Welt, den wir sehen können. Das ist die Lektion der Geschichte von dem Weg nach Emmaus; diese Lehre zieht sich durch die ganze Bibel hindurch, und sie beginnt mit einer einfachen Erkenntnis: Die Dinge liegen anders, als es aussieht. Um uns herum passiert mehr, als menschliche Augen wahrnehmen können. Viel mehr.

DER UNGEZÄHMTE CHRIST

Impuls: Wie reagiere ich auf den Rat des Paulus: „Schau auf das Unsichtbare!"? Inwiefern rechne ich angesichts von schwierigen Umständen mit der Wirklichkeit und dem Wirken Gottes?

77 | ES IST EINE SCHLACHT IM GANG

Diese Ewige Wahrheit Nummer zwei erreicht uns wie eine verstümmelte Meldung übers Radio oder wie eine aktuelle E-Mail aus einem fernen Land, und sie besagt, dass eine große Auseinandersetzung oder eine Prüfung oder eine Schlacht im Gange ist. Möglicherweise auf Messers Schneide steht. Als die vier Kinder in das sagenhafte Land Narnia gelangen, da liegt das Land und mit ihm all seine liebenswerten Bewohner bereits seit hundert Jahren unter dem Fluch der weißen Hexe. Frodo Beutlin kann den Ring der Macht nur um den Preis ständiger Lebensgefahr bewahren. Mit der Zeit wird ihm klar, dass Bilbos magischer Ring der Eine Ring ist; dass Sauron seinen Aufenthaltsort entdeckt hat; dass die neun schwarzen Reiter bereits im Land sind und mit tödlicher Absicht nach dem kleinen Hobbit suchen. Die Zukunft von Mittelerde hängt an einem seidenen Faden.

Und wieder gilt es festzuhalten: *Genau das* sagen uns die biblischen Schriften seit Jahr und Tag. „Wach auf, du Schläfer ... – Achtet also darauf, wie ihr euer Leben führt ... denn diese Tage sind böse" (Epheser 5,14-16). Oder wie „Hoffnung für alle" übersetzt: „Achtet genau darauf, wie ihr lebt. Denn wir leben in einer schlimmen Zeit." Der christliche Glaube erschöpft sich nicht darin, dass man zur Kirche geht, Suppenküchen unterhält, freundlich ist und Altkleider in Entwicklungsländer schickt – so gut das alles sein mag. Wir leben in einer Welt im Kriegszustand. Etwas Großes und ungeheuer Gefährliches entwickelt sich um uns herum, wir sind darin gefangen, und zu alledem können wir uns überhaupt nicht vorstellen, dass uns eine Schlüsselrolle in diesem Drama zugewiesen ist. Kommt Ihnen das alles etwas zu dramatisch vor?

DER UNGEZÄHMTE CHRIST

Impuls: „Achtet genau darauf, wie ihr lebt ..." Wo, glaube ich, ist meine Wachsamkeit besonders gefordert?

EINE UNBEHOLFENE LIEBE | 78

Aufrichtig und in Liebe miteinander reden, das ist der einzige Weg, wie eine Freundschaft gelebt und entwickelt werden kann. Eine Freundschaft kennt Ebbe und Flut. Verletzungen und Enttäuschungen bleiben nicht aus. Aber wenn uns Gott in seiner Gnade festhält und uns bewusst macht, dass er die Quelle wahren Glücks ist, dann ist es möglich, echte Freundschaften ein Leben lang zu pflegen und zu vertiefen.

Wir sind so gestrickt, dass wir in Beziehungen leben und am Leben anderer Anteil nehmen wollen. Für Frauen ist das noch wichtiger als für Männer. Wir brauchen einander. Gott weiß das. Wir müssen ihn nur bitten und bereit sein zu warten, zu hoffen und im Vertrauen auf ihn zu lieben. Und wir sollten bereit sein, neue Wege einzuschlagen.

Damit eine Frau Freude an einer Beziehung hat, muss sie Abstand nehmen von ihrer Neigung zu kontrollieren und von ihrer Vorstellung, dass andere die Leere in ihr ausfüllen könnten. Die gefallene Eva erwartet, dass Leute sich gefälligst um sie kümmern sollen. Die erlöste Eva ist frei, sich anderen zu öffnen, ist bereit, zu ihren Sehnsüchten zu stehen und mit Enttäuschungen zu leben. Die gefallene Eva ist tief verletzt durch andere und zieht sich zurück, um weiteren Schmerz zu vermeiden. Die erlöste Eva weiß, dass sie etwas Wertvolles anzubieten hat; dass sie für Beziehungen geschaffen ist. Sie ist sicher und wohlbehütet in der Beziehung zu Gott, und deshalb kann sie es riskieren, sich verwundbar zu machen und anderen ihr wahres Ich zu zeigen.

> Lieben heißt verletzlich sein. Liebe etwas – und es wird dir das Herz brechen. Wenn du sichergehen willst, dass dein Herz heil bleibt, dann verschenke es an niemanden – noch nicht einmal an ein Haustier. Umgib es sorgfältig mit Hobbys und kleinen Genüssen; meide alle Verwicklungen; verschließ es sicher im Schrein oder Sarg deiner Selbstsucht. Aber in diesem Schrein – sicher, dunkel, reglos, luftlos – verändert es sich. Es bricht nicht; es wird unzerbrechlich, undurchdringlich, unerlösbar ... Es gibt nur einen Ort außer dem Himmel, wo wir vor allen Gefahren und Wirrungen der Liebe sicher sind: die Hölle." (C. S. Lewis, *Was man Liebe nennt*)

Weisst du nicht, wie schön du bist?

Impuls: Wo stehe ich auf der Skala zwischen „gefallen" und „erlöst" im Blick auf meine Beziehungen? Wen kann ich mir zum Vorbild für ein „erlöstes" Leben nehmen?

Aus jeder mythischen Geschichte schallt es uns geradezu entgegen, dass wir in diesem verzweifelten Moment *eine entscheidende Rolle zu spielen* haben. Das ist die Ewige Wahrheit Nummer drei, und es wird sich zeigen, dass dies die Wahrheit ist, die wir am allernötigsten haben, wenn wir jemals unser Dasein verstehen wollen. Die längste Zeit seines Lebens nimmt sich Neo lediglich als Thomas Anderson wahr, als den Programmierer, der für eine große Softwarefirma arbeitet. Als das Drama Fahrt aufnimmt und der Feind ihn zu verfolgen beginnt, sagt Neo zu sich selbst: „Das ist doch Irrsinn. Warum ausgerechnet ich? Was habe ich getan? Ich bin ein Niemand. Ich habe nichts getan." Eine sehr gefährliche Einstellung – die gleichwohl vermutlich auch von den meisten von Ihnen, meinen Lesern, geteilt wird. Erst später – und zwar keinen Moment zu früh – erkennt Neo, dass er „der Auserwählte" ist, der die Macht der Matrix brechen wird.

Frodo, der kleine Halbling aus dem Auenland, jung und naiv in jeder Hinsicht, „die denkbar am wenigsten geeignete Person", ist der Ringträger. Auch er muss auf gefährlichen Pfaden und durch harte Auseinandersetzungen lernen, dass ihm eine wichtige Aufgabe übertragen worden ist, und wenn er keinen Weg findet, dann wird es niemand schaffen. Dorothy ist nur eine Farmerstochter aus Kansas, und doch gerät sie ins Land Oz – nicht weil sie auf Abenteuer aus war, sondern weil jemand ihre Gefühle verletzt hat und sie daraufhin beschlossen hatte, von zu Hause wegzulaufen. Und doch wird sie die böse Fee des Westens bezwingen.

Sie werden dasselbe Muster wieder und wieder in der Bibel entdecken: Ein Junge wird es mit dem Riesen aufnehmen, ein vorlauter Fischer, der kaum eine Aufgabe zu Ende bringt, wird die Kirche leiten, und eine Hure mit einem goldenen Herzen vollbringt eine unerhörte Tat, sodass Jesus von ihr sagt: „Überall auf der Welt, wo das Evangelium verkündet wird, wird man sich an sie erinnern und erzählen, was sie getan hat." Die Dinge sind nicht so, wie sie erscheinen. *Wir* sind nicht so, wie wir erscheinen.

DER UNGEZÄHMTE CHRIST

Impuls: *„Es hängt nicht von mir ab, aber es kommt auf mich an." Gott will sein Reich in dieser Welt bauen – aber nicht ohne mich. Ist das für mich eher beflügelnd oder eher bedrohlich?*

80 | WIR HABEN EINE ENTSCHEIDENDE ROLLE ZU SPIELEN

In diesem verzweifelten Moment haben wir eine entscheidende Rolle zu spielen.

Von all den ewigen Wahrheiten, die wir gewöhnlich nicht glauben, ist das diejenige, die wir am hartnäckigsten anzweifeln. Unser Leben verläuft nicht außergewöhnlich. Es ist voller Banalitäten. Oft mühselig. Und wir? Wir sind … allenfalls Durchschnitt. Wirklich nichts Besonderes. Vermutlich eine Enttäuschung für Gott. Wie schrieb C. S. Lewis? „Der Wert von Mythen liegt darin, dass sie all den Dingen, die uns vertraut erscheinen, jene reichhaltige Bedeutung zurückgeben, die hinter dem ‚Schleier des Bekannten' verborgen waren." – Sie sind nicht das, wofür Sie sich halten. Ihrem Leben ist eine Herrlichkeit eigen, die Ihr Feind fürchtet, und er setzt alles in Bewegung, um diese Herrlichkeit zu zerstören, bevor Sie davon Gebrauch machen. Dieser Teil der Antwort wird Ihnen zunächst unglaublich erscheinen; vielleicht erscheint er auch zu schön, um wahr zu sein. Zumindest werden Sie zweifeln, ob er auf Sie tatsächlich zutrifft. Aber wenn Sie erst einmal anfangen, die Dinge so zu betrachten, und wenn Sie erst einmal beginnen zu begreifen, dass es tatsächlich wahr ist, dann ändert diese Erkenntnis alles.

Die Geschichte Ihres Lebens ist die Geschichte eines andauernden und brutalen Anschlags auf Ihr Herz durch einen, der bestens weiß, was aus Ihnen im besten Fall werden könnte – und der sich genau davor fürchtet.

DER UNGEZÄHMTE CHRIST

Impuls: Worin besteht der Wert meines Lebens?

MYTHISCH DENKEN | 81

Sie werden keine klare Vorstellung von Ihrem Leben bekommen, solange Sie nicht mythisch denken. Solange Sie nicht mit den Augen Ihres Herzens sehen.

Etwa auf halbem Weg ihrer Reise – nachdem schon beschwerliche Zeiten hinter – und noch mehr davon vor ihnen liegen – spricht Frodos Freund und Helfer Sam Gamdschie die Frage aus: „Ich möchte mal wissen, in was für einer Art Geschichte wir drinstecken." In diesem Augenblick denkt Sam mythisch. Er überlegt, welches wohl der richtige Weg ist. Seine Frage setzt voraus, dass es tatsächlich eine Geschichte gibt; dass es einen größeren Zusammenhang gibt. Er nimmt außerdem an, dass sie auf irgendeine Weise in diese Geschichte verwickelt worden sind. Genau diese Sichtweise ist uns verloren gegangen. Ihnen passiert etwas. Das Auto hat eine Panne; Sie streiten sich mit Ihrem Ehepartner oder Sie suchen am Arbeitsplatz nach der Lösung für ein konkretes Problem. Aber was spielt sich *wirklich* ab? David Whyte sagt, dass wir unser Leben unter einem verhangenen Himmel führen, „ohne jedes Empfinden dafür, dass wir mit unserem Leben eine Rolle in einem weit größeren Drama spielen".

In was für einer Art Geschichte stecke ich drin? Diese Frage könnte sich als ausgesprochen hilfreich erweisen, wenn wir sie uns selbst stellen. Nachdem meine Freundin Julie den Film *Die Gefährten* gesehen hatte, bemerkte sie zu ihrer Begleiterin: „Wir haben gerade eine klarere Vorstellung von der Wirklichkeit bekommen, als wir sie sonst haben." Genau – das ist die Art von Sehvermögen, die wir brauchen: dass es um *unsere* Wirklichkeit geht. In einer brillanten Zusammenfassung zeigt die Vorschau die wesentlichsten mythischen Elemente des Films. Szene um Szene huscht vor den Augen der Zuschauer vorbei, und Gandalf beschreibt die Geschichte. Und dann erscheinen die folgenden Zeilen auf der Leinwand:

> Das Schicksal hat ihn auserwählt.
> Eine Gemeinschaft beschützt ihn.
> Das Böse jagt ihn.
>
> Der ungezähmte Christ

Impuls: *In was für einer Geschichte, glaube ich, spiele ich mit? Wie ordne ich mein Leben in einen größeren Zusammenhang ein?*

82 | Unsichtbar, unumworben, unsicher

Ich weiß, dass ich nicht allein bin mit diesem nagenden Gefühl, eine Versagerin zu sein, mit dem Gefühl, *als Frau* nicht gut genug zu sein. Alle Frauen, die ich je getroffen habe, kennen dieses Gefühl. Es ist schlimmer als nur das Gefühl, dass das, was man *tut*, nicht den Anforderungen genügt. Es ist ein allgegenwärtiges Bauchgefühl, irgendwie als Person nicht richtig zu *sein. Ich bin nicht genug*, und zur selben Zeit *ich bin allzu …* Nicht hübsch genug, nicht dünn genug, nicht freundlich genug, nicht gütig genug, nicht diszipliniert genug. Aber allzu gefühlsselig, allzu bedürftig, allzu empfindlich, allzu stark, allzu voreingenommen, allzu chaotisch. Das Ergebnis ist Scham, die universelle Begleiterin jeder Frau. Sie verfolgt uns, sie klebt uns an den Fersen, sie nährt unsere abgründige Furcht, dass wir am Ende womöglich verlassen und allein dastehen.

Auf jeden Fall wäre das Leben nicht so kompliziert, wenn wir nur bessere Frauen wären – was immer *das* dann bedeutet. Stimmt's? Wir müssten uns nicht so viel Kopfzerbrechen machen, wir würden uns nicht so sehr mit Sorgen martern. Warum ist es so schwer, echte Freundschaften zu knüpfen und sie am Leben zu erhalten? Warum erscheinen unsere Tage so bedeutungslos, warum sind sie anstatt von Leidenschaft und Abenteuer nur von Pflichten und Anforderungen erfüllt? Wir fühlen uns *unsichtbar* – selbst die, die uns am nächsten stehen, nehmen uns nicht richtig wahr. Wir fühlen uns *unumworben* – niemand bringt die Leidenschaft oder den Mut auf, um uns zu werben und jenseits des Durcheinanders die Frau zu entdecken, die in uns steckt. Und wir fühlen uns *unsicher* – unsicher im Hinblick darauf, was es eigentlich heißt, eine Frau zu sein; unsicher, was echte Weiblichkeit bedeutet; unsicher, ob wir sie tatsächlich besitzen oder jemals besitzen werden.

Unsere gravierenden Mängel sind uns nur zu bewusst, und so strafen wir unser Herz mit Verachtung dafür, dass es nach mehr verlangt. O ja, wir sehnen uns nach Nähe und nach Abenteuer; wir wollen die begehrte Schöne in einer großen Geschichte sein. Aber diese Sehnsüchte tief in unserem Herzen erscheinen uns als Luxus, den eigentlich nur solche Frauen verdienen, die ihr Leben allein auf die Reihe kriegen. Uns anderen bleibt nur die Botschaft einer herzlosen Kultur oder aber einer herzlosen Kirche: *Strengt euch halt mehr an.*

WEISST DU NICHT, WIE SCHÖN DU BIST?

Impuls: Was macht mein Leben anstrengend? Was, glaube ich, müsste ich „besser" oder „richtiger" machen, damit das Leben nicht so schwierig wäre?

83 | DIE GROSSEN GESCHICHTEN

Jeder Mann möchte eine Schlacht schlagen. Das ist die Geschichte mit den kleinen Jungs und den Waffen.
Und dann schauen sie sich die Filme an, die Männer lieben. *Braveheart, Gladiator, Top Gun, Zwölf Uhr mittags, Der Soldat James Ryan*. Männer tragen offenbar das Kampfgen in sich. (Und nun Hand aufs Herz, meine Damen: Sind Sie etwa nicht von den Kerlen in diesen Filmen beeindruckt? Sie kämpfen vielleicht nicht gern selbst, aber wünschen Sie sich nicht einen Mann, der *für Sie* kämpft? Einen wie Daniel Day Lewis, der Ihnen in die Augen blickt und sagt: „Ich werde dich finden – egal, wie lange es dauert. Egal, wo du auch bist – ich werde dich finden"?) Frauen fürchten sich nicht vor der Stärke eines Mannes, wenn der Mann ein aufrechter Mensch ist.

Männer sehnen sich auch nach Abenteuern. Im Herzen eines jeden Mannes steckt die tiefe, geistlich motivierte Sehnsucht nach Abenteuern. Abenteuer fordern etwas von uns, stellen uns auf die Probe. Auch wenn wir uns natürlich vor der Prüfung fürchten, müssen und wollen wir uns ihr stellen, um zu erfahren, ob wir das Zeug zu einem echten Kerl haben.

Schließlich sehnt sich jeder Mann danach, eine Prinzessin zu erobern. Das ist tatsächlich so. Was wären Robin Hood ohne Marian und König Artus ohne Guinevere? Einsame Männer, die sinnlose Schlachten schlagen. Sehen Sie, es geht nicht nur darum, dass ein Mann eine Schlacht schlagen will. Er muss auch wissen, *für wen* er kämpft. Nichts inspiriert einen Mann so sehr und macht ihn so mutig (manchmal auch übermütig) wie der Gedanke an die Frau, die er liebt. Die meisten bewundernswerten (und manche dummen) Dinge, die junge Männer tun, tun sie, um Mädchen zu beeindrucken. Männer ziehen in den Krieg mit dem Foto der Geliebten in der Brusttasche – das ist nur eine Metapher für die tiefere Sehnsucht: für die geliebte Schöne kämpfen zu wollen.

Damit soll nicht gesagt sein, dass eine Frau ein hilfloses Geschöpf ist, das ohne einen Mann an der Seite im Leben nicht klarkommt. Ich sage vielmehr: Männer drängt es danach, ihre Stärke für eine Frau einzusetzen.

Vielleicht haben Sie es längst bemerkt: Die Sehnsüchte im Herzen eines Mannes und die Sehnsüchte im Herzen einer Frau sind zumindest darauf *angelegt*, sich aufs Wunderbarste zu ergänzen. Eine Frau in der Gegenwart eines guten Mannes, eines echten Mannes, wird gerne Frau sein. Seine Stärke bringt ihr weibliches Herz zum Aufblühen. Sein Begehren macht ihre Schönheit sichtbar. Und ein Mann in der Gegenwart einer wahren Frau wird gerne Mann sein. Ihre Schönheit weckt in ihm die männlichen Eigenschaften, macht ihn stark. Sie inspiriert ihn zu Heldentaten.

Weisst du nicht, wie schön du bist?

Impuls: Trifft diese Beschreibung von Männlichkeit und von dem Zusammenspiel von Mann und Frau meiner Beobachtung nach zu? Wie erlebe ich dieses Zusammenspiel bei Paaren, die ich für glücklich halte?

Sie haben neues Leben | 84

Der neue Bund hat zwei Teile: „Ich schenke euch ein neues Herz und lege einen neuen Geist in euch. Ich nehme das Herz von Stein aus eurer Brust und gebe euch ein Herz von Fleisch" (Hesekiel 36,26). Gott hat Ihr altes Herz weggenommen, als er Ihr Herz beschnitten hat; er pflanzt Ihnen ein neues Herz ein, wenn er Ihr Leben mit dem Leben des erhöhten Christus verbindet. Deshalb kann Paulus dazu auffordern, dass wir uns „als Menschen begreifen, die für die Sünde tot sind" *und zugleich* „für Gott leben in Jesus Christus" (Römer 6,11).

> Nach der christlichen Überlieferung steigt Gott herab, um wieder hinaufzusteigen ... Man hat das Bild eines Tauchers vor Augen,

der sich zunächst bis zur Nacktheit entblößt, einen Blick in die Luft wirft und dann mit einem Aufspritzen fort ist, verschwunden, hinunterstößt durch grünes und warmes Wasser, hinein in schwarzes und kaltes, hinunter durch zunehmenden Druck in die todesgleiche Region von Schlick, Schlamm und Verwesung, und dann gleitet er wieder hinauf, zurück zu Farbe und Licht, mit fast berstenden Lungen, bis er plötzlich die Wasseroberfläche durchstößt und in der Hand das tropfende, kostbare Ding hält, das zu retten er in die Tiefe gedrungen war. [Dieses Ding ist die menschliche Natur.] (C. S. Lewis, „Das große Wunder")

Die Auferstehung bekräftigt das Versprechen, das Jesus gegeben hat. Denn was er uns angeboten hat, das war ja *Leben:* „Ich bin gekommen, um ihnen das Leben zu geben, Leben im Überfluss" (Johannes 10,10). Sein Leben rettet uns, wenn wir entdecken, *dass wir so leben können*, wie wir stets wussten, dass wir leben sollen. Wir sind frei, so zu sein, wie er uns stets gemeint hat. Sie haben ein neues Leben – das Leben Jesu Christi. Und Sie haben ein neues Herz. Wissen Sie, was das heißt? Ihr Herz ist gut.

DER UNGEZÄHMTE CHRIST

Impuls: „Tot sein für die Sünde" und „für Gott leben" – wie gestaltet sich das in meinem Leben?

85 | WISST IHR NICHT, DASS EUER LEIB EIN TEMPEL DES HEILIGEN GEISTES IST?

Wir alle haben schon einmal gehört, dass nun unser *Körper* der Tempel Gottes sein soll: „Wisst ihr nicht, dass euer Leib ein Tempel des Heiligen Geistes ist, der in euch wohnt und den ihr von Gott habt?" (1. Korinther 6,19). So ist es in der Tat. „Wisst ihr nicht, dass ihr Gottes Tempel seid und der Geist Gottes in euch wohnt?" (1. Korinther 3,16). Einverstanden – jeder von uns ist nun der Tempel Gottes. Und was ist dann, bitte schön, das Allerheiligste?

Ihr Herz.

Richtig gehört – Ihr Herz. Paulus erläutert im Epheserbrief, „dass Christus durch den Glauben in euren Herzen wohne" (Epheser 3,17). Gott kommt herab und bezieht in uns Quartier, *in unseren Herzen*. Nun wissen wir aber: Gott kann nicht dort sein, wo etwas Böses ist. „Denn du bist nicht ein Gott, dem gottloses Wesen gefällt; wer böse ist, bleibt nicht vor dir" (Psalm 5,4; L). Etwas ziemlich Dramatisches muss mit unserem Herzen passiert sein, damit es als Wohnung für einen heiligen Gott taugt.

Natürlich kann nichts von all dem mit uns geschehen, solange wir unser Leben nicht in Gottes Hände gelegt haben. Wir können nicht die Freude oder das Leben oder die Freiheit des Herzens erfahren, solange wir nicht unser Leben voll und ganz Jesus unterstellt haben. Wir sagen all den Wegen ab, die uns und unser Herz von Gott entfremdet haben. Wir verwerfen die falschen Götter, die wir verehrt haben, und geben unser Herz Gott hin. Wir wenden uns wieder zu Gott, übereignen uns mit Leib, Seele und Geist an Gott und bitten ihn, unser Herz zu reinigen und es zu erneuern.

DER UNGEZÄHMTE CHRIST

Impuls: Mein Herz: Tempel Gottes, Gottes Wohnung, Ort seiner Gegenwart ...

DAS EINGELÖSTE VERSPRECHEN | 86

Es ist nicht wegzudiskutieren: Der neue Bund, begründet durch das Werk Jesu Christi, bedeutet, dass wir ein neues Herz haben. Jesus sagt:

> Jeden Baum erkennt man an seinen Früchten: Von den Disteln pflückt man keine Feigen, und vom Dornstrauch erntet man keine Trauben. *Ein guter Mensch bringt Gutes hervor, weil in seinem*

> *Herzen Gutes ist*; und ein böser Mensch bringt Böses hervor, weil in seinem Herzen Böses ist. (Lukas 6,44.45)

Später, im Zusammenhang mit dem Gleichnis vom Sämann, sagt Jesus:

> Auf guten Boden ist der Samen bei denen gefallen, die das Wort *mit gutem und aufrichtigem Herzen* hören, daran festhalten und durch ihre Ausdauer Frucht bringen. (Lukas 8,15)

Jesus selbst sagt also, dass zumindest bei manchen das Herz gut und aufrichtig sein kann. Zu diesen manchen gehören Sie, wenn Sie zu Gott gehören. Gott hat sein Versprechen gehalten. Unsere Herzen sind markiert worden für Gott. Wir haben jetzt neue Herzen. Wissen Sie, was das bedeutet? Ihr Herz ist gut. Lassen Sie das einen Moment lang sacken. Ihr Herz ist *gut.*

Was würde passieren, wenn Sie das glauben könnten, wenn Sie dahin kämen, dass Sie es sicher *wissen*, dass es wahr ist? Ihr Leben wäre nicht mehr dasselbe. Meine Freundin Lynn hat es begriffen, und sie war es, die ausgerufen hat: „Wenn wir das glaubten, dann könnten wir *alles* tun. Wir würden ihm *überallhin* folgen!"

DER UNGEZÄHMTE CHRIST

Impuls: *Ich verweile bei den Bildern, die Jesus in seinen Gleichnissen wählt: Baum mit guten Früchten, Ackerboden ... – „Ihr Herz ist gut." Was löst dieser Satz in mir aus?*

DIE KRONE DER SCHÖPFUNG | 87

Gott setzt sein Ebenbild in die Welt. Er erschafft ein Wesen, das ihm ähnlich ist. Er erschafft einen Sohn.

> Da nahm Gott Erde, formte daraus den Menschen und blies ihm den Lebensatem in die Nase. So wurde der Mensch lebendig. (1. Mose 2,7)

Der sechste Tag nähert sich seinem Ende, und damit ist auch das großartige Werk des Schöpfers fast komplett. Fast, denn nun erscheint Adam, Gottes Ebenbild. Mit diesem Geniestreich vollendet Gott sein Werk. Nur von ihm heißt es, dass er ein „Kind Gottes" ist. Nichts in der Schöpfung kommt ihm gleich. Malen Sie sich Michelangelos *David* vor Augen: Er ist ... perfekt. Jetzt fehlt dem Meisterwerk wirklich nichts mehr. Und doch, der Meister ist noch nicht zufrieden. Zumindest er vermisst noch etwas ... Und dieses Etwas ist Eva.

> Da ließ Gott, der Herr, einen tiefen Schlaf über den Menschen kommen, entnahm ihm eine Rippe und verschloss die Stelle wieder mit Fleisch. Aus der Rippe formte er eine Frau und brachte sie zu dem Menschen. (1. Mose 2,21-23)

Sie ist der Schlussakkord, das letzte, erstaunlichste Werk Gottes. Die Frau. Die Schöpfung findet ihren Höhepunkt nicht in der Erschaffung von Adam, sondern von Eva. *Sie* ist der geniale letzte Pinselstrich des Meisters. Schade, dass dies kein illustriertes Buch ist, sonst könnten wir Ihnen einige Reproduktionen von Bildern oder Skulpturen zeigen, die das anschaulich machen. Denken Sie an die antike griechische Skulptur der Nike von Samothrake oder an die geflügelten Schönheiten am Bug von mächtigen Schiffen. Eva ist ... atemberaubend.

Wenn man sich klar macht, wie die Schöpfung sich entfaltet, wie sie immer kunstvollere und edlere Geschöpfe hervorgebracht hat – kann man da anzweifeln, dass Eva die Krone der Schöpfung ist? Kein Postskriptum. Kein verspäteter Gedanke.

Nicht nur eine nette Ergänzung, nicht nur eine Verzierung am Gemälde. Sie ist Gottes letztes Werk, der endgültige Beweis seiner Meisterschaft. Ihren Platz in der Welt könnte nichts und niemand sonst ausfüllen.

WEISST DU NICHT, WIE SCHÖN DU BIST?

Impuls: Welches Frauenbild erlebe ich in der Kirche/Gemeinde? Was hat mein eigenes Frauenbild geprägt?

88 | GOTTES VERLANGEN NACH BEZIEHUNGEN

Das tiefe Verlangen nach Beziehungen und der Raum, den eine Frau vertrauensvollen Beziehungen gibt, erzählen uns etwas über Gottes Verlangen nach Beziehungen und darüber, welche Bedeutung er Beziehungen beimisst. Das ist vielleicht sogar *das Wichtigste überhaupt*, was wir über Gott erfahren können: Er sehnt sich nach Beziehung – nach einer Beziehung zu uns. „Das allein ist ewiges Leben: dich, den einen wahren Gott, zu erkennen" (Johannes 17,3). Die Bibel ist eine einzige große Liebesgeschichte zwischen Gott und seinen Leuten. Er verlangt nach uns. Er *sorgt sich* um uns. Er hat ein gütiges Herz.

> Jerusalem klagt: „Ach, der Herr hat mich im Stich gelassen, er hat mich längst vergessen!" Doch der Herr antwortet: „Kann eine Mutter ihren Säugling vergessen? Bringt sie es übers Herz, das Neugeborene seinem Schicksal zu überlassen? Und selbst wenn sie es vergessen würde – ich vergesse dich niemals! ... Das verspreche ich dir!" (Jesaja 49,14f.18)
>
> Ich gebe ihnen ein verständiges Herz, damit sie erkennen, dass ich der Herr bin. Sie werden mein Volk sein, und ich werde ihr Gott sein, von ganzem Herzen werden sie zu mir umkehren. (Jeremia 24,7)
>
> O Jerusalem! ... Wie oft schon wollte ich deine Bewohner um mich sammeln, so wie eine Henne ihre Küken unter ihre Flügel nimmt. Aber ihr habt es nicht gewollt! (Matthäus 23,37)

Wie gut zu wissen, dass das Universum, in dem wir leben, zutiefst auf Beziehungen angelegt ist, dass unser Gott ein mitfühlender Gott ist, der sich nach einem engen Verhältnis mit uns sehnt. Wenn Sie irgendeinen Zweifel daran haben, dann betrachten Sie einfach die Botschaft, die er uns in der Frau übermittelt. Erstaunlich. Gott sehnt sich nicht nur *nach* uns, sondern er möchte zudem auch noch *von* uns geliebt werden. Warum nur haben wir das so lange übersehen? Wie viele von Ihnen sehen in Gott vor allem jemanden, der sich danach sehnt, geliebt zu werden – von Ihnen? Wir sehen ihn als mächtig und stark, aber nicht unbedingt als liebebedürftig, offen und verwundbar, sehnsüchtig.

WEISST DU NICHT, WIE SCHÖN DU BIST?

Impuls: Was macht für mich eine gute, bereichernde, beglückende Beziehung aus? Was könnte das für meine Beziehung zu Gott bedeuten?

ERINNERUNGEN AN UNSERE HERRLICHKEIT | 89

Jede Frau ist auf irgendeine Weise auf der Suche nach oder auf der Flucht vor ihrer Schönheit, und jeder Mann sucht nach seiner Stärke oder versucht ihr zu entfliehen. Warum? Tief in unserem Innern erinnern wir uns daran, als was wir geschaffen wurden; wir tragen in uns die Erinnerung an Götter, Bildnisträger, die durch den Garten wandelten. Warum also fliehen wir von unserem innersten Wesen? So schwer es uns auch fallen mag, unsere Sünde zu erkennen, noch viel schwerer ist es für uns, uns an unsere Herrlichkeit, an unsere Größe und Würde zu erinnern. Der Schmerz der Erinnerung an unsere frühere Herrlichkeit ist so entsetzlich, dass wir lieber im Schweinestall bleiben, als in unsere wahre Heimat zurückzukehren. Wir sind wie Gomer, die Frau des Propheten Hosea, die lieber in einer ehebrecherischen Affäre lebte, als sich von ihrer wahren Liebe zurückgewinnen zu lassen.

W*ir* sind es, um die gekämpft wird, die entführt und befreit werden, *wir* sind es, die begehrt sind. Es erscheint bemerkenswert, unglaublich, zu schön um wahr zu sein. Da ist wirklich etwas Begehrenswertes in mir, etwas, wofür der König des Universums Himmel und Erde in Bewegung gesetzt hat, um es zurückzubekommen. George Herbert rang nach Worten, um sein Staunen darüber auszudrücken:

> Mein Gott, was ist ein Herz,
> dass du so danach schaust und es umwirbst,
> und darum kämpfst mit aller deiner Kunst,
> als hättest du sonst nichts zu tun? *(Mattens)*

König David gebrauchte einen ähnlichen Kehrreim:

> Was ist der Mensch, dass du sein gedenkst,
> und des Menschen Sohn,
> dass du dich um ihn kümmerst?
> Denn du hast ihn wenig geringer gemacht als Engel,
> mit Herrlichkeit und Pracht krönst du ihn. (Psalm 8,4.5)

GANZ LEISE WIRBST DU UM MEIN HERZ

Impuls: *Was muss geschehen, damit ich mich von einem anderen gewürdigt und wertgeschätzt fühle?*

Vor Grundlegung der Welt | 90

O Flamme von Liebe lebendig ...
Wie sanft und liebkosend
erwachst du in meinem Schoß,
wo du allein insgeheim wohnest!
Und in deinem köstlichen Hauch,
von Gutem und Herrlichkeit voll,
wie zartkosend machst du mich verliebt!

Diese Worte, geschrieben von Johannes vom Kreuz in seinem Buch *Lebendige Liebesflamme*, fangen den Herzensschrei jeder Seele nach Intimität mit Gott ein. Dafür wurden wir geschaffen, und dafür wurden wir von der Sünde und vom Tod errettet. Im Epheserbrief verrät uns Paulus ein Geheimnis: Auf uns ist nicht nur ein Auge geworfen worden. Gott wirbt um uns von jenseits des Weltraums und seit vor Anbeginn der Zeit. Unsere Romanze ist viel älter als die Geschichte von Helena von Troja. Schon vor der Grundlegung der Welt hat Gott an uns gedacht. Er hat uns vor dem Anbruch der Zeit geliebt, ist uns nachgegangen, und nun ruft er uns auf, uns auf die Reise zu ihm zu machen und bei ihm die Erfüllung unserer Liebe zu erleben.

Wer bin ich wirklich? Die Antwort auf diese Frage findet sich in der Antwort auf eine andere: Wie steht Gottes Herz zu mir oder wie wirke ich auf ihn? Wenn Gott der Umwerbende ist, der ewige Liebhaber, dann muss es auch eine Geliebte geben, eine, um die geworben wird. Das ist unsere Rolle in der Geschichte.

Schließlich ist das das Einzige, was wir jemals wirklich wollten – geliebt zu werden. „Liebe kommt von Gott", schreibt Johannes. Wir müssen Gott nicht erst dazu bringen, uns zu lieben, indem wir irgendetwas richtig machen – nicht einmal, indem wir ihn lieben. „Das Einzigartige an dieser Liebe ist: Nicht wir haben Gott geliebt, sondern er hat uns seine Liebe geschenkt. Er gab uns seinen Sohn, der alle Schuld auf sich nahm, um uns von unserer Schuld zu befreien." Jemand hat uns bemerkt, jemand hat die Initiative ergriffen. Wir müssen nichts tun, um uns das zu bewahren, denn seine Liebe zu uns basiert nicht auf etwas, das wir getan hätten, sondern darauf, wer wir sind: Seine Geliebten. „Ich gehöre meinem Liebsten, und sein Herz sehnt sich nach mir" (Hohelied 7,10).

GANZ LEISE WIRBST DU UM MEIN HERZ

Impuls: Wer bin ich wirklich? Von was oder von wem erwarte ich eine Antwort auf diese Frage?

91 | GEISTLICHE LOBOTOMIE

Da es ihnen nicht gelingen kann, Gott durch bloße Gewalt zu besiegen, beschließen Satans Legionen, Gott so tief wie möglich zu verwunden, indem sie ihm durch Verführung die Liebe seiner Geliebten rauben. Und nachdem sie sie „auf unsre Seite schlau" gezogen hatten, sie an Leib und Seele zu zerstören und anschließend zu verhöhnen, während sie in die Tiefen der Hölle geschleudert werden und Gott selbst sie nicht retten kann, weil sie ihn abgelehnt haben. Das ist Satans Motivation und sein Ziel für jeden Mann, jede Frau und jedes Kind, denen Gott den Atem des Lebens eingehaucht hat. Er ist ein brüllender Löwe (1. Petrus 5,8) und sein Hunger gilt uns.

Gott hätte seine Liebesaffäre mit der Menschheit einfach aufgeben können. Er hätte seine Allmacht gebrauchen und unsere Loyalität verlangen oder uns eine Art geistlicher Lobotomie (Hirnsektion) verpassen können, die uns die Wahlfreiheit genommen hätte, ihn zu lieben oder nicht. Selbst heute noch wäre es ihm ein Leichtes, unseren Feind auszulöschen und die Gefolgschaft des Herzens von uns zu verlangen. Aber die Liebesaffäre, die im Lachen der Dreieinigkeit begann, wäre dann vorbei, zumindest für uns. Und Satans Vorwurf, das Königsreich Gottes sei nur auf rohe Gewalt gegründet, hätte sich bestätigt.

GANZ LEISE WIRBST DU UM MEIN HERZ

Impuls: Liebe erfordert Freiheit. Sie besteht darin. Gott wird mich niemals zwingen, selbst nicht zu meinem Glück. Welche Rolle spielt in meinem Leben der Gehorsam gegenüber Gott? Aus welchem Motiv erwächst er?

DIE TIEFE SEINER LIEBE | 92

Mussten Sie jemals eine Geliebte buchstäblich einem Todfeind ausliefern, um sie selbst herausfinden zu lassen, welche Absichten dieser Feind wirklich ihr gegenüber hatte? Mussten Sie jemals schlaflos im Bett liegen, in dem Wissen, dass sie seine Lügen glaubte und jeden Abend mit ihm schlief? Haben Sie jemals hilflos auf einem Parkplatz in Ihrem Auto gesessen, während Ihr Feind und seine Freunde abwechselnd Ihre Geliebte vergewaltigten, während Sie in der Nähe saßen und es Ihnen nicht gelang, ihr Herz wenigstens so weit zu gewinnen, dass sie darauf vertraute, dass Sie sie retten würden? Haben Sie jemals diese Person, die Sie so lange geliebt hatten, am Tag nach ihrer Vergewaltigung angerufen und gefragt, ob sie bereit sei, zu Ihnen zurückzukommen, nur um sie sagen zu hören, dass ihr Herz immer noch von Ihrem Feind gefangen sei? Haben Sie zusehen müssen, wie die Schönheit Ihrer Geliebten langsam verschwand und verblasste in einem Nebel von Alkohol, Drogen und okkulten Praktiken, bis Sie weder ihren Körper noch ihre Seele wiedererkennen konnten? Haben Sie jemals eine Person so sehr geliebt, dass Sie sogar ihren einzigen Sohn zu ihr schickten, damit er ihr von Ihrer Liebe zu ihr erzählte, obwohl Sie wussten, dass sie ihn umbringen würde? (Und der, obwohl er all das wusste, war bereit, es zu tun, weil auch er sic liebte und daran glaubte, dass Sie füreinander bestimmt waren.)

All dies und noch mehr hat Gott geduldet, weil er nicht bereit war, seine Liebe zu uns aufzugeben. Ja, es sind gerade die Tiefe und Treue seiner Liebe zu uns, und sein Wunsch, dass wir seine Liebe aus freiem Willen erwidern, die Satan die Munition verschaffen, Gott so tief zu verwunden, indem er seine unaufhörliche Kampagne vorantreibt, uns zu Gottes Feinden zu machen.

GANZ LEISE WIRBST DU UM MEIN HERZ

Impuls: Zu drastische Bilder? Wie würde ich die grenzenlose und verwundbare Liebe Gottes zu mir beschreiben?

93 | FERTIG?

Eine kuriose Empfehlung finden wir im ersten Petrusbrief. Dort sagt uns der Apostel: Wir sollen bereit sein, jedem, der uns fragt, Rechenschaft zu geben über den Grund der Hoffnung, die in uns ist (1. Petrus 3,15). Und nun das Merkwürdige an dieser Aussage: Niemand fragt uns jemals danach. Wann hat Sie das letzte Mal jemand nach dem Grund Ihrer Hoffnung gefragt? Sie gehen durch den Supermarkt, sagen wir, durch die Frischwarenabteilung. Ein Freund, den Sie seit ewigen Zeiten nicht mehr gesehen haben, packt sie an den Schultern und drängt Sie: „Bitte, du musst es mir verraten. Sei ganz ehrlich. Wie kannst du so hoffnungsvoll leben? Wo hast du diese Hoffnung her? Ich muss es wissen." In Gesprächen mit Hunderten von Christen sind mir nur ein oder zwei Leute begegnet, die etwas in der Art erlebt haben.

Und doch sagt uns Gott, dass wir darauf vorbereitet sein sollen. Was also stimmt nicht? Ganz einfach: Nichts an unserem Leben ist so außergewöhnlich, dass es sich danach zu fragen lohnt. Es ist nichts Geheimnisvolles an unserer Hoffnung, nichts, was irgendjemanden neugierig machen würde. Nicht dass wir keine Hoffnungen hätten – wir haben durchaus welche. Wir hoffen, dass uns nach Steuern genug übrig bleibt für einen Sommerurlaub. Wir hoffen, dass unsere Kinder das Familienauto nicht zu Schrott fahren. Wir hoffen, dass unser Lieblingsverein in die Champions League kommt. Wir hoffen, dass wir gesund bleiben, und so weiter. Nichts an diesen Hoffnungen ist verkehrt, aber auch nichts außergewöhnlich. Jeder hegt derartige Hoffnungen, also warum sollte uns jemand fragen? Geheiligte Resignation ist der allgemeine Gemütszustand der zeitgenössischen Christenheit. Kein Wunder, dass niemand fragt. Wollen Sie das Leben irgendeines der Christen führen, die Sie kennen?

FINDE DAS LEBEN, VON DEM DU TRÄUMST

Impuls: „Hoffnung besteht nicht darin, dass ich weiß, dass etwas gut ausgeht. Hoffnung besteht darin, dass ich weiß, es lohnt sich, egal, wie es ausgeht." (Vaclav Havel) – Wo handle ich aus einer solchen Hoffnung?

EZER K'NEGDO | 94

Eva ist Adam zur Seite gestellt worden als sein *ezer k'negdo* – was zumeist übersetzt wird mit „Hilfe" oder „Gehilfin". Klingt nicht besonders großartig, stimmt's? Erinnert mich ein bisschen an Küchenhelfer, Tortenretter, Pfannenwender. Robert Alter weist darauf hin, dass der Wortsinn ungemein schwer zu fassen ist. Es bedeutet jedenfalls etwas viel Mächtigeres als nur „Helfer". Es geht eher in Richtung „Lebensretter". An anderen Stellen in der Bibel wird das Wort nur auf Gott angewandt, und zwar dann, wenn man ihn ganz dringend als Retter in der Not braucht. „Keiner ist wie der Gott Jeschuruns, der in den Himmel steigt, um dir zu helfen" (5. Mose 33,26). Das Gleiche wird von Eva gesagt: Sie ist eine Lebensspenderin, sie ist Adams Verbündete. Nur beide zusammen können das Abenteuer des Lebens voll auskosten. Nur beide zusammen können das Leben weitergeben. Nur zusammen können sie den Kampf bestehen.

Eva erliegt der Versuchung – und das ohne großen Widerstand. Eva war überzeugt, dass Gott ihr etwas vorenthalten wollte. Nicht einmal die exquisite Ausstattung des Gartens Eden konnte sie davon überzeugen, dass Gott durch und durch gut ist und es gut meint.

Als Eva der Versuchung erlag, nahm das Kunstwerk des Frauseins verhängnisvolle Züge an. Einsamkeit und Kontrollbedürfnis haben Einzug gehalten. Seitdem will auch jede Tochter Evas kontrollieren – ihre Umgebung, ihre Beziehungen, ihren Gott. Sie ist nicht mehr verletzlich; nun ist sie besitzergreifend. Sie will nicht mehr länger nur teilhaben am Abenteuer, sie will es im Griff haben. Und was ihre Schönheit angeht: die versteckt sie unter Furcht oder Zorn, oder sie benutzt sie, um sich ihren Platz in der Welt zu sichern. „Vor lauter Sorge, dass niemand sich für uns einsetzen, uns beschützen oder für uns kämpfen wird, erschaffen wir uns selbst neu – und unsere Rolle in der Geschichte. Wir manipulieren unsere Umgebung, damit wir uns nicht länger schutzlos fühlen." Die Eva nach dem Fall ist entweder fordernd oder unselbstständig. Einfacher ausgedrückt: Eva ist nicht mehr einfach nur *gewinnend*. Sie flüchtet sich in Betriebsamkeit oder sie wird kratzbürstig, weil Adam sich nicht genug um sie kümmert; meistens schafft sie sogar eine groteske Mischung von beidem.

DER UNGEZÄHMTE MANN

Impuls: Wie und worin erlebe ich am deutlichsten, dass ich, dass wir alle in einer gefallenen Welt leben?

Wir müssen wissen, wer wir sind | 95

Eines ist mir ein großes Anliegen. Ich möchte Ihnen deutlich machen: Sie *können* Ihr Herz zurückgewinnen. Aber ich muss Sie warnen – wenn Sie Ihr Herz zurückhaben wollen, wenn Sie wollen, dass die Wunde geheilt wird, dass Sie Ihre Stärke zurückgewinnen und dass Sie Ihren wahren Namen erfahren, dann werden Sie darum kämpfen müssen. Und nun achten Sie bitte darauf, wie Sie auf diese Worte reagieren. Ist da nicht etwas in Ihnen, das beharrlich anklopft, eine Sehnsucht nach Leben? Und meldet sich da nicht auch eine andere Stimme, die zur Vorsicht mahnt, die diesen Autor abqualifiziert? *Er ist so melodramatisch. Wie arrogant.* Oder: *Vielleicht kriegen das andere hin – ich nicht.* Oder: *Ich weiß nicht – ist das den Einsatz wirklich wert? Und dann ist er auch noch Amerikaner.* Da haben Sie schon einen kleinen Ausschnitt der Schlacht. Ich bilde mir das alles wirklich nicht nur ein.

Nach wie vor suchen wir nach einer Auskunft, die wir von unseren Vätern nie oder nicht überzeugend bekommen haben. Wir müssen *wissen*, wer wir sind und ob wir unserer Bestimmung gerecht werden können. Was machen wir nun mit dieser unausweichlichen Frage? An wen sollen wir sie richten? Vielleicht hilft es Ihnen, die Antwort auf DIE FRAGE zu finden, wenn ich zuvor eine andere Frage stelle: Was haben *Sie* mit Ihrer Frage gemacht? Der Frage, ob Sie das Zeug haben, ein richtiger Kerl zu sein? An wen haben Sie sich gewandt? Denn eines ist klar: Die zentrale Frage eines Mannes erledigt sich nicht von allein. Er kann sie über Jahre aus seinem Bewusstsein verbannen und „einfach so weiterleben". Aber erledigt ist die Frage damit nicht. Es handelt sich um einen derart grundlegenden Hunger unserer Seele – wir sind gezwungen, ihn zu stillen. Er steuert und beeinflusst all unser Handeln.

Der ungezähmte Mann

Impuls: Das Herz verlieren – das Herz zurückgewinnen ... Welchen Einsatz ist es mir wert? Welchen Kampf muss ich kämpfen?

96 | Verzweifelte Sehnsucht nach Bestätigung

Warum ist Pornografie das schlimmste Suchtmittel im Universum gerade für Männer? Sicherlich liegt es auch daran, dass ein Mann nun mal für visuelle Eindrücke unglaublich empfänglich ist. Bilder erregen Männer sehr viel stärker als Frauen. Aber der tiefere Grund liegt darin, dass die Wirkung der verführerischen Schönheit ins Innere eines Mannes hineinreicht. Sie rührt die verzweifelte Sehnsucht nach Bestätigung als Mann an. Vielleicht wird dem Mann durch sie überhaupt erst bewusst, dass er diese Sehnsucht hat. Und zwar rührt sie ihn so an, wie es die meisten Männer noch nie zuvor erfahren haben. Verstehen Sie: Es geht um mehr als um Beine und Brüste und guten Sex. Es ist regelrecht mythologisch. Sehen Sie sich an, was für unglaubliche Wege Männer schon gegangen sind, nur um die Frau mit den goldenen Haaren zu finden. Sie haben Duelle ausgefochten, sie haben Kriege geführt um eine Frau. Womit klar wäre: Jeder Mann erinnert sich an Eva. Sie verfolgt uns bis in unsere Träume hinein. Und irgendwie glauben wir, dass wir sie nur finden müssen, sie wiedergewinnen müssen, damit zugleich mit ihr auch unsere verlorene Männlichkeit zurückkehrt.

Wenn ein Mann mit seiner Frage zu einer Frau geht und von ihr die Antwort erwartet, dann verfällt er ihr entweder – oder er verweichlicht. Oft geschieht beides zugleich.

Der ungezähmte Mann

Impuls: Was müsste geschehen, was müsste ich erfahren, um in meinem Wissen um meinen Wert nicht mehr erschüttert werden zu können?

UNSERE GRÖSSE VERHÜLLEN | 97

Wir wissen, dass Mose nach seiner Begegnung mit Gott sein Haupt verhüllte. Auch das ist ein Gleichnis für eine tiefere Wahrheit. Wir alle machen es wie er. Wir alle haben unsere Herrlichkeit verhüllt, oder jemand anderes hat es getan – in der Regel kommt beides zusammen. Aber nun ist der Augenblick da, wo alle Schleier ausgedient haben:

> Wenn aber schon der Dienst, der zum Tod führt und dessen Buchstaben in Stein gemeißelt waren, so herrlich war, dass die Israeliten das Gesicht des Mose nicht anschauen konnten, weil es eine Herrlichkeit ausstrahlte, die doch vergänglich war, wie sollte da der Dienst des Geistes nicht viel herrlicher sein?
> ... Weil wir eine solche Hoffnung haben, treten wir mit großem Freimut auf, nicht wie Mose, der über sein Gesicht eine Hülle legte, damit die Israeliten das Verblassen des Glanzes nicht sahen ... Wir alle spiegeln mit enthülltem Angesicht die Herrlichkeit des Herrn wider und werden so in sein eigenes Bild verwandelt, von Herrlichkeit zu Herrlichkeit, durch den Geist des Herrn.
> (2. Korinther 3,7.8.12.13.18)

Wir werden nach und nach entschleiert. Wir sind dazu geschaffen worden, Gottes Herrlichkeit widerzuspiegeln, wir sollen sein Ebenbild verkörpern, und er hat uns erlöst, sodass wir diesem Anspruch wieder gerecht werden können. Dem Herzen jedes Menschen war eine geradezu sagenhafte Herrlichkeit zugedacht, und diese Herrlichkeit wird wiederhergestellt. Denn wozu ist Jesus Christus gekommen? „Ich bin gekommen, um euch euer Herz zurückzugeben und euch zu befreien." Irenäus hat es so gesagt: „In einem lebendigen Menschen verherrlicht sich Gott." Natürlich glauben Sie nicht, dass das Gegenteil davon wahr ist. Wie könnte es Gott verherrlichen, wenn wir verschämt im Keller sitzen, von Schuld niedergedrückt, und unser Licht unter den Scheffel stellen? Wir sind bestimmt für ein Leben in Fülle. Wir sollen in unablässig *zunehmender* Herrlichkeit leben. Das ist die dritte Ewige Wahrheit, die jeder gute Mythos uns vermitteln möchte: *Ihrem Herzen ist ein hoher Adel eigen, und diese Ihre Herrlichkeit wird gebraucht* – und zwar jetzt. Dies ist unsere verzweifeltste Stunde.

DER UNGEZÄHMTE CHRIST

Impuls: *Die Herrlichkeit Gottes widerspiegeln, ihn repräsentieren ... Wie sähe die Welt aus, wenn wir das täten?*

98 | QUALITÄTEN, DIE AUF GOTT VERWEISEN

Kann es noch einen Zweifel daran geben, dass Gott geliebt werden will? Das erste und größte Gebot lautet: „Liebe Gott" (Markus 12,29f; Matthäus 22,36-38). Gott *möchte*, dass wir ihn lieben. Dass wir von ganzem Herzen nach ihm verlangen. Auch eine Frau möchte, dass der Geliebte von ganzem Herzen nach ihr verlangt. Gott möchte *begehrt* werden, so wie eine Frau sich danach sehnt, begehrt zu werden. Diese tiefe Sehnsucht einer Frau, begehrt zu werden und begehrt zu sein, ist nicht etwa ein Ausdruck von Schwäche oder von Unsicherheit. Alison Krauss singt: *„Take me for longing or leave me behind"* – sehne dich nach mir oder lass mich in Ruhe. Gott empfindet ebenso. Denken Sie an die Geschichte von Maria und Marta. Maria hat Gott gewählt, und Jesus sagt sinngemäß: *Genau das* will ich. „Maria hat das Bessere gewählt" (Lukas 10,42). Sie hat *mich* gewählt.

Das Leben nimmt eine dramatische Wendung, wenn die Liebe Einzug hält. Auch der christliche Glaube ändert sich dramatisch, sobald wir entdecken, dass es auch hier um eine leidenschaftliche Liebesbeziehung geht. Dass es Gottes Sehnsucht ist, ein Leben voller Schönheit, Intimität und Abenteuer mit uns zu teilen. „Ich habe euch schon immer geliebt" (Jeremia 31,3). Diese Welt wurde als Schauplatz einer Romanze erschaffen – die Flüsse und die Täler, die Wiesen und die Strände. Blumen, Musik, ein Kuss. Aber wir schaffen es, all das zu vergessen, uns in Arbeit und Sorgen zu verlieren. Eva – Gottes Botschaft an die Welt in weiblicher Form – lädt uns ein zu einer Liebesbeziehung. In ihr wird deutlich: Gott gibt der zärtlichen Liebe hohe Priorität in seiner Welt.

Gott stattet die Frau mit gewissen Qualitäten aus, die für Beziehungen unentbehrlich sind. Qualitäten, die etwas über Gott aussagen: Die Frau ist einladend. Sie ist verletzlich. Sie ist zart. Sie verkörpert Erbarmen. Sie ist aber auch entschlossen und zu restloser Hingabe fähig. Ein altes Sprichwort sagt: „Keine Raserei der Hölle kommt einer abgewiesenen Frau gleich." Genauso verhält es sich mit Gott, wenn man ihm einen Korb gibt. „Ich, der HERR, dein Gott, bin ein leidenschaftlich liebender Gott und erwarte auch von dir ungeteilte Liebe" (2. Mose 20,5; GN). Die berechtigte Eifersucht einer Frau verweist auf die eifersüchtige Liebe Gottes zu uns.

Zart und einladend, vertraulich und verführerisch, entschlossen und hingebungsvoll. O doch, unser Gott hat ein leidenschaftliches, romantisches Herz. Eva ist der Beweis.

<small>WEISST DU NICHT, WIE SCHÖN DU BIST?</small>

Impuls: „Zart, einladend, vertraulich, verführerisch, entschlossen, hingebungsvoll" ... begegnet Gott mir so? Worin erfahre ich seine Liebe am deutlichsten?

WARUM SCHÖNHEIT ZÄHLT | 99

Schönheit ist eine Macht. Womöglich die mächtigste Kraft auf Erden. Schönheit ist gefährlich. Denn Schönheit zählt. Wir wollen versuchen zu erklären, warum das so ist.

Erstens: Schönheit *redet*. Der Bischof von Oxford, Richard Harris, schrieb: „Die Schönheit der geschaffenen Welt liefert uns eine Antwort auf unsere Fragen nach Gott." Und wir haben Fragen, oder etwa nicht? Fragen, die unseren Enttäuschungen entspringen, unserem Leiden, unseren Ängsten. Augustinus sagte einmal, Antwort auf seine Fragen habe er in der Schönheit der Welt gefunden.

> Ich sagte zu all diesen Dingen: „Ihr habt mir gesagt, dass ihr nicht mit meinem Gott identisch seid. Aber nun erzählt mir etwas über ihn." Und mit lauter Stimme riefen sie aus: „Er hat uns geschaffen!" Meine Frage war die Aufmerksamkeit, die ich ihnen schenkte, und ihre Antwort war ihre Schönheit.

Und was ist die Botschaft der Schönheit? Stellen Sie sich vor, wie es ist, wenn Sie seit über einer Stunde im Stau stecken. Ungeduldiges Hupen, Menschen beschimpfen einander. Die Scheiben beschlagen von innen, die Luft ist zum Ersticken. Und nun eine andere Vorstellung: Sie sind an einem schönen Platz, in einem Garten oder auf einer Wiese oder an einem einsamen Strandabschnitt. Dort hat Ihre Seele Raum, kann sich ausdehnen. Sie können wieder atmen. Sie können entspannen. Alles ist gut. Ich sitze an einem Sommerabend draußen und mache nichts – spitze nur die Ohren und sauge alle Eindrücke auf und mein Herz wird still und Friede zieht in meiner Seele ein. Mein Herz sagt mir, dass „alles gut wird", wie Juliana von Norwich es ausgedrückt hat, „und auch das Wesen aller Dinge wird gut".

Das ist die Botschaft der Schönheit an uns. *Alles wird gut.*

WEISST DU NICHT, WIE SCHÖN DU BIST?

Impuls: Welche Bedeutung spielt Schönheit in meinem Leben? Welches Erlebnis würde ich „überwältigend schön" nennen?

Schönheit ist transzendent | 100

Schönheit ist *transzendent*. Schönheit ermöglicht die vielleicht unmittelbarste Erfahrung von Ewigkeit. Denken Sie nur an das Erlebnis eines Sonnenuntergangs oder an einen Ozean in der Dämmerung. Erinnern Sie sich an das Finale einer großartigen Geschichte. Wir sehnen uns danach, zu verweilen; wir wollen so etwas am liebsten täglich erleben. Manchmal ist die Schönheit so überwältigend, dass die Sehnsucht fast körperlich schmerzt. Sehnsucht wonach? Nach dem Leben, wie es eigentlich sein sollte. Schönheit erinnert uns an den Garten Eden, den wir nie gekannt haben, aber irgendwie weiß unser Herz, dass wir für diesen Ort geschaffen sind. Schönheit verweist auf das kommende Reich Gottes, wo alles schön sein wird. Schönheit verfolgt uns mit dem Gedanken an die Ewigkeit. Sie sagt: *Auf euch wartet eine Herrlichkeit.* Und wenn es so etwas wie Herrlichkeit gibt, dann hat sie auch einen Ursprung. Was für eine unermessliche Güte, die sich so etwas ausgedacht hat! Was für eine Großzügigkeit, die uns diesen Vorgeschmack gönnt! Schönheit zieht uns zu Gott.

All das trifft auf jede Erfahrung von Schönheit zu. *Erst recht* trifft es zu, wenn uns die Schönheit in Gestalt einer Frau begegnet – ihre Augen, ihre Gestalt, ihre Stimme, ihr Herz, ihr Geist, ihr Leben. Sie drückt all das viel unmissverständlicher aus als irgendetwas sonst in der Schöpfung, denn sie ist die *Inkarnation* von Schönheit, sie ist eine Person. In ihr spiegelt sich ein unsterbliches Wesen. Sie ist Schönheit durch und durch. „Denn welcher Autor in der ganzen Welt lehrt solche Schönheit wie ein Frauenauge?" (Shakespeare).

Schönheit ist fraglos die *wesentlichste* und zugleich die am meisten *missverstandene* von allen Eigenschaften Gottes (und von allen weiblichen Eigenschaften ebenfalls). Wir wissen, dass Schönheit im Leben von Frauen unendliches Leid verursacht hat. Aber selbst in solchen Fällen hat sie eine Botschaft. Warum verursacht Schönheit so viel Kummer? Wir machen uns nicht verrückt, um genial zu sein oder um fabelhaft Hockey spielen zu können. Frauen machen sich verrückt wegen ihres Aussehens. Sie wollen unbedingt schön sein, sie wollen glauben, dass sie schön sind, und sie quälen sich ständig mit der Frage, ob sie das jemals von sich sagen können.

Eine Frau weiß auf dem Grund ihrer Seele, dass sie sich danach sehnt, Schönheit in die Welt zu bringen. Vielleicht irrt sie in der Methode, die sie anwendet (mit dieser Frage plagt sich wohl jede Frau herum), aber sie sehnt sich danach, dass sie in der ihr eigenen Schönheit erkannt wird. Das hat nichts mit Kulturzwängen zu tun oder mit dem Ehrgeiz, einen Mann abzukriegen. Es ist in ihrem Herzen angelegt, es gehört zu ihrer Bestimmung.

WEISST DU NICHT, WIE SCHÖN DU BIST?

Impuls: „Schönheit ist fraglos die wesentlichste ... von allen Eigenschaften Gottes." Was löst ein schönes Musikstück oder ein farbenprächtiger Sonnenuntergang in mir aus?

101 | GEHEIMNIS

Einer der tiefsten Wesenszüge, in denen eine Frau das Bild Gottes verkörpert, ist ihr Geheimnis. Mit diesem Wort soll nicht gesagt sein, dass Frauen eben auf ewig undurchschaubar und rätselhaft sind. Vielmehr will das Geheimnis erkundet werden. Gott möchte erkannt werden, und zwar auf dem Weg, dass ihn die Menschen *suchen*, die ihn erkennen wollen. Er sagt: „Wenn ihr mich sucht, werdet ihr mich finden. Ja, wenn ihr mich von ganzem Herzen sucht, will ich mich von euch finden lassen" (Jeremia 29,13).

Was immer Weiblichkeit sonst noch bedeutet, sie ist in jedem Fall Tiefe und Geheimnis und Vielschichtigkeit, und im Kern ihres Wesens ist sie Schönheit. Aber damit nun keine Verzweiflung ausbricht, sei an dieser Stelle unmissverständlich gesagt:

Jede Frau hat Schönheit zu offenbaren. Jede Frau.

Denn sie trägt das Bild Gottes. Sie muss diese Schönheit nicht beschwören, nicht im Kosmetiksalon kaufen, ihr nicht durch plastische Chirurgie oder Implantate nachhelfen. Warum nicht: Weil Schönheit das *Wesen* ist, das jeder Frau bei ihrer Erschaffung verliehen wird.

Weisst du nicht, wie schön du bist?

Impuls: Gott möchte gesucht werden ...

Die Sehnsuchtsstimme | 102

In der Zeit unserer Unschuld vertrauten wir auf das Gute, weil wir das Böse noch nicht kannten. Diesseits von Eden und unserer eigenen Erfahrung des Sündenfalls – was für Pfeile uns auch immer getroffen haben mögen und wie auch immer der Gegenspieler sie zu unserer persönlichen Botschaft der Pfeile verwoben haben mag – erscheint es, als bliebe es uns überlassen, unseren Weg zu finden, um auf das Gute zu vertrauen, nachdem wir dem Bösen ins Gesicht gestarrt haben.

Die meisten von uns erinnern sich an die Zeit unserer Unschuld als an die Stimme einer Sehnsucht. Ich (Brent) meine mit Unschuld nicht, dass wir sündlos waren, sondern jene Zeit, bevor unsere Erfahrungen mit den Pfeilen dazu führten, dass unser falsches Ich sich verfestigte. Diese Sehnsuchtsstimme, die uns heimsucht, ruft unerwartet nach uns in der Melodie und den Worten gewisser Lieder, die zu unserer „Lebensmusik" geworden sind: im eigentümlichen Lächeln eines Freundes; dem Lachen unserer Kinder (oder in ihren Tränen); in der Erinnerung an ein verschmitztes Gesicht, das noch an die Freude glaubt; im Duft eines Parfüms; im Lesen eines Gedichts oder im

Hören einer Geschichte. Wie auch immer diese Sehnsuchtsstimme uns heimsucht, sie bringt oft einen bittersüßen Schmerz mit sich, das Gefühl, dass wir irgendwann in der Vergangenheit an einem Scheideweg gestanden und eine Abzweigung gewählt haben, bei der wir einen glänzenden Teil von uns selbst – vielleicht den besten Teil – zurückließen. Wir ließen ihn zurück, zusammen mit der Leidenschaft jugendlicher Liebe, mit der Gewissheit einer Berufung im Herzen oder einfach in dem Seufzen, das uns unsere Versuche abrangen, mit den alltäglichen Erfordernissen des Lebens zurechtzukommen.

GANZ LEISE WIRBST DU UM MEIN HERZ

Impuls: Wie und wodurch erreicht mich die Stimme meiner Sehnsucht? Wann habe ich sie am deutlichsten vernommen?

103 | DER TÄGLICHE SÜNDENFALL

Und so sind wir zwar aus dem Garten vertrieben worden, aber die Geschichte von Eden ist damit noch nicht vorbei. Tag für Tag vollziehen wir den Sündenfall erneut nach, indem wir unsere Sehnsucht auf genau die Dinge richten, die uns schaden. May schreibt:

> Wir haben es dort mit Sucht zu tun, wo sich Menschen innerlich gezwungen fühlen, Energie für Dinge aufzuwenden, die nicht ihren wahren Sehnsüchten entsprechen. Man kann es auch so definieren: Sucht ist ein Zustand des Zwangs, der Besessenheit, der Gebundenheit, der den Willen und die Sehnsucht des Menschen versklavt. Sucht führt die Energie unserer tiefsten, aufrichtigsten Sehnsucht nach Liebe und Güte auf ein totes Gleis. Wir zerbrechen, weil die Energie unserer Sehnsucht von bestimmten Verhaltensweisen, Objekten oder Menschen absorbiert wird. (Sehnsucht, Sucht und Gnade)

Manche von Ihnen werden *Sucht* für ein zu starkes Wort halten. Die Frau, die sich treu in der Gemeinde einsetzt – daran ist doch nun wirklich nichts Schlechtes. Oder wer wollte etwas gegen einen Mann sagen, der lang im Büro aushält, um für seine Familie zu sorgen? Vielleicht verwenden Sie ja wirklich mehr Aufmerksamkeit auf die Zubereitung der nächsten Mahlzeit als die meisten anderen Menschen, oder die Leidenschaft, mit der Sie Ihren Hobbys nachgehen, geht manchen Leuten auf die Nerven. Aber deswegen würde man so was doch nicht Sucht nennen – damit wäre der Begriff überstrapaziert.

Ich kann dazu nur sagen: Geben Sie es auf. Wenn Sie nicht glauben, dass auch Sie Schach spielen, dann beweisen Sie es, indem Sie die Dinge sein lassen, die Ihnen ein Gefühl der Sicherheit oder des Trostes oder der Aufregung oder der Erleichterung verschaffen. Sie werden eine Furcht verspüren; Sie werden erst recht an Arbeit oder Essen oder Golf denken. Sie werden mit dem Gedanken spielen, den Versuch abzubrechen. Wenn Sie es eine Woche oder zwei mit schierer Willenskraft durchgehalten haben, dann werden Sie feststellen, dass in Ihrer Seele Traurigkeit und das Gefühl eines bitteren Verlustes aufkommen. Dem folgen Lethargie und ein Mangel an Motivation.

Denken Sie daran: Wir werden aus allem und jedem einen Götzen machen, insbesondere aus etwas Gutem. Wir sind mittlerweile so weit von Eden entfernt, dass wir uns *verzweifelt* um Leben bemühen, und so bilden wir uns ein, dass wir uns selbst darum kümmern müssen, so gut es geht, andernfalls wird keiner es tun. Gott muss unsere Pläne durchkreuzen, um uns zu retten.

Ganz leise wirbst du um mein Herz

Impuls: Welche guten Dinge des Lebens lenken mich möglicherweise von etwas Besserem ab?

Nach dem Sündenfall verändert sich die Welt: Gott *verheißt* jedem Mann Fruchtlosigkeit und Scheitern; er *garantiert* jeder Frau Beziehungsstress und Einsamkeit. Wir verwenden die meisten Stunden des Tages darauf, dem Fluch zu entkommen. Wir lehnen uns gegen diese Wahrheit auf mit allem, was wir haben. Schon richtig, dass andere scheitern. Andere mögen einsam sein. Aber ich doch nicht. Ich kann meinem Schicksal entkommen. Wir beobachten, wie die Kinder der Nachbarn auf die schiefe Bahn geraten, und wir machen uns im Kopf eine Notiz: *Die haben bestimmt nicht genug für ihre Kinder gebetet.* Folglich nehmen wir das tägliche Gebet für unsere Kinder auf unsere Agenda. Denn uns soll das nicht passieren. Wir beobachten, wie ein Kollege in finanzielle Schwierigkeiten gerät, und diesmal merken wir uns: *Er ist schon immer etwas unvorsichtig mit Geld umgegangen.* Uns selbst verordnen wir einen rigorosen Sparkurs und halten uns peinlich daran.

Sperrt sich nicht auch in Ihnen etwas gegen den Gedanken, dass Sie Ihr Leben nicht alleine geregelt bekommen? Gibt es da nicht auch in Ihnen jene unwillige Stimme, die empört sagt: *Ich jedenfalls werde es schaffen –*? Blaise Pascal schreibt:

> Alle Menschen suchen Glück. Davon gibt es keine Ausnahme. Sie mögen es auf unterschiedliche Weise anfangen, aber am Ende läuft es stets darauf hinaus. Das ist die Ursache für jede Handlung eines jeden Menschen ... *Aber Erfahrung macht uns nicht klüger.* Keine Erfahrung gleicht der anderen so vollkommen, dass es nicht doch feine Unterschiede gäbe, und so erwarten wir, dass unsere Hoffnung *diesmal* nicht so enttäuscht wird wie zuvor. Und doch stellt uns die Wirklichkeit niemals zufrieden; die Erfahrung betrügt uns und führt uns von Missgeschick zu Missgeschick bis zum Tod. (Gedanken)

Es kann nicht gelingen. Ganz egal, wie sehr wir uns anstrengen; ganz gleich, wie schlau unser Plan ist, wir können das ersehnte Leben nicht erringen. Legen Sie das Buch einen Moment lang zur Seite und beantworten Sie sich diese Frage: Wird das Leben jemals so sein, wie ich es mir so sehnlich wünsche, auf eine unverlierbare Weise? – Das ist die zweite Lektion, die wir lernen müssen, und in gewisser Hinsicht ist sie am schwersten zu akzeptieren. Wir brauchen das Leben, aber wir können es nicht selbst erzielen.

GANZ LEISE WIRBST DU UM MEIN HERZ

Impuls: Wird das Leben jemals so sein, wie ich es mir so sehnlich wünsche, auf eine unverlierbare Weise? – „Alle wesentlichen Dinge im Leben erhält man geschenkt."

IN DER WELT HABT IHR ANGST | 105

„In der Welt habt ihr Angst." Kein Witz. Jesus, der Meister der Untertreibung, fasst in einem Satz die Geschichte unseres Lebens zusammen. Und ergänzt dann: „Aber lasst euch nicht entmutigen: Ich habe die Welt besiegt!" (Johannes 16,33). Warum baut uns das nicht mehr auf? (Manchmal versuchen wir, uns ermutigt zu *fühlen*, wenn wir eine „geistliche" Aussage wie diese hören, aber dieses Gefühl hält zumeist nicht lange vor.) Tatsächlich sind wir immer noch auf Leben hier und jetzt gepolt. Mal ehrlich. Enttäuscht es Sie nicht, dass ich Ihnen offensichtlich nicht die „Sieben Geheimnisse für Glück und Zufriedenheit hier und jetzt" verraten kann? Wenn ich eine Million machen wollte, dann würde so das Buch heißen, das ich schreiben würde. Ich mache es nur aus einem Grund nicht: Ich müsste lügen. Es funktioniert nicht. *Noch nicht*. Und dieses *noch nicht* macht den alles entscheidenden Unterschied aus. Denn Sehnsucht kann nicht ohne Hoffnung leben. Aber Hoffnung *worauf* eigentlich?

> Richtet *all* eure Hoffnung auf Gottes Barmherzigkeit, die er euch in vollem Ausmaß an dem Tag erweisen wird, wenn Jesus Christus für alle sichtbar kommt. (1. Petrus 1,13)

Ich lese einen Abschnitt wie diesen und weiß nicht, ob ich lachen oder weinen soll. *Alle* Hoffnung? Wir setzen unsere Hoffnung ja noch nicht einmal *teilweise* auf die kommende Wirklichkeit Gottes. Unser Herz sehnt sich nicht wirklich danach. Der Himmel mag kommen. Großartig. Aber bis dahin ist es womöglich noch ein weiter Weg, man kann jedenfalls nie wissen, und deshalb versuche ich jetzt zu kriegen, was ich kriegen kann. Unser Bemühen wird nur durch unsere Finanzen, unsere Optionen und unsere Moral begrenzt. Leute mit weniger Zweifeln und größerem finanziellem Spielraum können es weiter damit treiben.

Für die meisten Christen ist der Himmel ein Notfallplan. Unser Bemühen richtet sich vorrangig darauf, ein Leben zu finden, das uns hier und heute wenigstens ein wenig Befriedigung verschafft. Der Himmel ist eine Anlageform, die wir nutzen, so wie Bundesschatzbriefe oder wie einen Pensionsfonds, die uns irgendwann in der Zukunft ein sorgenfreies Dasein erlauben, aber an die wir in der Gegenwart kaum einen Gedanken verschwenden.

Finde das Leben, von dem du träumst

Impuls: Worauf richtet sich die Hoffnung meines Glaubens?

106 | Ins Unbekannte aufbrechen

Das ist die Geschichte der Beziehung eines Mannes zu Gott: Gott beruft ihn, nimmt ihn mit auf eine Reise und gibt ihm seinen wahren Namen. Viele von uns haben eine ganz andere Geschichte im Kopf: Demnach sitzt Gott auf seinem Thron und wartet nur darauf, einem Mann eine Breitseite zu verpassen, sobald er aus der Reihe ausschert. Aber das ist Unsinn. Gott hat Adam für ein abenteuerliches, kämpferisches und romantisches Dasein geschaffen. Er hat uns für einen einmaligen Platz in seiner Geschichte vorgesehen, und er ist entschlossen, uns zu unserer eigentlichen Bestimmung zu verhelfen. So hat Gott Abram aus Ur in Chaldäa herausgerufen, um ihn in ein fremdes Land zu führen. Er hat ihn an die Grenze und über die Grenze gebracht. Und unterwegs hat er ihm einen neuen Namen gegeben. Aus Abram wurde Abraham. Gott hat Jakob zeitweise aus dem Spiel genommen, hat ihn irgendwo nach Mesopotamien geschickt, damit er dort all die Dinge lernt, die man an Mamas Rockzipfel hängend nicht lernen kann. Als Jakob schließlich wieder zu seiner Familie zurückkehrt, hat er einen Hüftschaden (als schmerzhafte Erinnerung an seine letzte Begegnung mit Gott) – und einen neuen Namen.

Auch wenn Ihr Vater seine Hausaufgaben erledigt hat, konnte er Ihnen nur einen Teil des Weges zeigen. Es kommt die Zeit, da müssen Sie alles Vertraute hinter sich lassen und mit Gott ins Unbekannte aufbrechen.

Saulus war einer von der Sorte, die sich was auf ihr helles Köpfchen einbilden. Besonders liebte er die Rolle im Stück, die er sich selbst auf den Leib geschrieben hatte. Er war der Held seiner eigenen Miniserie „Saulus der Rächer". Dann gibt es einen kleinen Zwischenfall vor den Toren von Damaskus und aus Saulus wird Paulus. Anstatt zurück in die altvertrauten Verhältnisse führt ihn Gott erst mal für drei Jahre auf die arabische Halbinsel und nimmt ihn in die Schule.

An Jesus wird deutlich, dass Initiation auch möglich ist, wenn kein Vater oder Großvater da ist. Er ist der Sohn des Zimmermanns. Josef konnte ihm in den ersten Jahren seiner Reise beistehen. Aber wenn wir später dem jungen Mann Jesus begegnen, dann ist von Josef nicht mehr die Rede. Jesus hat einen neuen Lehrer – seinen wahren Vater –, und von ihm muss er erfahren, wer er wirklich ist und wozu er auf der Welt ist.

DER UNGEZÄHMTE MANN

Impuls: Ruf, Aufbruch aus Vertrautem, Identität – gibt es diese Erfahrungen in meiner Gottesbeziehung? In welche Glaubensschule hat Gott mich schon genommen? Mit welchem Erfolg?

107 | Die meisten von uns haben das Leben missverstanden

Die meisten von uns haben das Leben und die Rolle, die Gott darin spielt, gründlich missverstanden. „Ich glaube, ich habe es bisher immer nur darauf angelegt, dass Gott mein Leben einfacher macht", sagte mir ein Klient. Das hätte er vermutlich auch im Namen vieler anderer Männer sagen können. Wir stellen oft die falschen Fragen. Viele fragen zum Beispiel: „Gott, warum hast du zugelassen, dass mir das passiert?" Oder: „Gott, warum kannst du mir nicht einfach … (und hier können Sie nach Belieben etwas einsetzen, etwa: … zum Erfolg verhelfen; … meine Ehe kitten; … meine Kinder geradebiegen. Sie wissen am besten, was Ihnen Mühe macht). Aber wenn wir uns mit Gott auf diesen Initiationsweg zu unserer Männlichkeit begeben, dann sollten wir ein paar neue Fragen parat haben: Was willst du mir damit zeigen? Was für Eigenschaften meines Herzens willst du dadurch aufbauen? Was soll ich erkennen? Was soll ich sein lassen, was soll ich aufgeben? Tatsächlich hat Gott schon in der Vergangenheit wieder und wieder versucht, Sie zu initiieren. Gehindert hat ihn daran Ihr wenig hilfreicher Umgang mit den erlittenen Verletzungen – und das Leben, das Sie sich im Effekt zurechtgezimmert haben.

„Männern wird in ihrer Kindheit immer wieder beigebracht, dass sie sich für eine Wunde, die wehtut, schämen sollen." Wie ein Marathonläufer, der sich unterwegs das Bein bricht, quälen sie sich notfalls auf allen vieren über die Ziellinie und verlieren kein Wort darüber. Ein Mann wird doch nicht verletzt, und wenn doch, dann macht er zumindest kein Theater darum. Wir haben in zu vielen Filmen gesehen, wie der Gute einen Pfeil einfach über der Wunde abbricht und weiterkämpft. Er wird vielleicht angeschossen, aber das hindert ihn nicht ernsthaft, und so wagt er trotzdem noch den Sprung über die Felsspalte und schnappt sich die Bösewichter. Weil das so ist, deshalb verharmlosen die meisten Männer ihre Verletzungen. „Es ist nicht der

Rede wert. Viele Menschen werden in ihrer Kindheit verletzt. Mir geht's gut." König David, dem man nun wirklich nicht nachsagen kann, er sei eine Memme – König David hat sich anders verhalten. „Ich bin arm und elend", bekennt er in Psalm 109, „mein Herz ist zerschlagen in mir."

Manche Männer geben immerhin zu, dass es passiert ist, aber sie streiten ab, dass es wirklich eine Verletzung war. Vielmehr war es eine verdiente Strafe. Damit abgefunden, sei's drum, und einfach so weitergelebt. Das Einzige, was tragischer sein kann als die Tragödie selbst, ist die Art, wie wir weiter damit umgehen.

Der ungezähmte Mann

Impuls: Wie gehe ich mit den Verletzungen um, die ich erfahren habe? Darf Gott mir – gerade an den wunden Stellen – als Vater begegnen?

Wir haben keine Ahnung, | 108
wer wir wirklich sind

Wir haben keine Ahnung, wer wir wirklich sind. Was auch immer da an Herrlichkeit verliehen wurde und wiederhergestellt werden soll – wir dachten, dass das Wesentliche am Christsein etwas ganz anderes ist. Nicht sündigen. Den Gottesdienst besuchen. Nett sein. Dabei hat Jesus doch gesagt, dass es um die Heilung Ihres Herzens geht, um Befreiung, um die Wiederherstellung Ihrer Herrlichkeit. Ein religiöser Nebel hat all das verschleiert, hat uns gebannt, hat eine Art Gedächtnisschwund verursacht und versucht so zu verhindern, dass wir wieder lebendig werden. Blaise Pascal nennt das einen „monströsen Vorgang ... eine unbegreifliche Verzauberung, eine übernatürliche Benommenheit." Und Paulus sagt: Höchste Zeit, den Schleier zu zerreißen.

> Sobald sich einer dem Herrn zuwendet, wird die Hülle entfernt. Der Herr aber ist der Geist, und wo der Geist des Herrn wirkt, da ist Freiheit. Wir alle spiegeln mit enthülltem Angesicht die Herrlichkeit des Herrn wider und werden so in sein eigenes Bild verwandelt, von Herrlichkeit zu Herrlichkeit, durch den Geist des Herrn. (2. Korinther 3,16-18)

Der Schleier wird entfernt, und Freiheit, Veränderung, Herrlichkeit stellen sich ein. Können Sie es erkennen? Ich habe mir das nicht selbst ausgedacht – obwohl man mir vorgeworfen hat, ich würde das Evangelium besser machen, als es ist. Dieser Vorwurf ist lächerlich. Kann irgendjemand großzügiger sein als Gott? Kann auch nur einer von uns mit einer Geschichte aufwarten, die großartiger wäre als die, die Gott uns präsentiert hat?

DER UNGEZÄHMTE CHRIST

Impuls: Wie kann ich meine von Gott verliehene Würde und Herrlichkeit wiederentdecken und entfalten? Welche Wege zeigt er mir dazu?

109 | MEIN WAHRES ICH

> Dann ruft von oben, weit aus der Ferne
> Eine Stimme: Erinnere dich, wer du bist
> Verlierst du dich, verlässt dich auch der Mut
> Also sei stark. Erinnere dich, wer du bist.
> (Gavin Greenaway und Trevor Horn, *Sound the Bugle*)

Um das Abenteuer zu bestehen, in das Sie hineingeraten sind, werden Sie Ihr ganzes Herz in all seiner Herrlichkeit brauchen. Das also hat Gott im Sinn gehabt, als Sie ihm in den Sinn gekommen sind? Wir wissen zumindest eines – wir wissen, dass wir gegenwärtig nicht das sind, was wir ursprünglich sein sollten. Die meisten von uns verwenden viel Energie darauf, sich vor dieser Einsicht zu drücken. Wir verschleiern uns, wir erschaffen falsche Selbstbilder. Dabei wäre es doch sinnvoller, wir würden unsere Energie dafür einsetzen, das Ebenbild Gottes wieder sichtbar zu machen und es zu seiner Ehre zu entschleiern. Jede Geschichte, die uns mit den Augen des Herzens zu sehen lehrt, bietet uns eine Möglichkeit dazu.

Zu leben in unverhüllter, nicht länger verschleierter Herrlichkeit, die die Herrlichkeit Gottes widerspiegelt? Dafür lohnt es sich zu kämpfen.

Die Bibel ist voll von fragwürdigen Charakteren. Nehmen wir zum Beispiel Jakobus und Johannes, „die Söhne des Zebedäus". Die beiden, die Jesus unbedingt dazu überreden wollten, dass er ihnen in seinem Reich die Plätze zu seiner Rechten und zu seiner Linken reserviert. Bei anderer Gelegenheit wollten sie auf ein Dorf, in dem Jesus kein Nachtquartier angeboten worden war, Feuer vom Himmel herabrufen. „Idioten" nennen ihre Kumpel sie; Jesus dagegen nennt sie Donnersöhne (Markus 3,17). Er erkennt, wer sie *wirklich* sind. Es ist ihr mythischer Name, ihre wahre Identität. Sie sehen aus wie arbeitslose Fischer; dabei sind sie in der Tat Söhne des Donners.

DER UNGEZÄHMTE CHRIST

Impuls: Hinter welchen Rollen und Selbstbildern verstecke ich mein wahres Ich? Was fürchte ich, würde geschehen, wenn ich es zeige?

110 | Die Herrlichkeit willkommen heissen

> Unsere größte Sorge ist nicht, dass wir nicht genügen könnten. Unsere größte Furcht ist, dass wir über die Maßen mächtig sein könnten. Nicht unsere Dunkelheit, sondern unser Licht ist das, was uns am meisten ängstigt. Wir fragen uns: „Wer bin ich denn schon, dass ich brillant, herausragend, talentiert und berühmt sein sollte?" Andererseits: Wer sind Sie denn, dass Sie das alles nicht sein sollten? Sie sind ein Kind Gottes. Wenn Sie sich kleiner machen, nützt das der Welt nicht. Es ist nichts Großartiges daran, wenn man so weit schrumpft, dass andere Leute sich in unserer Gegenwart nicht mehr unsicher fühlen … Indem wir unser Licht leuchten lassen, gewähren wir unbewusst anderen Menschen die Erlaubnis, dasselbe zu tun. Wenn wir von unserer eigenen Furcht befreit sind, dann befreit unsere Gegenwart automatisch andere. (Nelson Mandela)

Als ich dieses Zitat das erste Mal las, dachte ich: *Nein, das ist nicht wahr.* Wir haben keine Angst vor Ruhm und Ehre. Wir fürchten eher, dass an uns nichts Ruhmreiches und Ehrenwertes ist. Wir fürchten im Grunde, dass wir – eine einzige Enttäuschung sind. Mandela versucht uns nur aufzumuntern, hält uns eine nette Rede und stärkt uns damit für ein, zwei Tage den Rücken.

Aber als ich gründlicher nachdachte, wurde mir klar: Wir fürchten *tatsächlich* unsere Herrlichkeit. Wir fürchten uns ja schon davor, auch nur diese Richtung einzuschlagen. Denn zum einen riecht das doch nach Hochmut. Nun, Hochmut ist fraglos eine schlechte Sache. Aber es ist nicht hochmütig, die Wahrheit anzuerkennen, dass Sie das Ebenbild Gottes sind. Paulus sagt, das verherrlicht Gott. Wir können das in aller Demut sagen, denn wir wissen: Diese Herrlichkeit ist *verliehen*. Sie spiegelt nur etwas von der Herrlichkeit Gottes.

Der ungezähmte Christ

Impuls: „Nicht unsere Dunkelheit, sondern unser Licht ist das, was uns am meisten ängstigt." – Stimme ich zu?

Was ist Nachfolge? | 111

Andererseits gibt es da etwas, das wir mit Nachfolge oder Jüngerschaft bezeichnen. Ein Freund drückte mir kürzlich das Programm einer großen und erfolgreichen Kirchengemeinde irgendwo im amerikanischen Mittelwesten in die Hand. Ein geradezu klassisches Beispiel dafür, wozu die Vorstellung von Jüngerschaft oder Nachfolge Christi mittlerweile verkommen ist. Das Programm sieht etwa so aus: Zunächst einmal müssen Sie Mitglied der Gemeinde werden. Anschließend wird dringend die Teilnahme an einem Kurs über grundlegende Lehrfragen empfohlen. „Treue" beweisen Sie in regelmäßigem Gottesdienstbesuch und indem Sie einem Hauskreis angehören. Außerdem sollten Sie einen besonderen Kurs für Glaubenswachstum und Heiligung durchlaufen. Und in Ihrem Leben soll sich dieses geistliche Wachstum natürlich auch widerspiegeln. Als Krönung des Ganzen wartet dann die Evangelisationsschulung auf Sie. Nutzen Sie jede Gelegenheit, um andere mit der Frohen Botschaft bekannt zu machen. Besuchen Sie einen Kurs über den Umgang mit Geld, ein Eheseminar und eines über Elternschaft (vorausgesetzt, dass Sie verheiratet sind oder Kinder haben). Fehlt noch der Leiterschaftskurs, die Einführung in Bibelauslegung, das Seminar über Geistesgaben und das über biblisch-therapeutische Seelsorge. Engagieren Sie sich in irgendeinem Arbeitszweig. Schultern Sie ein ordentliches Stück von der „Last" der Ortsgemeinde.

Vielleicht werden Sie überrascht sein, dass ich diese Art von Programm infrage stelle. Die meisten Gemeinden legen ihren Besuchern nahe, wenigstens ein paar derartige Angebote wahrzunehmen und sich entsprechend einzusetzen. Zweifellos werden dabei auch eine Menge hilfreiche Informationen vermittelt. Meine Güte, man könnte einen akademischen Grad mit weniger Aufwand erwerben. Aber nun frage ich Sie eins: Ein Programm wie dieses – zeigt es Ihnen, was es heißt, mit Gott unterwegs zu sein? Oder bringt es Ihnen nur bei, wie man nach bestimmten Prinzipien lebt?

DER UNGEZÄHMTE CHRIST

Impuls: Wer bzw. was hat mir auf meinem Glaubensweg entscheidend weitergeholfen? Was ließ mich im Glauben wachsen?

112 | DAS WESENTLICHE VERPASST

Wir verschleudern unser Erstgeburtsrecht, wenn wir die Leute nur durch ein Jüngerschaftsprogramm schleifen, durch das sie zwar lernen, jede Menge christliche „Qualitätsnormen" zu erfüllen, das Sie aber nicht zum eigentlich entscheidenden Punkt bringt, zu dem Punkt, für den wir geschaffen wurden: zu einer innigen Beziehung mit Gott. Immerhin gibt es da jene beunruhigende Feststellung, die Jesus im Hinblick auf Menschen getroffen hat, die stets „das „Richtige" tun: „Dann werde ich ihnen antworten: Ich kenne euch nicht" (Matthäus 7,23). Gott kennen – darum geht es.

Sie werden das Sprichwort kennen: „Gib einem Mann einen Fisch, und er hat für einen Tag zu essen. Lehre ihn fischen, und er hat sein Lebtag genug." Das lässt sich auch hier anwenden. Bringe einem Menschen eine Regel bei, und er wird ein Problem lösen. Lehre ihn, mit Gott an seiner Seite unterwegs zu sein, und er kann sein Leben bewältigen. Genau besehen kann man sich gar nicht genug Prinzipien oder Lebensregeln aneignen, um diese Geschichte halbwegs unbeschadet zu überstehen. Entlang des Wegs warten zu viele Überraschungen, zu viele mehrdeutige Situationen, zu viele Ausnahmen von der Regel. Am Arbeitsplatz geht es drunter und drüber – wie sollen Sie sich verhalten? Stress und Streit in der Familie – ist das nur eine Phase, die Ihr Sohn gerade durchmacht, oder sollten Sie sich mehr Sorgen machen?

Diese Depressionen, die Sie nicht einfach abschütteln können – bekommt man die medizinisch in den Griff oder steckt etwas Dunkleres dahinter? Was hält die Zukunft für Sie bereit – und wie sollen Sie darauf reagieren?

Nur wenn wir mit Gott und auf der Spur Jesu unterwegs sind, werden wir den Pfad finden, der zum Leben führt. *Das bedeutet Jüngerschaft.* Das heißt Nachfolge. Sind wir schließlich nicht „Nachfolger Jesu"? Dann sollten wir doch unter allen Umständen ihm *folgen*. Nicht nur Gedanken über ihn ver-folgen. Nicht nur seine Regeln be-folgen. *Ihm* folgen.

DER UNGEZÄHMTE CHRIST

Impuls: Jesus folgen – wie tue ich das konkret?

DIE REGUNGEN DES HERZENS | 113

Alle möglichen schlimmen Dinge können sich so geben, als ob sie aus Ihrem Herzen kommen – Zorn, Begierde, Furcht, Eifersucht. Solange Sie denken, dass Sie das sind – dass diese Regungen widerspiegeln, was wirklich in Ihrem Herzen passiert –, so lange sind Sie gelähmt. Es wird Sie auf Ihrer Reise ausbremsen. Was Sie da wahrgenommen haben, das ist entweder die Stimme Ihres Fleisches oder ein Versuch des Feindes, Sie aus der Bahn zu werfen, indem er Ihnen alle möglichen Gedanken in den Weg stellt und Sie dafür beschuldigt. Sie müssen daran festhalten: Ihr Herz ist gut. Es ist neu geworden. Wenn Sie den Eindruck haben, dass etwas Ungutes am Werk ist, dann sagen Sie sich: *Nun gut – das ist nicht mein Herz. Ich weise das zurück. Mein Herz ist gut.* Was sagt Paulus in Römer 7? *Das bin nicht ich.* Und dann setzen Sie Ihre Reise fort. Mit der Zeit werden Sie immer besser vertraut mit den Bewegungen Ihres Herzens und können dann auch beurteilen und unterscheiden, wer oder was Sie zu beeinflussen sucht.

Nicht anders gehen wir mit jedem Rat oder Wort vor, das sich selbst so gibt, als sei es von Gott, aber im Widerspruch steht zu den Aussagen der Bibel. Wir verfolgen unseren Weg mithilfe von Weisheit und Offenbarung. Wenn ich etwas höre, das nun wahrlich unklug erscheint, dann prüfe ich es, bevor ich mich darauf einlasse. Das Fleisch wird versuchen, Sie dazu zu bringen, Ihre „Freiheit" zu missbrauchen und Dinge zu tun, die Sie besser unterlassen sollten. Und nachdem der Feind nun weiß, dass Sie versuchen, mit Gott Schritt zu halten und auf Ihr Herz zu hören, versucht er sich als Bauchredner und versucht Sie so in Verlegenheit zu bringen. Jedes „Wort", jeder Eindruck, der Sie entmutigt, verdammt, anklagt, ist jedenfalls nicht von Gott. Genauso wenig wie verwirrende Anweisungen oder irgendein Vorschlag, der Sie zum Ungehorsam gegen Gott verleiten will. Weisen Sie solche Eindrücke zurück und bleiben Sie auf Kurs. Ja, natürlich überführt uns Gott, wenn wir gesündigt haben, warnt uns vor falschen Regungen in der Seele, deckt uns unsere Wahrheit auf – zu unserem Besten – aber die Stimme Gottes verdammt niemals (Römer 8,1), sie ist nie grob oder anklagend. Wenn er uns überführt, weckt er damit das Verlangen nach Buße. Die Anklagen des „Verklägers" dagegen töten das Herz (2. Korinther 7,10).

DER UNGEZÄHMTE CHRIST

Impuls: Die Bibel nennt die Aufmerksamkeit für die verschiedenen Stimmen und Impulse in uns „Unterscheidung der Geister". Bin ich darin geübt, Gottes Reden von anderen Stimmen zu unterscheiden? Was könnte mir helfen, es besser zu lernen?

UNSERE GESCHICHTE | 114

Unser Leben ist eine Geschichte. Eine vergleichsweise lange und vielschichtige Geschichte, die sich mit der Zeit entfaltet hat. Sie enthält viele einzelne Episoden, kurze und längere, darunter x-mal das Kapitel: „Das erste Mal". Die ersten Schritte; die ersten Worte, die Sie gesprochen haben; Ihr erster Schultag. Irgendwann hatten Sie zum ersten Mal einen „besten" Freund, eine „beste" Freundin, den ersten Auftritt vor anderen; die erste Verabredung; die erste große Liebe; den ersten Kuss; den ersten Liebeskummer. Wenn Sie sich einen Moment Zeit nehmen und an solche Begebenheiten denken, dann werden Sie feststellen: Ihr Herz hat tatsächlich schon eine prallvolle Geschichte durchlebt. Und hat dabei ganz nebenbei viele verschiedene Dinge gelernt. Manches, was Sie gelernt haben, ist wahr; manches andere ist trügerisch. Das gilt auch für manches, was Sie über die zentralen Fragen über Ihr Herz und über das Herz Gottes gehört haben. Ist Ihr Herz gut? Ist Ihr Herz wirklich von Bedeutung? Was hat Ihnen das Leben darüber beigebracht? Versuchen Sie sich einen Augenblick lang vorzustellen, dass Gott unauffällig an Ihrer Seite geht. Sie spüren seine Gegenwart, fühlen den Hauch seines Atems. Er fordert Sie auf: „Erzähl mir von deinen Sorgen." Was würden Sie antworten?

„Und ich werde den Vater bitten, und er wird euch einen anderen Beistand geben, der für immer bei euch bleiben soll. Es ist der Geist der Wahrheit" (Johannes 14,16.17). Wie bitte? Was würden Sie sagen, wenn Ihr Ehepartner oder ein Freund Ihnen mitteilen würde: „Ich denke, du solltest mal Seelsorge in Anspruch nehmen. Ich habe da schon was für dich arrangiert. Morgen geht's los; es wird voraussichtlich ein paar Jahre dauern" –? Ich gehe jede Wette ein, dass Sie zunächst einmal in Verteidigungsposition gehen. Die Kombination von Stolz – *Danke, gut gemeint, aber ich brauche keine Therapie* – und der Tatsache, dass Seelsorge mittlerweile zu einer *Erwerbstätigkeit* geworden ist, macht es uns schwer zu begreifen, dass wir in der

Tat Seelsorge brauchen. Jemanden, der sich um unsere Seele sorgt. Wir alle. Jesus sendet uns seinen Geist als Seelsorger; das sollte eigentlich jeden Zweifel darüber ausräumen. Tatsächlich scheint es so, als brauchen wir sogar eine ganze Menge Beratung – der Geist hält nicht mal eben bei uns an, um uns wieder aufzupeppen; er kommt auch nicht einmal jährlich zum Kundendienst vorbei. Er ist gekommen, um zu bleiben.

Der ungezähmte Christ

Impuls: Gott sagt: „Erzähl mir von deinen Sorgen." Was antworte ich ihm? Was antwortet er mir?

115 | Das Herz befreien

Wir hatten schon festgestellt, dass der Zweck des Christseins darin besteht, dass unser Herz erneuert, geheilt und befreit wird. Das ist der Vertragsgegenstand. Dafür ist Jesus gekommen, seiner eigenen Aussagen zufolge. Jesus möchte LEBEN für uns, Leben großgeschrieben, und dieses Leben fließt uns zu durch unser Herz. Dabei ist es gar nicht so einfach, das Herz zu heilen und zu befreien. Gott legt nicht einfach nur einen Schalter um und Peng! – erledigt. Er schickt stattdessen seinen Seelsorger, der uns begleiten soll. Daraus können wir entnehmen, dass es um einen *Prozess* geht. Ihr Herz hat über die Jahre alle möglichen Schrammen abbekommen, hat Schlimmes mitmachen müssen – durch Sünde, durch Menschen, die es hätten besser wissen müssen, und durch unseren Feind, der sich nach Kräften darum bemüht, das Ebenbild Gottes in uns auszuschalten und zu vernichten. Oder es zumindest zu behindern. „Hingehaltene Hoffnung macht das Herz krank" (Sprüche 13,12). Vermutlich gibt es etwas von dieser Erfahrung auch in Ihrem Leben.

Wir werden aufgefordert, uns „von ganzem Herzen" auf

Gott zu verlassen (Sprüche 3,5), aber in der Praxis erweist sich das als ganz schön schwierig. Fällt es Ihnen leicht, so zu vertrauen? Ich würde liebend gern von ganzem Herzen auf Gott vertrauen. Warum scheint es geradezu unsere zweite Natur zu sein, dass wir uns Sorgen machen? Wir sollen einander lieben, und zwar „von Herzen" (1. Petrus 1,22), aber das ist eher noch schwieriger. Warum werden wir so leicht zornig oder nachtragend oder zunehmend gleichgültig gegenüber Menschen, die wir einmal geliebt haben? Die Antworten finden sich im Herzen. „Denn mit dem Herzen wird geglaubt", sagt Paulus (Römer 10,10; RE). Und in den Sprüchen lesen wir: „Ein tiefes Wasser sind die Pläne im Herzen des Menschen, doch der Verständige schöpft es herauf" (Sprüche 20,5). Unsere tiefsten Überzeugungen – diejenigen, die wirklich unser Leben prägen – sind irgendwo in den Abgründen unseres Herzens verborgen.

DER UNGEZÄHMTE CHRIST

Impuls: Welche Grundüberzeugungen hat die Geschichte meines Lebens in mir hervorgebracht? Was prägt die Gedanken meines Herzens?

REISEN ODER ZU HAUSE BLEIBEN? | 116

Zu jeder guten Geschichte gehört eine Abenteuerreise. In J. R. R. Tolkiens *Der kleine Hobbit* rennt Bilbo Beutlin um Viertel vor elf zur Tür hinaus, ohne auch nur ein Taschentuch einzustecken, und landet in einem Abenteuer, das sein Leben für immer verändert. Alice tritt durch den Spiegel ins Wunderland; Lucy, Edmund, Susan und Peter stolpern durch den Kleiderschrank in das Land Narnia. Abraham verlässt sein Land, seine Heimat und seine Verwandtschaft, um der seltsamen Verheißung eines Gottes zu folgen, den er gerade erst kennengelernt hat. Jakob und seine Söhne gehen nach Ägypten, um ein paar

Lebensmittel zu besorgen, und vierhundert Jahre später bricht das Volk Israel seine Zelte ab und macht sich auf den Heimweg. Petrus, Andreas, Jakobus und Johannes drehen sich eines Tages auf dem Absatz um, lassen ihre Fischernetze in nassen Haufen hinter sich liegen und folgen dem Meister. Die Göttliche Romanze beinhaltet für jede Seele eine Reise von heroischen Ausmaßen. Für manche mag das tatsächlich eine geografische Veränderung mit sich bringen, aber in jedem Fall bedeutet es eine Reise des Herzens.

Wir stehen vor der Wahl zu reisen oder zu Hause zu bleiben, zu leben wie Abraham, der Freund Gottes, oder wie Robinson Crusoe, die verlorene Seele, die sich irgendeine Form von Dasein zusammenzimmert aus den Dingen, die sie aus den Trümmern der Welt retten kann. Crusoe war kein Pilger; er war ein Überlebender, dem es darum ging, so lange wie möglich durchzuhalten. Er lebte in einer sehr, sehr kleinen Welt, in der er die Hauptfigur war und alles andere sich auf ihn ausrichtete. Natürlich müssen wir fairerweise sagen, dass Crusoe auf einer Insel gestrandet war und nur wenig Hoffnung auf Rettung hatte. Wir *sind* gerettet worden, aber dennoch stehen wir immer noch vor der Wahl, ob wir in unseren kleinen Geschichten bleiben und uns an unsere Hausgötter und falschen Liebhaber klammern oder aufbrechen und nach dem Leben suchen wollen.

GANZ LEISE WIRBST DU UM MEIN HERZ

Impuls: Gibt es in meiner Glaubensgeschichte eine Erfahrung des Aufbruchs? Ruft mich Gott zurzeit vielleicht zu neuen Horizonten – meines Handelns? Meines Denkens? Meiner Grundhaltungen?

Aus der anderen Perspektive betrachtet | 117

Der Eintritt in die Göttliche Romanze beginnt damit, dass wir Augen bekommen, um zu sehen, und Ohren, um zu hören. Wo ständen wir heute, wenn Eva die Schlange mit anderen Augen angesehen hätte, wenn sie sofort erkannt hätte, dass dieses schöne Geschöpf mit der einschmeichelnden Stimme und dem vernünftigen Vorschlag in Wirklichkeit ein gefallener Engel war? Doch sie sah die Dinge nicht so, wie sie wirklich waren, und das führte zu einer unaussprechlichen Tragödie. Von diesem Zeitpunkt an zieht sich das Thema der Blindheit durch die ganze Bibel. Es geht nicht nur darum, dass wir die Versuchung nicht erkennen, wenn wir ihr begegnen; sondern wie der Diener des Elisa können wir oft auch das Drama der Erlösung nicht sehen (2. Könige 6,15-17).

Elisas Diener bekam plötzlich eine ganz neue Perspektive. Ich denke, dass er auch eine gewisse emotionale Erleichterung verspürte – eine Gesundung des Herzens. Was für ihn zweifellos eine grauenerregende Konfrontation gewesen war, wurde nun zu einem aufregenden Abenteuer.

Der Apostel Paulus erlebte auf der Straße nach Damaskus eine noch größere Überraschung. In dem Glauben, er täte Gott damit einen Gefallen, setzte er alles daran, eine winzige religiöse Bewegung auszumerzen, die sich „der Weg" nannte. Doch er hatte die Handlung und die Figuren völlig durcheinandergebracht. Paulus, der damals noch als Saulus bekannt war, spielte die Rolle des Verteidigers des Glaubens, doch in Wirklichkeit war er der Verfolger Christi. Er musste erst einmal für eine Weile blind sein, um die Dinge wieder richtig sehen zu können. Und als ihm die Schuppen von seinen Augen gefallen waren, sah er die Dinge nie wieder so wie vorher. Später erklärte Paulus den Römern, menschliche Sünde und menschliches Leid seien das Ergebnis törichter und verfinsterter Herzen, herbeigeführt durch die Weigerung, die Göttliche Romanze zu sehen. Es sollte uns nicht überraschen, dass sein eindringlichstes Gebet darin bestand, dass uns die Schuppen von den Augen unseres Herzens fallen mögen, damit wir die Göttliche Romanze nicht übersehen (Epheser 1,18.19).

GANZ LEISE WIRBST DU UM MEIN HERZ

Impuls: In welcher Beziehung hat Gott mir schon einmal eine völlig neue Perspektive geschenkt?

118 | WIR STEHEN VOR EINER ENTSCHEIDUNG, DIE MIT JEDEM TAG DRINGLICHER WIRD

Wir stehen vor einer Entscheidung, die mit jedem Tag, der vergeht, dringlicher wird: Wollen wir unsere kleinen Geschichten hinter uns lassen und es wagen, unserem Geliebten in die Göttliche Romanze zu folgen? Die Entscheidung, zu einem Pilger des Herzens zu werden, kann jeden Tag getroffen werden, und wir können von jedem Ort aus unsere Reise beginnen. Wir sind hier, die Zeit ist jetzt, und die Romanze entfaltet sich unaufhörlich. Es liegt nicht in unserer Entscheidung, ob sie überhaupt geschieht. Wie Chesterton sagt: „Das Abenteuer ist seinem Wesen nach etwas, das uns zustößt – das uns wählt, statt dass wir es wählen." Lucy suchte nicht nach Narnia, als sie es auf der anderen Seite des Kleiderschranks fand; in einem gewissen Sinn fand Narnia sie. Abraham wanderte nicht herum und suchte nach dem einen wahren Gott; Gott kam mit einer außerordentlichen Einladung zu ihm. Aber nachdem sie ihre Begegnungen gehabt hatten, hätten beide auch eine andere Wahl treffen können. Lucy hätte die Schranktür wieder zumachen und nie ein Wort darüber sagen können, was dort geschehen war. Abraham hätte sich entscheiden können, lieber in Haran zu bleiben. Die Entscheidung, vor der wir stehen, ist die, ob wir *eintreten* wollen.

GANZ LEISE WIRBST DU UM MEIN HERZ

Impuls: Heute bin ich gefragt: *Will ich eintreten in eine Liebesgeschichte mit Gott ...?*

Von der Gebundenheit zum Verlangen | 119

Vieles an der Reise, die vor uns liegt, beinhaltet ein Loslassen all dessen, was uns einst Leben brachte. Wir wenden uns ab von den vertrauten Stätten des Herzens, von den falschen Ichs, die wir ausgewählt haben, von den Stärken, die wir benutzt haben, um für uns selbst und all unsere falschen Liebhaber einen Platz zum Leben zu schaffen, und wir wagen uns hinaus in unser Herz, um den Schritten dessen zu folgen, der gesagt hat: „Folge mir nach." In gewissem Sinn bedeutet das, dass wir aufhören, *so zu tun als ob:* als ob das Leben besser wäre, als es ist, als ob wir glücklicher wären, als wir sind, als ob das falsche Ich, das wir gegenüber der Welt darstellen, wirklich wir wären. Wir reagieren auf die Heimsuchung, das Werben, die Sehnsucht nach einem anderen Leben. Bunyans Pilger Christian beginnt seine Abenteuerreise zum Heil mit einer zweifachen Wendung: einer *Abwendung* von seinen Gebundenheiten und einer *Hinwendung* zum Verlangen. Er will das Leben, und so steckt er seine Finger in die Ohren und rennt wie ein Verrückter („ein Narr", um den Ausdruck des Paulus zu gebrauchen) los, um danach zu suchen. Die Freiheit des Herzens, die wir für die Reise brauchen, äußert sich in Form von Gelassenheit. Gerald May schreibt in *Sehnsucht, Sucht und Gnade*:

> Gelassenheit beschreibt in religiöser Tradition die Freiheit der Sehnsucht. Dabei geht es nicht darum, von jeder Sehnsucht frei zu sein, sondern um die Freiheit, sich das zu wünschen, was der oder die Einzelne sich tatsächlich ersehnt. ... Echte spirituelle Gelassenheit setzt weder die Sehnsucht herab noch das, worauf sie sich richtet. Vielmehr „zielt sie darauf, uns von ängstlichem Festhalten zu befreien, damit wir unsere Beziehung zu Gott wirklich leben

können". Nach Meister Eckhart „entzündet Gelassenheit unser Herz, erweckt den Geist, regt unser Verlangen an und zeigt uns, wo Gott ist …"

Mit einem erweckten Herzen wenden wir uns der Straße zu, die vor uns liegt, denn wir wissen, dass diese Reise niemand anders an unserer Stelle machen und dass niemand unseren Weg für uns planen kann.

Ganz leise wirbst du um mein Herz

Impuls: Wo „tue ich so, als ob"? Gibt es Dinge, Gewohnheiten, Lieblingsgedanken, Verhaltensweisen, die nur „so tun, als ob sie Leben geben", von denen ich mich trennen muss?

120 | Der entscheidende Verlust

> Wir lassen nie vom Suchen ab,
> und doch, am Ende all unseren Suchens
> sind wir am Ausgangspunkt zurück
> und werden diesen Ort zum ersten Mal erfassen.
> (T. S. Eliot)
> Siehe, ich mache alles neu!
> (Jesus von Nazareth)
> Vorbei ist der Winter,
> verrauscht der Regen.
> Auf der Flur erscheinen die Blumen;
> die Zeit zum Singen ist da.
> (Hoheslied 2,11f; EÜ)

Eines Abends, etwa vier Monate nach dem Tod meines Freundes Brent, wanderte ich durch die Wälder und Felder hinter unserem Haus. In meinem Herzen fühlte ich mich so unvollkommen – mir fehlte nicht nur Brent, sondern in gewisser Weise alles, was wichtig war. Mir war klar, dass ich nach und nach alle Menschen verlieren würde, die mir wichtig waren, genau wie das Leben, das ich immer noch ersehnte. Im Osten stieg der

Vollmond auf, strahlend und schön und so groß, wie er nur aussieht, wenn er eben erst über den Horizont geklettert ist. Im Westen färbten sich die Wolken pfirsichfarben gegen einen topasblauen Himmel. Meiner Seele zuzureden, sie solle sich nach der Ewigkeit sehnen, das ist gerade so, als würde man mir raten, von der Liebe Abstand zu nehmen – für immer. Ebenso gut könnte man sich auf die Lehren fernöstlicher Religionen einlassen, könnte das Leben und alles, was Gott geschaffen hat, *verleugnen*. Wir verlieren es ja doch allzu früh, bevor wir noch richtig anfangen können zu leben und zu lieben.

Andererseits: Was wäre, wenn? Was, wenn die Natur zu uns sprechen würde? Was, wenn Sonnenaufgang und -untergang uns tagtäglich die alte Geschichte zuraunen, uns die Herrlichkeit von Eden in Erinnerung rufen und prophezeien, dass es wieder ein Eden geben wird? Dass das Paradies wiederhergestellt wird?

GANZ LEISE WIRBST DU UM MEIN HERZ

Impuls: Sehnsucht nach der Ewigkeit – Liebe zum irdischen Leben. Welche Rolle spielt beides in meinem Leben? – Wenn die Schöpfung auf den Schöpfer verweist, was sagt sie mir über ihn?

DAS HERZ WIE EINEN SCHATZ BEHANDELN – | 121
DENN DAS IST ES

"Mehr als alles hüte dein Herz" (Sprüche 4,23). Wir hören diesen Vers normalerweise mit dem Unterton: „Pass auf dein Herz auf" – in dem Sinn, wie man einem Strafvollzugsbeamten einschärft, einen gefährlichen Verbrecher streng zu bewachen, oder wie man jemanden warnt, wenn der Nachbar seinen bissigen Hund von der Leine gelassen hat. „Lass ihn nicht aus den Augen." Wir haben so lange geglaubt, dass unser Herz böse ist, folglich gehen wir nun davon aus, dass die Warnung uns vor Schwierigkeiten bewahren soll. Und so sperren wir unser Herz ein und werfen den Schlüssel weg und versuchen dann, weiter mit dem Leben klarzukommen. Aber damit haben wir den Sinn der Empfehlung völlig missverstanden. Sie besagt nicht, dass wir unser Herz hüten sollen, weil es kriminell ist. Vielmehr besagt sie: Hüte dein Herz, denn es ist der Ursprung deines Lebens; es ist ein *Schatz*; alles andere hängt davon ab. Wie freundlich von Gott, dass er uns diese Warnung gibt, so wie jemand einem Freund etwas sehr Kostbares anvertraut mit den Worten: „Geh behutsam damit um – es bedeutet mir sehr viel."

Mehr als alles? Meine Güte – wir hüten unser Herz vielleicht ab und zu. Wir gehen so sorglos mit unserem Herzen um, als ob wir unsere Ersparnisse offen auf dem Beifahrersitz liegen lassen würden, bei geöffnetem Fenster. „If not for my careless heart", hat Roy Orbison gesungen, „wenn ich nur nicht so fahrlässig mit meinem Herzen umgehen würde". Das könnte der Titel unserer Lebensmelodie sein. Die Lage sähe anders aus. Ich wäre schon wesentlich weiter. Mein Glaube wäre um einiges tiefer. Meine Beziehungen viel stabiler. Mein Leben wäre auf dem Gleis, das Gott für mich gelegt hat … wenn ich nur nicht so fahrlässig mit meinem Herzen umgehen würde. Wir leben das schiere Gegenteil. Wir hüten alles andere mehr als unser Herz. Ich liege vermutlich nicht falsch mit der Annahme, dass der Punkt „das Herz hüten" nicht auf Ihrer Tagesordnung steht. „Mal sehn – ich muss die Kinder zum Fußballtraining bringen, der Wagen muss in die Werkstatt, und dann brauche ich diese Woche auch noch ein paar Stunden für mein *Herz*." – Das klingt vermutlich unbiblisch, auch nach alledem noch, was wir bereits angesprochen haben.

Ganz im Ernst: Was tun Sie täglich, um Ihr Herz zu hüten? Okay, das war nicht ganz fair. Wie wäre es mit wöchentlich? Einmal im Monat?

DER UNGEZÄHMTE CHRIST

Impuls: Genau – was tue ich, um behutsam mit meinem Herzen umzugehen?

Rückkehr des Frühlings | 122

Der Winter beweist in zweitausend Metern Höhe Ausdauer. Hier in den Rocky Mountains kehrt der Frühling erst spät und zögernd ein. Es ist noch keine Woche her, da hatten wir noch Schnee, und das Mitte Mai. Unsere Jungs freuen sich bereits auf die Sommerferien – und dann schneit es. Ich habe mittlerweile akzeptiert, dass der Frühling hier oben eine Art Ringkampf zwischen Winter und Sommer ist. Der Winter will einfach den Griff nicht lockern – so lange nicht, bis es absolut nicht mehr anders geht. Da muss man schon eine Menge Geduld aufbringen. Sehen Sie, im September sind die meisten Blumen schon wieder verblüht. Anfang Oktober färbt sich das Laub der Espen golden, und ein, zwei Wochen später stehen sie bereits kahl. Mit dem November wird alles grau. Nun, das macht mir nicht allzu viel aus. Der Einzug des Winters hat seine schönen Seiten; man kann sich auf Thanksgiving und die Weihnachtszeit freuen.

Aber dann nach Silvester beginnt es sich zu ziehen. Den Februar und März hindurch verharrt die Erde in Erstarrung. Die ganze Welt ist in braune und graue Schatten getaucht wie ein altes Foto. Der Winter ist längst langweilig geworden, und im April sehnen wir uns nach Zeichen des Lebens – nach etwas Farbe, etwas Hoffnung. Stattdessen werden wir hingehalten. Im April bekommen wir gewöhnlich am meisten Schnee. Wenn in Atlanta bereits die Azaleen in voller Pracht stehen und in Portland die Hartriegelsträucher in Weiß und Rosa erblühen, dann schippen wir noch meterhohen Schnee. Es dauert einfach zu lang.

Und dann fahre ich gerade durch unser Wohnviertel, und

hast du nicht gesehn: Auf einmal ist die Welt wieder grün. Das Wäldchen hinter unserem Haus ist verwandelt. Wo vorher nur Steine und dürre Zweige und totes Laub waren, da breitet sich nun auf einmal ein farbenfroher Orientteppich aus. Ich war überwältigt. Wie kann das sein? Ungläubig stieg ich aus dem Wagen und machte erst mal einen Spazierang durch den Wald, berührte jede Blattspitze. Gestern noch hatten die verkrüppelten Eichen ihre Äste bizarr gewunden in den Himmel gestreckt wie die Hände einer alten Hexe. Nun sehen sie auf einmal schön aus, anziehend, üppig wie ein begehrenswertes Mädchen. Auch die Vögel sind zurückgekehrt und wecken uns morgens mit fröhlichem Gezwitscher. Und das alles geschieht plötzlich. In einem Augenblick.

Meine Überraschung spricht für sich. Natürlich sehnt man sich nach dem Frühling, aber wenn er dann mit einem Mal da ist, dann ist man doch erst einmal von den Socken. Mir ging es so. Ich war wirklich und ehrlich überrascht und dachte: *Träum ich? Was machst du denn hier?* Und dann wurde mir bewusst: Ich hatte nicht mehr wirklich mit der Rückkehr des Frühlings gerechnet. Irgendwo tief in mir drin hatte ich mich damit abgefunden, dass der Winter das Bleibende und Wahre ist. Deshalb schockiert mich die Rückkehr des Frühlings so. Und ich frage mich: *Kann dasselbe auch mit meiner Seele geschehen?*

GANZ LEISE WIRBST DU UM MEIN HERZ

Impuls: Wie geht es meiner Seele? Was bringt sie zum Blühen? Was bringt sie zum Erstarren?

KANN UNSER LEBEN WIRKLICH WIEDER AUFBLÜHEN?

Kann es wirklich geschehen? Kann unser Leben wirklich wieder aufblühen? Ganz gleich, was wir in unseren Glaubensbekenntnissen vortragen: Das Herz hängt einem anderen Glauben an. Wir halten den Winter dieser Welt für das letzte Wort, und so haben wir versucht, ohne die Hoffnung auf den Frühling auszukommen. Wir haben uns eingeredet: *Er wird sich nie wieder einstellen, und deshalb muss ich mich mit dem bisschen Leben bescheiden, das gerade greifbar ist.* Wir waren so mit Beschlag belegt von unseren Bemühungen um unser Glück, dass wir die Vorzeichen des Frühlings übersehen haben. Wir haben keinen ernsthaften Gedanken darauf verwendet, dass er bereits hinter der nächsten Ecke sein könnte. Wenn die Ewigkeit morgen hereinbrechen würde, wären wir vermutlich genauso oder noch mehr schockiert, als ich es war bei der unerwarteten Rückkehr des Frühlings. Unser faktischer Unglaube würde offenbar.

Natürlich streben wir nach Glück, nach Glück hier und jetzt. Unser Herz hat keinen anderen Ort, an den es gehen könnte. Die Ewigkeit erscheint uns demgegenüber als ein Nichts, kaum von Belang. Wenn ich Ihnen erzählen würde, dass Ihr Einkommen sich nächstes Jahr verdreifacht und dass die exotische Urlaubsreise, von der Sie träumen, in Reichweite ist, dann würde Sie das in hoffnungsvolle Aufregung versetzen. Die Zukunft würde verheißungsvoll erscheinen. Das erscheint möglich, *wünschenswert*. Aber unsere Vorstellungen vom Himmel, so möglich sie erscheinen, sind oft nicht im Geringsten wünschenswert. Was immer wir auch erwarten in dieser kommenden Phase unseres Daseins – es versetzt uns jedenfalls nicht in freudige Erregung. Wir machen ein Nichts aus der Ewigkeit, indem wir die Bedeutung des diesseitigen Lebens künstlich vergrößern, und im Gegenzug vermindert sich die Wirklichkeit dessen, was im kommenden Leben auf uns wartet.

GANZ LEISE WIRBST DU UM MEIN HERZ

Impuls: Was könnte mich dazu bringen, Sehnsucht nach der Ewigkeit zu empfinden?

124 | DAS IST DIE GUTE NACHRICHT?

Fast alle Christen, mit denen ich über die Ewigkeit gesprochen habe, stellen sich darunter eine Art endlose himmlische Chorprobe vor; ein gewaltiges Loblied nach dem anderen, für immer und ewig. Amen.

Und das Herz wird uns schwer. *Für immer und ewig? Das soll es gewesen sein? Das ist die gute Nachricht?* Und dann seufzen wir und fühlen uns schuldig, weil wir nicht „geistlicher" denken. Wir werden mutlos und wenden uns einmal mehr der Gegenwart zu, um dort so viel Leben wie möglich zu ergattern. Die Ewigkeit scheint jedenfalls nichts für uns bereitzuhalten, was die Erfüllung unserer Suche nach Leben sein könnte. Ende der Fahnenstange. Aber so sicher sind wir uns dann auch wieder nicht, was im Jenseits auf uns wartet, und deshalb suchen wir angestrengt weiter.

Wohlgemerkt: *Wir können nur auf etwas hoffen, was wir auch ersehen.* Und wie könnte ein endloser Gottesdienst erstrebenswerter sein als die reichsten Erfahrungen unseres gegenwärtigen Lebens? Etwas ganz anderes wäre es, wenn Sie in Ihrem Herzen wüssten, dass das ersehnte Leben gleich um die Ecke ist und dass Ihnen Ihre tiefsten Sehnsüchte unablässig zuflüstern, was auf Sie wartet. Nicht umsonst heißt es in der Bibel, dass Gott den Menschen „die Ewigkeit in ihr Herz gelegt" hat (Prediger 3,11; L). Und wohin genau im Herzen? In unsere *Sehnsucht.*

Die Rückkehr des Frühlings wirkt ungemein befreiend, bringt Freude und weckt die Erwartung. Das Leben ist zurück und mit ihm der Sonnenschein, Wärme, Farbe, lange abenteuerliche Tage. Wir holen die Gartenstühle und den Grill raus. Wir pflegen den Garten und berauschen uns an all der Schönheit. Wir brechen auf in die Ferien. Sehnen wir uns nicht genau danach am meisten? Den Winter der Welt hinter uns zu lassen, den Shakespeare den „Winter unseres Missvergnügens" genannt hat, und uns plötzlich auf einer weiten Sommerwiese wiederzufinden?

GANZ LEISE WIRBST DU UM MEIN HERZ

Impuls: Wie sieht mein Bild von der Ewigkeit aus? Was an dieser Vorstellung macht sie zu einem erstrebenswerten Ziel, zum Gegenstand von Sehnsucht?

ALLES IST SO, WIE ES SEIN SOLL | 125

Im Himmel ist alles so, wie es sein soll. Und nun denken Sie bitte einen Moment lang über dieses Wunder nach. Bei uns auf der Erde rührt jede einzelne Sorge daher, dass die Dinge eben *nicht* so sind, wie sie sein sollen – oder etwa nicht? Wenn nun das Reich Gottes auf die Erde kommt, dann müssen sich Wunder ereignen. Wenn es eines Beweises bedarf: Schauen Sie sich an, was mit Menschen passiert ist, die durch Jesus mit dem Reich Gottes in Berührung gekommen sind. Jesus zog in Galiläa umher und „predigte das Evangelium von dem Reich", und im selben Atemzug heißt es: Er „heilte alle Arten von Krankheiten und Leiden" (Matthäus 4,23). Als er zu den Menschen „über das Kommen der Herrschaft Gottes" sprach, da heißt es: Er „heilte alle, die Hilfe brauchten" (Lukas 9,11; GN). Hier wird ein Zusammenhang erkennbar. Mit seinen Taten hat Jesus seine Predigt untermauert.

Was passiert, wenn wir uns in der neuen Welt Gottes wiederfinden? Lahme kommen auf die Beine und beginnen zu tanzen. Taube gehen in den Elektrofachmarkt und kaufen sich eine Stereoanlage. Blinde gehen ins Kino. Tote sind nicht länger tot, sondern quicklebendig. Sie nehmen am Esstisch Platz. Anders ausgedrückt: Die menschliche Hinfälligkeit in all ihren Formen ist geheilt. Das Reich Gottes bringt die *Wiederherstellung*. Das Leben wird wieder zu dem, was es ursprünglich sein sollte. „Am Anfang", damals im Paradies, trug die ganze Schöpfung das Prädikat „gut", und warum: Weil die ganze Schöpfung genau so war, wie sie nach Gottes Willen sein sollte. Damit die Schöpfung wieder so gut wird, muss sie nicht zerstört werden, sondern vielmehr geheilt, erneuert, mit all ihren ursprünglichen guten Attributen ausgestattet.

In den Wundern, die Jesus getan hat, blitzt erstmals diese Erneuerung auf. Jesus hat die Errichtung des Reiches Gottes mit den Worten angekündigt: „Seht, ich mache *alles* neu!" (Offenbarung 21,5; EÜ). Er sagt nicht: „Ich mache etwas völlig Neues, Anderes." Das bedeutet: Die Dinge, die so schlimm beschädigt worden sind, werden wieder so und noch besser, als sie ursprünglich einmal waren. „Du meinst also, dass ich dann eine neue Brille bekomme?", fragte mich mein Sohn Sam. „Oder meinst du vielleicht sogar, dass ich dann neue Augen bekomme und überhaupt keine Brille mehr brauche?" Was glauben Sie? Jesus hat keine Krücken verteilt, um den Lahmen zu helfen.

Ganz leise wirbst du um mein Herz

Impuls: Wie sähe die Welt, wie sähe mein Leben aus, wenn „die Dinge so wären, wie sie sein sollen"?

126 | Viel mehr als nur Vergebung

Wenn es in der Bibel heißt, dass Jesus Christus „die Welt erlöst" hat, dann bedeutet das sehr viel mehr als nur Vergebung. Einem gebrochenen Mann nur zu vergeben, das wäre so, als ob man dem verletzten Marathonläufer sagt: „Geht klar mit dem gebrochenen Bein. Ich werde das nicht gegen dich ver-

wenden. Aber jetzt musst du es erst mal bis ins Ziel schaffen."
Das ist grausam. Man kann ihn nicht einfach unbehandelt liegen lassen. Nein, unsere Erlösung bedeutet mehr. Jesus hatte eine Mission und das Wesen dieser Mission ist im Buch des Propheten Jesaja vorausgesagt worden (Jesaja 61,1):

> Der Geist Gottes, des Herrn, ruht auf mir; denn der Herr hat mich gesalbt. Er hat mich gesandt, damit ich den Armen eine frohe Botschaft bringe und alle heile, deren Herz zerbrochen ist; damit ich den Gefangenen die Entlassung verkünde und den Gefesselten die Befreiung.

Der Messias wird kommen, so heißt es hier, um zu verbinden und zu heilen, um zu ent-fesseln und zu befreien. Und zwar was? *Ihr Herz.* Jesus Christus ist gekommen, um uns zu befreien und wiederherzustellen, unsere Seele, unser wahres Selbst. Das ist *die* zentrale Aussage in der gesamten Bibel über Jesus. Nicht zufällig hat Jesus genau diesen Abschnitt zitiert, als er ins Licht der Öffentlichkeit getreten ist. Damit hat er seine Ankunft proklamiert. Also nehmen Sie ihn beim Wort. Bitten Sie ihn, dass er all die zerbrochenen und wunden Stellen in Ihrem Inneren heilt und Ihnen ein neues, geheiltes Herz schenkt. Bitten Sie ihn darum, dass er Sie von allen Fesseln befreit, so wie er es versprochen hat. George MacDonald hat folgendermaßen gebetet: „Sammle meine Bruchstücke und mach daraus wieder ein Ganzes ... Gib mir ein heiteres, empfängliches Herz, aber ein lichtdurchflutetes Ganzes soll es sein." Das wird freilich nicht funktionieren, solange Sie zu sich selbst auf Distanz sind. Sie können Jesus schlecht einladen, sich um Ihre Wunde zu kümmern, solange Sie selbst sie nicht ansehen wollen. Sie müssen mit ihm zu Ihrem Herzen gehen.

WEISST DU NICHT, WIE SCHÖN DU BIST?

Impuls: „Sammle meine Bruchstücke und mach daraus wieder ein Ganzes ... Gib mir ein heiteres, empfängliches Herz, aber ein lichtdurchflutetes Ganzes soll es sein."

127 | DIE QUELLE ALLER HEILUNG

An der Liebe Gottes müssen wir festhalten, sie ist unsere einzige Hoffnung, nur bei ihr ist unser Herz wirklich zu Hause. Es geht nicht darum, dass wir verstandesmäßig anerkennen, dass Gottes Liebe uns gilt. Wir müssen unseren Herzen erlauben, nach Hause zu kommen und in seiner Liebe zu bleiben. MacDonald sagt es so:

> Wenn unser Herz sich Gott zuwendet, wenn wir ihm die Tür öffnen ... dann tritt er ein, nicht nur als Gedanke, nicht nur als Idee, sondern er kommt selbst, und aus freien Stücken. So wird der Herr, der Geist, zur Seele unserer Seelen ... Dann sind wir in der Tat *wir selbst*, dann haben wir in der Tat Leben. Das Leben Jesu ist nun auch in uns lebendig geworden ... wir sind eins mit Gott für immer und ewig. (*The Heart of George MacDonald*)

Und bei Johannes vom Kreuz heißt es:

> „O wie freundlich und liebevoll liegst du wach in der Tiefe und im Kern meiner Seele. Dort verweilst du im Stillen allein und als einziger Herr, wie in deinem eigenen Haus oder in deiner Kammer, und ebenso in meiner Brust in enger und vertrauter Einheit mit meinem Herzen."

Diese innige vertrauensvolle Einheit mit Jesus und mit seinem Vater ist die Quelle unserer Heilung und unserer Stärke. Sie ist, wie Leanne Payne es ausdrückt, „die zentrale und einzigartige Wahrheit des christlichen Glaubens".

WEISST DU NICHT, WIE SCHÖN DU BIST?

Impuls: Nach Hause kommen, zu Hause sein – was empfinde ich dabei? Wo erlebe ich Heimat? – Meinem Herzen erlauben, nach Hause zu kommen, Heimat zu finden in Gottes Liebe.

Wir werden permanent belogen | 128

Der Teufel hat zweifellos seinen Platz in unserer Theologie, aber wie sieht es im alltäglichen Leben aus? Denken wir da auch nur an ihn, rechnen wir mit ihm? Ist Ihnen jemals in den Sinn gekommen, dass nicht alles, was Ihnen in den Sinn kommt, tatsächlich von Ihnen ist? Es geschieht tagtäglich in Ehen und zwischenmenschlichen Beziehungen: Lügen und Einflüsterungen. Und doch kommen wir nie auf den Gedanken zu sagen: „Moment mal – wer mischt sich denn hier ein? Wo kommen diese seltsamen Ideen her? Und diese schlimmen Empfindungen?" – Lesen Sie Biografien der Heiligen aller Jahrhunderte bis in die Neuzeit hinein, und Sie werden feststellen: Sie alle haben den Teufel überaus ernst genommen, wie auch der Apostel Paulus schreibt: „Wir kennen seine Absichten nur zu gut" (2. Korinther 2,11). Erst in der Moderne, in diesem stolzen Zeitalter der Vernunft, der Wissenschaft und der Technologie, rechnet man nicht mehr mit ihm. Wir suchen stattdessen nach psychologischen oder physikalischen oder gesellschaftlichen Erklärungen für alles Ungemach, das uns widerfährt.

Wer hat jene arme Frau achtzehn Jahre lang gequält, die dann an einem Sabbat von Jesus geheilt wurde? Es war Satan (Lukas 13,16). Aber wann kommen wir je auf die Idee, dass wir ihm die Kopfschmerzen verdanken, die uns vom Beten oder vom Bibellesen abhalten? Wer hat Hananias und Saphira dazu gebracht, die Apostel zu belügen? Wieder Satan (Apostelgeschichte 5,3). Und doch denken wir zuletzt an ihn, wenn es zu Gemeindespaltungen kommt. Wer hat schließlich jenen heimtückischen Angriff auf Ihre Stärke verübt, wer hat Ihnen letztlich die Wunden zugefügt, an denen Sie leiden? William Gurnall schreibt: „Wo immer sich in Ihnen das Wesen Gottes spiegelt, dagegen empört sich die Hölle."

Hinter den Kulissen unseres Lebens spielen sich sehr viel mehr Dinge ab, als die meisten von uns sich vorstellen können.

Der ungezähmte Mann

Impuls: Der Teufel – mittelalterliche Idee oder Wirklichkeit? Rechne ich damit, dass es Kräfte gibt, die mich von meinem Weg mit Gott abbringen wollen?

129 | DIE UNIVERSALE GESCHICHTE

Märchen enthalten tiefe Wahrheiten. Es ist eine zeitlose Form des Erzählens, denn Märchen halten eine zeitlose Geschichte fest. Sie spinnen ihren Stoff aus universalen Symbolen, die unsere größten Hoffnungen ebenso ansprechen wie unsere abgründigsten Ängste. Märchen erschließen uns die Bedeutung des Lebens wie kaum etwas anderes. Frederick Buechner schreibt:

> Märchen ... zeigen uns eine Welt voll Dunkelheit und Gefahr und Mehrdeutigkeit ... Da gibt es feurige Drachen, die Schätze bewachen, und böse Feen, die bei königlichen Tauffesten auftauchen. Wer den falschen Weg wählt, steht in Gefahr, auf ewig im undurchdringlichen Wald verloren zu sein, und wer das falsche Kästchen oder die falsche Tür wählt, muss einen grausamen Preis zahlen. Es ist eine Welt voller dunkler und gefährlicher Abenteuer, in der die Bewerber zum Preis des eigenen Lebens (sollten sie unterliegen) um die Hand der Königstochter wetteifern, in der der Prinz die Prinzessin sucht, die schon hundert Jahre schläft; in der die Krähe, der Blechmann und der Löwe zahllose Meilen zurücklegen auf der Suche nach dem Zauberer, der sie ganz machen kann, und sie alle müssen auf ihrer Reise große Gefahren bestehen, die umso verderblicher sind, als sie selten als das erkannt werden, was sie sind. Gut und Böse treffen in dieser Märchenwelt aufeinander und bekämpfen sich, wie sie es auch in unserer realen Welt tun. Aber im Märchen sind es immer die Guten, die glücklich und zufrieden bis an ihr Lebensende weiterleben. Das ist der große Unterschied. (*Telling the Truth: The Gospel as Tragedy, Comedy, and Fairy Tale*)
>
> JOURNAL ZU „GANZ LEISE WIRBST DU UM MEIN HERZ"

Impuls: Habe ich ein Lieblingsmärchen? Warum gerade das?

GOTT IST MIT UNS | 130

Sei mutig und stark! Denn du sollst diesem Volk das Land zum Besitz geben, von dem du weißt: Ich habe ihren Vätern geschworen, es ihnen zu geben. Sei nur mutig und stark ... Habe ich dir nicht befohlen: Sei mutig und stark? Fürchte dich also nicht, und hab keine Angst; denn der Herr, dein Gott, ist mit dir bei allem, was du unternimmst. (Josua 1,6-7.9, EÜ)

Josua wusste allzu gut, was Angst ist. Jahrelang war er Moses rechte Hand gewesen, der zweite Mann in der Kommandokette. Aber nun lag es an ihm, nun musste er führen. Israel hatte keinen Spaziergang vor sich. Sie konnten nicht einfach ins Land der Verheißung einmarschieren, wie man zum Einkaufen in den Supermarkt geht. Sie würden um das Land kämpfen müssen. Und Mose war nicht mehr bei ihnen. Wäre Josua sich seiner Sache vollkommen sicher gewesen, warum hätte ihm Gott dann wieder und wieder einhämmern müssen, dass er sich nicht zu fürchten braucht? Tatsächlich hat Gott ihm ein spezielles Wort der Ermutigung gesagt: „Wie ich mit Mose war, will ich auch mit dir sein. Ich lasse dich nicht fallen und verlasse dich nicht" (Josua 1,5).

Wie war Gott „mit Mose" gewesen? Als ein mächtiger Kriegsherr. Erinnern Sie sich an die ägyptischen Plagen? An die Streitwagen und ihre Besatzungen, die im Schilfmeer untergingen? Und nach dieser Demonstration der Macht Gottes hatten die Israeliten eben jenes Lied angestimmt: „Der Herr ist ein Krieger, Jahwe ist sein Name." Gott hatte für Mose und für Israel gekämpft, und nun hatte er den Bund auf Josua übertragen und ihm dasselbe versprochen wie zuvor Mose, und zusammen bezwangen sie Jericho und jeden anderen Feind, der sich ihnen in den Weg stellte.

DER UNGEZÄHMTE MANN

Impuls: Wie geht es mir mit diesem Bild eines kämpferischen Gottes? Gibt es eine kämpferische Seite in meinem Glauben?

167

131 | Nur wenige leben wirklich

Der gefährlichste Mann auf Erden ist der Mann, der mit seinem eigenen Tod abgerechnet hat. Alle Menschen sterben, aber nur wenige *leben* wirklich. Natürlich können Sie sich ein einigermaßen sicheres Leben bereiten und Ihre Tage in einer Seniorenresidenz bei Schonkaffee und Plaudereien über irgendein längst vergessenes Unglück beenden. Was mich angeht – ich würde lieber einen Abgang mit Blitz und Donner wählen. Hören wir, was G. K. Chesterton über Mut und Tapferkeit sagt:

> Mut ist fast ein Widerspruch in sich. Er meint einen starken Lebenswillen in Form einer Todesbereitschaft. „Der aber sein Leben verliert, der wird's erhalten" – das ist keine Mystik für Heilige und Helden. Es ist eine Alltagsmaxime für Seeleute und Bergsteiger … In diesem Paradox steckt das ganze Prinzip des Mutes; selbst des völlig profanen oder völlig gefühllosen Mutes. Ein Mensch, dem das Meer den Rückweg abgeschnitten hat, kann sein Leben retten, wenn er es an den Klippen aufs Spiel setzt. Dem Tod entkommt er nur, indem er sich immer dicht neben ihm hält. Ein von Feinden umzingelter Soldat kämpft sich nur dann den Weg frei, wenn er neben unbändigem Lebenswillen auch eine seltsame Achtlosigkeit gegenüber dem Sterben beweist. Er darf sich nicht einfach ans Leben klammern, denn dann wäre er ein Feigling und würde nicht davonkommen. Er darf nicht einfach auf den Tod warten, denn dann wäre er ein Selbstmörder und würde nicht davonkommen. Er muss sein Leben wollen, aber in einer Art wütender Gleichgültigkeit; er muss das Leben lieben wie Wasser und doch den Tod trinken wie Wein.
>
> Der ungezähmte Mann

Impuls: Was macht Mut aus? Wo habe ich schon einmal echten Mut bewiesen?

Ein gespaltenes Reich | 132

Er heilt, die zerbrochenen Herzens sind,
und verbindet ihre Wunden.
(Psalm 147,3; L)

Ja, wir alle haben in dieser Schlacht Wunden davongetragen. Und wir werden erneut verletzt werden. Aber uns ist noch etwas anderes widerfahren als nur Verwundungen.

Ich gehe davon aus, dass jeder gelegentlich schon einmal gesagt hat: „Nun, ein Teil von mir möchte schon, aber ein anderer Teil möchte nicht." Sie kennen dieses Gefühl – ein Teil von Ihnen zieht in eine Richtung, der andere zieht in die Gegenrichtung. Ein Teil von mir liebt es zu schreiben und freut sich regelmäßig auf einen neuen Tag am Schreibtisch. Aber nicht alles in mir. Manchmal fürchte ich mich auch davor. Ein Teil von mir fürchtet sich vor dem Scheitern – ich könnte ja nur Banalitäten festhalten, nur das Offensichtliche, oder was ich schreibe, wäre in sich nicht stimmig. Einerseits drängt es mich zum Schreiben, andererseits betrachte ich es mit gemischten Gefühlen.

Und so geht es mir mit vielen anderen Dingen auch. Ein Teil von mir möchte forsch voran und sich auf eine Freundschaft einlassen, das Risiko eingehen. Ich bin es leid, allein zu leben. Ein anderer Teil sagt: *Halt Abstand – du könntest verletzt werden. Niemand sucht deine Freundschaft völlig selbstlos.* Ein Teil von mir sagt: *Super! Scheint so, als würde Gott sich wirklich für mich einsetzen!* Eine andere Stimme hält dagegen: *Du bist auf dich allein gestellt.*

Fühlen Sie sich nicht auch manchmal wie ein Reich, das mit sich selbst uneins ist?

Nehmen Sie nur mal Ihre kleinen Phobien. Warum fürchten Sie sich vor großen Höhen oder vor allzu enger Vertrautheit oder vor öffentlichen Auftritten? Niemand in der Welt könnte Sie zu einem Fallschirmsprung überreden; und es wäre hoffnungslos, Sie dazu bewegen zu wollen, dass Sie in einer Kleingruppe von sich persönlich erzählen oder am nächsten Sonntag auf die Kanzel steigen. Warum können Sie es nicht leiden, wenn Leute Sie berühren; warum können Sie keine Kritik vertragen? Und was ist mit jenen kleinen Marotten, die Sie nie im Leben aufgeben würden? Warum kauen Sie an den Nägeln? Warum sind Sie offenbar mit Ihrem Arbeitsplatz verheiratet? Warum irritieren Sie solche Fragen? Sie trauen sich nicht auf die Straße, bevor das Make-up nicht perfekt ist – warum eigentlich? Anderen Frauen macht es nichts aus, wenn man sie ungeschminkt sieht. Etwas in ihnen „erstarrt", sobald Ihr Vater anruft – was ist da los? Sie putzen und organisieren, Sie fordern Perfektion – haben Sie sich jemals gefragt, *warum*?

DER UNGEZÄHMTE CHRIST

Impuls: Im Blick worauf habe ich „zwei Seelen in meiner Brust"?

133 | EIN BÜRGERKRIEG

In der Tat tobt ein Bürgerkrieg zwischen dem neuen Herzen und der alten Natur. Paulus beschreibt das recht gut im Römerbrief, Kapitel 7 und 8. Ein Teil von mir möchte den Nächsten *nicht* lieben – jedenfalls nicht, nachdem der Sohn des Nächsten gerade meinen Jeep gerammt und gehörigen Schaden angerichtet hat. Viel lieber will ich diese Kanaille vor den Kadi bringen. Ein Teil von mir weiß, dass Gebet wichtig ist; ein anderer Teil von mir wendet sich lieber dem Fernseher zu und zappt durch die Kanäle. Und dann die Sache mit der Geduld – keine Chance. Ein Teil von mir möchte sich lieber betrinken. Und das ist der Teil, den ich täglich kreuzigen muss, dem ich keinen Zentimeter Raum geben, mit dem ich mich nicht auf Verhandlungen einlassen darf. Das ist nicht mein wahres Ich (Römer 7,22). Das ist mein Kampf mit dem Fleisch. Wir alle haben unsere Erfahrungen mit diesem Kampf. Aber darum geht es mir hier nicht.

Nein, wir versuchen noch etwas anderes auszudrücken, wenn wir sagen: „Ein Teil von mir möchte ja eigentlich, aber ein anderer Teil will nicht." Das ist mehr als nur eine Redewendung. Es ist uns vielleicht nicht bewusst, aber diese Ausdrucksweise offenbart etwas wirklich Bedeutsames. Es gibt in uns Orte, die bekommen wir nicht in den Griff. Alles funktioniert ganz prächtig, und dann – rrrummmms. Etwas bringt Sie plötzlich zum Weinen oder macht Sie wild, deprimiert Sie, ängstigt Sie, und Sie können nicht erklären, warum. Ich werde Ihnen verraten, warum:

Wir sind nicht mit ganzem Herzen dabei.

DER UNGEZÄHMTE CHRIST

Impuls: Der tägliche Kampf des Glaubens – welche Rolle spielt er in meinem Glaubensleben? Worum geht es dabei eigentlich?

ALLE LEIDEN UNTER GEBROCHENEM HERZEN | 134

Als Jesaja davon sprach, dass der Messias kommen und die zerbrochenen Herzen heilen würde, da war das nicht poetisch gemeint. In der Bibel werden oft Metaphern verwendet, etwa wenn Jesus sagt: „Ich bin die Tür" (Johannes 10,9). Natürlich ist er nicht *wirklich* eine Tür von der Sorte, die Sie gestern erst zugeschlagen haben. Er benutzt die Tür als Bild. Anders, wenn Jesaja im Namen Gottes von den zerbrochenen Herzen spricht. Im Hebräischen stehen hier die Worte *lew* für „Herz" und *nischb^{e}re* für „gebrochen". Mit demselben Wort beschreibt Jesaja auch einen Busch, dessen verdorrte Äste „abgebrochen" werden (27,11); er verwendet es im Zusammenhang mit den Götzenbildern von Babylon, die „zerschmettert" am Boden liegen (21,9), gerade so wie eine Porzellanstatue, die vom Tisch fällt und in tausend Stücke zerspringt. Oder er bezeichnet damit zermalmte Knochen (38,13). Gott meint hier buchstäblich Trümmer. Er sagt: „Dein Herz liegt in viele Stücke zerbrochen da. Ich möchte es heilen."

Das Herz kann in der Tat ge-brochen oder zer-brochen werden, gerade so wie eine Statue oder ein Knochen oder ein Ast. Kennen Sie irgendetwas Wertvolles, das *nicht* zerbrechlich ist? Sicher, wir haben begriffen, dass der menschliche Verstand zerbrechlich ist – wofür sonst sind all die Psycho-Institute da? Viele von jenen rastlosen, vor sich hin murmelnden Obdachlosen, die einen Einkaufswagen vor sich herschieben, haben einen zerbrochenen, ge-brochenen Geist. Auch der Wille kann gebrochen werden. Haben Sie jemals die Fotos von KZ-Insassen betrachtet? Ihre Augen sind ausdruckslos; etwas in ihnen ist zerbrochen. Sie werden tun, was immer man ihnen befiehlt. Was wir allerdings irgendwie übersehen haben: Jener Schatz, den wir Herz nennen, kann ebenso gebrochen werden, vielmehr: Er *ist* bereits zerbrochen, und nun liegen da unter der Oberfläche nur noch Bruchstücke. „Gewohnheiten", ohne die wir nicht leben können; Verhaltensmuster, die wir nicht ablegen können; Zornausbrüche aus nichtigem Anlass, Furcht, die uns überkommt, ohne dass wir uns wehren könnten; Schwächen, die wir nur ungern zugeben – vieles von dem, was uns bedrückt, kommt aus der Richtung, in der unser Herz in Trümmern liegt und nach Hilfe schreit.

Jesus jedenfalls geht mit uns so um, als litten wir alle an einem gebrochenen Herzen. Wir sind gut beraten, wenn wir ihm auch in dieser Hinsicht vertrauen.

DER UNGEZÄHMTE CHRIST

Impuls: Gibt es bei mir Verhaltensweisen, Reaktionen, Angewohnheiten, bei denen „ich mich selbst nicht verstehe"? Was könnte dahinterstecken?

FINDEN WOLLEN | 135

Was verspricht uns Gott für *dieses* Leben?" Ich weiß, diese Frage ist problembeladen. Man kann von beiden Seiten vom Pferd fallen, Häresien gibt es hier nach zwei Seiten. Deshalb einige Klarstellungen:

Ich vertrete keine Theologie des Anspruchsdenkens, so als könnten wir alles und jedes, was wir uns wünschen, erlangen, wenn wir es nur im Namen Jesu beanspruchen. Nein. Jesus hat gesagt: „In der Welt habt ihr Angst" (Johannes 16,33; L).

Ich vertrete auch kein Wohlstandsevangelium, das verkündet, Gott wolle, dass alle reich und gesund sind. „Arme, die eure Hilfe nötig haben, wird es immer geben" (Matthäus 26,11).

Aber was ich sage, ist dies: Jesus verschiebt sein Angebot des Lebens an uns nicht nur auf eine ferne Zukunft. Das ist der andere Fehler. „Jesus antwortete: ‚Das sollt ihr wissen: Jeder, der sein Haus, seine Eltern, seine Geschwister, seine Frau oder seine Kinder zurücklässt, um sich für Gottes neue Welt einzusetzen, der wird dafür reich belohnt werden: *hier schon, in dieser Welt*, und erst recht in der zukünftigen Welt mit dem ewigen Leben'" (Lukas 18,29.30).

Jesus siedelt das Leben, das er verspricht, nicht in einer fernen Zukunft an, nachdem wir unsere irdischen Tage mit Mühe hinter uns gebracht haben. Er redet von einem Leben, das *in dieser Welt* erfahrbar ist. Und Paulus tut das auch: „Wie ein Asket zu leben ist ganz gut und schön, aber auf Gott zu hören ist besser. Denn damit werden wir dieses und das zukünftige Leben gewinnen" (1. Timotheus 4,8).

Es gibt also ein Leben, das wir jetzt erfahren können. Los, finden wir es.

FINDE DAS LEBEN, VON DEM DU TRÄUMST, WORKBOOK

Impuls: Alle Menschen sterben, aber nicht alle leben wirklich. „Wahres Leben, erfülltes Leben" heißt für mich ...

136 | Tiefe, Geheimnis, Komplexität und Schönheit

Einer der tiefsten Wesenszüge, in denen eine Frau das Bild Gottes verkörpert, ist ihr Geheimnis. Mit diesem Wort soll nicht gesagt sein, dass Frauen eben auf ewig undurchschaubar und rätselhaft sind. Vielmehr will das Geheimnis erkundet werden. In den Sprüchen Salomos heißt es: „Gottes Ehre ist es, eine Sache zu verhüllen, des Königs Ehre ist es, eine Sache zu erforschen" (25,2; EÜ). Gott möchte erkannt werden, und zwar auf dem Weg, dass ihn die Menschen *suchen*, die ihn erkennen wollen. Er sagt: „Wenn ihr mich sucht, werdet ihr mich finden. Ja, wenn ihr mich von ganzem Herzen sucht, will ich mich von euch finden lassen" (Jeremia 29,13). Es geht hier um Würde; Gott wirft sich nicht jedem an den Hals, der zufällig des Wegs kommt. Er prostituiert sich nicht. Wer ihn erkennen will, muss ihn lieben und von ganzem Herzen suchen. Und das gilt genauso für die Seele einer Frau, ganz zu schweigen von ihrer Sexualität. „Du kannst mich nicht einfach haben. Du musst mich suchen, um mich werben. Ich lasse dich nicht ein, bevor ich weiß, dass du mich liebst."

Ist nicht die Dreifaltigkeit Gottes ein großes Geheimnis? Kein Rätsel, das man einfach „knacken" könnte, sondern ein Geheimnis, in das man mit wachsendem Respekt und Entzücken eindringt und sich daran freut. Entsprechend ist auch eine Frau kein Problem, das es zu lösen gilt, sondern ein unglaubliches Wunder, an dem man sich freuen soll. Das gilt erst recht für ihre Sexualität. Die wenigsten Frauen können oder wollen „es einfach machen". Nicht umsonst bedeutet Frauen das Vorspiel so viel, das Flüstern und Streicheln und wechselseitige Erforschen, das dann schließlich in der Vereinigung gipfelt. Das ist ein Bild dafür, was es heißt, die *Seele* einer Frau zu lieben. Sie möchte erkannt und verstanden werden, und das erfordert Zeit und Vertrautheit. Es erfordert ein behutsames Enthüllen. Der Schleier muss erst fallen. Je mehr sie gesucht und begehrt wird, umso mehr offenbart sie von ihrer Schönheit. Und indem sie ihre Schönheit an den Tag legt, ermutigt sie uns, sie noch besser zu erkennen.

Was immer Weiblichkeit sonst noch bedeutet, sie ist in jedem Fall Tiefe und Geheimnis und Vielschichtigkeit, und im Kern ihres Wesens ist sie Schönheit. Aber damit nun keine Verzweiflung ausbricht, sei an dieser Stelle unmissverständlich gesagt:

Jede Frau hat Schönheit zu offenbaren.

Jede Frau.

Weisst du nicht, wie schön du bist?

Impuls: Gott als Geheimnis ... – Die Würde des Menschen, Gottes Wesen zu tragen – als Mann und als Frau ...

Wir sind die Söhne und Töchter Gottes | 137

Das Leben auf der Straße führt uns in unser Herz hinein, denn *nur, wenn wir bei den Sätzen tief in unserem Innern gegenwärtig sind, kann Gott zu ihnen sprechen.* Darum ist die Geschichte eine Reise; sie muss gelebt werden, es reicht nicht, nur darüber zu reden. Wenn wir vor Schwierigkeiten stehen, besteht unsere häufigste Reaktion darin, Gott zu fragen: „Warum holst du uns nicht da heraus?" Und wenn er es nicht tut, fragen wir resigniert: „Was willst du, dass ich tue?" Jetzt aber haben wir eine neue Frage: „Wohin führt die Romanze?"

Es gibt noch eine weitere große Offenbarung in unserem Leben auf der Straße. Wir laufen unser Rennen, wir ziehen unsere Straße, um es mit dem Hebräerbrief zu sagen, vor „einer großen Wolke von Zeugen" (12,1). Wenn wir vor der Entscheidung stehen, zurückzufallen oder weiterzumarschieren, hält das ganze Universum den Atem an – Engel, Dämonen, unsere Freunde und Feinde und die Dreieinigkeit selbst – sie alle warten voller Spannung, was wir tun werden. Wir stehen immer noch im

Drama des dritten Aktes, und das Herz Gottes ist immer noch mitten in der Prüfung. Die Frage, die durch den Sturz Satans und den Sündenfall des Menschen aufgeworfen wurde, steht immer noch im Raum: Wird irgendjemand dem großen Herzen des Vaters vertrauen oder werden wir in treuloser Furcht zurückweichen?

Während wir in die Liebe Gottes und die Freiheit unseres eigenen Herzens hineinwachsen, wächst auch unsere Fähigkeit, uns auf Gottes Seite zu stellen. Unsere Handlungen aus Liebe und Hingabe, die kleinen Entscheidungen, unsere falschen Liebhaber hinter uns zu lassen, und die großen Kämpfe unseres Herzens offenbaren der Welt unsere wahre Identität: Wir sind die Söhne und Töchter Gottes.

GANZ LEISE WIRBST DU UM MEIN HERZ

Impuls: Wie erlebe ich meine Identität als geliebter Sohn, geliebte Tochter Gottes heute? Wo ist heute mein Vertrauen in das gute Herz Gottes gefordert?

138 | SICH HERAUSWAGEN

Es ist besser, im sicheren Lager zu bleiben, als sich ins Blaue hinein nach draußen zu wagen. Wer weiß schon, welche Gefahren auf uns lauern? Das war der Rat der zehn ungläubigen Kundschafter, die vorausgeschickt wurden, um sich im verheißenen Land umzusehen, als Israel aus Ägypten kam. Nur zwei von den zwölfen, Josua und Kaleb, sahen die Dinge anders. In ihrem Herzen hatte sie eine Vision gepackt von dem, was sein könnte, und sie drängten das Volk, weiterzumarschieren. Doch ihre Stimmen gingen unter in den ängstlichen Stimmen der anderen zehn Kundschafter, und Israel musste noch weitere vierzig Jahre wandern. Ohne die Erwartung, dass bessere Dinge vor uns liegen, werden wir keinen Mut zu der Reise haben.

Eine der giftigsten Einflüsterungen des Feindes lautet schlicht: „Die Dinge werden sich nie ändern." Diese Lüge tötet alle Erwartung ab und hält unser Herz für immer in der Gegenwart gefangen. Damit unsere Sehnsucht lebendig bleiben und gedeihen kann, müssen wir unsere Vision dessen, was vor uns liegt, erneuern. Die Dinge werden nicht immer so sein, wie sie jetzt sind. Jesus hat versprochen, „alle Dinge neu" zu machen. Kein Auge hat gesehen und kein Ohr hat gehört, was Gott für seine Geliebten alles auf Lager hat, und das bedeutet nicht: „Wir haben keine Ahnung, also sollten wir nicht einmal versuchen, es uns vorzustellen", sondern eher: *Du kannst Gott nicht einmal in deinen Träumen übertreffen.* Sehnsucht wird durch die Vorstellungskraft am Leben erhalten, das Gegenmittel gegen die Resignation. Wir werden Vorstellungskraft brauchen, und das heißt, wir werden *Hoffnung* brauchen.

Julia Gatter bezeichnet Ungeduld, Entmutigung und Verzweiflung als die „Mittagsdämonen", die besonders den Reisenden zu schaffen machen, die schon eine Weile unterwegs sind. Je länger die Straße sich hinzieht, desto müder werden wir; Ungeduld und Entmutigung verleiten uns dazu, den Weg zu verlassen und einen leichteren Pfad einzuschlagen. Doch diese Abkürzungen funktionieren niemals, und die Schuldgefühle, die wir haben, weil wir sie gewählt haben, verstärken nur unsere Gefühle der Verzweiflung.

Ganz leise wirbst du um mein Herz

Impuls: *Wo stehe ich in Gefahr, zu resignieren? Welche Hoffnungsbilder kann ich der Resignation entgegenstellen?*

139 | ZWISCHEN ERINNERUNG UND ZUKUNFTSVISION

Der Glaube blickt zurück und schöpft daraus Mut; die Hoffnung blickt voraus und hält die Sehnsucht am Leben. Und in der Zwischenzeit? In der Zwischenzeit brauchen wir ein weiteres Ausrüstungsstück für unsere Reise. Um herauszufinden, welches das ist, müssen wir einen Schritt zurücktreten und uns fragen: Wozu dient das alles?

Die Auferweckung unseres Herzens, die Entdeckung unserer Rolle in der Großen Geschichte, der Eintritt in die Göttliche Romanze – warum streben wir nach diesen Dingen? Wenn wir sagen, dass wir um unserer selbst willen nach all dem streben, sind wir wieder genau da, wo wir angefangen haben: verloren in unserer eigenen Geschichte. Jesus sagte, dass ein Mensch, der nur dafür lebt, sein eigenes Leben zu erhalten, es letzten Endes ganz verliert. Gebt euer Leben lieber hin, sagte er, und entdeckt das Leben, wie es eigentlich gedacht war.

„Selbsthilfe ist überhaupt keine Hilfe. Selbstaufopferung ist der Weg, mein Weg, um dich selbst zu finden, dein wahres Selbst" (Matthäus 16,25 nach *The Message*). Selbsterhaltung, das Thema aller kleinen Geschichten, ist deshalb so falsch, weil sie im Widerspruch zur Dreieinigkeit steht, deren Glieder leben, um *die anderen* zu verherrlichen. Die Straße, auf der wir wandern, wird uns in den Kampf führen, um die Schönheit in allen Dingen wiederherzustellen, vor allem die Schönheit der Herzen der Menschen, die wir kennen. Wir wachsen in der Herrlichkeit, damit wir anderen helfen können, dasselbe zu tun; wir geben unsere Herrlichkeit hin, um ihre zu steigern. Um den Zweck unserer Reise zu erfüllen, brauchen wir eine Leidenschaft dafür, die Herrlichkeit zu vergrößern; wir brauchen *Liebe*.

Erinnerung, Vorstellungskraft und eine Leidenschaft für die Herrlichkeit – diese Dinge müssen wir bei der Hand haben, wenn wir die Reise bis zum Ende bestehen wollen. Drachen und Läuse und die Mittagsdämonen liegen auf der Lauer. Aber die Straße ist nicht überall beschwerlich. Es gibt Oasen entlang des

Weges. Es wäre ein schrecklicher Fehler anzunehmen, dass unser Geliebter nur am Ende der Straße auf uns wartet. Unsere Gemeinschaft mit ihm gibt uns schon während der Reise Kraft.

GANZ LEISE WIRBST DU UM MEIN HERZ

Impuls: Inwieweit geht es mir in meinem Leben um Selbsterhaltung? Wo lebe ich aus der Hingabe?

GESPRÄCH ZWISCHEN LIEBENDEN | 140

Jede Verlobungszeit, zumindest jede gesunde, bewegt sich auf eine tiefere Intimität der Herzen zu, die die Grundlage für die geistliche, emotionale und körperliche Erfüllung der Beziehung bildet. Die erste Frage in den alten Katechismen prüft uns auf unser Bewusstsein dieser wunderbaren Wahrheit: „Was ist das wichtigste Ziel und der Zweck des Menschen?" Und die Antwort: „Gott zu erkennen und ihn auf ewig zu genießen."

Wenn wir als Geschöpfe der Aufklärung, des Zeitalters der Vernunft, diese Antwort hören, dann raubt sie uns nicht gerade den Atem.

Aber hören Sie sich mit mir Auszüge aus einem anderen Gespräch zwischen zwei Liebenden an:

Der Liebhaber: „Wie schön du bist, meine Freundin, wunderschön bist du, deine Augen glänzen wie das Gefieder der Tauben."

Die Geliebte: „Schön bist auch du, mein Liebster – ich freue ich mich über dich! Das Gras ist unser Lager."

Der Liebhaber: „Zeig mir ein schönes Gesicht, und lass mich deine wunderbare Stimme hören! ... deine Lippen will ich spüren, denn sie schmecken mir wie edler Wein."

Die Geliebte: „Ja, möge der Wein dich erfreuen, dass du ihn im Schlaf noch auf den Lippen spürst. Ich gehöre meinem Liebsten und [dein] Herz sehnt sich nach mir. Komm, wir gehen hinaus aufs Feld, mein Liebster, unter Hennasträuchern lass uns die Nacht verbringen!"

Ist das nicht ein Gespräch, das einem wirklich den Atem raubt? Ertappen wir uns nicht bei dem Wunsch, diesen Liebenden zu folgen, um einer solchen Leidenschaft nahe zu sein? Das ist kein Gespräch aus irgendeinem Liebesroman, sondern aus dem Hohen Lied Salomos. Gott gewährt uns diesen Blick durch das Schlafzimmerfenster auf die Liebesaffäre zwischen Salomo und der Königin von Saba nicht, um unsere voyeuristischen Gelüste zu befriedigen. Wenn wir uns von dem Fenster abwenden und in seine Augen schauen, erkennen wir, dass dies die Art von Leidenschaft ist, die er für uns empfindet und die er sich von uns wünscht – eine Intimität, die viel sinnlicher und viel exotischer ist als Sex.

GANZ LEISE WIRBST DU UM MEIN HERZ

Impuls: „Was ist das wichtigste Ziel und der Zweck des Menschen?" Wie lautet meine Antwort?

141 | DIE VOLLENDUNG DER LIEBE (ODER WAS SONST SOLL ANBETUNG SEIN?)

Ein altes christliches Heiratsversprechen enthielt diesen wunderbaren Satz: „Mit meinem Leib will ich dich ehren." Vielleicht waren unsere Vorfahren doch nicht so prüde, wie wir oft meinen; vielleicht verstanden sie viel mehr von Sex als wir. Sich einander hingeben, leidenschaftlich und nackt, diesen einen Menschen mit Leib, Seele und Geist ehren – wir ahnen sehr wohl, dass der Geschlechtsakt eine besondere, eine heilige Dimension hat. Die intime Begegnung erfordert völliges Vertrauen und Loslassen und restlose Hingabe. Was ist das anderes als Anbetung? Nicht umsonst hat Gott Treue (und Untreue) ihm gegenüber mit sexuell aufgeladenen Begriffen umschrieben. Für uns fleischliche Geschöpfe ist sexuelle Intimität das treffendste Bild für wahre Anbetung. Selbst die Welt weiß das. Warum sonst ist sexuelle Ekstase zum Hauptrivalen der Gemeinschaft mit Gott geworden? Die besten Verführer sind deshalb so erfolgreich, weil sie fast nicht zu unterscheiden sind von dem, was sie nachzuahmen versuchen. Wir verehren Sex, weil wir nicht wissen, wie wir Gott verehren sollen. Aber wir werden es lernen.

Unsere Gesellschaft ist zynisch geworden und bezweifelt, dass wahre Intimität möglich ist. Folglich erstreben wir das Einswerden zweier Seelen nicht länger, sondern begnügen uns mit rein physischem Sex, um den Schmerz zu stillen. Aber von vollständigem Einswerden ist keine Rede mehr; der Orgasmus ist damit nicht mehr komplett, man hat ihm das Herz geraubt. Viele sind tief verletzt worden. Manchmal müssen wir einfach von dem lernen, was wir vermissen – es kann uns lehren, wie es *eigentlich* sein sollte.

Gott hatte ursprünglich im Sinn, dass die beiden ein Fleisch werden. Die körperliche Einheit sollte der Ausdruck einer vollständigen Verschmelzung des Seins sein. Kein Wunder, dass wir uns danach sehnen. Unsere Entfremdung voneinander wird darin überwunden, wenn auch nur für einen Augenblick, und im Paradoxon der Liebe werden wir zugleich erkannt – und gehen über uns selbst hinaus.

GANZ LEISE WIRBST DU UM MEIN HERZ

Impuls: *Inwiefern könnte die gelungene und beglückende körperliche Vereinigung ein Bild für die Beziehung sein, die Gott zum Menschen sucht?*

142 | Ein Geheimnis

Wir nähern uns einem Geheimnis, das sich kaum in Worte fassen lässt: Gott ist genau das, was wir im geliebten Gegenüber suchen. Denn tragen wir nicht sein Antlitz? Sind wir nicht die lebenden Ebenbilder Gottes? Wir sind es in der Tat, und wir sind es überraschenderweise *gerade* in unserer Geschlechtlichkeit. „So schuf Gott den Menschen als sein Ebenbild, als Mann und Frau schuf er sie" (1. Mose 1,27). Und nun bitte ich Sie um besondere Aufmerksamkeit: In unserem jeweiligen Geschlecht – in Männlichkeit und Weiblichkeit – findet das Ebenbild Gottes seinen Ausdruck. „Ich hatte gedacht, dass es nur eine Art Seele gibt", sagte mir ein schockierter Freund, „und dass Gott diese Seelen gewissermaßen in männliche oder weibliche Körper füllt." Viele Menschen glauben etwas Ähnliches. Aber das stimmt nicht mit dem Wort Gottes überein. Wir sind Gottes Ebenbilder als Männer und Frauen, und Gott hat keinen Körper. Folglich spiegeln wir Gott auf der Ebene der Seele wider, in unserem Innern. Der Wortlaut ist klar: Wir sind *als Männer* oder *als Frauen* Ebenbilder Gottes.

Gott wollte der Welt etwas von seiner Stärke demonstrieren. Ist er nicht ein großer Krieger? Hat er nicht umsichtig die Rettung seiner Geliebten bewerkstelligt? Und deshalb hat er uns das Modell Mann gegeben. Männer sind Gottes Ebenbilder in ihrer einerseits gefährlichen, andererseits Schutz gewährenden Stärke. Frauen tragen ebenfalls das Ebenbild Gottes, aber auf ganz andere Weise. Ist nicht Gott ein überaus geheimnisvolles und schönes Wesen? Ist das Göttliche etwa nicht der Inbegriff des Vertrauenswürdigen – und dabei zugleich verführerisch? Und deshalb hat uns Gott das Modell Frau gegeben.

Ganz leise wirbst du um mein Herz

Impuls: Was macht m. E. die „männliche" und die „weibliche" Seele" aus? – „Gott ist genau das, was wir im geliebten Gegenüber suchen."

Besser als der zärtlichste Liebhaber | 143

Gott ist die Quelle aller männlichen Kraft; Gott ist die Quelle aller weiblichen Anziehung. Wenn wir schon dabei sind: Gott ist der Ursprung von allem, was jemals Ihr Herz in Wallung gebracht hat. Die donnernde Gewalt eines Wasserfalls, die Feinheit einer Blüte, die überraschende Ausdruckskraft der Musik, der Geschmacksreichtum des Weins. Das Männliche und Weibliche, dem wir überall in der Schöpfung begegnen, entspringt demselben Herzen. Wonach wir gesucht haben, was wir teilweise gekostet haben in unseren irdischen Liebespartnern, das finden wir im vollen Umfang in unserer wahren Liebe. Denn die Halbheit, die wir in der engen Umarmung unserer irdischen Liebe zu überwinden suchen, wird niemals völlig aufgehoben. Das Einssein hält nicht an, egal, was Sänger und Poeten behaupten. Der nächste Morgen kommt bestimmt und dann müssen wir raus aus dem Bett und uns den Aufgaben des Tages stellen – unvollständig, wie wir uns zuvor gefühlt haben. Dabei wünschen wir uns so sehr, dass die Lücke für immer geschlossen wird; dass wir ausgiebig aus jener Quelle trinken können, von der wir nur einen Schluck gekostet haben; dass wir in das Meer eintauchen können, in dem wir bisher allenfalls gewatet haben.

Und so konnte ein Mann wie Charles Wesley die Zeile schreiben: „Jesus, Lover of my soul, let me to thy bossom fly", und Catharina von Siena hat gebetet: „Oh Feuer, das alle Feuer übertrifft, weil du allein das Feuer bist, das brennt, ohne zu verzehren! ... Wo du brennst, da wird die Seele nicht ausgezehrt, sondern genährt mit unersättlicher Liebe." Die französische Mystikerin Madame Guyon schrieb: „Ich konnte kaum schlafen, denn deine Liebe, mein Gott, durchflutete mich wie ein köstliches Öl und brannte wie ein Feuer ... Ich liebe Gott viel mehr, als der kundigste Liebhaber unter den Männern seine irdische Gefährtin lieben kann."

Ganz leise wirbst du um mein Herz

Impuls: Erfüllung finden in Gott – Kenne ich Erfahrungen, die mich ahnen lassen, was damit gemeint sein könnte?

144 | ZUKUNFTSMUSIK

Die Bibel schildert das Ende der Zeiten im Bild eines großen Festes. Versuchen Sie sich vorzustellen, was wir da für Geschichten hören werden. Und auf was für Fragen wir da schließlich Antwort erhalten werden. „Was hast du damals gedacht, als du mit dem alten Ford über den gefrorenen Fluss gefahren bist?" – „Hast du schon gehört, dass Betty und Daniel wieder zusammen sind? Na klar weißt du das schon – du hast doch vermutlich selbst daran gedreht, stimmt's?" – „Hast du je geahnt, wie sehr ich dich geliebt habe?" Und die Antworten werden nicht einsilbig ausfallen, sondern werden eine Geschichte nach der anderen sein, ein langer Reigen aus Erstaunen und Gelächter und Freudentränen.

Der Rahmen für das alles wird ein großes Fest sein – die Hochzeitsfeier des Lammes. Nun denken Sie bitte nicht an eine gesittete Hochzeit im Gemeindehaus mit Leuten, die nichts mit sich anzufangen wissen. Stellen Sie sich eher eine italienische oder besser noch eine jüdische Hochzeit vor. Da werden erst mal die Teppiche zusammengerollt und die Möbel aus dem Weg geräumt. Da wird *getanzt*: „Die Mädchen tanzen im Reigen, die jungen Männer und die Alten feiern miteinander" (Jeremia 31,13). Da wird *geschlemmt*. „Hier auf dem Berg Zion wird der Herr, der allmächtige Gott, alle Völker zu einem Festmahl einladen" (Jesaja 25,6). (Können Sie sich vorstellen, was für ein begabter Koch Gott sein muss?) Da wird *ein Fass aufgemacht*. Gott sagt von der Party, die er organisieren wird, dass dort „herrlicher und gut gelagerter Wein" kredenzt wird. Und was unseren Bräutigam angeht: Der hat beim letzten Abendmahl gesagt, dass er „keinen Wein mehr trinken" wird, „bis die neue

Welt Gottes gekommen ist" (Lukas 22,18). Dann lässt er die Korken knallen.

GANZ LEISE WIRBST DU UM MEIN HERZ

Impuls: Was gehört für mich unbedingt zu einer gelungenen Party? Was macht eine Sache für mich zum Fest? Inwiefern prägt diese festliche Zukunft mein Leben heute?

MOZART UND MARTHA STEWART | 145

"Irgendwie", so schreibt Os Guinness, „sind wir Menschen niemals glücklicher, als wenn wir die tief in uns verborgenen Talente zur Entfaltung bringen, die unserem wahren Wesen entsprechen." Nun sind manche Kinder naturwissenschaftlich begabt und andere sind geborene Athleten. Aber unabhängig von ihrer speziellen Begabung haben *alle* Kinder schöpferische Fähigkeiten. Nehmen wir meine Söhne als Beispiel: Man gebe ihnen einen Nachmittag Zeit und eine Kiste mit Legosteinen, und sie konstruieren eine endlose Vielfalt von Raumschiffen und Festungen und was weiß ich noch alles. Das bekommen die Kinder ganz selbstverständlich hin. Es ist in ihrer Natur angelegt; es entspricht ihrer Bestimmung – auch sie sind schon kleine Ebenbilder Gottes. Eine Horde Jungen allein im Wald verwandeln sich unversehens in eine kriegerische Bande. Eine Handvoll Mädchen auf einem Haufen und ein Schrank mit Kleidern und Kostümen – und schon entwickelt sich vor Ihren Augen eine Liveaufführung der *Nussknacker-Suite*. Es bedarf nur der rechten Gelegenheit, dann kommt die schöpferische Natur zum Vorschein.

Genau das geschieht, wenn Gott seine eigenen künstlerischen Fähigkeiten mit der Menschheit teilt und uns dann in ein Paradies mit unerschöpflichen Möglichkeiten setzt. Es ist geradezu eine Einladung zum schöpferischen Handeln, gerade so, als ob man einem Monet für den Sommer ein Studio überlässt, gefüllt mit Pinseln und Ölfarben und leerer Leinwand. Oder man setzt die Starköchin Martha Stewart an einem verschneiten Wochenende kurz vor den Weihnachtsferien in eine Gourmetküche und lässt ihr freie Hand. Anweisungen oder Motivation sind unnötig; nur eines müssen Sie tun: Geben Sie den Menschen Gelegenheit, ihrer Bestimmung zu folgen, und es werden bemerkenswerte Dinge geschehen. Der Dichter Gerard Manley Hopkins hat es auf die Formel gebracht: „Was ich tue, das bin ich. Dazu bin ich da."

Wie sehr wir uns danach sehnen: nach einer großen Herausforderung, die all unser Können erfordert. Nach einem großen „Lebenswerk", in das wir uns restlos investieren können. Os Guinness sagt: „Gott hat uns mit unseren Begabungen geschaffen für einen von ihm bestimmten Platz, und erst wenn wir dort angekommen sind, werden wir wirklich wir selbst sein. Unsere schöpferische Natur ist das wesentliche Merkmal unseres Menschseins, unserer Gottebenbildlichkeit, und es verschafft uns große Befriedigung, diese Schöpferkräfte in Freiheit zu erproben. Selbst wenn es so alltägliche Dinge wären wie das Gestalten eines Fotoalbums oder das Anlegen eines Gartens – selbst das ist gleichbedeutend mit der Herrschaft über einen – zugegeben kleinen – Teil von Gottes weiter Welt.

GANZ LEISE WIRBST DU UM MEIN HERZ

Impuls: Wo entfalte ich meine Kreativität? Welche Tätigkeiten machen mich glücklich?

Zum eigenen und zum Herzen Gottes | 146
zurückfinden

Gegen das Fleisch, gegen den Verräter in uns hilft nur Disziplin. Wir haben gegenwärtig eine zweidimensionale Vorstellung davon, wie diese Disziplin aussehen könnte, und die nennen wir „Stille Zeit". Aber die meisten Männer haben ihre liebe Not damit, irgendeine Form eines regelmäßigen geistlichen Lebens zu finden. Denn sie können keinerlei Verbindung erkennen zwischen dieser Beziehungspflege mit Gott und dem Aufbau und dem Schutz ihrer inneren Stärke. „Stille Zeit" war bisher allenfalls eine Übung wie Zähneputzen – nicht wichtiger. Wenn Sie nun allerdings Ihr Leben als eine große Schlacht begreifen und *wissen*, dass die Zeit mit Gott notwendig ist, um schlicht und einfach zu überleben, dann werden Sie sich diese Zeit nehmen. Vielleicht wird es mit der Disziplin nicht von Anfang an und nicht immer klappen – niemand schafft das, und darum geht es auch gar nicht. Aber immerhin haben Sie nun einen wichtigen Grund, Gottes Nähe zu suchen. Wir bemühen uns nur halbherzig um geistliche Disziplin, wenn der einzige Grund für diese Disziplin der ist, dass andere sie von uns erwarten. Aber wir werden schon eine Möglichkeit finden, Disziplin zu halten, sofern wir davon überzeugt sind, dass es andernfalls um uns geschehen ist.

Die tägliche Zeit mit Gott hat nichts mit akademischen Studien zu tun oder mit der Bewältigung einer bestimmten Portion biblischer Lektüre oder etwas dergleichen. Es geht um die enge Verbundenheit mit Gott. Wir müssen die Kommunikationswege zu ihm unbedingt offen halten. Alles, was uns dabei hilft, ist willkommen. Manchmal höre ich mir dazu Musik an, ein andermal lese ich eine Passage in der Bibel oder in einem Buch; oft führe ich Tagebuch; vielleicht jogge ich auch mal eine Runde. An anderen Tagen muss ich allein sein, brauche Stille und den Blick auf den Sonnenaufgang. Es geht einzig und allein darum, dass ich *zu meinem Herzen und zum Herzen Gottes zurück*finde.

Die Disziplin ist übrigens nie das Eigentliche. Bei all unseren „frommen" Aktivitäten, beim Beten, Bibellesen, Meditieren, geht es stets um die *Verbindung mit Gott*. Das ist das beste Gegenmittel gegen alle Arten von Heuchelei und trügerischen Verlockungen, die die Welt für uns bereithält.

DER UNGEZÄHMTE MANN

Impuls: Was motiviert mich zum Beten? Disziplin? Angst? Sehnsucht nach Verbundenheit mit Gott? Oder ... Was hilft mir am meisten, eine enge Verbundenheit mit Gott zu erfahren?

147 | NARBEN DER EHRE

Sie werden Wunden davontragen. Zwar handelt es sich um einen geistlichen Kampf, aber der ist deswegen keineswegs weniger wirklich; und bei dieser Art von Kampf kann ein Mann hässlichere Wunden davontragen als die, die man in einem Feuergefecht zu gewärtigen hat. Ein Bein verlieren – das ist nichts im Vergleich zum Verlust des Herzens. Man kann von einem Querschläger verkrüppelt werden und doch eine heile Seele behalten, aber Scham und Schuldgefühle hinterlassen zweifellos eine verkrüppelte Seele. Sie werden vom Feind verwundet werden. Er weiß genau Bescheid über die Wunden in Ihrer Vergangenheit, und er wird erneut genau auf diese Stellen zielen. Aber anders als in der Vergangenheit sind die Verletzungen, die Sie dabei erleiden, ehrenvoll.

Eines Abends zeigte mir mein Sohn Blaine seine Narben. „Die hier hat mir Samuel verpasst, als er mich mit einem Stein an der Stirn getroffen hat. Und die hier ist von unserem Ausflug in den Teton-Nationalpark. Da bin ich auf einen scharfen Holzklotz gestürzt. Wo die hier herkommt, das weiß ich nicht mehr – oh, die hier ist gut. Die habe ich bekommen, als ich bei der Verfolgung von Luke in den Teich gefallen bin. Die da ist wirklich schon alt. Da habe ich mir das Bein am Campingkocher verbrannt." Er ist stolz auf seine Narben; für einen Jungen sind sie so wertvoll wie ein Orden ... und für einen Mann genauso. Wir haben bis jetzt keine Auszeichnung für Verdienste im geistlichen Kampf, etwa das Purpurne Herz des geistlichen Kriegers, aber wir werden es schon noch bekommen. Einer der größten Momente in unserem Leben wartet beim Hochzeitsfest des Lammes auf uns. Unser Herr wird sich erheben und wird all diejenigen zu sich rufen, die im Kampf um seines Namens willen verwundet worden sind. Sie werden geehrt und für ihre Tapferkeit belohnt. Das erinnert mich wiederum an *Heinrich V.* und seinen Aufruf an seine Männer vor Agincourt:

> Wer heut am Leben bleibt und kommt zu Jahren,
> Der gibt ein Fest am heilgen Abend jährlich
> Und sagt: „Auf morgen ist Sankt Krispian!"
> Streift dann den Ärmel auf, zeigt seine Narben
> Und sagt: „Am Krispinstag empfing ich die."
> Die Alten sind vergesslich; doch wenn alles
> Vergessen ist, wird er sich noch erinnern
> Mit manchem Zusatz, was er an dem Tag
> Für Stücke tat: dann werden unsre Namen,
> Geläufig seinem Mund wie Alltagsworte
> Bei ihren vollen Schalen frisch bedacht!
>
> Der ungezähmte Mann

Impuls: *Habe ich in meinem Leben Narben davongetragen, auf die ich stolz bin?*

Es war einmal (so erzählt man sich) ein Mädchen von hinreißender Schönheit. Sie war einfach bezaubernd. Sie kann eine Königstochter sein oder eine einfache Dienstmagd, jedenfalls wissen wir, dass sie im Herzen eine Prinzessin ist. Sie ist jung, und ihre Jugend scheint unvergänglich. Ihr fließendes Haar, ihr tiefer Blick, ihre vollen Lippen, ihre vollendete Gestalt – das überstrahlt selbst die Sonne, und neben ihr erblasst jede Rose vor Neid. Ihr Herz ist aus purem Gold, ihre Liebe ist zutiefst wahrhaftig. Aber der Zugang zu dieser lieblichen Frau ist versperrt; eine böse Macht hält sie gefangen in einem dunklen Turm. Nur ein Held kann sie befreien; nur der allerkühnste, fürsorglichste und leidenschaftlichste Ritter hat eine Chance, sie für sich einzunehmen.

Und so unwahrscheinlich es klingt: Der Held kommt tatsächlich. Er muss seine ganze List einsetzen, er muss seinen ganzen Mut zusammennehmen, aber schließlich gelingt es ihm, den Turm zu erobern und den finsteren Kerkermeister zu bezwingen. Bis dahin fließt viel Blut auf beiden Seiten; drei Mal wird der Ritter zurückgeworfen, drei Mal rappelt er sich wieder auf. Am Ende ist der böse Zauberer tot, der Drache erschlagen, der Riese gefällt. Das schöne Mädchen ist sein; durch seinen Heldenmut hat er ihr Herz gewonnen. Auf einem Pferd bringt er sie heim in sein Haus am Strom tief in den Wäldern; und ihre Begegnung verleiht den Worten Leidenschaft und Hingabe eine neue Bedeutung.

Warum ist diese Geschichte so tief in unserer Psyche verankert? Jedes kleine Mädchen kennt diese Legende, ohne sie je gehört zu haben. Sie träumt davon, dass eines Tages ihr Prinz kommen wird. Kleine Jungen üben ihre Rolle mit hölzernen Schwertern und Pappschilden. Und eines Tages wird der Junge zum jungen Mann herangewachsen sein, und es wird ihm klar werden, dass er derjenige sein will, der die Prinzessin für sich gewinnt. Märchen, Romane, Opern und Kinofilme ranken sich um dieses mythische Thema. Schneewittchen, Dornröschen, Romeo und Julia, Antonius und Cleopatra, König Artus und Guinevere, Tristan und Isolde. Von der ältesten Legende bis zum aktuellen Renner an der Kinokasse – die Geschichte vom starken Mann, der eine schöne Frau rettet, ist allen Menschen aller Kulturen gemein. Wir alle tragen sie im Herzen, jeder Mann und jede Frau sehnt sich im tiefsten Innern danach, Teil dieser Geschichte zu sein.

DER UNGEZÄHMTE MANN

Impuls: Was löst die Geschichte vom starken Helden und der schönen Prinzessin in mir aus?

WARUM HAT JEDE GESCHICHTE EINEN BÖSEWICHT? | 149

Es steht außer Frage, *dass* wir geistlich unter Beschuss stehen. Die Frage ist nur noch: *Wo* und *wie?*

Denken Sie mal drüber nach: Warum hat jedes Märchen seinen Bösewicht?

Rotkäppchen wird von einem Wolf angegriffen. Dorothy muss der bösen Fee des Westens gegenübertreten und sie bezwingen. Neo nimmt es mit den mächtigen „Agenten" auf, um die Gefangenen der Matrix zu befreien. Frodo wird von den Schwarzen Reitern verfolgt. (Die Klinge aus Morgul, mit der die Schwarzen Reiter Frodo im Kampf auf der Wetterspitze verwunden – sie zielt auf sein Herz). Der heilige Georg erlegt den Drachen. Die Kinder, die unversehens nach Narnia geraten sind, werden von Aslan aufgefordert, die weiße Hexe und ihre Gefolgsleute zu bekämpfen und Narnia zu befreien.

Jede Geschichte kennt einen Bösewicht, weil auch *Ihre* Geschichte einen kennt. Sie sind in eine umkämpfte Welt hineingeboren worden. Als Satan den Kampf mit dem Erzengel Michael und seinen Heerscharen verlor, da wurde er „auf die Erde gestürzt, und mit ihm wurden seine Engel hinabgeworfen" (Offenbarung 12,9). Das bedeutet: Just in diesem Moment befinden sich auf dieser Erde Heerscharen gefallener Engel, unreine Geister, die auf Zerstörung aus sind. Und in welcher Stimmung wird sich wohl Satan befinden? „Seine Wut ist groß, weil er weiß, dass ihm nur noch eine kurze Frist bleibt" (V. 12). Womit also bringt er Tag und Nacht seines rastlosen Daseins zu? „Da geriet der Drache in Zorn über die Frau, und er ging fort, um Krieg zu führen mit ‚denen', die den Geboten Gottes gehorchen und an dem Zeugnis für Jesus festhalten" (V. 17). Er hat Sie im Fadenkreuz, und er will Ihnen nichts Gutes.

Sie haben einen Feind. Er versucht, Ihnen Ihre Freiheit zu rauben, Ihr Herz zu töten, Ihr Leben zu zerstören.

DER UNGEZÄHMTE CHRIST

Impuls: Wo habe ich in meinem Leben echte Feindschaft erlebt?

150 | SUBTILE ATTACKE: UNWIDERSTEHLICHE ANGEBOTE

> Der Teufel hat mehr Versuchungen parat als ein Schauspieler Kostüme im Schrank. Und eine seiner erfolgreichsten Taktiken ist die des Lügengeistes. Er verführt Ihr reines Herz, indem er Ihnen die schlimmstmögliche Botschaft einflüstert: dass Sie Jesus Christus gar nicht wirklich lieben; dass sie alles nur heucheln; dass Sie sich letztlich selbst betrügen. (William Gurnall)

Satan wird in der Bibel als Vater der Lüge bezeichnet (Johannes 8,44). Sein allererster Angriff auf die Menschheit bestand darin, dass er Adam und Eva Lügen über Gott erzählte. Er behauptete zu wissen, wo es Leben gäbe, und was bestimmte Handlungen zur Folge haben würden und was nicht. Darauf versteht er sich meisterhaft. So wie er es mit Adam und Eva gemacht hat, so flüstert er auch uns irgendwelche Gedanken, Schlussfolgerungen oder Eindrücke ein und wartet nur darauf, dass wir uns in irgendeiner Weise darauf einlassen. Er setzt darauf, dass wir auf seine Angebote, seine Aussagen, seine Vorschläge eingehen. Unsere Ureltern haben sich auf ihn eingelassen – mit katastrophalen Folgen. Aber diese Geschichte ist noch nicht vorbei. Der Böse macht uns immer noch etwas vor, Tag für Tag, und wartet nur darauf, dass wir darauf eingehen.

Ihr Herz ist gut. Ihr Herz ist Gott wichtig. Es gehört mit zum Schwierigsten, an diesen beiden Aussagen nicht zu zweifeln. Ganz im Ernst – probieren Sie es aus. Versuchen Sie, es auch nur einen Tag nicht infrage zu stellen. *Mein Herz ist gut. Gott liegt etwas an meinem Herzen.* Sie werden staunen, gegen wie viele Anklagen Sie sich wehren müssen. Sie geraten auf dem Weg zur Schule mit Ihrer Tochter in Streit, und nachdem Sie sie abgesetzt haben und weiterfahren, nagt der Gedanke an Ihnen *Du machst es eben mit ihr immer falsch.* Wenn Sie innerlich zustimmen (*Stimmt, ich hab's vermasselt*), ohne dass Sie die Angelegenheit zu Jesus gebracht haben, dann wird der Feind versuchen, einen Schritt weiter zu gehen. *Du hast es noch jedes Mal mit ihr verdorben.* Das nächste Einverständnis folgt: *Schon wahr. Ich bin ein Rabenvater/eine Rabenmutter.* Geben Sie diesem Gedanken fünf Minuten lang Raum, und der Tag ist gelaufen. Der Feind wird sich keinen noch so kleinen Triumph entgehen lassen. Das fängt an bei *Das war aber böse, was du da getan hast* und geht weiter mit *Du bist aber böse.* Oder *schwach.* Oder *hässlich.* Oder *hochmütig.* Sie wissen, wie das geht. Nach einer Weile wird das Ganze zu einer Art Wolke, unter der wir wie selbstverständlich leben.

DER UNGEZÄHMTE CHRIST

Impuls: *„Mein Herz ist gut. Gott liegt etwas an meinem Herzen." Ich nehme diesen Satz mit in den Tag.*

151 | DER DIEB WILL ALLES

Jede Bewegung in Richtung Freiheit und Leben, jede Bewegung zu Gott und zu anderen Menschen hin wird auf *Widerstand* treffen. Ehe, Freundschaft, Schönheit, Seelenfrieden – der Dieb ist auf all das aus. A. W. Tozer schrieb:

> Der Teufel hat nichts anderes im Sinn, als den Geist des Christen einzukerkern. Er weiß, dass der gläubige und gerechtfertigte Christ aus dem Grab seiner Sünden und Übertretungen auferweckt worden ist. Deshalb bemüht er sich von nun an umso mehr, uns gefesselt und geknebelt zu halten und uns gewissermaßen in unserem Leichenhemd einzusperren. Er weiß: Wenn wir diese Art von Fessel nicht abschütteln, dann ist das geradeso gut, als wenn wir geistlich tot wären.

Traurigerweise werden viele der bewussten Anklagen ausgerechnet von anderen Christen vorgebracht. Mit einer kriegerischen Weltsicht wollen sie nichts zu tun haben, und so merken sie auch nicht, wer sie da veranlasst, bestimmte Dinge zu sagen. Der Feind hat ja sogar David in einem unaufmerksamen Moment zu einer bösen Tat verleiten können: „Der Satan trat gegen Israel auf und reizte David, Israel zu zählen" (1. Chronik 21,1). Er hat auch versucht, Petrus zu instrumentalisieren. „Von da an begann Jesus, seinen Jüngern zu erklären, er müsse nach Jerusalem gehen und … vieles erleiden … Da nahm ihn Petrus beiseite und machte ihm Vorwürfe; er sagte: ‚Das soll Gott verhüten, Herr! Das darf nicht mit dir geschehen!' Jesus aber wandte sich um und sagte zu Petrus: ‚Weg mit dir, Satan, geh mir aus den Augen!'" (Matthäus 16,21-23). Augen auf – diese Worte können aus jeder erdenklichen Richtung kommen. Seien Sie vorsichtig, worauf oder auf wen Sie sich einlassen.

Das ganze Komplott gründet letztlich auf unserem Einverständnis. Wenn die dämonischen Kräfte uns derartige Dinge einflüstern und wir uns darauf einlassen, dann geraten wir unter ihren Einfluss. Wir haben damit eine Art mündlichen Vertrag geschlossen, der dem Feind gewisse Rechte einräumt. Die bronzenen Tore um uns fallen ins Schloss. Kein Witz – vermutlich die Hälfte der Probleme, die die Leute in der Seelsorge aufzuarbeiten versuchen oder über die sie in ihrer Stillen Zeit klagen, geht auf solches stillschweigende Einverständnis mit dem Feind zurück. Irgendein unreiner Geist flüstert: *Du bist ja so ein Narr*, und sie lassen sich auf den Gedanken ein; anschließend haben sie Monate und Jahre mit Minderwertigkeitsgefühlen zu kämpfen. Sie könnten dem Elend ein Ende machen, wenn sie den Kriegszustand als solchen erkennen, die Vereinbarung aufkündigen und den Feind des Landes verweisen würden.

Der ungezähmte Christ

Impuls: Welche „Vereinbarungen" mit Stimmen, die nicht von Gott kommen, habe ich getroffen? Wie wirken sie sich in meinem Leben aus?

Niemand kann sich diesem Kampf entziehen | 152

Jesus hat ja seinen Auftrag auf die Formel gebracht: „Heilung für zerbrochene Herzen und Freiheit für Gefangene". Und damit hat er *uns alle* gemeint. Unsere moderne, wissenschaftliche, aufklärerische Weltsicht hat das Element des Kampfes im Glauben kurzerhand aus dem Sortiment der Handlungsmaximen ausgemustert. Wir stellen in Abrede, dass es so etwas wie Einfallstore für geistliche Mächte tatsächlich gibt, also sollten wir nicht überrascht sein, dass wir sie nicht wahrnehmen.

Solange Sie die Augen davor verschließen, dass da tatsächlich eine Schlacht um Ihr Herz tobt, solange kann der Dieb ungehindert stehlen, töten und zerstören. Zwei Freunde von mir haben vor einigen Jahren eine christliche Schule aufgebaut. Sie hatten gemeinsam viele Jahre von diesem Projekt geträumt. Nach vielem Beten und Überlegen und Reden nahm die Sache endlich Gestalt an. Dann kam die Attacke … aber sie haben sie nicht als solche erkannt. Sie hielten es anfangs für „Missverständnisse" und „Startschwierigkeiten". Als es heftiger wurde, tat sich ein Riss zwischen ihnen auf. Ein enger Freund warnte sie: Es sei eine massive geistliche Anfechtung und sie sollten sich gut dagegen wappnen. Aber sie wiegelten ab. „Nein, hier geht es um *uns*. Wir müssen uns nur offen aussprechen." Schade, aber binnen weniger Monate schloss die Schule ihre Türen und die beiden reden bis heute nicht miteinander. Sie haben sich geweigert, in den Kampf einzutreten, und deshalb sind sie jetzt außer Gefecht. Ich könnte Ihnen viele derartige Geschichten erzählen.

Es gibt keinen geistlichen Kampf: Diese subtile – aber überzeugende – Lüge wird von einem Feind ausgestreut, der uns so vertraut ist, dass wir ihn gar nicht als Feind erkennen. Allzu lange schon hat er die Gemeinde Jesu infiltriert, und wir sind ihm nie auf die Schliche gekommen.

Der ungezähmte Christ

Impuls: *Inwiefern ist Jesus ein kämpferischer Mensch gewesen? Was sagt etwa die Geschichte der Versuchung (Matthäus 4,1-11) darüber?*

153 | Der Geist der Religiosität

Vor einigen Wochen stieß ich im Buch des Propheten Jeremia auf einen Abschnitt, in dem Gott als „der Herr Zebaoth" bezeichnet wird. Um ehrlich zu sein: Keine Glocke schlug an. Diese Phrase hat etwas gar zu Religiöses an sich; sie klingt altertümlich, salbungsvoll oder nach etwas, was vielleicht Ihre Großmutter ausrief, wenn Sie wieder einmal völlig verdreckt durch die Küche gestapft waren. „*Herr Zebaoth!*" Aber ich wurde neugierig und wollte herausfinden, was der Begriff im Hebräischen eigentlich bedeutet. Also schlug ich im Erklärungsteil meiner Bibel nach. Und dort las ich:

> Die meisten Leser heutzutage können mit dem Ausdruck *Herr Zebaoth*, wörtl. „Herr der Heerscharen" nichts verbinden ... Sie steht im Hebräischen sinngemäß für: „der Souverän über alle Mächte im Himmel und auf Erden, insbesondere über die Heere Israels."

Daher also weht der Wind. „Herr Zebaoth" – das bedeutet: Gott, der Herr der Heerscharen. Gott, der Souverän, dem die Heere der Engel unterstehen, Gott, der Befehlshaber der Armeen, die für sein Volk kämpfen. *Dieser Gott ist im Krieg.* Wenn Sie „Herr Zebaoth" hören, denken Sie da an einen Gott, der im Krieg ist? Ich ehrlich gesagt nicht. Niemand, den ich gefragt habe, hat mit „Herr Zebaoth" Krieg assoziiert. „Der Herr Zebaoth" – das klingt zwar durchaus Ehrfurcht gebietend. Aber „Herr der Heerscharen" – das klingt anders. Militärischer. Der Herr der Engelheere – das klingt nach einem, der die Ärmel aufkrempelt, Schwert und Schild in die Hand nimmt und die bronzenen Tore zertrümmert und die eisernen Riegel zerschlägt, um mich zu retten.

Der ungezähmte Christ

Impuls: *Ist das Bild von einem kriegerischen Gott hilfreich? Inwiefern? Welche Missverständnisse drohen?*

Es wird nicht besser, als es ist? | 154

Wenn wir glauben, dass dieses Leben unsere beste Chance auf Glück ist, wenn es nicht mehr besser werden kann, als es ist, dann werden wir als hektisch fordernde und letzten Endes verzweifelte Menschen leben. Wir werden dieser Welt eine Last auflegen, die zu tragen nie ihre Bestimmung war. Wir werden versuchen, einen Weg zu finden, um uns zurück in den Garten zu schleichen, und wenn das misslingt, und das tut es immer, wird auch unser Herz scheitern. Um die Wahrheit zu sagen, die meisten Menschen leben so, als *wäre* dieses Leben unsere einzige Hoffnung, und dann fühlen wir uns schuldig, weil wir genau das tun wollen, wovon Paulus sagte, er würde es tun, wenn das wahr wäre.

In seinem wunderbaren Buch *The Eclipse of Heaven* drückt es A. J. Conyers ganz einfach aus: „Wir leben in einer Welt, die nicht mehr unter dem Himmel ist." Alle Krisen der menschlichen Seele ergeben sich daraus. Alle unsere Süchte und Depressionen, all die Wut, die gleich unter der Oberfläche unserer christlichen Fassade schwelt, und die Unlebendigkeit, die einen Großteil unseres Lebens kennzeichnet, haben eine gemeinsame Wurzel: Wir glauben, dass es nicht besser wird, als es ist. Nehmen Sie die Hoffnung auf ein Ankommen am Ziel weg und unsere Reise wird zu einem Trauermarsch. Das beste menschliche Leben ist unaussprechlich traurig. Selbst wenn wir es schaffen, einigen der größeren Tragödien zu entgehen (was nur wenigen gelingt), genügt das Leben nur selten unseren Erwartungen. Wenn wir doch einmal etwas von dem zu schmecken bekommen, wonach wir uns wirklich sehnen, hat es nie Bestand. Jeder Urlaub geht irgendwann zu Ende. Freunde ziehen weg. Unsere Karriere entwickelt sich nicht so, wie wir es uns wünschen. Und dann fühlen wir uns auch noch schuldig, wenn das Leben uns enttäuscht – schließlich sollten wir doch dankbar sein.

Natürlich sind wir enttäuscht – schließlich sind wir für so viel mehr geschaffen. „Auch hat er die Ewigkeit in ihr Herz gelegt" (Prediger 3,11; RE). Unsere Sehnsucht nach dem Himmel flüstert in unseren Enttäuschungen und sie schreit in unserem Leid. „Wenn ich in mir Sehnsüchte entdecke, die nichts in dieser Welt befriedigen kann", schrieb C. S. Lewis, „dann ist die einzige logische Erklärung dafür die, dass ich für eine andere Welt geschaffen wurde."

GANZ LEISE WIRBST DU UM MEIN HERZ

Impuls: Wo hat das Leben mich enttäuscht? Wie gehe ich mit diesen Enttäuschungen um?

Unsere Bilder vom Himmel | 155

Die Krise der Hoffnung, unter der die Gemeinde Jesu heute leidet, ist eine Krise der *Vorstellungskraft*. Der katholische Philosoph Peter Kreeft schreibt:

> Die mittelalterliche Bilderwelt (die fast vollständig aus der Bibel stammt) von Licht, Edelsteinen, Sternen, Kerzen, Posaunen und Engeln passt nicht mehr in unsere Welt der Supermärkte. Erbärmliche moderne Ersatzbilder von bauschigen Wolken, geschlechtslosen Engelchen, Harfen und metallenen Heiligenscheinen (nicht etwa Heiligenscheinen aus Licht), alles unter der Leitung eines stoffeligen göttlichen Ober-Langweilers, sind ein Witz, keine Herrlichkeit. Selbst noch modernere, aktuellere Ersatzbilder – der Himmel als behagliches Gefühl des Friedens und der Freundlichkeit, der Lieblichkeit und des Lichts, und Gott als ein undeutliches, großväterliches Wohlwollen, ein seniler Philanthrop – sind noch geschmackloser. Unsere Bilder vom Himmel berühren uns einfach nicht; es sind keine bewegenden Bilder. Es ist eher diese ästhetische Unzulänglichkeit als irgendeine intellektuelle oder moralische Unzulänglichkeit unserer Bilder vom Himmel und von Gott, die heute den Glauben am stärksten bedroht. Unsere Bilder vom Himmel sind langweilig, platt und süßlich; und darum gilt das Gleiche auch für unseren Glauben, unsere Hoffnung und unsere Liebe zum Himmel. ... Dabei spielt es gar keine Rolle, ob es eine langweilige Lüge oder eine langweilige Wahrheit ist. Die Langeweile, nicht Zweifel, ist der stärkste Feind des Glaubens, genau wie Gleichgültigkeit, nicht Hass, der stärkste Feind der Liebe ist. (Everything You Wanted to Know About Heaven)

Wenn unsere Bilder vom Himmel uns bewegen sollen, müssen es bewegende Bilder sein. Also los – träumen Sie ein bisschen. Gebrauchen Sie Ihre Vorstellungskraft. Stellen Sie sich das beste mögliche Ende zu Ihrer Geschichte vor. Wenn das nicht der Himmel ist, dann ist er etwas Besseres. Wenn Paulus sagt: „Was kein Auge jemals sah, was kein Ohr jemals hörte und was sich kein Mensch vorstellen kann, das hält Gott für die bereit, die ihn lieben" (1. Korinther 2,9), dann meint er damit schlicht und einfach, dass wir Gott in unseren kühnsten Träumen nicht übertreffen können. Was ist das Ziel unserer persönlichen Reise? Etwas, das jenseits unserer wildesten Vorstellungen liegt. Doch wenn wir die Geheimnisse unseres Herzens im Licht der Verheißungen der Bibel erforschen, finden wir ein paar Hinweise. Wie wir vom ersten Kapitel an gesagt haben, gibt es im Herzen eines jeden Mannes, einer jeden Frau und eines jeden Kindes eine untröstliche Sehnsucht nach Intimität, nach Schönheit und nach Abenteuer. Was wird der Himmel uns anbieten, um diese unsere innerste Sehnsucht zu stillen?

GANZ LEISE WIRBST DU UM MEIN HERZ

Impuls: „Wir können uns nicht auf etwas freuen, das wir nicht von Herzen ersehnen." Meine „kühnsten Träume" ... Ich stelle mir das „beste erstrebenswerte Ende zu meiner Geschichte" vor.

156 | DER RESERVIERTE PLATZ

Auf der anderen Seite gibt es die Freude, wenn jemand uns einen Platz frei hält. Wir betreten einen Raum voller Menschen, und jemand am anderen Ende des Raumes winkt uns herüber und deutet auf einen Stuhl, den er eigens für uns frei gehalten hat. Einen Moment lang verspüren wir Erleichterung, einen kleinen Geschmack davon, drinnen zu sein, dazuzugehören. Und nun denken Sie an Jesu Worte in Johannes 14,2: „Ich gehe hin, euch eine Stätte zu bereiten" (RE). Christus verspricht uns, dass er eigens für jeden von uns einen Platz im Himmel frei hält. Wenn wir inmitten einer aufgeregten Menge beim Hochzeitsfest des Lammes eintreffen, umgeben von tausend Gesprächen, Gelächter und Musik, dem Klingen von Gläsern, und wenn dann in unserem Herzen sich wieder einmal die Hoffnung regt, wir könnten in den erhabenen Kreis aufgenommen werden, dann werden wir nicht enttäuscht werden. Unser Liebhaber selbst wird uns am Tisch willkommen heißen. Niemand wird aufstehen und einen anderen Stuhl suchen müssen, um am äußersten Ende des Tisches für uns Platz zu schaffen oder schnell noch ein Gedeck zu holen. Da wird ein Platz sein, der mit unserem Namen gekennzeichnet ist, frei gehalten auf Jesu eigenste Anweisung – für uns und niemanden sonst.

GANZ LEISE WIRBST DU UM MEIN HERZ

Impuls: Erwartet werden – was löst das in mir aus? Von Gott erwartet werden ...

DER HIMMEL: DAS ABENTEUER DER INTIMITÄT | 157

Der Himmel ist der Anfang eines Abenteuers der Intimität, „eine Welt der Liebe", wie Jonathan Edwards schrieb, „wo Gott die Quelle ist". Der Heilige Geist hat durch die menschlichen Verfasser der Bibel mit gutem Grund das Bild eines Hochzeitsmahles gewählt. Das ist nicht nur irgendeine Party; es ist eine *Hochzeit*. Was dieses besondere Fest von allen anderen unterscheidet, ist die einzigartige Intimität der Hochzeitsnacht. Der Heilige Geist benutzt die geheimste und zärtlichste Erfahrung, die wir auf Erden machen können – die Vereinigung von Mann und Frau –, um die Tiefe der Intimität deutlich zu machen, die wir mit unserem Herrn im Himmel erleben werden. Er ist der Bräutigam, und die Gemeinde ist seine Braut. In der Erfüllung der Liebe werden wir ihn erkennen und von ihm erkannt sein.

GANZ LEISE WIRBST DU UM MEIN HERZ

Impuls: Intimität – die Erfüllung unserer Sehnsucht ... Wie verändert sich mein Bild von der Ewigkeit, wenn ich sie mir als Hochzeitsfest vorstelle?

158 | Die rufende Stimme

> Die Straße gleitet fort und fort,
> Weg von der Tür, wo sie begann,
> Weit über Land, von Ort zu Ort,
> Ich folge ihr, so gut ich kann.
> Ihr lauf ich raschen Fußes nach,
> Bis sie sich groß und breit verflicht
> Mit Weg und Wagnis tausendfach.
> Und wohin dann? Ich weiß es nicht.
> (J. R. R. Tolkien)

Die Göttliche Romanze ruft uns in jedem Moment unseres Lebens. Ihr Flüstern ist hörbar im Wind, sie lädt uns ein durch das Lachen guter Freunde, sie streckt uns die Hand entgegen durch die Berührung eines Menschen, den wir lieben. Wir haben sie in unserer Lieblingsmusik gehört, haben sie gespürt bei der Geburt unseres ersten Kindes, fühlten uns zu ihr hingezogen, während wir den Glanz eines Sonnenuntergangs auf dem Ozean beobachteten. Sogar in Zeiten großen persönlichen Leides ist sie gegenwärtig – in der Krankheit eines Kindes, in dem Verlust einer Ehe, im Tod eines Freundes. Etwas ruft nach uns durch solche Erfahrungen und weckt tief in unserem Herzen eine unstillbare Sehnsucht, eine Sehnsucht nach Intimität, Schönheit und Abenteuer. Diese Sehnsucht ist der mächtigste Teil jeder menschlichen Persönlichkeit. Sie treibt uns an in unserer Suche nach Sinn, in unserer Suche nach Ganzheitlichkeit, nach dem Gefühl, wahrhaft lebendig zu sein. Wie auch immer wir dieses tiefe Verlangen beschreiben mögen, es ist das Wichtigste, was wir haben, das Innerste unseres Herzens, die Leidenschaft unseres Lebens. Und die Stimme, die uns von diesem Ort aus ruft, ist keine andere als die Stimme Gottes.

Ganz leise wirbst du um mein Herz

Impuls: Welche Erfahrungen sind am ehesten geeignet, in mir Sehnsucht wachzurufen? Worauf zielt diese Sehnsucht?

Eine Reise zum Himmel | 159

Wohin geht es von hier aus? „Dieses Leben", schrieb Jonathan Edwards, „sollten wir nur als eine Reise zum Himmel verbringen." Das ist die einzige Geschichte, in der es sich jetzt zu leben lohnt. Die Straße erstreckt sich vor uns, und unser Ziel erwartet uns. In der Bildsprache des Hebräerbriefes stehen wir vor einem Wettlauf und müssen rennen, so schnell wir können. Es ist ein Geschenk des Himmels, wenn wir helfen konnten, ein wenig von dem Ballast wegzunehmen, sodass Ihr Herz sich ausrichten kann auf diese Stimme der Sehnsucht, um den Ruf deutlicher zu hören und „raschen Fußes" darauf zu reagieren. Unsere abschließenden Gedanken spiegeln einen Rat wider, den wir in Hebräer 12,2-3 finden:

> Richtet eure Augen auf Jesus, der diesen Wettlauf, in dem wir uns befinden, sowohl angefangen als auch beendet hat. Studiert genau, wie er es gemacht hat. Weil er nie aus dem Blick verlor, wo er hinwollte – jenes erhebende Ziel in und bei Gott – konnte er auf dem Weg dorthin alles ertragen: das Kreuz, die Schande, was auch immer. Und jetzt ist er dort, auf seinem Ehrenplatz direkt an Gottes Seite. Wenn ihr spürt, dass euer Glaube nachlässt, schaut euch noch einmal diese Geschichte an, Stück für Stück, diese lange Litanei der Feindseligkeit, durch die er sich hindurchkämpfte. Das wird Adrenalin in eure Seelen schießen!
> (Eugene Petersons Übertragung aus *The Message*)

Jesus erinnerte sich, wo er hinwollte, und er wollte sein Ziel unbedingt erreichen. Er hängte sein ganzes Herz daran. Diese beiden Themen, Erinnerung und Verlangen, werden für die Reise, die vor uns liegt, entscheidend sein. Ohne diese beiden Fähigkeiten werden wir nicht gut laufen, falls wir überhaupt starten.

Ganz leise wirbst du um mein Herz

Impuls: „Dieses Leben – nichts als eine Reise zum Himmel."
Worin liegt für mich das Ziel meiner Lebensreise? Welche Rolle

spielen „Erinnerung" und „Sehnsucht" für meine Wegentscheidungen?

160 | Die Erbärmlichkeit eines entthronten Herrschers

Während eines Zwischenaufenthalts auf dem Flughafen O'Hare in Chicago konnte ich den Popcornverkäufer an einem kleinen Stand in einem der Terminalflure beobachten. Tausende Reisende eilten an ihm vorbei, und er saß still auf seinem Stuhl. Gelegentlich – etwa alle Viertelstunde – hielt jemand inne, um eine Tüte zu kaufen. Er maß das Popcorn mit einem Scheffel ab, nahm das Geld entgegen, gab einige Münzen zurück – alles, ohne auch nur ein Wort mit seinen Kunden zu wechseln. Sobald der Handel abgeschlossen war, nahm er wieder seinen Platz auf dem Stuhl ein und starrte vor sich hin, die Schultern gebeugt. Ich fragte mich, wie alt der Mann wohl war; er schien schon jenseits der fünfzig zu sein. Wie lang verrichtete er schon diese Arbeit? Konnte man überhaupt davon leben? Sein Gesicht war gezeichnet von Resignation, vermischt mit Scham. Ich musste denken: *Adam, was ist mit dir geschehen?* Wusste der Mann, wie weit seine Situation von seiner ursprünglichen Bestimmung entfernt war? Irgendwie schien er es zu wissen, auch wenn er die Geschichte offenbar nicht kannte. Seine Traurigkeit war vielsagend. Ich musste an Pascals Aussage denken, wonach all unsere Erbärmlichkeit Zeugnis ablegt von unserer Größe: „Sie ist die Erbärmlichkeit eines entthronten Herrschers."

Manche Menschen lieben ihre Arbeit. Das sind jene Glücklichen, die einen Weg gefunden haben, ihren wahren Neigungen (die ihnen Freude verschaffen) nachzugehen und damit ihre Rechnungen zu bezahlen. Aber der größte Teil der Weltbevölkerung strampelt sich nur ab, um zu überleben, und kaum ein

Mensch schafft es, alle seine Gaben ständig einzusetzen. Zu allem Überfluss steht die Arbeit auch noch unter einem Fluch – von wegen Disteln und Dornen. Alle menschlichen Anstrengungen sind von Mühsal und Frustrationen überschattet. Und so nimmt es nicht Wunder, dass wir Arbeit oft für eine Folge des Sündenfalls halten. In Amerika gilt nicht von ungefähr die Comicfigur Dilbert als Inbegriff des arbeitenden Menschen. Dilbert fristet ein hoffnungsloses, frustrierendes Dasein im Innern einer anonymen Fabrik. Wir wissen noch nicht einmal genau, was er dort tut – wir wissen nur, dass es bedeutungslos ist. Warum identifizieren sich so viele Menschen mit Dilbert? Weil sie auch ihr eigenes Leben als frustrierend empfinden. Selbst wenn wir uns geliebt fühlen, reicht das nicht aus. Wir streben danach, etwas Bleibendes zu schaffen, etwas Bedeutungsvolles, etwas von Wert. Es soll ganz natürlich den Begabungen und Fähigkeiten unserer Seele entspringen. Wie könnte es auch anders sein – wir sind dafür geschaffen, die Könige und Königinnen der Erde zu sein.

GANZ LEISE WIRBST DU UM MEIN HERZ

Impuls: *Wo lebe ich „königlich"? Wie würde ein solches Leben aussehen? Wie kann ich mehr dahin finden?*

EINE GÄNZLICH ERNEUERTE SCHÖPFUNG | 161

Im Römerbrief, Kapitel 8, stellt der Apostel Paulus eine unerhörte Behauptung auf: Er sagt, dass „die Leiden der gegenwärtigen Zeit nichts bedeuten im Vergleich zu der Herrlichkeit, die an uns offenbar werden soll". Angesichts der vielen Möglichkeiten, wie uns das Leben das Herz brechen kann, klingt das unglaublich. Die Menschheit hat bereits unsagbar viel Leid gesehen. Was könnte so groß sein, dass dieses Übermaß an Leid daneben zu vernachlässigen ist? Die „Herrlichkeit, die an uns offenbar werden soll" (Römer 8,18; EÜ). Die Große Erneuerung. Unmittelbar anschließend sagt Paulus: „Denn die ganze Schöpfung wartet sehnsüchtig auf das Offenbarwerden der Söhne Gottes" (V. 19). Die Erneuerung der Schöpfung wird offensichtlich hinausgezögert, hintangestellt, damit zunächst *wir* wieder eingesetzt werden. War Ihnen das etwa nicht bewusst? Es kommt der Tag, an dem Jesus Christus Sie zu Mitregenten über sein großartiges und schönes Universum berufen wird. Das hatte er von Anfang an im Sinn.

> Wenn der Menschensohn in seiner ganzen Herrlichkeit, begleitet von allen Engeln, kommt, dann wird er auf dem Thron Gottes sitzen. Alle Völker werden vor ihm erscheinen, und er wird die Menschen in zwei Gruppen teilen, so wie ein Hirte die Schafe von den Böcken trennt. Rechts werden die Schafe und links die Böcke stehen. Dann wird der König zu denen auf seiner rechten Seite sagen: „Kommt her! Euch hat mein Vater gesegnet. Nehmt die neue Welt Gottes in Besitz, die er *seit Erschaffung der Welt für euch als Erbe bereithält!* (Matthäus 25,31-34)
>
> Wie verhält sich denn ein kluger und zuverlässiger Verwalter? Sein Herr hat ihm die Verantwortung für alle Mitarbeiter übertragen; er soll sie zu jeder Zeit mit allem Nötigen versorgen. Dieser Verwalter darf sich glücklich nennen, wenn sein Herr ihn bei der Rückkehr gewissenhaft bei der Arbeit findet. Das sage ich euch: Einem so zuverlässigen Mann wird er *die Verantwortung über seinen ganzen Besitz* übertragen. (Matthäus 24,45-47)
>
> Und sie werden für immer und ewig mit ihm *herrschen.* (Offenbarung 22,5)

GANZ LEISE WIRBST DU UM MEIN HERZ

Impuls: Herrlichkeit – was verbinde ich mit diesem Begriff? – Was bedeutet herrschen? Inwiefern übe ich in meinem Leben eine gute Herrschaft aus?

„Die kühne Ausübung von Souveränität" | 162

Wir wollen für einen Augenblick zurückblenden zur ursprünglichen Herrlichkeit, zu der Herrlichkeit Gottes, die uns verliehen worden ist, als wir zu seinem Bild geschaffen wurden. So viel Licht könnte auf unser Leben fallen, wenn wir herausfinden würden, wozu wir *ursprünglich* geschaffen waren, bevor die Dinge aus dem Lot gerieten. Was sollten wir unserer Bestimmung nach *tun*? Was war unsere ursprüngliche Arbeitsplatzbeschreibung?

> Dann sprach Gott: Lass uns Menschen machen als unser Abbild, uns ähnlich. Sie sollen herrschen über die Fische des Meeres, über die Vögel des Himmels, über das Vieh, über die ganze Erde und über alle Kriechtiere auf dem Land. Gott schuf also den Menschen als sein Abbild; als Abbild Gottes schuf er ihn. Als Mann und Frau schuf er sie. Gott segnete sie, und Gott sprach zu ihnen: Seid fruchtbar, und vermehrt euch, bevölkert die Erde und unterwerft sie euch. (1. Mose 1,26-28)

Sie sollen *herrschen* ... So wie ein Vorarbeiter eine Baustelle leitet oder wie ein Skipper eine Yacht steuert. Besser noch: Wie ein König sein Reich regiert, so sollten wir nach Gottes Willen Regenten seiner Ländereien sein. Wir wurden geschaffen, um Herrscherinnen und Herrscher über die Erde zu sein (freilich von Gottes Gnaden). Der Hebraist Robert Alter hat sich lang und ausführlich mit diesen Versen beschäftigt und hat dabei allerlei Schätze gehoben. So sagt er etwa: *Herrschen* steht an dieser Stelle für „die kühne Ausübung von Souveränität". Es ist aktiv, engagiert, leidenschaftlich. *Kämpferisch*.

Der ungezähmte Christ

Impuls: Wie sähe die Erde aus, wenn der Mensch in guter Weise seinen Herrscherauftrag wahrnehmen würde? Was hindert uns daran, dies zu tun?

163 | WIR HABEN DIE LÜGE ABGEKAUFT

So viele Christen legen heutzutage eine Einstellung an den Tag, die alles Mögliche ist – *nur nicht* kämpferisch. Wir sind passiv, halten lieber still. Wir verhalten uns, als ob die Schlacht schon geschlagen wäre, als ob der Wolf und das Lamm bereits die besten Freunde wären. Meine Güte – wir sind dabei, Schwerter zu Pflugscharen umzuschmieden, während die Truppen des Bösen auf uns vorrücken. Wir haben dem Religionsgeist seine Lüge abgekauft, die da lautet: „Du musst nicht mit dem Feind kämpfen. Lass das Jesus erledigen." Das ist Unsinn. Es ist unbiblisch. Es ist so, als ob ein Infanterist in der Schlacht sagen würde: „Mein Kommandeur wird das mit dem Kämpfen schon für mich erledigen; ich kann also meine Munition aufsparen." Wir haben den *Befehl*, dem Teufel Widerstand zu leisten, „dann wird er vor euch fliehen" (Jakobus 4,7). Uns wurde gesagt: „Euer Widersacher, der Teufel, geht wie ein brüllender Löwe umher und sucht, wen er verschlingen kann. Leistet ihm Widerstand!" (1. Petrus 5,8f.); „Kämpfe den guten Kampf" (1. Timotheus 1,18); „Befreie jene, die man zum Tod schleppt; rette die, die zur Hinrichtung wanken" (Sprüche 24,11).

Kürzlich sagte jemand allen Ernstes zu mir: „Wir müssen das Böse nicht bekämpfen. Jesus hat bereits gesiegt." *Richtig*, Jesus hat den Sieg über Satan und sein Reich errungen. Und *dennoch* ist der Krieg noch nicht vorbei. Denken Sie an 1. Korinther 15,24f.: „Danach kommt das Ende: Christus wird alles vernichten, was Gewalt und Macht für sich beansprucht, und wird Gott, seinem Vater, die Herrschaft über diese Welt übergeben. Denn Christus wird so lange herrschen, bis er alle Feinde unterworfen hat." *Nachdem* er alle verbliebenen feindlichen Regungen unterbunden hat. *Bis dahin* muss er herrschen und alle seine Feinde unterwerfen. Jesus befindet sich nach wie vor im Kampf, und er ruft uns auf, auf seiner Seite zu kämpfen.

DER UNGEZÄHMTE CHRIST

Impuls: Wie könnte ein Christsein aussehen, das im positiven Sinn kämpferischer ist?

Würden Sie versuchen, es alleine zu schaffen? | 164

Sie wachen auf und finden sich inmitten einer erbitterten Schlacht wieder. Es ist in der Tat unsere verzweifeltste Stunde. Ihr König und bester Freund beordert Sie nach vorne. Schütteln Sie den Schlaf ab, werden Sie durch und durch lebendig. Ihr gutes Herz ist befreit, es schlägt für den König und für die, die noch auf Befreiung warten. Jetzt kommt Ihre Herrlichkeit zum Einsatz. Sie haben einen Auftrag; Ihre Mission wird Sie mitten in das Reich der Finsternis führen. Dort sollen Sie die ehernen Tore zertrümmern und die eisernen Riegel zerschlagen, sodass Ihre Leute aus ihren Kerkern befreit werden. Der König fordert Sie auf, sie zu heilen. Natürlich warten viele Gefahren auf Sie; der Feind wird Sie jagen.

Würden Sie diese Aufgabe *allein* anpacken?

Etwas Stärkeres als das Schicksal hat Sie *auserwählt*. Das Böse wird Sie *verfolgen*. Und so brauchen Sie eine Gemeinschaft, die Sie *beschützt*. Frodo ist zwar ein ausgesprochen tapferer und wahrer Hobbit, aber er hat keine Chance ohne Sam, Merry, Pippin, Gandalf, Aragorn, Legolas und Gimli. Er hat keine wirkliche Vorstellung von den Gefahren und Prüfungen, die vor ihm liegen. Die dunklen Minen von Moria; der Balrog, der dort auf ihn wartet; die bösen Orks der Uruk-hai, die ihn verfolgen werden; die Einöde von Emyn Muil. Frodo wird seine Freunde brauchen. Und Sie brauchen Ihre Freunde. Sie müssen sich fest verlassen können auf die Gefährten, die sie schon haben, und Sie werden unablässig Ausschau halten müssen nach weiteren Verbündeten. *Sie dürfen nicht allein losziehen.* Von Anfang an, schon im Garten Eden, hat der Feind auf eine einfache Strategie gesetzt: spalten und überwältigen. Bring sie auseinander, isoliere sie, mach sie einzeln fertig.

DER UNGEZÄHMTE CHRIST

Impuls: *Welche Rolle spielt die Gemeinschaft mit anderen für meinen Glaubensweg?*

165 | HIER IST HOFFNUNG

Ich lasse die Männer nicht so leicht davon kommen. Wir haben weiß Gott eine Menge Buße zu tun für das, was wir Frauen antun oder an ihnen versäumen. Ich sage freilich auch: Die unablässigen Attacken auf die Weiblichkeit und auf Frauen werden nur verständlich, wenn man sie als Teil von etwas viel Größerem begreift. Als Teil der übelsten Kampagne, die die Welt bisher gesehen hat. Der Feind hegt einen besonderen Hass gegen Eva. Wer ihm überhaupt eine Rolle in der Weltgeschichte zugesteht, kommt an dieser Erkenntnis nicht vorbei.

Der Böse hat seine Finger in all dem Schlimmen, was Ihnen passiert ist. Wenn er nicht selbst den Angriff geführt hat (offensichtlich gehen die meisten Attacken auf das Konto menschlicher Sünden), dann hat er zumindest Ihr Herz mit seinen verlogenen Botschaften bearbeitet. Er versucht Ihnen unablässig Scham und Selbstzweifel und Anklagen einzuflüstern. Er macht Sie auf falsche Tröster aufmerksam, damit Sie noch tiefer in Abhängigkeit geraten. Und warum macht er sich diese Mühe: Weil er verhindern will, dass Sie heil werden. Davor hat er Angst. Er fürchtet sich vor Ihnen, vor dem, was Sie sind und was Sie noch werden können. Er fürchtet Ihre Schönheit und Ihr lebensspendendes Herz.

Sie werden Ihr Dasein als Frau erst wirklich verstehen, wenn Sie dies verstanden haben:

Sie sind leidenschaftlich geliebt von Gott, dem Herrscher des Alls.

Sie werden leidenschaftlich bekämpft von seinem Gegenspieler.

Und damit kommen wir zu Ihrer Rehabilitation. Denn es gibt einen, der stärker ist als der Feind. Einen, der bereits vor Anbeginn der Zeit seinen Anspruch auf Sie angemeldet hat. Er ist gekommen, um Ihr verwundetes Herz zu heilen und Ihre weibliche Seele wieder aufzubauen.

WEISST DU NICHT, WIE SCHÖN DU BIST?

Impuls: Wie begegne ich Scham, Selbstzweifeln, Anklagen, Minderwertigkeitsgefühlen?

DAS ANGEBOT | 166

Die Mission Jesu ist nicht damit zu Ende, dass ein Mensch Vergebung erfährt. Noch lange nicht. Würde sich ein Vater damit abfinden, dass seine Tochter nach einem Autounfall zwar überlebt hat, aber nun auf der Intensivstation liegt? Wird er nicht alles daransetzen, dass sie auch wieder gesund wird? Entsprechend hat auch Gott mehr für uns im Sinn. Betrachten wir einen Abschnitt aus dem Buch des Propheten Jesaja (es kann sinnvoll sein, dass Sie sich den Abschnitt laut vorlesen, sehr langsam und aufmerksam):

> Der Geist des Herrn ruht auf mir,
> weil er mich berufen hat.
> Er hat mich gesandt, den Armen die frohe Botschaft zu bringen
> und die Verzweifelten zu trösten.
> Ich rufe Freiheit aus für die Gefangenen, ihre Fesseln werden nun
> gelöst und die Kerkertüren geöffnet.
> Ich rufe ihnen zu: „Jetzt erlässt Gott eure Schuld!"
> Doch nun ist auch die Zeit gekommen,
> dass der Herr mit seinen Feinden abrechnet.
> Er hat mich gesandt, alle Trauernden zu trösten.

Vorbei ist die Leidenszeit der Einwohner Jerusalems!
...
Statt der Trauergewänder gebe ich ihnen duftendes Öl, das sie erfeut.
Ihre Mutlosigkeit will ich in Jubel verwandeln, der sie schmückt wie ein Festkleid. (Jesaja 61,1-3)

Diesen Abschnitt hat Jesus zitiert, als er mit seiner öffentlichen Tätigkeit begann. Von all den Bibelstellen im Alten Testament hat er bei seinem ersten öffentlichen Auftritt ausgerechnet diese vorgelesen. Das muss Gründe haben. Dieser Text ist ihm offensichtlich wichtig. Was bedeutet das? Zum einen geht es um eine erfreuliche Nachricht, so viel ist klar. Es geht um die Heilung von Herzen, um eine Befreiungsaktion.

Das ist doch ein Angebot, das eine nähere Prüfung lohnt. Was, wenn das wahr wäre? Was, wenn Jesus das tatsächlich für Ihr verletztes Herz, für Ihre verwundete weibliche Seele tun *könnte* und tun *würde*? Lesen Sie das Angebot noch einmal, und dann wäre mein Vorschlag: Fragen Sie ihn direkt. *Jesus – gilt das auch mir? Würdest du das für mich tun?*

Er kann es, und er tut es ... wenn Sie ihn lassen.

Weisst du nicht, wie schön du bist?

Impuls: „Fragen Sie ihn direkt. Jesus – gilt das auch mir? Das Versprechen, mein Herz zu befreien? Würdest du das für mich tun?" Vernehme ich eine Antwort?

167 | Von ganzem Herzen leben

Jesus lief das Rennen seines Lebens, weil er es wollte, nicht nur, weil er musste oder weil der Vater es ihm gesagt hatte. Er lief, „weil große Freude auf ihn wartete", und das bedeutet, er lief aus Sehnsucht, aus Verlangen. Um den geläufigen Ausdruck zu gebrauchen, er war mit ganzem Herzen dabei. Wir nennen die letzte Woche im Leben Jesu seine Passion. Schauen Sie sich die Tiefe seines Verlangens an, das Feuer in seiner Seele. Verzehrt vor Leidenschaft reinigt er den Tempel von den Scharlatanen, die das Haus seines Vaters in eine Wechselstube verwandelt haben (Matthäus 21,12). Später blickt er über die Stadt hinweg, die seine Braut werden sollte, sich aber nun in ihre eigenen Seitensprünge verwickelt hat und unter der Bedrückung ihrer fremden Herren leidet. „Jerusalem! O Jerusalem!", ruft er, „... wie oft habe ich deine Kinder sammeln wollen, so wie eine Henne ihre Küken unter ihre Flügel nimmt! Aber ihr habt es nicht gewollt!" (Matthäus 23,37). Als die letzten Stunden seines größten Kampfes näher rücken, wird seine Leidenschaft noch stärker. Er versammelt seine engsten Freunde um sich, wie ein verurteilter Verbrecher, der seine letzte Mahlzeit einnimmt. *„Wie sehr habe ich mich danach gesehnt*, mit euch das Passahmahl zu essen", sagt er, „bevor ich leiden muss" (Lukas 22,15). Und dann stürmt er weiter voran, durch die tiefe Verzweiflung in Gethsemane hin zum Leiden am Kreuz. Ist es denkbar, dass er irgendetwas davon mit halbem Herzen durchmachte?

GANZ LEISE WIRBST DU UM MEIN HERZ

Impuls: Das Leben Jesu – ein Leben „aus ganzem Herzen" ...

EINE HEILIGE SEHNSUCHT | 168

„Das ganze Leben eines guten Christen", sagte Augustinus, „ist eine heilige Sehnsucht." Leider sind viele von uns dazu verleitet worden zu denken, dass wir irgendwie nach weniger verlangen sollten, nicht nach mehr. Wir haben dieses Gefühl, dass wir für unsere Sehnsüchte Buße tun sollten, dass wir uns dafür entschuldigen sollten, dass wir ein tiefes Verlangen empfinden. Sollten wir nicht zufriedener sein? Vielleicht, aber Zufriedenheit besteht nicht darin, dass wir *weniger* wollen; das wäre der leichte Ausweg. Jeder kann einen heiligen Eindruck machen, wenn er sein Herz abgetötet hat; die Nagelprobe besteht darin, dass Ihr Herz in Ihnen brennt und Sie trotzdem die Geduld haben, das zu genießen, was es jetzt zu genießen gibt, während Sie in gespannter Erwartung dem kommenden Festmahl entgegensehen. Um es mit Paulus zu sagen: Wir „seufzen in uns selbst und sehnen uns …" (Römer 8,32; L). Zufriedenheit kann uns nur zuteilwerden, wenn unsere Sehnsucht wächst, wenn sie mit aller Kraft ihrer Erfüllung entgegenstrebt und uns mit sich reißt. So betete George Herbert:

> Unsterbliches Feuer, lass deine mächtige Flamme
> die geringeren an sich ziehen; lass jene Brände,
> die die Welt verzehren werden, sie zuerst zähmen;
> und entzünde in unseren Herzen das wahre Verlangen,
> das unsere Lüste verzehrt und dir den Weg bahnt.
> Dann werden unsere Herzen dich begehren.

Es mag für uns alle Zeiten geben, wo wir nur auf das Pflichtbewusstsein zurückgeworfen sind. Wenn das aber am Ende alles ist, was wir haben, werden wir es niemals schaffen. Unser Herr selbst ist das Beispiel. Er ist uns vorausgelaufen, und er hat es geschafft, er ist jetzt am Ziel. Sein Leben gibt uns die Gewissheit, dass es zu schaffen ist, aber nur durch ein leidenschaftliches Verlangen *nach der Freude, die auf uns wartet.*

GANZ LEISE WIRBST DU UM MEIN HERZ

Impuls: Welche Sehnsucht erfüllt mich mit echter Freude?

Ein weites Herz für Schmerz und Freude | 169

Wenn unsere Seele in der Liebe zu Gott wächst und ihm entgegenwandert, wachsen und erweitern sich auch die Fähigkeiten unseres Herzens: „Du machst mir das Herz weit" (Psalm 119,32; RE).

Aber das ist ein zweischneidiges Schwert. Während unser Herz empfänglicher wird für die Freude, wird es auch empfänglicher für den Schmerz. Beides geht Hand in Hand. Was aber sollen wir dann mit der Enttäuschung anfangen? Wir können uns selbst zum Feind werden, je nachdem, wie wir mit dem Schmerz umgehen, den die Sehnsucht mit sich bringt. Sehnsucht bedeutet Leiden; es heißt nicht umsonst *Leidenschaft*. Darum wehren sich viele Christen dagegen, auf ihr Herz zu hören: Sie wissen, dass ihre Abstumpfung verhindert, dass sie den Schmerz des Lebens zu spüren bekommen. Viele von uns haben sich dafür entschieden, einfach nicht so viel zu wollen; denn das ist sicherer. Es ist aber auch gottlos. Das ist Stoizismus, nicht Christentum. Heiligung ist ein Erwachen, ein Aufwecken unserer Seelen von dem Totenschlaf der Sünde in die Fülle und Weite des Lebens.

Wir empfinden das Verlangen oft als einen Feind, weil es in uns Sehnsüchte weckt, die sich nicht von einem Moment auf den anderen erfüllen lassen. Herzen, die erst einmal erwacht sind, werden oft enttäuscht. Aber unsere Enttäuschung kann uns voranbringen, unsere Sehnsucht wachsen lassen und das Herz zu seiner wahren Leidenschaft emporheben.

Ganz leise wirbst du um mein Herz

Impuls: Kenne ich eine Enttäuschung, die mich voranbringen kann in Richtung Lebendigkeit?

170 | Schönheit und Kummer

Schönheit und Kummer sind die beiden einzigen Dinge, die unser Herz durchbohren können. Das ist so wahr, und deshalb brauchen wir in unserem Leben eine Portion Schönheit, die unserem Kummer die Waage hält. Oder nein – mehr davon. Viel mehr. Ist das nicht Gottes Rezept für uns? Schauen Sie sich nur mal um. Die Aussichten, die Klänge, die Düfte, all die Sinneseindrücke – die Welt fließt über vor Schönheit. Gott scheint geradezu vernarrt zu sein in Schönheit. Herrlich verschwenderisch. Offenbar hat er den Eindruck, dass wir jede Menge davon in unserem Leben brauchen.

Ich kann kaum ausdrücken, was ich alles im Hinblick auf Schönheit sagen will. Und genauso soll es wohl sein. Unsere Erfahrung von Schönheit übersteigt unsere Fähigkeit, diese Erfahrung in Worte zu fassen, denn der Zauber der Schönheit ist größer als die Kraft der Worte.

Ich möchte von der heilenden Kraft der Schönheit sprechen, davon, wie sie tröstet und beruhigt, aber auch wie sie uns anregt, wie sie uns bewegt und begeistert. Ein Freund schrieb mir: „Wir haben diese Woche einige unvergessliche Sonnenuntergänge erlebt. Es war, als ob der Vorhang der Atmosphäre für einen Moment gelüftet worden wäre, damit ein Stück vom Himmel ins Meer fallen kann. Ich stand da und musste applaudieren ... gleichzeitig wäre ich am liebsten hingekniet und hätte geweint." Genau das ist es.

Wir müssen an dieser Stelle keine Angst vor Übertreibung haben. Das Erleben von Schönheit ist einzigartig und übertrifft alle anderen Vergnügen in einer Hinsicht: Schönheit hat nichts mit Besitz zu tun. Nur weil Sie eine Landschaft lieben, müssen Sie noch lange nicht das Gelände erwerben. Einfach nur die Blume betrachten genügt; nichts in mir will sie aufzehren. Schönheit ist auf dieser Seite der Ewigkeit das, was dem Überfluss ohne Besitzenwollen am nächsten kommt. Schönheit ist ein Herold der Großen Erneuerung. Vielleicht ist sie deshalb so heilsam – Schönheit ist durch und durch Geschenk. Sie hilft uns, loszulassen.

GANZ LEISE WIRBST DU UM MEIN HERZ

Impuls: Was hat mich in meinem Leben in selbstvergessenes Staunen versetzt?

UNTERWERFUNG | 171

Es gibt zwei Arten von Verlust im Leben. Die erste teilen wir mit allen anderen Menschen. Das sind Verluste, die uns widerfahren. Wie auch immer man sie nennt – Unfälle, Schicksal, Eingreifen Gottes. Gemeinsam ist ihnen, dass wir keine Kontrolle über sie haben. Wir können nicht bestimmen wann, wo, was oder wie uns passiert. Solche Verluste zeichnen sich nicht vorher ab, sie geschehen einfach. Wir können lediglich darüber bestimmen, wie wir auf sie reagieren. Die zweite Art von Verlust ist nur Pilgern bekannt. Es sind Verluste, die wir *wählen*. Ein solcher Verlust hat nichts mit Buße zu tun. In der Buße geben wir etwas auf, was uns sowieso nie zustand. Was ich meine: Wir legen etwas auf den Altar, das uns sehr viel bedeutet, etwas Unschuldiges, dessen einzige Gefährlichkeit in seiner Güte liegt und darin, dass wir es womöglich zu sehr lieben könnten. Es geht um einen Akt der *Weihe*. Wir übereignen Stück für Stück oder auf einmal unser Leben an den Einen und Einzigen, der wirklich etwas damit anfangen kann.

Geistliche Unterwerfung hat nichts mit Resignation zu tun. Es bedeutet nicht, dass wir uns nicht länger Gedanken machen. Es ist auch nicht gleichbedeutend mit fernöstlichem Mystizismus, ist kein Versuch, das Leiden im Leben zu überwinden, indem man vollends schmerzunempfindlich wird. Meine Freundin Jan hat es so ausgedrückt: „Es ist Unterwerfung *mit* Sehnsucht oder auch *in* Sehnsucht." Die Sehnsucht ist immer noch da, wird empfunden, ist sogar willkommen. Aber der Wunsch, sie zu erfüllen, wird gewissermaßen abgetreten und dem Willen Gottes untergeordnet. Denken Sie an Jesus im Garten Gethsemane.

GANZ LEISE WIRBST DU UM MEIN HERZ

Impuls: Welche Verluste habe ich im Leben erfahren? Kenne ich die Art von „gewähltem Verlust", von der der Text spricht?

172 | VERGESSEN IST KEIN KLEINES PROBLEM

Vielleicht sollte ich mir ein Schild mit der Aufschrift GOTT EXISTIERT übers Bett hängen. Sehen Sie, ich wache morgens zumeist als Ungläubiger auf. Es scheint, als sei ich während des Schlafes dem Vergessen erlegen, und wenn der neue Tag erwacht, bin ich verloren. Die tiefen und kostbaren Wahrheiten, die mir Gott über die Jahre und selbst gestern noch eröffnet hat, scheinen tausend Meilen weit entfernt. Es geht mir nicht jeden Morgen so, aber oft genug, dass ich es als Wirklichkeit erlebe. Und ich weiß, dass es mir nicht allein so geht. George MacDonald bekennt in seinem *Diary of an Old Soul*:

> Manchmal erwache ich – und habe schon vergessen
> Und treibe richtungslos auf offner See,
> Die Seele, eben noch so still, erregt,
> Weil ich allein mit mir bin statt in dir.
> Was Wahrheit ist? Ein blinder Mond im Morgenlicht,
> Vergeblichkeit und Herzeleid.

Vergesslichkeit ist in der Tat ein Problem. Von all den Feinden, mit denen sich unser Herz auseinandersetzen muss, ist Vergesslichkeit womöglich am schlimmsten, weil sie so heimtückisch ist. Sie tritt uns nicht entgegen wie ein feindliches Heer in Schlachtformation. Sie kommt auch nicht als Versuchung, nicht als verführerischer Vamp. Sie wirkt langsam, unmerklich, schleichend. Meine Frau hatte eine schöne Kletterrose im Garten. Wir freuten uns jeden Sommer an den roten Blüten. Dann, letztes Jahr, geschah es: Die Blüten verfärbten sich unvermittelt braun und der Rosenstock ging innerhalb einer Woche ein. Nach all der Pflege, die wir ihm hatten angedeihen lassen, konnten wir uns nicht erklären, was falsch gelaufen war. Wir konsultierten den Pflanzendoktor, und der fand heraus, dass ein Schädling den Rosenstock befallen hatte. Das Leben war ihm von innen heraus entzogen worden. Genauso arbeitet die Vergesslichkeit. Sie schnürt uns so unmerklich von unserem Leben ab, dass wir es erst merken, wenn die Blüten unseres Glaubens auf einmal weg sind.

Ganz leise wirbst du um mein Herz

Impuls: Welche Rolle spielt die Vergesslichkeit in meinem Leben?

Sie sind gewarnt | 173

In der Bibel werden wir eindringlich vor dem Vergessen gewarnt. Im Alten Testament taucht die Warnung so regelmäßig auf, dass wir sie schon vorhersehen können. Gott befreit sein Volk aus der Knechtschaft in Ägypten durch eine beeindruckende Reihe von Demonstrationen seiner Macht und Fürsorge: Die Plagen, die Verschonung der Erstgeborenen beim Passahfest, der Durchzug durchs Schilfmeer. Die Israeliten feiern mit Gesang und Tanz. Schon drei Tage später beschweren sie sich über die Wasserversorgung. Gott verwandelt die bittern Quellen von Mara in süßes Trinkwasser. Die Israeliten meckern über das Essen. Gott lässt Brot vom Himmel regnen, jeden Morgen. Dann geht es wieder ums Wasser. Gott lässt es aus einem Felsen quellen. Feinde greifen an – Gott rettet. So geht das gerade weiter, vierzig Jahre lang. Als die Israeliten schließlich am Tor zum

Verheißenen Land stehen, schärft Gott dem Volk noch einmal ein: „Hüte dich und hüte deine Seele sehr, dass du die Dinge nicht vergisst, die deine Augen gesehen haben, und dass sie *nicht aus deinem Herzen schwinden* alle Tage deines Lebens!" (5. Mose 4,9; RE).

Natürlich lassen die Israeliten die Erinnerung aus ihrem Herzen schwinden. Sie vergessen alles. Das wiederholt sich in der Geschichte des Volkes Israel wieder und wieder. Gott tritt auf den Plan; er vollbringt gewaltige Dinge; das Volk jubelt. Anschließend vergisst es wieder und lässt sich mit fremden Göttern ein. Eine unendliche Geschichte.

GANZ LEISE WIRBST DU UM MEIN HERZ

Impuls: Welche „Erinnerungshilfen" an Gottes helfendes Eingreifen, an Erfahrungen seiner Güte kann ich mir schaffen?

174 | GLAUBE, HOFFNUNG UND LIEBE

Unsere Schönheit offenbaren heißt wirklich nur, dass wir unser weibliches Herz nicht mehr verstecken.

Eine beängstigende Vorstellung, sicher. Deshalb ist das auch der größte vorstellbare Ausdruck unseres Glaubens. Wir müssen Gott vertrauen, wirklich vertrauen. Wir müssen es ihm abnehmen, dass uns *tatsächlich* Schönheit zu eigen ist. Dass es stimmt, was er über uns sagt. Auch, was den nächsten Schritt angeht, müssen wir ihm vertrauen. Denn: Was wird geschehen, wenn wir unsere Schönheit sichtbar werden lassen? Das entzieht sich unserer Kontrolle. Wir werden ihm vertrauen müssen, wenn es wehtut, und auch, wenn wir schließlich wahrgenommen werden und andere sich an uns freuen. Deshalb ist das Wagnis, unsere Schönheit zutage treten zu lassen, für uns eine Weise, im Glauben zu leben.

Unsere Schönheit zeigen, das ist der größte Ausdruck unserer

Hoffnung. Wir hoffen, dass es etwas bewirkt. Dass unsere Schönheit etwas verändert. Wir hoffen, dass es eine großartigere und höhere Schönheit gibt, hoffen, dass wir diese Schönheit widerspiegeln, und hoffen, dass diese Schönheit triumphieren wird. Wir hoffen, dass alles gut ist, weil Gott gut ist, und dass deshalb auch alles in dieser Welt und im Universum einmal gut werden wird.

Wenn wir uns entscheiden, nicht länger Verstecken zu spielen, wenn wir unser Herz anbieten, dann entscheiden wir uns, zu lieben. Jesus bietet sich an; Jesus lädt uns ein, Jesus schenkt seine Gegenwart. So liebt er. So lieben auch wir – „von Herzen", wie es im 1. Petrusbrief heißt (1. Petrus 1,22). Unsere Blickrichtung verändert sich, weg vom Selbstschutz hin zu anderen. Wir bieten ihnen Schönheit an, damit auch ihr Herz lebendig wird, geheilt wird, Gott erkennt. Das ist Liebe.

Weisst du nicht, wie schön du bist?

Impuls: Nicht länger Verstecken spielen … Das Herz anbieten …

Unser glänzendes Ich | 175

Was sollen wir anfangen, wenn wir eines Tages aufwachen und feststellen, dass wir den Kontakt zu unserem Herzen und damit zu der Zuflucht verloren haben, in der Gottes Gegenwart wohnt?

Schon früh hat das Leben uns alle gelehrt, die tiefsten Sehnsüchte unseres Herzens zu ignorieren und ihnen zu misstrauen. Meist lehrt uns das Leben, unsere Sehnsucht zu unterdrücken und nur in der äußeren Welt zu leben, wo Effizienz und Leistung alles sind. Von Eltern und Gleichaltrigen, in der Schule, bei der Arbeit und selbst von unseren geistlichen Mentoren haben wir gelernt, dass von uns etwas anderes erwartet wird als unser

Herz, das heißt, etwas anderes als das, was wir im tiefsten Inneren *sind*. Nur sehr selten werden wir dazu eingeladen, aus unserem Herzen zu leben. Wo man uns haben will, da will man uns oft wegen der Funktion, die wir zu bieten haben. Wenn wir reich sind, finden wir Anerkennung für unseren Wohlstand; wenn wir schön sind, für unser Aussehen; wenn wir intelligent sind, für unser Hirn. So lernen wir nur das von uns anzubieten, was auf Zustimmung stößt, und geben eine sorgfältig inszenierte Vorstellung, um von den Leuten akzeptiert zu werden, die für uns das Leben darstellen. Wir riegeln uns ab von unserem Herzen und fangen an, ein Doppelleben zu führen. Frederick Buechner schildert dieses Phänomen in seinem autobiografischen Buch *Telling Secrets*:

> „[Unser] ursprüngliches glänzendes Ich wird so tief vergraben, dass wir kaum noch daraus leben … stattdessen lernen wir aus all den anderen Ichs heraus zu leben, die wir ständig an- und ausziehen wie Mäntel und Hüte, um dem Wetter der Welt zu begegnen."

GANZ LEISE WIRBST DU UM MEIN HERZ

Impuls: Was ist meine tiefste Sehnsucht? Wie viel oder was davon gebe ich anderen zu erkennen?

176 | DIE GESCHICHTE UNSERES HERZENS

Die Gemeinschaft mit Gott wird ersetzt durch Aktivität für Gott. In der äußeren Welt bleibt wenig Zeit für tiefe Fragen. Mit dem richtigen Plan kann alles im Leben gemanagt werden … alles, außer dem eigenen Herzen.

Das innere Leben, die Geschichte unseres Herzens, ist das Leben jener tiefsten Orte in unserem Innern, unserer Leidenschaften und Träume, unserer Ängste und unserer tiefsten Wunden. Es ist das unsichtbare Leben, das Geheimnis in uns – das, was Buechner unser „glänzendes Ich" nennt. Das lässt sich nicht managen wie eine Firma. Das Herz reagiert nicht auf Prinzipien und Programme; es ist nicht auf Effizienz aus, sondern auf Leidenschaft. Kunst, Dichtung, Schönheit, Mysterium, Ekstase: Das sind die Dinge, die das Herz zum Leben erwecken. Ja, sie sind die Sprache, die man sprechen muss, wenn man mit dem Herzen kommunizieren möchte. Darum gab Jesus seine Botschaft weiter, indem er den Menschen Geschichten erzählte und Fragen stellte. Ihm ging es nicht nur darum, ihren Verstand anzusprechen, sondern er wollte ihre Herzen gewinnen.

Wenn wir nur zuhören, so werden wir in jedem Moment unseres Lebens durch unser Herz den Ruf einer Göttlichen Romanze vernehmen. Sie flüstert uns zu im Wind, sie lädt uns ein durch das Lachen guter Freunde, sie streckt uns die Hand entgegen durch die Berührung eines Menschen, den wir lieben. Wir hören den Ruf in unserer Lieblingsmusik, wir spüren ihn in der Geburt unseres ersten Kindes, wir werden zu ihm hingezogen, wenn wir die Pracht eines Sonnenuntergangs über dem Meer beobachten. Sogar in Zeiten großen persönlichen Leids ist die Romanze gegenwärtig: in der Krankheit eines Kindes, in dem Verlust einer Ehe, im Tod eines Freundes. Etwas ruft nach uns durch solche Erfahrungen und erweckt tief in unserem Herzen eine unstillbare Sehnsucht, eine Sehnsucht nach Intimität, Schönheit und Abenteuer. Die Stimme, die uns in all dem ruft, ist keine andere als die Stimme Gottes.

Und diese Stimme können wir nicht hören, wenn wir den Kontakt zu unserem Herzen verloren haben.

GANZ LEISE WIRBST DU UM MEIN HERZ

Impuls: Was sind die Dinge, die als Kind mein Herz begeistert haben? Sie führen auf die Spur zum Geheimnis meines Herzens.

177 | DER TIEFE DURST DER SEELE

Die religiösen Technokraten der Zeit Jesu konfrontierten ihn mit dem, was sie für die Maßstäbe eines gottgefälligen Lebens hielten. Das äußere Leben, so meinten sie, das Leben der Gebote, Pflichten und Dienste, darauf kam es an. „Da liegt ihr völlig falsch", sagte Jesus. „Ihr seid schlicht und einfach tot (wie die gepflegten Grabstätten). Worauf es Gott ankommt, ist das innere Leben, das Leben des Herzens" (siehe Matthäus 23,25-28). Im Alten wie im Neuen Testament ist das Leben des Herzens eindeutig Gottes zentrales Anliegen. Als das Volk Israel auf den Abweg eines völlig äußerlichen Lebens der Rituale und der Gesetzlichkeit geriet, da klagte Gott: „Dieses Volk gibt vor, mich zu ehren – doch sie tun es nur mit den Lippen, mit dem Herzen sind sie nicht dabei" (Jesaja 29,13).

Unser Herz ist der Schlüssel zum christlichen Leben.

Der Apostel Paulus sagt uns, dass die Härte des Herzens hinter all den Abhängigkeiten und Übeln des menschlichen Wesens steht (Römer 1,21-25). Oswald Chambers schreibt: „Mit dem Herzen wird Gott wahrgenommen [erkannt] und nicht mit dem Verstand … das also ist Glaube: Gott mit dem Herzen wahrnehmen." Darum heißt es in Sprüche 4,23: „Behüte dein Herz mit allem Fleiß, denn daraus quillt das Leben" (L). Wer sein Herz verliert, der verliert alles. Leider behalten die meisten von uns den Ölstand in unserem Auto besser im Blick als das Leben unseres Herzens.

In einer der großartigsten Einladungen, die den Menschen je zuteil geworden sind, stand Christus inmitten der Menschenmenge in Jerusalem auf und sagte: „Wer Durst hat, der soll zu mir kommen und trinken! Wer an mich glaubt, wird erfahren, was die Heilige Schrift sagt: Wie ein Strom wird Leben schaffendes Wasser von ihm ausgehen" (Johannes 7,37-38). Wenn wir uns des tiefen Durstes unserer Seele nicht bewusst sind, bedeutet uns dieses Angebot gar nichts. Aber wenn wir uns erinnern, war es gerade diese Sehnsucht in unserem Herzen, die Jesus bei den meisten von uns als Erstes ansprach. Irgendwie kommen wir Jahre später auf den Gedanken, dass er uns nun nicht mehr durch den Durst unseres Herzens ruft.

GANZ LEISE WIRBST DU UM MEIN HERZ

Impuls: Wie gut sorge ich dafür, dass mein Herz lebendig bleibt?

MOMENTE IM LEBEN | 178

Gibt es nicht auch in Ihrem Leben Zeiten, in die Sie gerne zurückkehren würden, wenn das nur möglich wäre? Ich bin in Los Angeles aufgewachsen, aber die Sommer meiner Kindheit habe ich in Oregon bei meinen Großeltern verbracht. Alle diese Tage hatten etwas Unschuldiges und Schönes und Aufregendes an sich. Es gab Wälder zu erkunden, in den Flüssen Fische zu fangen, und es gab Großeltern, die sich aufopfernd um mich kümmerten. Die Tage waren voller Abenteuer, die ich nicht erfinden und für die ich nicht bezahlen musste – ich musste nur in ihnen leben und sie genießen. Rudern und Schwimmen auf dem Rogue-Fluss. Spielen im Park. Heidelbeerkuchen bei Becky's an der Straße nach Crater Lake. Wir alle haben solche Orte in unserer Vergangenheit, wo das Leben – wenn auch nur für einen Moment – sich so darstellte, wie – so wussten wir es tief im Herzen – es eigentlich sein sollte.

Wir müssen die Lektionen aus solchen Augenblicken lernen, sonst werden wir nie in der Lage sein, unser Herz auf der Reise des Lebens mitzunehmen. Denn wenn diese Augenblicke verstreichen, um niemals wiederzukehren, dann verwelkt das ersehnte Leben vor unseren Augen, und mit ihm verdorrt unser Herz.

FINDE DAS LEBEN, VON DEM DU TRÄUMST

Impuls: Wo sind die Orte in meinem Leben, an denen das Leben so war, „wie es eigentlich sein sollte"?

179 | Die schlimmste denkbare Reaktion

Das Herz hat seine Gründe, von denen der Verstand nichts weiß", hat Blaise Pascal gesagt. Etwas in uns sehnt sich, hofft, glaubt bisweilen sogar, dass die Dinge eigentlich anders gedacht sind als das, was wir erleben. Unsere Sehnsucht stemmt sich dem Überfall des Todes auf das Leben entgegen. Und so treten todkranke Menschen vor den Traualtar. So pflanzen Gefangene im Konzentrationslager Blumen. So tasten längst geschiedene Liebende in der Nacht neben sich, um einen Menschen zu umarmen, der längst nicht mehr da ist. Es ist ähnlich wie der Phantomschmerz von Menschen, denen ein Glied amputiert worden ist. Immer noch regen sich Empfindungen an dem Ort, an dem einst ein wichtiger Teil von ihnen war. Unser Herz kennt eine vergleichbare Wirklichkeit. Auf einer gewissen, tiefen Ebene verweigern wir uns der Einsicht, dass die Dinge nun mal so sind, so sein müssen und immer sein werden.

Simone Weil hatte recht: Nur zwei Dinge rühren das menschliche Herz wirklich an: Schönheit und Kummer. Augenblicke, die niemals enden sollten, wenn es nach uns ginge – und Augenblicke, die wir am liebsten nie erlebt hätten. Und wir, was fangen wir an mit solchen Fingerzeigen? Wie sollen wir deuten, was sie uns sagen? Der Bühnenautor Christopher Fry schreibt:

> Wir sind alle in der unausweichlich dramatischen Situation, dass wir keine Ahnung haben, in was für einer Situation wir sind. Mag sein, dass wir sterblich sind. Und dann? Vielleicht sind wir unsterblich. Und dann? Wir finden uns in einem Dasein wieder, das bis ins Albtraumhafte hinein fantastisch ist, und so sehr wir uns um Verständnis der Lage bemühen, so sehr wir unser religiöses Bekenntnis stärken, so fest wir uns auf die Erkenntnisse der Wis-

senschaft stützen oder in mystischen Tiefen graben – wir bekommen weder Anfang noch Ende zu packen.

Und wie, sagt Fry, versuchen wir dem Dilemma beizukommen? Mit der schlimmsten von allen möglichen Reaktionen:

> Wir gewöhnen uns daran. Wir finden uns wohl oder übel damit ab, und schließlich nehmen wir es gar nicht mehr wahr.

Finde das Leben, von dem du träumst

Impuls: Bin ich noch auf der Suche nach Antworten auf meine tiefsten Fragen?

Vernunft und Gefühl | 180

Der Verstand beschäftigt sich im Wesentlichen mit Informationen. Er ist eine wunderbare Erfindung Gottes. Auch gerade jetzt benutzen Sie ihn für Ihre Suche nach Gott und nach dem wahren Leben. Aber im Großen und Ganzen ist der Verstand teilnahmslos. Ihr Verstand sagt Ihnen zum Beispiel, dass es schon zwei Uhr morgens ist und Ihre Tochter immer noch nicht zu Hause ist, denn sonst stünde ihr Auto im Hof. Ihr Herz dagegen überlegt bereits, ob diese Erkenntnis ein Anlass zur Sorge ist oder nicht.

Das Herz bewegt sich in der sehr viel wesentlicheren Sphäre der Wirklichkeit von Leben und Sterben, Lieben und Hassen. Deshalb sind Menschen, die nur verstandesmäßig an die Dinge herangehen, vom wirklichen Leben abgeschnitten. Die Dinge scheinen sie nicht wirklich zu berühren; sie wundern sich, warum das Leben andere derart mitnehmen kann, und ziehen den Schluss, dass diese anderen allzu gefühlsbetont und labil sein müssen. Umgekehrt wundern sich aber auch die, die aus ihrem Herzen heraus leben, über die Verstandesmenschen: Sie scheinen so – unbeteiligt. Sie sind zwar in einem physischen Sinn anwesend. Aber das ist Ihr Computer auch. – Das ist die Misere vieler Ehen und die Enttäuschung Nummer eins für viele Kinder, die sich von ihren Eltern permanent missverstanden oder missachtet fühlen.

Es stimmt: Das Herz ist die Quelle unserer Gefühle. Aber wir haben unzulässigerweise das Herz *gleichgesetzt* mit Gefühl und halten es deshalb für einen zweifelhaften und unzuverlässigen Führer. Keine Frage: Viele Menschen sind im Leben gescheitert, weil sie blind ihren Gefühlen gehorchten und dabei den Verstand ausgeschaltet haben. Weder Ehebruch noch Mord sind rationale Verhaltensweisen. Aber Herz und Gefühl gleichzusetzen ist genauso unsinnig wie die Behauptung, Liebe sei nur ein Gefühl. Wir wissen genau, dass Liebe mehr ist als die *Empfindung* von Liebe. Wäre Jesus nur seinen Gefühlen gefolgt, dann wäre er nicht für uns ans Kreuz gegangen. Er hatte Angst, wie jeder Mensch in seiner Situation Angst gehabt hätte (Markus 14,32-35). Aber in der Stunde der größten Anfechtung hat seine Liebe die Furcht vor den zwangsläufigen Kosten dieser Liebe überwunden.

Gefühle sind eine *Stimme* des Herzens. Sie sind nicht das Herz selbst, aber seine Stimme.

DER UNGEZÄHMTE CHRIST

Impuls: Wie gehe ich mit meinen Gefühlen um? Misstraue ich ihnen? Vertraue ich ihnen zu schnell? Welche Rolle dürfen sie spielen?

Die Hoffnung verlieren | 181

Die Pfeile treffen uns an den empfindlichsten Stellen in unserem Herzen, bei den Dingen, die uns am wichtigsten sind. Die tiefsten Fragen, die wir jemals stellen, beziehen sich direkt auf die größten Bedürfnisse unseres Herzens, und die Antworten, die uns das Leben gibt, formen unser Bild von uns selbst, vom Leben und von Gott. *Wer bin ich?* Die Romanze flüstert uns zu, dass wir jemand Besonderes sind, dass unser Herz gut ist, weil es für jemanden geschaffen wurde, der gut ist. Die Pfeile sagen uns, dass wir Dutzendware sind, wertlos, sogar finster und verdreht, schmutzig. *Wo ist das Leben zu finden?* Die Romanze sagt uns, dass das Leben aufblühen wird, wo wir es in Liebe und großmütiger Hingabe verschenken. Die Pfeile sagen uns, dass wir uns an das bisschen Leben, das es vielleicht gibt, klammern müssen, indem wir unsere Welt manipulieren und immerzu aufpassen, dass uns niemand in den Rücken fällt. „Gott ist gut", sagt uns die Romanze. „Du kannst das Wohlergehen deines Herzens ihm überlassen." Die Pfeile schießen zurück: „Gib niemals die Kontrolle über dein Leben aus der Hand", und sie schießen mit solcher Autorität, ganz anders als die sanften Mahnungen der Romanze, dass wir am Ende dazu getrieben werden, ihnen auf irgendeine Weise zu folgen. Der einzige Weg scheint darin zu bestehen, dass wir unsere Sehnsucht nach der Romanze abtöten, genauso wie wir unser Herz gegen jemanden verhärten, der uns verletzt. *Wenn ich nicht so viel will*, denken wir, *dann bin ich nicht so verwundbar.* Statt den Pfeilen zu begegnen, bringen wir die Sehnsucht zum Schweigen. Das scheint unsere einzige Hoffnung zu sein. Und so verlieren wir unser Herz.

Ganz leise wirbst du um mein Herz

Impuls: *Welche Botschaften haben Verletzungen (Pfeile) in meinem Leben hinterlassen? Inwiefern glaube ich diesen Botschaften?*

182 | Das letzte Wort

Gibt es eine Wirklichkeit, die mit den tiefsten Wünschen unseres Herzens im Einklang steht? Wer hat das letzte Wort – die Romanze oder die Pfeile? Das müssen wir herausbekommen, und deshalb versuchen wir ständig, in jedem Moment unseres Lebens, uns einen Reim auf unsere Erfahrungen zu machen. Wir suchen nach Zusammenhängen, nach einer Gewissheit, dass die Dinge zusammenpassen. Unser Problem ist, dass die meisten von uns leben wie in einem Film, von dem wir die ersten zwanzig Minuten verpasst haben. Die Handlung ist schon voll im Gange, und wir haben keine Ahnung, was da vor sich geht. Wer sind diese Leute? Wer sind die Guten, und wer sind die Bösen? Warum tun diese Leute das, was sie tun? Was ist überhaupt los? Wir spüren, dass irgendetwas wirklich Wichtiges, vielleicht sogar Großartiges vor sich geht, und doch erscheint alles so *willkürlich*. Schönheit bricht überraschend über uns herein, und wir wünschen uns mehr davon, doch dann kommen die Pfeile, und wir werden durchbohrt.

Kein Wunder, dass es so schwer ist, im Einklang mit unserem Herzen zu leben! Wir finden uns inmitten einer Geschichte, die manchmal wunderbar, manchmal schrecklich ist, oft eine verwirrende Mischung aus beidem, und wir haben nicht die leiseste Ahnung, was für einen Reim wir uns auf das alles machen sollen.

So suchen wir nach jemandem, der das Leben für uns deutet. Unsere Interpreten werden meist die ersten Bezugspersonen in unserem Leben sein, wenn wir noch jung sind, unsere Eltern oder Großeltern oder eine andere Schlüsselfigur. Sie formen unser Verständnis der Geschichte, in der wir uns befinden, und sagen uns, was wir mit der Romanze, mit den Pfeilen und mit unserem Herzen anfangen sollen.

Ganz leise wirbst du um mein Herz

Impuls: *Welche Grundhaltungen gegenüber dem Leben haben meine Eltern oder andere prägende Personen mir vermittelt?*

Gefangen in der Gegenwart | 183

"Der fromme Mann" oder „Die fromme Frau" ist eine beliebte Geschichte, in der wir versuchen, die Wildheit und Unberechenbarkeit des Lebens zu reduzieren, indem wir ein System von Verheißungen und Belohnungen aufbauen, einen Vertrag, der Gott dazu verpflichtet, uns Verschonung von den Pfeilen zu gewähren. Es spielt eigentlich keine Rolle, was die jeweilige Gegenleistung der Gruppe ist, zu der man gehört – dogmatische Linientreue, moralisches Leben oder irgendeine Art von geistlicher Erfahrung – der Wunsch dahinter ist immer derselbe: Gott zu zähmen, um so das Leben zu zähmen. Achten Sie nicht auf diese tiefen Sehnsüchte in Ihrer Seele; achten Sie nicht auf dieses nagende Bewusstsein, dass Gott dabei nicht mitspielt. Wenn das System nicht funktioniert, liegt es daran, dass wir irgendetwas nicht richtig machen. Es gibt immer irgendetwas, woran wir arbeiten können, mit der Verheißung eines überfließenden Lebens gleich um die nächste Ecke. Etliche Gemeinden und geistliche Leiter stehen bereit, um Ihnen zu zeigen, wie man einen günstigen Handel abschließt.

All diese Geschichten gemeinsam bilden das, was James McClendon das „Turnier der Erzählungen" in unserer Kultur nennt, ein Zusammenprallen vieler kleiner Dramen, die um unser Herz wetteifern. Durch Baseball und Politik und Musik und Sex und sogar durch die Gemeinde suchen wir verzweifelt nach einer Großen Geschichte, in der wir leben und unsere Rolle finden können. All diese kleinen Geschichten bieten uns ein flüchtiges Gefühl des Sinns, des Abenteuers oder der Verbundenheit. Aber keine davon bietet uns das Echte; dazu sind sie nicht groß genug. Unser verloren gegangenes Vertrauen zu einer Großen Geschichte ist der Grund, warum wir immer nach Sofortbefriedigung verlangen. Wir brauchen das Gefühl, jetzt lebendig zu sein, denn das Jetzt ist alles, was wir haben. Ohne eine Vergangenheit, die für uns geplant wurde, und eine Zukunft, die auf uns wartet, sitzen wir in der Gegenwart gefangen. Doch in der Gegenwart ist nicht genügend Platz für unsere Seelen.

GANZ LEISE WIRBST DU UM MEIN HERZ

Impuls: „Wenn ich nur ..., dann würde das Leben gelingen." Wodurch versuche ich mich gegen „böse Überraschungen" im Leben zu sichern?

184 | DOGMATISCHES CHRISTENTUM

Wir leben schon so lange mit einem Christentum, das sich in Lehrsätzen erschöpft, dass uns seine wahre Bedeutung fast verloren gegangen ist. Mary Stewart Van Leeuwen sagt:

> Es hängt zum großen Teil von Ihrer Sicht der Bibel ab. Spielen Sie Belegtext-Poker mit dem ersten Buch Mose, den Evangelien und den Paulus-Briefen, während alles andere nur eine Art großes Mysterium dazwischen ist – außer vielleicht den Psalmen und den Sprüchen, die Sie für Ihre Andachten gebrauchen können? Oder sehen Sie die Bibel als ein kosmisches Drama – Schöpfung, Sündenfall, Erlösung, zukünftige Hoffnung – als dramatische Erzählungen, die Sie auf alle Bereiche des Lebens anwenden können?
> *(Interview in Prism)*

Vor unserer modernen Ära betrachtete die Kirche jahrhundertelang das Evangelium als eine Romanze, ein klassisches Drama, dessen Themen in unsere eigenen Geschichten eingewoben waren und all die willkürlichen Szenen zu einem erlösenden Ganzen zusammenzogen. Doch unsere rationalistische Herangehensweise an das Leben, die nun schon seit Jahrhunderten die westliche Kultur beherrscht, hat uns das geraubt und einen Glauben übrig gelassen, der kaum mehr ist als eine bloße Weitergabe von Fakten. Der moderne evangelikale Glaube liest sich wie ein Steuerformular: Alles stimmt, die Daten sind alle da, aber es raubt einem nicht gerade den Atem. Der britische Theologe Alister McGrath mahnt, dass die Bibel nicht nur ein dogmatisches Quellenwerk ist: „Die Offenbarung auf Prinzipien oder Konzepte zu reduzieren heißt, das Element des Mysteriums, der Heiligkeit und des Wunderbaren in Gottes Selbstenthüllung zu unterdrücken. Grundsätze können aufklären und informieren; aber sie zwingen uns nicht in Ehrfurcht und Staunen auf die Knie, wie es Mose vor dem brennenden Busch oder den Jüngern in der Gegenwart des auferstandenen Christus erging" (*A Passion for Truth*).

GANZ LEISE WIRBST DU UM MEIN HERZ

Impuls: *Welche Rolle spielt die Bibel für meinen Glauben? Welche Rolle spielen Geheimnis, Heiligkeit, das Staunen über Gottes Handeln?*

DIE WILDHEIT GOTTES | 185

[Wir leben unser Leben vor] dem wilden, gefährlichen,
entfesselten und freien Charakter des lebendigen Gottes.
Walter Brueggemann

Die Romanze mit einem Unbekannten oder die Botschaft der Pfeile – welches von beiden trifft die Essenz des Lebens? Sollten wir unser Herz für die Romanze offen halten oder uns darauf konzentrieren, uns vor den Pfeilen zu schützen? Sollten wir uns voll Hoffnung ins Leben stürzen und auf eine Große Geschichte vertrauen, die gut ausgehen wird, oder sollten wir in unseren kleinen Geschichten leben und von der Romanze mitnehmen, was wir können, während wir versuchen, den Pfeilen zu entgehen?

Vielleicht würde Gott als der Autor der Geschichte, in der wir alle leben, den Zeiger in seine Richtung ausschlagen lassen, wenn wir wüssten, dass wir ihm vertrauen können. Und darin liegt unser Dilemma. Es scheint keinen direkten Zusammenhang zu geben zwischen der Art und Weise, wie wir unser Leben führen, und dem resultierenden Schicksal, das Gott für uns bereithält, zumindest auf dieser Erde. Abrahams Enkel Jakob schlägt sich mit Manipulationen durchs Leben und wird gesegnet. Jesus lebt für andere und wird gekreuzigt. Und wir wissen nie so recht, wann wir der Ungewissheit gerade jener Rolle begegnen werden, die Gott für uns in seinem Stück geschrieben hat, ob unsere Figur bedeutende Sätze zu sprechen hat oder ob sie überhaupt den Nachmittag überleben wird.

G<small>ANZ LEISE WIRBST DU UM MEIN</small> H<small>ERZ</small>

Impuls: *Lebe ich eher im Horizont einer großen Liebesgeschichte mit Gott oder in der Abwehr möglicher Pfeile? Erkenne ich Gottes Handschrift in meinem Leben?*

186 | D<small>IE</small> F<small>RAGE TIEF IN UNSEREM</small> H<small>ERZEN</small>

Die Frage, die sich tief in unserem Herzen festgesetzt hat, verborgen selbst vor unserem Bewusstsein, ist: „Kümmerst du dich um mich, Gott?"

Was steckt hinter dieser Frage?

Blaise Pascal sagt in seinen *Pensées*: „Das Herz hat seine Gründe, von denen die Vernunft nichts weiß." Was hinter dieser Frage steckt, das sind unsere persönlichen Geschichten, oft unterstrichen von der Botschaft der Pfeile: Eltern, die emotional abwesend waren; zu Bett gehen ohne Worte und Umarmungen; Ohren, die zu groß, und Nasen, die zu klein waren; die anderen, die bei den Spielen auf dem Schulhof mitmachen durften, während wir immer übergangen wurden; und die Gebete wegen all dieser Dinge, die scheinbar auf Schweigen stießen. Und eingebettet in unsere Geschichten, tief unten in unserem Herzen, an einem Ort, der so gut bewacht ist, dass kaum jemals das Tageslicht dorthin dringt, lagern noch weitere kummervolle und oft zornige Fragen: „Gott, warum hast du zugelassen, dass mir das passiert ist? Warum hast du mich so gemacht? Was wirst du mir als Nächstes passieren lassen?" In den geheimen Winkeln unseres Herzens glauben wir, Gott sei derjenige, der uns nicht vor diesen Dingen geschützt hat, oder gar derjenige, der sie uns angetan hat. Unsere Fragen über ihn erwecken schon ganz zu Anfang eine tiefe Spannung in uns, die sich ängstlich in unserem Herzen festklammert: „Kümmerst du dich wirklich um mich, Gott?"

Das ist die Frage, die viele von uns mit ihrem Herzen hat Schiffbruch erleiden lassen, sodass es an den Riffen des Zweifels und der Schmerzen auf Grund lief und uns nicht mehr auf unserer geistlichen Pilgerfahrt begleiten kann. Vielleicht gelingt es uns, diese Frage wegzurationalisieren, indem wir uns sagen, dass wir besser aufpassen müssen oder dass manchmal andere Menschen einfach böse sind. Wir können sogar erleichtert aufatmen, wenn wir erkennen, dass ein Problem durch unsere eigene Sünde entstanden ist. Aber selbst der vorsichtigste, gesetzlichste und ängstlichste Lebensstil, der sich aus dem Gedanken ergibt, wir könnten Probleme durch eigene Anstrengungen aus dem Weg gehen, erleidet Schiffbruch, wenn uns die Pfeile aufs Neue aus dem Nichts zu treffen scheinen. Was für einen Reim sollen wir uns auf Gottes Wildheit machen, die solche Dinge geschehen lässt?

GANZ LEISE WIRBST DU UM MEIN HERZ

Impuls: *Wie lautet meine zutiefst verborgene Anfrage an Gott? Was lässt mich daran zweifeln, dass Gott sich wirklich um mich kümmert?*

187 | Soll der König im Exil glücklich sein?

Wir bemühen eine Redensart, um uns über einen – wie wir denken unumkehrbaren – Verlust hinwegzutrösten: „Nichts Gutes ist von Dauer." Ich hasse diesen Spruch. Er ist verlogen. Selbst unsere Schwierigkeiten und die Dinge, die uns das Herz brechen, erzählen uns etwas über unsere wahre Bestimmung. Die Tragödien, die uns bis ins Mark treffen und den Aufschrei provozieren: „So sollte das Leben nicht sein!", auch sie sagen die Wahrheit. So soll es *in der Tat* nicht sein.

> Der Mensch ist so großartig, dass seine Größe selbst in dem Bewusstsein aufleuchtet, wie armselig er ist. Ein Baum hat keinen Sinn für seine Armseligkeit. Zu wissen, dass wir armselig sind, bedeutet armselig zu sein, das ist schon wahr. Aber dass wir es wissen, bedeutet zugleich, dass wir großartig sind. So belegt die ganze Erbärmlichkeit des Menschen seine Größe; sie ist die Erbärmlichkeit einer würdevollen Persönlichkeit, die Armseligkeit eines entthronten Monarchen ... Was für einen Sinn ergibt dieses unablässige Sehnen und dieses vergebliche Bemühen, wenn dem Menschen nicht einst ein Glück zu eigen war, von dem nur noch schwache Abdrücke übrig sind, die der Mensch mit allem möglichen auszufüllen sucht, was ihn umgibt. (Blaise Pascal)

Soll der König im Exil behaupten, dass er dort glücklich ist? Seine Trauer ist seine Verbündete; sie hält die Sehnsucht in ihm wach. Lass sie notfalls noch wachsen. Aber lass niemals ab vom Geheimnis des Lebens; verachte niemals jene königlichen Wünsche. Wir geben die wichtigste Reise unsres Lebens preis, wenn wir unsere Sehnsucht über Bord werfen. Wir lassen unser Herz am Straßenrand zurück und marschieren weiter in Richtung Anpassung, Klarkommen, Produktivsein, Jagen und Sammeln. Was immer wir erreichen mögen – Geld, Einfluss, die Anerkennung anderer oder auch nur die Übertönung der Unzufriedenheit: Das ist es nicht wert. „Denn was gewinnt ein Mensch, wenn ihm die ganze Welt zufällt, er selbst aber dabei Schaden nimmt?" (Matthäus 16,26).

FINDE DAS LEBEN, VON DEM DU TRÄUMST

Impuls: In welcher Hinsicht führe ich das Leben eines „Herrschers im Exil"? Was müsste geschehen, um die Herrschaft zurückzuerlangen?

Wunden und Verstümmelungen | 188

Die Schlachten, in die Gott uns ruft, die Wunden und Verstümmelungen an Seele und Leib, die wir alle empfangen, lassen sich nicht einfach unserer Sünde und Torheit zuschreiben, und auch nicht nur der Sünde und Torheit anderer. Als Jesus und die Jünger eines Tages unterwegs waren, trafen sie einen Mann, der seit seiner Geburt blind gewesen war. „Herr", fragten die Jünger, „wer ist schuld daran, dass dieser Mann blind ist? War es seine eigene Schuld oder die Sünde seiner Eltern?" „Weder er selbst ist schuld daran noch seine Eltern", antwortete Jesus. „Er ist blind, weil an ihm die Macht Gottes sichtbar werden soll." Und mit diesen Worten spie Jesus auf den Boden, rührte einen Brei, den er dem Mann auf die Augen strich, und heilte ihn (Johannes 9,1-7).

Viele von uns, die wir diese Worte lesen, haben Gottes heilendes Handeln noch nicht erfahren. Was Gott an und durch unsere Wunden, Verluste und Leiden tut, muss erst noch offenbar werden. Und so stöhnen wir und stellen Fragen.

Ganz leise wirbst du um mein Herz

Impuls: Kann ich meine Wunden und Schwierigkeiten im Horizont der „Macht Gottes" sehen? Inwiefern erwarte ich darin Gottes helfendes Eingreifen?

189 | Über der Schlangengrube hängen

Als wir jung waren, waren wir ganz versessen auf Abenteuer. Das Unbekannte hat etwas an sich, das uns anzieht, und darum lieben wir Geschichten. Aber wenn ich am Ende eines Stückes das Theater verlasse, möchte ich wissen, dass das Dilemma des Bösen von den Figuren auf der Bühne aufgelöst wurde. Es kann einen schon ziemlich einschüchtern, wenn man sich wie Peter, Suse, Lucy und Edmund nicht als Zuschauer, sondern als zentrale Figur in dem Stück selbst wiederfindet. Der Einsatz ist hoch, manchmal geht es buchstäblich um Leben oder Tod, und es kommt nur selten oder nie vor, dass Gott „Schnitt!" ruft, wenn gerade die gefährliche oder schmerzliche Szene über uns hereinbricht. Es kommen auch keine Stunt-Doubles an den Set, um unseren Platz einzunehmen. Viele von uns haben das Gefühl, dass wir, seit wir Kinder waren, immerzu solche Szenen gespielt haben. Wir fragen uns, ob der Held wohl je erscheinen wird, um uns zu retten.

Gern würden wir uns Güte als etwas vorstellen, was gleichbedeutend ist mit Sicherheit. Wenn wir daran denken, dass Gott gut ist, haben wir vielleicht jemanden vor Augen wie den Al aus der Fernsehserie *Der Dünnbrettbohrer*. Er ist jemand, der jede Aufgabe sorgfältig im Voraus plant und alle benötigten Werkzeuge zur Hand hat; jemand, der im Voraus an jede mögliche Gefahr gedacht und für unsere Sicherheit gesorgt hat; jemand, der früh zu Bett geht, ausreichend schläft und zum Erweis seiner Zuverlässigkeit Flanellhemden trägt.

Eine Partnerschaft mit Gott dagegen fühlt sich oft eher so an, als müsste man mit Mel Gibson in *Lethal Weapon* zusammenarbeiten. In seiner wilden Entschlossenheit, den Schurken zu erwischen, springt er aus dem siebten Stock in den Swimmingpool und ist auch noch überrascht, dass wir ihm nicht ohne Zögern folgen. Wie die Frauen in den Indiana-Jones-Filmen werden wir in ein Abenteuer von heroischen Proportionen mit einem Gott hineingezogen, der uns gleichzeitig mit seiner Kühnheit und Energie anzieht und uns mit seiner Bereitschaft, uns in tödliche Gefahr zu bringen und über Schlangengruben hängen zu lassen, abstößt.

GANZ LEISE WIRBST DU UM MEIN HERZ

Impuls: Gott – unberechenbar, kühn, leidenschaftlich, wild? Erlebe ich etwas von dieser Seite Gottes? Wie reagiere ich darauf?

DER HERR IST EIN KRIEGER | 190

Schon ein kurzer Streifzug durchs Alte Testament würde uns davon überzeugen, dass *Krieg* ein zentrales Thema der Aktivitäten Gottes ist. Denken wir an den Auszug aus Ägypten: Gott zieht in den Kampf, um sein versklavtes Volk zu befreien. Blut. Hagel. Heuschrecken. Finsternis. Tod. Eine Plage nach der andern überzieht Ägypten, wie ein Axthieb nach dem anderen einen Baumstamm erschüttert. Der Pharao löst seinen Griff, aber nur für einen Augenblick. Die fliehenden Sklaven werden am Ufer des Schilfmeeres gestellt; Ägypten bietet eine Armee von Streitwagen auf, um sie niederzumachen. Gott ertränkt die Soldaten allesamt im Meer – ohne Ausnahme. Die Hebräer am jenseitigen Ufer sehen fassungslos und geschockt zu, und dann verkünden sie: „Der Herr ist ein Krieger!" (2. Mose 15,3). Jahwe ist in der Tat ein Kriegsherr.

Anschließend erweist es sich als Kampf, überhaupt *bis zum* Gelobten Land zu gelangen. Mose und seine Truppen müssen sich schwerer Angriffe der Amalekiter erwehren; wieder greift Gott ein, und Mose ruft schließlich aus: „Krieg ist zwischen Jahwe und Amalek von Generation zu Generation" (2. Mose 17,16). Gott ist permanent im Kriegszustand. In der Tat. Man kann die Augen nicht davor verschließen. – Im Folgenden gestaltet sich auch der *Einzug* ins Gelobte Land ausgesprochen kriegerisch – denken wir an Josua und den Kampf um Jericho.

Nachdem die Israeliten dann endlich im Land sind, kostet es zahllose Kämpfe, das Land auch zu *behalten*. Israel liegt im Krieg mit den Kanaanitern, den Philistern, den Midianitern, dann wieder mit den Ägyptern, den Babyloniern – und so geht das in einem fort.

Der ungezähmte Christ

Impuls: Welche Art von Kampf führt Gott in der Geschichte seines Volkes?

191 | Wissen, was vorgeht

Das Thema Krieg ist mit dem Alten Testament keineswegs abgeschlossen. Jesus sagt ausdrücklich: „Ich bin nicht gekommen, um Frieden zu bringen, sondern das Schwert" (Matthäus 10,34). Tatsächlich gehört schon seine Geburt in den Zusammenhang einer großen überirdischen Schlacht (Offenbarung 12,1-5.7-8.17).

Die Geburt Jesu war ein kriegerischer Akt, eine *Invasion*. Der Feind wusste das und versuchte ihn schon als Baby zu töten (Matthäus 2,13). Jesus war kein blassgesichtiger Messdiener – sein ganzes Leben ist gezeichnet von Kampf und Konfrontation. Mit einem herrischen Befehl treibt er Dämonen aus. Er herrscht den Sturm an, und der legt sich. Er legt es wieder und wieder auf Streit mit den Pharisäern an, um das Volk Gottes von herzloser Gesetzlichkeit zu befreien. Mit lauter Stimme ruft er Lazarus aus dem Tod. Er steigt hinab in die Unterwelt, entreißt dem Teufel die Schlüssel der Hölle und des Todes und führt einen Zug von Gefangenen in die Freiheit (Epheser 4,8f.; Offenbarung 1,18).

Krieg ist nicht etwa ein Thema unter vielen anderen in der Bibel. Es liefert die Kulisse für das gesamte Drama. In diesem Kontext spielt sich alles ab. Gott ist im Kampf. Und wofür kämpft er? Für unsere Freiheit und unsere Rehabilitation. Denn die Ehre Gottes manifestiert sich in lebendigen Menschen. In der Zwischenzeit, so empfiehlt Paulus, sollen wir uns *bewaffnen*. Und als ersten Ausrüstungsgegenstand nennt er den Gürtel der Wahrheit (Epheser 6,10-18). Wir rüsten uns, indem wir uns einen guten, umfassenden Eindruck von unserer Situation verschaffen. Wir müssen Klarheit gewinnen über die Schlacht, die um unser Leben tobt. Gott hat für uns Leben im Sinn. Die Gegenseite will das Gegenteil. Eine gute Aufklärung ist unumgänglich.

DER UNGEZÄHMTE CHRIST

Impuls: Welchen Kampf führt Jesus? Was steht dabei auf dem Spiel?

UNWIDERSTEHLICHE SEHNSUCHT | 192

Berichte von Menschen, die den Mount Everest bezwungen haben, beeindrucken mich tief. Eine so unglaubliche Hingabe ist nötig, eine derartige Konzentration von Körper, Seele und Geist. Den höchsten Berg der Welt bezwingen – für Everest-Besteiger wird allein die Vorstellung zu der einen treibenden Kraft in ihrem Leben. Das Ziel ist extrem und der Weg dahin ungewiss. Viele sind an diesem Berg ums Leben gekommen. Wer den Gipfel erreicht und zurückkehrt, findet sich in einer elitären Gruppe von nur wenigen Bergbezwingern in der ganzen Welt wieder. Warum lassen Menschen sich darauf ein? *Wie* stellen sie es an?

Jon Krakauer hat die Geschichte der tragischen Everest-Expedition von 1996 erzählt: „Es gab viele, viele gute Gründe nicht zu gehen, aber jeder Versuch, den Everest zu ersteigen, ist an und für sich schon ein irrationaler Akt – ein Triumph der Sehnsucht über die Vernunft." Über eine Frau aus dem Team schreibt er: „Yasuko ist von einer unwiderstehlichen Sehnsucht den Berg hinaufgezogen worden." (*In eisige Höhen*)

Sehnsucht, leidenschaftliches Verlangen – die einzige Möglichkeit, wie man es überhaupt schaffen kann. Nehmen wir die Ehe als Beispiel. Oder bewusste Ehelosigkeit. Beides mindestens ebenso schwierige und ambitionierte Unternehmen wie eine Everest-Besteigung, vor allem deshalb, weil man nicht auf solche Schwierigkeiten gefasst ist. Die Kämpfe konzentrieren sich nicht auf einen Monat des Alles-oder-Nichts, sie erstrecken sich über eine ganze Lebensspanne. Und so verhält es sich mit jedem Akt des Glaubens oder der Hoffnung – anders ausgedrückt: mit allem, was das Leben lebenswert macht.

FINDE DAS LEBEN, VON DEM DU TRÄUMST

Impuls: Mein Leben als Mount-Everest-Expedition ... Für welches Ziel würde ich eine vergleichbare Leidenschaft aufbringen?

193 | ENTTÄUSCHUNG VORPROGRAMMIERT

> Wenn Sie sich auf die Liebe einlassen, dann wird Ihnen diese Wahl Räume unvorstellbarer Schönheit und Freude eröffnen, aber Sie werden auch verletzt werden. Sie wissen das im Voraus. Unzählige Male sind Sie genau aus diesem Grund schon vor der Liebe zurückgewichen. Uns allen geht es so. Wir alle sind schon verletzt worden und werden wieder verletzt werden ...
> Selbst in der erfülltesten Liebe liegt ein gewisser erlesener Schmerz: der Schmerz allzu großer Schönheit, überwältigender Großartigkeit. Mehr noch, ganz gleich wie vollkommen eine Liebe sein mag, sie wird niemals völlig befriedigt. Liebe ist maßlos, sowohl in der Freude wie im Schmerz.
> (Gerald May, *Ich schlafe, doch mein Herz ist wach*)

Sehnsucht ist die Quelle unserer edelsten Bestrebungen und unseres tiefsten Kummers. Die Erfüllung und der Schmerz gehen Hand in Hand; tatsächlich entspringen sie derselben Region unseres Herzens. Wir können nicht leben ohne Sehnsucht; und zugleich bereitet dieses Sehnen erst das Feld für Enttäuschung – manchmal tiefe, vernichtende Enttäuschung. Ein einziger Sturm forderte in der Everest-Katastrophe 1996 das Leben von acht Berggefährten von Jon Krakauer. Hätten sie es also besser gar nicht erst versucht? Viele haben später gesagt, schon das Vorhaben sei Wahnsinn gewesen. Erstreben wir nichts mehr im Leben, nur weil unser Wunsch die Möglichkeit des Scheiterns in sich trägt? Sehnsucht macht verletzlich, und deshalb kommt sie uns manchmal vor wie unser schlimmster Feind.

FINDE DAS LEBEN, VON DEM DU TRÄUMST

Impuls: Wenn ich wüsste, ich kann nicht scheitern – was würde ich tun?

LEBEN OHNE MEINEN BESTEN FREUND | 194

„Verzweiflung", schrieb James Houston, „ist das Schicksal der sehnsüchtigen Seele." Wie deprimierend kann es ausgehen, wenn man die Sehnsucht weckt! Das ganze letzte Jahr über habe ich mit der Frage gekämpft, wie ich weitermachen soll, nachdem mein bester Freund, mit dem ich meinen Traum teilte, gestorben ist. Gott hat immer wieder darauf bestanden, dass ich den Traum nicht aufgeben soll. Ich habe aufbegehrt, habe mich gegen den Traum gewehrt, ihn abgewiesen. Überhaupt noch etwas zu ersehnen erscheint wie der reine Wahnsinn. Wie soll der Rest meines Lebens aussehen – ohne Brent? Ich weiß, ich werde niemals mehr jemanden wie ihn finden.

Aber mit diesen Empfindungen bin ich nicht allein. Die meisten von Ihnen werden bereits Eltern, einen Ehepartner, vielleicht sogar ein Kind verloren haben. Ihre Hoffnungen in beruflicher Hinsicht haben sich nicht erfüllt. Beziehungen sind schwierig geworden. Wir alle kennen das Dilemma der Sehnsucht, wissen, wie niederschmetternd das sein kann, wenn man das Herz für die Freude öffnet und stattdessen Kummer einkehrt. Die beiden gehören zusammen. Wir wissen das. Was wir nicht wissen: wie wir damit umgehen sollen.

Wie wir in dieser Welt leben sollen mit einer derart tiefen Sehnsucht in uns, und zugleich lugt die Enttäuschung um jede Ecke. Nachdem wir alle schon Schläge eingesteckt haben, sollen wir es da noch wagen, uns noch einmal auf dieses Verlangen in uns einzulassen?

FINDE DAS LEBEN, VON DEM DU TRÄUMST

Impuls: Was lässt mich angesichts von schweren Enttäuschungen meine Hoffnung behalten?

195 | JEMAND SEIN

Als Junge hatte ich einen Ort, an dem ich meine Träume, ein Held zu sein, leben konnte. Mein Großvater war Cowboy. Er bewirtschaftete eine eigene Farm in Oregon. Zwar lebten wir in der Stadt, aber da gab es diese Ranch als Trainingsgelände für meine Jungenfantasien und für meine Reise zur Männlichkeit. Dieser Ort war meine Rettung. Dort habe ich die Sommer meiner Kinderjahre verbracht. Wenn nur jedem Jungen so viel Glück vergönnt wäre! Tage zu erleben, die sich um Traktoren und Lastwagen drehen, um Pferde und Rinder, die mit dem Lasso eingefangen werden müssen. Ich rannte über die Felder und ich angelte in Teichen. Jedes Jahr war ich drei wunderbare Monate lang Huckleberry Finn. Ich liebte es, wenn mein Großvater – „Pop" hieß er für mich – zu mir herabschaute, die Daumen in den Gürtel gesteckt, lächelte und sagte: „Aufsatteln!"

Eines Nachmittags nahm Pop mich mit zu einem Laden, der mich besonders faszinierte. Der klassische Laden des Wilden Westens, ein Wunderland mit Werkzeugen, Sätteln und Zaumzeug, Angelspulen, Taschenmessern, Flinten. Es roch nach Heu und Waffenöl, nach Leder und Pulver und Kerosin – all die Dinge, die das Herz eines Jungen höher schlagen lassen. In diesem Sommer hatte Pop ein Problem mit Tauben, die sich massenhaft auf der Farm eingenistet hatten. Er war in Sorge, sie könnten Krankheiten auf das Vieh übertragen. „Fliegende Ratten", so nannte er sie. Pop ging stracks zum Waffenregal, schnappte sich ein Luftgewehr und einen kleinen Karton mit mindestens einer Million Projektilen darin und überreichte sie mir. Der alte Verkäufer linste etwas überrascht über die Ränder seiner Brille hinweg auf mich herab und fragte: „Ist er nicht noch etwas zu jung dafür?" Pop legte mir seine Hand auf die Schulter und grinste. „Hal, das ist mein Enkel. Er bedient die Flinte für mich."

Als ich in diesen Laden hineinging, war ich ein quirliges kleines Kind, aber heraus kam ich als Sheriff Wyatt Earp, als einsamer Ranger, als Kit Carson. Ich hatte eine Identität, ich hatte einen Platz in der Geschichte. Ich war jemand! Ich hatte eine Einladung bekommen, gefährlich zu sein. – Wenn ein Junge zum Mann wird, wenn einem Mann bewusst wird, dass er einer ist, dann geht es nicht mehr länger um ein Spiel. Ein Mann *muss* wissen, woher er kommt und aus welchem Holz er geschnitzt ist.

DER UNGEZÄHMTE MANN

Impuls: *Welche Erlebnisse haben meine Identität als Mann, als Frau geprägt?*

196 | Jesus als Mann?

Vielleicht wäre es besser, wir würden unsere Suche nach unserer männlichen Identität auf die Quellen richten, auf die mächtigen Wurzeln, denen diese Zweige entsprossen sind. Wer ist dieser Eine, von dem wir alle herkommen, dessen Ebenbild jeder Mann in sich trägt? Wie ist er? „Du bist ein Ebenbild Gottes" – diese Botschaft erscheint zunächst nicht sonderlich hilfreich, wenn ein Mann auf der Suche nach seiner Stärke ist. Für die meisten Männer ist Gott entweder weit weg oder er ist schwach – und damit genau so, wie sie auch ihre irdischen Väter erleben. Und ganz ehrlich: Welche Vorstellung haben Sie von Jesus *als Mann*? „War er nicht dieser ‚holde Knabe mit lockigem Haar', sanft und gutmütig, so was in der Art?", sagte ein Freund auf diese Frage. „Ich meine, die Bilder, die ich vor Augen habe, zeigen einen harmlosen Kerl, umgeben von Kindern. Fast wie bei Mutter Teresa." Ja, diese Bilder habe ich selbst in vielen Gemeinden gesehen. Um genau zu sein: Das sind die *einzigen* Bilder, die ich von Jesus als Mann kenne. Da kann man ja keine andere Vorstellung bekommen als die vom liebenswürdigsten Menschen der Welt. Herr Müller mit einem Bart. Wenn mir dann einer erzählt, ich solle so wie Jesus sein, dann klingt das wie eine Aufforderung zum Kopfeinziehen und zur Passivität. Sei nett. Sei lieb. Sei wie Mutter Teresa.

Ich würde aber viel lieber hören: Sei wie William Wallace!

Der ungezähmte Christ

Impuls: Welche Vorstellung habe ich von Jesus als Mann? Welche Bilder haben meine Vorstellung von Jesus geprägt?

Sind Sie durstig? | 197

Im Johannesevangelium erweitert Jesus sein Angebot an alle, die begriffen haben, dass sie bisher an ihren wahren Bedürfnissen vorbeigelebt haben: „Wer Durst hat, der soll zu mir kommen und trinken! Wer mir vertraut, wird erfahren, was die Heilige Schrift sagt: Von ihm wird Leben spendendes Wasser ausgehen wie ein starker Strom" (Johannes 7,37f.). Seine Botschaft war nicht völlig neu. Siebenhundert Jahre zuvor hatte der Prophet Jesaja sie in Worte gefasst:

> Auf, ihr Durstigen, kommt alle zum Wasser! Auch wer kein Geld hat, soll kommen. Kauft Getreide, und esst, kommt und kauft ohne Geld, kauft Wein und Milch ohne Bezahlung! Warum bezahlt ihr mit Geld, was euch nicht nährt, und mit dem Lohn eurer Mühen, was euch nicht satt macht? Hört auf mich, dann bekommt ihr das Beste zu essen und könnt euch laben an fetten Speisen. (Jesaja 55,1f.; EÜ)

Irgendwie war diese Botschaft in der langen Zeit, bis Jesus auf der Bühne erschien, in Vergessenheit geraten. Die prominentesten jüdischen Schulen jener Tage praktizierten eine Religion aus Pflichten und Gehorsamsübungen. Sie hatten die Sehnsucht abgeschafft; stattdessen galten Wissen und Pflichterfüllung als Schlüssel zum Leben. Sehnsucht war kein Thema mehr; Gehorsam war der Pfad, auf dem die Menschen gehen sollten. Kein Wunder, dass die Schriftgelehrten Jesus fürchteten. Er kam des Wegs und begann, *ausdrücklich* die Menschen auf ihre Sehnsucht anzusprechen.

Den Rastlosen erzählt er etwas von Ruhe. Den Verlorenen macht er Hoffnung, dass sie den Weg wiederfinden würden. Wieder und wieder bringt Jesus die Menschen zurück zu ihrem tiefsten Verlangen: „Bittet, dann wird euch gegeben; sucht, dann werdet ihr finden; klopft an, dann wird euch geöffnet" (Matthäus 7,7; EÜ). Das sind unglaubliche, provozierende Worte. *Bittet, sucht, klopft* – diese Worte *entfachen* geradezu die Sehnsucht. Was *wollt* ihr? Solche Fragen stoßen auf taube Ohren, wo es keine Wünsche gibt, nichts, nach dem man sucht; nichts, wonach man hungrig ist und wofür es sich an eine Tür zu klopfen lohnt.

Ganz leise wirbst du um mein Herz

Impuls: Wenn Jesus mich fragt: „Was willst du, was soll ich dir tun?" – was antworte ich ihm?

198 | Ewiges Leben

Wenn wir den Begriff „Ewiges Leben" hören, denken wir zumeist an eine Art des Daseins, die kein zeitliches Ende hat. Und das, was uns dabei vorschwebt – eine Art religiöse Erfahrung irgendwo im Himmel – ruft fast unvermeidlich die Frage auf den Plan, ob wir ein solches Leben wirklich endlos führen wollen. – Wenn Jesus von ewigem Leben spricht, dann meint er damit unmissverständlich ein Leben, das unvergleichlich großartig ist, das durch nichts getrübt wird und uns nicht weggenommen werden kann. Er sagt: „Ich bin gekommen, damit sie das Leben in Fülle haben" (Johannes 10,10). Nicht: „Ich bin gekommen, um euch auf Zack zu bringen", oder „… um euch mit einer langen Liste von Vorschriften zu quälen." Noch nicht einmal: „Ich bin vor allem dazu gekommen, um euch zu vergeben." Er sagt einfach: *Ich bin dazu da, um euch das Leben im Überfluss zu verschaffen.* Dallas Willard schreibt:

> Jesus bietet sich selbst an als Gottes Zugang zu dem Leben, das wirklich Leben ist. Das Vertrauen auf ihn macht uns heute ebenso wie Menschen früherer Zeiten zu Lehrlingen in Sachen ewiges Leben. „Die, die durch mich hindurchgehen, werden sicher sein", hat er gesagt; „sie werden ein und aus gehen und alles finden, was sie brauchen. Ich bin in ihre Welt gekommen, damit sie Leben haben, das beste erdenkliche Leben überhaupt."
> (*The Divine Conspiracy*)

Anders ausgedrückt: Ewiges Leben ist nicht in erster Linie eine Frage der *Dauer*, sondern eine Frage der *Qualität*. Es geht um „das beste erdenkliche Leben überhaupt" … „Von ihm kam alles Leben", sagt Johannes über Jesus, „und sein Leben war das Licht für alle Menschen" (Johannes 1,4).

Finde das Leben, von dem du träumst

Impuls: Das beste erdenkliche Leben überhaupt – inwiefern erkenne ich das am Leben Jesu? Was an seinem Leben fasziniert mich?

Identität wird verliehen | 199

Tief in unserem Innern bleiben die Pfeile stecken und vergiften unsere Selbstwahrnehmung, bis jemand kommt, der die Macht hat, sie herauszuziehen, uns von all den falschen Ichs zu befreien, die wir benutzen, um dem Wetter der Welt standzuhalten, und uns unsere wahre Identität zurückzugeben. Unsere Identität fällt uns nicht einfach in den Schoß. Zum Guten wie zum Schlechten wird unsere Identität uns *verliehen*. Wir sind, wer wir sind, im Verhältnis zu anderen. Aber was noch wichtiger ist, wir beziehen unsere Identität aus unserer Wirkung auf jene anderen – daraus, *ob* und *wie* wir auf sie wirken. Wir sehnen uns danach zu wissen, dass wir im Leben anderer etwas bewirken, dass wir wichtig sind, dass unsere Gegenwart sich nicht durch ein Haustier oder eine andere Person ersetzen lässt.

Die schreckliche Bürde des falschen Ichs ist, dass wir es ständig aufrechterhalten müssen. Sobald wir etwas finden, das uns ein wenig Aufmerksamkeit verschafft, müssen wir es unaufhörlich tun, sonst laufen wir Gefahr, die Aufmerksamkeit wieder zu verlieren.

Und so leben wir mit der Furcht, nicht auserwählt zu werden, und mit der Bürde, aufrechtzuerhalten, was immer wir an uns haben, das uns Aufmerksamkeit verschafft, und mit der Entschlossenheit, uns niemals so sehen zu lassen, wie wir wirklich sind. Wir entwickeln ein *funktionelles* Selbstbild, selbst wenn es ein negatives ist. Ein kleiner Junge bemalt seinen roten Wagen mit einem fleckigen Grau aus der Dose, die noch von dem neuen Anstrich übrig ist, den sein Vater dem Gartenzaun verpasst hat. „Schau mal, was ich gemacht habe!", sagte er und hofft auf eine Bestätigung der wunderbaren Wirkung, die seine Gegenwart auf die Welt hat. Doch der Vater schimpft: „Was hast du denn da angestellt? Du hast ihn ja ganz ruiniert." Der Junge bildet eine Identität aus: *Meine Wirkung ist schlimm; ich mache gute Sachen kaputt. Ich bin ein Kaputtmacher.* Und er fasst den Entschluss, nie wieder in eine Situation zu kommen, wo er Dinge kaputt machen kann. Jahre später wundern sich seine Kollegen darüber, warum er eine attraktive Beförderung ausgeschlagen hat. Die Antwort liegt in seiner Identität, eine Identität, die er aus der Wirkung bezieht, die er auf die wichtigste Person in seiner Welt hatte, und aus seiner Furcht davor, je wieder in eine solche Situation zu geraten.

Ganz leise wirbst du um mein Herz

Impuls: In welchen Situationen funktioniere ich nach dem Diktat des falschen Ichs?

Wem gestatte ich es, die Pfeile herauszuziehen und mein falsches Selbstbild zu korrigieren? Wer hat die Autorität dazu?

Biblische Bilder | 200

Die Bibel beschreibt unsere Beziehung zu Gott in unterschiedlichen Bildern. In ihnen bildet sich eine erstaunliche Entwicklung ab:

Töpfer und Ton. Auf dieser Ebene sind wir uns kaum bewusst, dass unser Leben durch die Hand eines Mächtigeren geformt – oder auch zerbrochen – wird. Es gibt nicht viel Kommunikation; die Souveränität Gottes verfügt einfach über uns.

Hirte und Schaf. Auf dieser Ebene erleben wir Gott als einen, der für uns sorgt, über uns wacht, dem wir am Herzen liegen. Darüber hinaus erlebt ein Schaf wenig echte Intimität mit seinem Hirten. Sie sind zu unterschiedlich.

Herr und Diener. Auf dieser Ebene stecken sehr viele glaubende Menschen fest. Sie gehorchen Gott, aber die Beziehung besteht vor allem darin, Befehle oder Anweisungen zu empfangen und sie auszuführen.

Vater und Sohn bzw. Tochter. Dieses Verhältnis ist sicherlich intimer als das zwischen Herr und Diener; Kinder leben im Haus des Vaters, sie dürfen auf Papas Schoß sitzen. Wer Kind Gottes geworden ist, versteht, dass Gott ihn wie ein Vater liebt und umsorgt. Er fühlt sich bei Gott „zu Hause".

Bräutigam und Braut (Liebende). Auf dieser Ebene können die Worte des Hohenliedes unsere geistliche Intimität mit Gott, unsere Nähe und Vereinigung mit ihm beschreiben. Madam Guyon schrieb: „… Ich liebe Gott viel mehr, als der kundigste Liebhaber unter den Männern seine irdische Gefährtin lieben kann."

FINDE DAS LEBEN, VON DEM DU TRÄUMST (JOURNAL)

Impuls: *Welches Bild beschreibt meine Beziehung zu Gott am besten? Warum wähle ich gerade dieses Bild? War es immer so?*

201 | Was will Gott von uns?

Das Evangelium sagt, dass wir, die Geliebten Gottes, eine kosmische Krise herbeigeführt haben. Es sagt, dass auch wir unserem wahren Liebhaber geraubt wurden und dass er die größte Kampagne in der Geschichte der Welt in Gang setzte, um uns zurückzubekommen. Gott erschuf uns für die Intimität mit ihm. Als wir ihm den Rücken kehrten, versprach er, uns zurückzuholen. Er sandte persönliche Boten; er benutzte Schönheit und Not, um unser Herz zurückzugewinnen. Nachdem alles andere gescheitert war, ließ er sich den allerkühnsten Plan einfallen. Unter dem Deckmantel der Nacht schlich er sich unerkannt ins Lager des Feindes, Er, der älter war als die Zeit, kam als ein neugeborenes Kind. Philip Yancey erinnert uns daran, dass die Inkarnation ein wagemutiger Vorstoß ins Feindesland war. Die ganze Welt war vom Bösen beherrscht und wir wurden in den Kerkern der Finsternis gefangen gehalten. Gott riskierte alles, um uns zu befreien. Warum? Was sieht er in uns, das ihn dazu bringt, den eifersüchtigen Liebhaber zu spielen, das Reich der Finsternis und unsere eigenen Götzendienste zu belagern – nicht um zu vernichten, sondern um uns für sich zurückzugewinnen? Diese wilde Entschlossenheit, diese rücksichtslose Zielstrebigkeit, die buchstäblich bereit ist, Himmel und Erde in Bewegung zu setzen – was will er von uns?

Man hat uns viele Erklärungen dafür angeboten. Aus dem einen religiösen Lager wird uns gesagt, Gott wolle von uns Gehorsam, Opferbereitschaft, dogmatische Linientreue oder Moral. Eher therapeutisch ausgerichtete Gemeinden sagen: Nein, Gott geht es um unsere Zufriedenheit oder um unser Glück, um unsere Selbstverwirklichung oder irgendetwas in dieser Art. Natürlich sind ihm all diese Dinge wichtig, aber sie sind nicht sein erstes Anliegen. Worum es ihm geht, das sind wir selbst – unser Lachen, unsere Tränen, unsere Träume, unsere Ängste, unser innerstes Herz. Erinnern Sie sich an seine Klage in Jesaja, dass seine Menschen zwar alle ihre Pflichten erfüllen, aber „mit dem *Herzen* sind sie nicht dabei" (29,13). Wie wenige von uns glauben wirklich daran. Niemand hat uns je um unseres Herzens, unseres wahren Ichs willen begehrt, nicht wirklich, nicht auf die Dauer. Der Gedanke, dass Gott unser Herz möchte, scheint zu schön, um wahr zu sein.

GANZ LEISE WIRBST DU UM MEIN HERZ

Impuls: Was bedeutet für mich: Gott möchte mein Herz gewinnen? Öffne ich ihm mein Herz?

LEIDENSCHAFTSLOSE HARMLOSIGKEIT | 202

Das Christentum ist an einem Punkt angekommen, an dem wir glauben, dass es für die menschliche Seele kein höheres Ziel geben könne, als nett zu sein. Wir ziehen eine Generation von Männern und Frauen heran, deren höchste Tugend darin besteht, dass sie niemandem wehtun. Und dann wundern wir uns, dass da nicht mehr Leidenschaft für Christus ist. Wie wollen wir Hunger und Durst nach Gerechtigkeit empfinden, nachdem wir das Hungern und Dürsten eingestellt haben? C. S. Lewis hat dazu gesagt: „Wir kastrieren den Hengst und verlangen anschließend, dass er fruchtbar sein soll."

Der größte Feind der Heiligkeit ist nicht Leidenschaft, sondern Apathie. Schauen Sie sich Jesus an. Er war kein Weichling. Sein Leben war geprägt von Leidenschaft. Nachdem er die Händler aus dem Tempel verjagt hatte, heißt es: „Seine Jünger erinnerten sich an das Wort der Schrift: ‚Der Eifer für dein Haus verzehrt mich'" (Johannes 2,17; EÜ). Das entspricht nicht ganz dem Bild, das wir im Kindergottesdienst verbreiten: Jesus mit einem Lamm und einem Kind oder zweien – der netteste und harmloseste Kerl der Welt. Dabei muss er im Gegenteil eine machtvolle Erscheinung gewesen sein. Er brachte Petrus dazu, zu wünschen, er möge sich entfernen. Er war heilig.

GANZ LEISE WIRBST DU UM MEIN HERZ

Impuls: Welche Aspekte des Lebens Jesu sind mir „unheimlich"? Wo wird für mich am deutlichsten, dass er göttliche Vollmacht besaß, die auch erschrecken lässt?

203 | LEBLOSE FRÖMMIGKEIT

Wenn sich die mörderischen Regungen und die Verirrungen der Sehnsucht nur dadurch vermeiden lassen, dass man die Sehnsucht tötet, wenn Frommsein also eng verwandt ist mit Totsein, dann hätte Jesus die bloseste Person überhaupt sein müssen. Aber er wird als der *lebendige* Gott bezeichnet. „Wie furchtbar wird es allen ergehen", schreibt der Verfasser des Hebräerbriefes, „die dem lebendigen Gott in die Hände fallen ... Denn unser Gott ist wie ein Feuer, dem nichts standhalten kann" (Hebräer 10,31; 12,29). Und was ist dieses verzehrende Feuer? Es ist seine eifersüchtige Liebe (5. Mose 4,24). Gott ist ein tiefgründiges, durch und durch leidenschaftliches Wesen. Eifer verzehrt ihn. Das ist das Geheimnis seines Wesens, sagt der Hebräerbrief. „Angesichts der vor ihm liegenden Freude" konnte Jesus die Agonie des Kreuzes ertragen (12,2; EÜ). Anders ausgedrückt: Seine tiefe Sehnsucht nach etwas Größerem hat ihn in der schwersten Prüfung das Durchhaltevermögen verliehen. Wir können nicht leben, wie er gelebt hat, wenn wir nicht eine vergleichbare Leidenschaft aufbringen. Viele Menschen empfinden das Dilemma der Sehnsucht so unerträglich stark, dass sie damit nicht leben können, und so schwören sie ihrer eigenen Sehnsucht ab. Das trifft gegenwärtig bestimmt auf die Mehrheit der Christen zu. Irgendwie glauben wir, dass wir auch ohne unser Verlangen zurechtkommen. Aber da sind wir im Irrtum.

GANZ LEISE WIRBST DU UM MEIN HERZ

Impuls: Worin zeigt sich die Leidenschaft Gottes für mich besonders deutlich?

Entschlossen, leidenschaftlich, wild | 204

Gott ist zutiefst romantisch, und er hat seine eigene Braut, um die er wirbt und für die er kämpft. Er ist ein eifersüchtiger Liebhaber, und seine Eifersucht gilt den Herzen seiner Menschen und ihrer Freiheit.

> Um Zions willen kann ich nicht schweigen, um Jerusalems willen nicht still sein, bis das Recht in ihm aufstrahlt wie ein helles Licht und sein Heil aufleuchtet wie eine brennende Fackel ... Wie der Bräutigam sich freut über die Braut, so freut sich dein Gott über dich. (Jesaja 62,1.5; EÜ)

Und obwohl die Braut ausgerechnet seinem Gegenspieler verfallen ist, will Gott sie zurückgewinnen und bewegt dazu Himmel und Erde. Nichts kann ihn von seinem Befreiungsplan abbringen:

> Wer ist jener, der aus Edom kommt, aus Bozra in rot gefärbten Gewändern? Er schreitet in prächtigen Kleidern daher in seiner gewaltigen Kraft. Ich bin es, ich verkünde Gerechtigkeit, ich bin der mächtige Helfer.
> Warum aber ist dein Gewand so rot, ist dein Kleid wie das eines Mannes, der die Kelter tritt? Ich allein trat die Kelter; von den Völkern war niemand dabei. Da zertrat ich sie voll Zorn, zerstampfte sie in meinem Grimm. Ihr Blut spritzte auf mein Gewand und befleckte meine Kleider. Denn ein Tag der Rache lag mir im Sinn, und das Jahr der Erlösung war gekommen.
> (Jesaja 63,1-4; EÜ)

So spricht Braveheart. Wer so spricht, ist entschlossen, leidenschaftlich, wild. Herrn Müller oder Herrn Maier habe ich noch nie so reden hören. Und wenn mich meine Erinnerung nicht trügt, dann habe ich auch in der Kirche noch niemanden so reden hören. Aber das ist der Gott des Himmels und der Erde. Der Löwe von Juda.

Der ungezähmte Mann

Impuls: „Gottes Leidenschaft gilt mir ..." – Was löst dieser Satz in mir aus?

205 | DIE SCHÖNHEIT GOTTES

Gott hat eine Schönheit zu offenbaren. Es hat schon seinen Grund, warum Männer von Frauen fasziniert sind. Eva ist die Krone der Schöpfung. Wenn Sie die Schöpfungsgeschichte aufmerksam lesen, dann wird Ihnen auffallen, dass jeder nächste Schritt der Schöpfung besser ist als der vorige. Am Anfang ist alles noch formlos, leer und dunkel. Gott beginnt damit, die rohe Materie zu formen – geradeso wie ein Künstler zunächst eine grobe Skizze anfertigt oder einen Klumpen Ton knetet. Licht und Dunkel, Land und Meer, Himmel und Erde – die Welt nimmt Gestalt an. Auf ein Wort hin überzieht das Pflanzenreich die Erde. Am Himmel werden die Sonne, der Mond und die Sterne sichtbar. Gottes Werk bekommt immer mehr Ausdruck, lässt immer mehr Feinheiten erkennen. Als Nächstes kommen Fische, Amphibien und Vögel. Dann sind die wilden Landbewohner an der Reihe. Eine Forelle ist schon ein beeindruckendes Geschöpf, aber ein Pferd ist wahrhaft prachtvoll. Können Sie hören, wie das Crescendo anschwillt, wie sich eine großartige Symphonie in immer reicheren Klängen entfaltet?

Dann kommt Adam, das Meisterstück aus Gottes Werkstatt. Von keinem Vertreter des Tierreiches hat Gott gesagt: „Das ist mein Ebenbild, das spiegelt mein Wesen wider." Einzig Adam ist Gott so ähnlich, so kühn wie er, so wild, zu solcher Leidenschaft fähig. Und doch, der letzte Pinselstrich fehlt noch: Eva. Mit ihr ist die Schöpfung auf dem Höhepunkt angelangt. Mit ihr bekommt die Schöpfung den letzten Schliff. Und alles, was Adam dazu sagen kann, ist: „Wow!" Eva verkörpert die Schönheit und das Geheimnis und die Verletzlichkeit Gottes.

DER UNGEZÄHMTE MANN

Impuls: „*Eva verkörpert die Schönheit und das Geheimnis und die Verletzlichkeit Gottes.*" *Erlebe ich Frauen in meiner Umgebung so?*

Die wahre Braut | 206

„Habt ihr keine andere Tochter?" „Nein", sagte der Mann, „nur von meiner verstorbenen Frau ist noch ein kleines Aschenputtel da; das kann unmöglich die Braut sein." Der Königssohn sprach, er sollte es herausschicken, die Mutter aber antwortete: „Ach nein, das ist viel zu schmutzig, das darf sich nicht sehen lassen." Er wollte es aber durchaus haben, und Aschenputtel musste gerufen werden. Da wusch es sich erst Hände und Angesicht rein, ging dann hin und neigte sich vor dem Königssohn, der ihm den goldenen Schuh reichte. Dann setzte es sich auf einen Schemel, zog den Fuß aus dem schweren Holzschuh und steckte ihn in den Pantoffel, der war wie angegossen. Und als es sich in die Höhe richtete und der König ihm ins Gesicht sah, so erkannte er das schöne Mädchen, das mit ihm getanzt hatte, und rief: „Das ist die rechte Braut." Die Stiefmutter und die beiden Schwestern erschraken und wurden bleich vor Ärger; er aber nahm Aschenputtel aufs Pferd und ritt mit ihm fort.

Diesen Teil der Geschichte liebe ich besonders: Die Heldin wird in ihrer ganzen Pracht erkennbar. Der Prinz hat sie *endlich* gefunden und erhebt sie zu ihrer wahren Größe. Man hat sie beschimpft, gehasst, verlacht, bespuckt – und doch ist Aschenputtel die eine, der der goldene Schuh passt. Ihr gehört die ganze Liebe des Prinzen; *sie* ist die wahre Braut. Genauso wie wir.

Der ungezähmte Christ

Impuls: Gott erhebt mich zu meiner wahren Größe …

207 | Bloss nicht aus der Deckung kommen

Der Gedanke, dass *ich* aus der Deckung kommen soll, ist mir unangenehm. Ich möchte eigentlich lieber nicht gesehen werden.

Vielleicht werden auch Sie sich kaum vorstellen können, dass an Ihrem Leben etwas Herrliches sein könnte – schon gar nicht etwas so Herrliches, dass der Feind sich davor fürchten würde. Aber bedenken Sie: Die Dinge sind nicht so, wie sie erscheinen. *Wir* sind nicht so, wie wir erscheinen. Vermutlich haben auch Sie geglaubt, dass Ihr Herz verdorben sei. Aber Jesus Christus sagt Ihnen nicht nur, dass Ihr Herz gut ist – er fordert Sie auch noch dazu auf, aus dem Schatten herauszutreten und Ihren Adel, Ihre Herrlichkeit zu zeigen. Ihnen ist eine Rolle zugedacht, von der Sie nie zu träumen wagten.

Es gibt da eine schöne Szene im Leben Josefs, wo auch er sich offenbaren muss. Dieselben Brüder, die Josef in die Sklaverei verkauft haben, stehen nun vor einem erzürnten ägyptischen Gouverneur und ihnen schlottern die Knie. Als sie abreisen wollten, fand sich zwischen ihrem Reisegepäck der silberne Becher dieses mächtigen Herrn – auf Befehl von Josef höchstpersönlich dort deponiert. Nun verhört sie Josef, bis ihnen ganz anders wird. Aber schließlich kann er die Tränen nicht mehr zurückhalten und *offenbart* sich ihnen: „Ich bin Josef. Ist mein Vater noch am Leben? … Erzählt meinem Vater von meinem hohen Rang in Ägypten und von allem, was ihr gesehen habt. Beeilt euch, und bringt meinen Vater her!" (1. Mose 45,3.13). Das ist es, was ich wirklich bin! Erzählt ihm von meinem hohen Rang! Wunderbar.

Der ungezähmte Christ

Impuls: Wie „offensiv" lebe ich als Sohn, als Tochter Gottes? Erkennen andere meinen „hohen Rang"?

WELCHE BOTSCHAFT HAT EVA FÜR UNS? | 208

Evas Geschichte birgt reiche Schätze, die es zu heben gilt. Das Wesen und die Bestimmung einer Frau werden hier, in der Geschichte von ihrer Erschaffung, erkennbar. Diese grundlegenden, ewigen, mythischen Themen begegnen uns nicht nur hier bei der Erschaffung Evas, sondern in der Seele jeder Frau nach ihr. Die Frau ist die Krone der Schöpfung – das komplexeste, verwirrendste Geschöpf auf Erden. Ihr ist eine ganz wesentliche Rolle zugedacht, eine ganz eigene Bestimmung.

Und auch sie trägt das Antlitz Gottes, aber auf eine Weise, wie es nur das Weibliche vermag. Was können wir von Eva lernen? Gott wollte etwas von sich selbst offenbaren, deshalb hat er uns Eva gegeben. Ein Vorschlag: Wenn Sie mit einer Frau zusammen sind, fragen Sie sich einmal: *Was verrät sie mir über Gott?* Sie werden Entdeckungen machen, die Wundern gleichkommen.

Erstens werden Sie entdecken, dass Gott durch und durch beziehungsorientiert ist. Dass er eine romantische Ader hat. Zweitens sehnt sich auch Gott danach, mit uns zusammen Abenteuer zu erleben – Abenteuer, die Sie ohne ihn nicht bestehen können. Und schließlich möchte Gott seine eigene Schönheit offenbaren. Eine bezaubernde, machtvolle und erlösende Schönheit.

WEISST DU NICHT, WIE SCHÖN DU BIST?

Impuls: *Was verraten mir die Frauen, denen ich begegne, über Gott?*

209 | Wir sind Geliebte

Die Bibel verwendet eine Vielzahl von Metaphern, um den vielen Facetten unserer Beziehung zu Gott Ausdruck zu verleihen. Man kann darin eine atemberaubende Steigerung bemerken. Unten am Fuß des Totempfahles sind wir der Ton und er der Töpfer. Wenn wir ein bisschen höher gehen, sind wir die Schafe und er der Hirte; unsere Stellung in der Nahrungskette hat sich also schon etwas verbessert, aber schmeichelhaft ist es immer noch nicht; Schafe stehen nicht gerade in dem Ruf, die anmutigsten und intelligentesten Geschöpfe der Welt zu sein. Wenn wir weiter aufwärtsgehen, sind wir die Knechte des Meisters, sodass wir zumindest schon einmal Zugang zum Haus haben, auch wenn wir uns die Füße abtreten und zusehen müssen, dass wir nicht zu viel reden. Aber es geht noch weiter. Gott nennt uns seine Kinder und sich selbst unseren himmlischen Vater und eröffnet damit zum ersten Mal die Möglichkeit echter Intimität – Liebe gehört nicht zu den Dingen, die eine Vase und der Töpfer, der sie formt, miteinander teilen, und auch Schafe kennen nicht wirklich das Herz des Hirten. Doch selbst in der besten Eltern-Kind-Beziehung fehlt noch etwas. Freundschaft eröffnet eine Ebene der Gemeinschaft, die ein fünfjähriges Kind nicht mit seiner Mutter und seinem Vater haben kann. Und „Freunde" nennt er uns.

Aber es gibt eine noch größere und tiefere Stufe der Intimität und Partnerschaft. Wir sind Liebende. Die Liebesbeziehung, die mit Flitterwochen im Garten begann, gipfelt im Hochzeitsfest des Lammes. „Und ich werde mich über euch freuen", sagt er zu uns, „wie ein Bräutigam sich an seiner Braut freut", sodass wir ihm antworten können: „Ich gehöre meinem Liebsten, und sein Herz sehnt sich nach mir."

Ganz leise wirbst du um mein Herz

Impuls: Hat sich meine Beziehung zu Gott im Lauf der Zeit verändert? In welcher Weise?

Die Stimme unseres Feindes | 210

Wir sind die Söhne und Töchter Gottes, ja mehr noch, die Geliebten, umworben von Gott selbst. Nachdem wir nun unser Herz und unseren Verstand mit diesen Bildern der Schönheit und Wahrheit angefüllt haben, so könnte man denken, müsste doch eigentlich unser Leben voller Mut und Energie sein, die sich aus dieser überschwänglichen Zukunftshoffnung ergeben. Aber da ist noch eine andere Stimme, die uns eine ganz andere Botschaft ins Ohr flüstert: eine Botschaft in einem anklagenden Mollklang; einem Klang, der die hoffnungsvollen Wahrheiten verwässert oder ganz auslöscht. Ein Teil dieser Mollklänge ist darauf zurückzuführen, dass wir diesseits des Sündenfalls leben. Zusammen mit der Schöpfung selbst werden wir innerlich seufzen, bis Christus wiederkommt, um jede Träne abzuwischen und mit uns sein Reich voller Freude und Lachen aufzurichten.

Aber was ist die Quelle der beharrlichen Anklagen in unserem Kopf und in unserem Herzen? Es ist eine Stimme, die zu uns in einem Tonfall und in Worten spricht, die uns irgendwie bekannt vorkommen. Die Worte und Anklagen, die fast unbemerkt in unser Bewusstsein kriechen, sind Worte, die wir schon einmal gehört haben, manchmal von Eltern, von Gleichaltrigen oder von unseren Jugendfeinden. Die Stimme (manchmal sind es mehrere Stimmen), die uns anklagt, ist so vertraut, dass wir uns angewöhnt haben, sie als unsere eigene zu betrachten. Es ist eine Stimme, die ständig die Weisheit der Hoffnung und des Lebens im Glauben und in der Liebe, die daraus fließt, hinterfragt.

Es ist die Stimme unseres Gegenspielers.

GANZ LEISE WIRBST DU UM MEIN HERZ

Impuls: Die Bibel nennt den Teufel den „Verkläger". Wo vernehme ich diese anklagende Stimme?

211 | DER GOTTES LIEBE VERSCHMÄHTE

Unser Feind ist der Engel Luzifer, der Sohn der Morgenröte, einer der ersten und höchsten Engel, die Gott erschuf. Er ist der Gegenspieler in der Göttlichen Romanze – der große Bösewicht. Alle anderen Schurken sind nur Schatten von ihm. Ihm hatte Gott einen Platz der Ehre und des Vertrauens zwischen den „feurigen Steinen" des Himmels gegeben, und bis heute begegnet er Gott von Angesicht zu Angesicht. Er ist derjenige, der Gottes Liebe verschmähte und alles Gute durch seine Sünde der Anmaßung verlor. Sein Verlangen war es und ist es bis heute, alles zu besitzen, was Gott gehört, einschließlich der Anbetung der Menschen, die Gott liebt. Und Gott als der Autor der Großen Geschichte, in der wir leben, hat ihm geheimnisvollerweise eine gewisse Freiheit zugestanden, die anderen Figuren in dem Drama zu quälen und zu unterdrücken, manchmal auf sehr schlimme Weise.

In mancher Hinsicht kennt uns dieser Feind aufgrund seines großen Alters und seiner finsteren Weisheit besser, als wir uns selbst kennen. Das eine Ziel seines Herzens ist die Zerstörung von allem, was Gott liebt, insbesondere seiner geliebten Braut. Er umschleicht uns bei Tag und Nacht, wie Petrus uns in seinem Brief wissen lässt: „Denn der Teufel, euer Todfeind, schleicht wie ein hungriger Löwe um euch herum. Er wartet nur auf ein Opfer, das er verschlingen kann" (1. Petrus 5,8). Petrus macht deutlich, dass er hier insbesondere zu gläubigen Menschen spricht, denn er sagt in Vers 9: „Stark und fest im Glauben sollt ihr seine Angriffe abwehren. Und denkt daran, dass *alle Christen* in der Welt diese Leiden ertragen müssen."

GANZ LEISE WIRBST DU UM MEIN HERZ

Impuls: Wo erfahre ich Versuchungen? Wie begegne ich ihnen? Wie kann ich meine „Abwehrkräfte" stärken?

Unser Herz gewinnen

Gott und der Feind haben beide eine Strategie, einen Schlachtplan, um die Hingabe unseres Herzens für sich zu gewinnen. Die Intimität, die Schönheit und das Abenteuer der Göttlichen Romanze werden von Gott selbst in die tiefsten Sehnsüchte unseres Herzens hineingelegt und genährt. Gottes große Strategie, die in seiner Gnade gegen uns in Christus zur Welt kam und sich nährt durch den Gehorsam disziplinierten Glaubens, besteht darin, uns dazu zu befreien, aus einem erlösten Herzen zu leben, und er weiß, dass uns das zu ihm zurückführen wird, wie der Polarstern ein Schiff über die riesige unbekannte Fläche des Ozeans führt.

Wenn wir in unserem Leben vollkommene Freiheit hätten, so sagt uns Jesus in seiner Zusammenfassung des Gesetzes in Lukas 10,26-28, dann würden wir Gott von ganzem Herzen lieben und unseren Nächsten wie uns selbst. Jesus sagt weiter: „Ihr werdet die Wahrheit [mich] erkennen, und die Wahrheit wird euch frei machen."

Das weiß der Feind auch, und seine Strategie zu unserer Gefangennahme besteht einfach in dem Gegenteil: Er will uns von unserem eigenen Herzen und vom Herzen Gottes, das uns offen steht, trennen, mit allen zur Verfügung stehenden Mitteln. Zweifellos musste er dasselbe auch mit seinem eigenen Herzen tun, um den Verlust des Himmels ertragen zu können.

GANZ LEISE WIRBST DU UM MEIN HERZ

Impuls: Leben aus einem erlösten Herzen – wie sieht das aus?

213 | EITELKEIT UND BLINDHEIT

Der Kern des Planes Satans für jeden von uns besteht nicht darin, uns mit offensichtlichen Sünden wie Ladendiebstahl oder sexuellen Abenteuern zu verführen. Diese Dinge setzt er als flankierende Maßnahmen ein. Seine große Taktik, um einen Keil zwischen uns und unser Herz zu treiben, besteht darin, sich durch unsere Ängste und die Wunden, die wir durch die Pfeile des Lebens empfangen haben, als Erzähler einzuschleichen. Er webt eine Geschichte, die zu unserer ganz persönlichen „Botschaft der Pfeile" wird. Indem er auf unsere Eitelkeit und Blindheit zählt, verführt er uns dazu, unser Leben selbst kontrollieren zu wollen, indem wir in den kleinen Geschichten leben, die wir alle bis zu einem gewissen Grade konstruieren. Er verklagt Gott vor uns und uns vor Gott. Er nennt das Gute böse und das Böse gut und spornt uns immer dazu an, infrage zu stellen, ob Gottes Absichten für uns wirklich gut sind. Er stiehlt uns unsere kindliche Unschuld und ersetzt sie durch eine blinde Naivität oder, bei Erwachsenen, durch Zynismus.

Während sich der Feind bemüht, unsere individuelle Geschichte umzudeuten, um Gott als unseren Feind hinzustellen, arbeitet er gleichzeitig daran, die Göttliche Romanze – die Große Geschichte, die Gott erzählt – zu zerstören, sodass nichts mehr sichtbar ist, was „atemberaubend" für uns wäre. Er scheidet Schönheit von Wahrheit und damit unseren Durst von unserer religiösen Praxis und dem Gehorsam des Glaubens. Er demontiert unsere liturgischen Abläufe, die die Geschichte einer großen Liebesaffäre erzählen – die Geschichte des verlorenen Paradieses – und gerade, als wir glaubten, alles sei hoffnungslos, vom wiedergewonnenen Paradies berichten. Er ersetzt die Liebesgeschichte durch ein religiöses System von Geboten und Verboten, das unser Herz ausdörrt; Anbetung und Gemeinschaft in unseren Gottesdiensten verwandelt er in bloße Unterhaltung. Unsere Lebenserfahrung degeneriert von der Leidenschaft einer großen Liebe in einem Kampf auf Leben und Tod zu einer endlosen Reihe von Pflichten und Aufgaben, einer endlosen Geschäftigkeit, die uns von Gott, voneinander und sogar von unserem eigenen Durst trennt.

GANZ LEISE WIRBST DU UM MEIN HERZ

Impuls: „Die Leidenschaft einer großen Liebe in einem Kampf auf Leben und Tod" oder „endlose Geschäftigkeit" – wovon ist mein Leben eher bestimmt?

WAS IST NICHT CHRISTLICH? | 214

Wir haben den großartigen Choral „Vorwärts, Christi Streiter" gegen ein anderes, vielsagendes Lied ausgetauscht. Es geht ungefähr so (zu einer sehr fröhlichen, bewegten Melodie):

> I may never march in the infantry,
> ride in the cavalry,
> shoot the artillery,
> I may never fly o'er the enemy,
> but I'm in the Lord's army, yes, sir!

Es gibt keine Schlacht, es findet kein Krieg statt, es gibt keinen Feind; Ihr Leben steht nicht auf dem Spiel; dies ist nicht die verzweifeltste Stunde, in der Sie benötigt werden, aber Sie gehören zur Armee des Herrn. Aber ja doch.

Und was, wenn ich fragen darf, *machen* Sie in dieser Armee?

Warum halte ich mich so lange an diesem Punkt auf? Nun, wenn Sie die große Chance ergreifen wollen, wenn Sie das Leben und die Freiheit erstreben, die Jesus anbietet, dann werden Sie erst einmal aus diesem religiösen Nebel heraustreten müssen. „Zur Freiheit hat uns Christus befreit. Bleibt daher fest und lasst euch nicht von Neuem das Joch der Knechtschaft auflegen!" (Galater 5,1). Damit hätten wir nun einen Test, mit dessen Hilfe der religiöse Geist enttarnt werden kann: Wenn etwas weder Freiheit noch Leben bringt, dann ist es nicht christlicher Glaube. Wenn etwas nicht die Freude im Herzen vermehrt, nicht die Gottebenbildlichkeit deutlicher hervortreten lässt, dann hat es mit christlichem Glauben nichts zu tun.

Petrus hat das Wirken Jesu in einer Predigt vor heidnischem Publikum so charakterisiert: „Jesus aus Nazareth ist von Ort zu Ort gezogen. Er hat überall Gutes getan und alle befreit, die der Teufel gefangen hielt, denn Gott selbst hatte ihm seine Macht und den Heiligen Geist gegeben. Gott stand ihm bei" (Apostelgeschichte 10,38). In 1. Johannes 3,8 heißt es: „Der Sohn Gottes ist erschienen, um die Werke des Teufels zu zerstören." Der Strom des geistlichen Kampfes war im Leben und Wirken Jesu besonders ausgeprägt. Daraus folgt unausweichlich, dass dieser Strom auch für uns entscheidend ist, wenn wir ihm nachfolgen wollen.

DER UNGEZÄHMTE CHRIST

Impuls: „Ein Leben, das nicht immer wieder einmal auf dem Spiel steht, ist es nicht wert, gelebt zu werden." (Anonym) Inwiefern steht in meinem Leben etwas auf dem Spiel?

215 | HOFFNUNG

Nachdem wir die Sehnsucht aufgegeben haben, ist nun auch die Hoffnung dahin. C. S. Lewis bringt es auf die Formel: „Wir können nur auf das hoffen, was wir auch ersehnen." Keine Sehnsucht, keine Hoffnung. Nun, Sehnsucht lässt sich nicht immer in Hoffnung übersetzen. Ich sehne mich nach vielen Dingen, die ich nicht ernsthaft erhoffen kann. Ich wünsche mir mehr Geld, als ich habe, aber die Aussichten sind eher düster, dass ich es jemals bekomme. Andererseits gibt es nicht ein Ding, auf das ich hoffe, das ich nicht zugleich auch ersehne. Darauf will Lewis hinaus. Vage Aussichten auf eine schöne Zukunft können die Seele nicht entflammen. Unsere Hoffnungen sind eng verknüpft mit unseren wirklichen Sehnsüchten, und deshalb sind allzu viele zu einem hoffnungslosen Dasein verdammt, weil sie die Sehnsucht abgetötet haben.

Das ist ein verheerender Effekt. Verheerend nicht nur für einzelne Christen, sondern auch für die Botschaft des Evangeliums insgesamt. Heute stehen die Menschen nicht gerade Schlange vor unseren Kirchen. Wir können hier die Taktik des Feindes erkennen: Trockne das Evangelium aus, nimm ihm alles Leben, alle Schönheit, alle Aufregung, begrabe den christlichen Glauben unter einem Berg von Pflichten, und niemand wird mehr einen zweiten Blick darauf werfen. Es ist so unansehnlich.

David Whyte spricht in diesem Zusammenhang vom „reißenden Tier unserer verleugneten Sehnsucht". Die Sehnsucht zu verleugnen birgt in sich die Gefahr, dass sie uns gerade dadurch zum Fallstrick wird. Wir sind dann nicht in der Lage, das wahre Leben von einer verführerischen Imitation zu unterscheiden. Wir lassen uns von Gauklern und Hochstaplern zum Narren halten. Früher oder später finden wir schon einen Weg, uns einen Geschmack jenes Lebens zu verschaffen, für das wir eigentlich geschaffen sind.

FINDE DAS LEBEN, VON DEM DU TRÄUMST

Impuls: „Vage Aussichten auf eine schöne Zukunft können die Seele nicht entflammen." Was kann meine Seele „entflammen"? Was hat mich zuerst am Glauben begeistert? Was ist mit dieser Begeisterung passiert?

Ich hätte gestern Abend eigentlich arbeiten sollen, stattdessen saß ich auf der Couch und blätterte in einem Katalog. Eigentlich, so steht es darauf, ein „Katalog für Köche". Aber in Wirklichkeit ist es ein Katalog des Lebens, das wir ersehen. Alles darin ist schön, elegant, beeindruckend. Die Küchen, die hier gezeigt werden, sind makellos – da gibt es kein Durcheinander. Darin zu kochen ist das reinste Vergnügen. Die Tische sind stilvoll und einladend gedeckt, Weingläser scheinen mit Nektar gefüllt, Feinschmeckergerichte sind köstlich zubereitet und appetitlich angerichtet. Überall frische Blumen. Alles ist so, wie es sein soll. Wenn Sie sich in diesen Katalog vertiefen, bekommen Sie eine Vorstellung von Zufriedenheit. Das Leben ist gut. *Siehst du*, raunen Ihnen die Bilder zu, *es ist zu schaffen. Das Leben ist in Reichweite*. Und so geht die Suche weiter. Selbstverständlich. Wir waren schließlich schon mal im Paradies zu Hause, erinnern Sie sich?

Und – ach, wie sehr sehnen wir uns nach einem erneuten Blick auf dieses Land. Blättern Sie für einen Augenblick mit mir im Fotoalbum Ihres Herzens und rufen Sie sich einige der Erinnerungen ins Bewusstsein, die Ihnen am wertvollsten sind. Denken Sie an eine Zeit in Ihrem Leben, in der Sie sich als etwas ganz Besonderes gefühlt haben, eine Zeit, in der Sie *wussten*, dass Sie geliebt sind. Der Tag Ihrer Verlobung beispielsweise. Oder ein Heiligabend als Kind. Vielleicht ein Aufenthalt bei den Großeltern.

Halten Sie diese Erinnerung fest und suchen Sie eine weitere, eine Erinnerung an ein echtes Abenteuer. Etwa an die Zeit, als Sie Fahrradfahren lernten oder zum ersten Mal auf einem Pferd galoppiert sind. Eigentlich sind wir dazu geschaffen, *jeden Tag* in einer Welt wie dieser zu leben. So, wie unsere Lungen dafür gemacht sind, Sauerstoff einzuatmen, ist unsere Seele so angelegt, dass sie sich in einer Atmosphäre entfaltet, die reich ist an Liebe und Sinn, an Sicherheit und Bedeutung, *Vertrautheit* und

Abenteuer. Aber wir leben nicht mehr in dieser Welt. Sind weit davon entfernt. Wir versuchen zwar das Dilemma dadurch zu lösen, dass wir unsere Sehnsucht verleugnen, aber das funktioniert nicht. Wir können die Seele nicht von der Sehnsucht abschneiden, genauso wenig, wie wir endlos den Atem anhalten können. Irgendwann japsen wir dann doch nach Luft.

FINDE DAS LEBEN, VON DEM DU TRÄUMST

Impuls: *Ich blättere im Fotoalbum meines Herzens und „verkoste" die Erinnerung an eine Atmosphäre, in der sich mein Herz entfalten konnte.*

LÖWEN IM KÄFIG | 217

In vielen Ehen dürfen Männer nicht mehr Männer sein. Frauen fühlen sich zwar oft von den wilden Seiten eines Mannes angezogen, aber wenn sie ihn erst mal eingefangen haben, dann verwenden sie oft viel Kraft darauf, den wilden Mann zu zähmen. Ironischerweise wird er seine Frau dafür hassen, wenn er sich tatsächlich zähmen lässt – und sie wird sich wundern, wo die Leidenschaft geblieben ist. In den meisten Ehen entstehen an dieser Stelle Spannungen. Eine traurige und einsame Frau fragte mich eines Tages: „Wie kann ich meinen Mann wieder zum Leben erwecken?" Ich habe ihr geraten: „Lassen Sie ihn gefährlich sein." „Sie meinen wirklich, er soll sich das Motorrad kaufen?" „Genau." Sie wich zurück, ihr Gesicht zeigte Enttäuschung. „Ich weiß, Sie haben recht, aber ich will es trotzdem nicht. Es hat mich Jahre gekostet, ihn zu zähmen."

Ich denke an einen großen Löwen in einem kleinen Käfig, den ich einmal in einem Tierpark sah. Warum sollte man einen Mann in einen Käfig sperren? Aus demselben Grund, aus dem man Löwen einsperrt. Und aus ebendiesem Grund sperren wir auch Gott in den Käfig: Er ist gefährlich. Um Dorothy Sayers'

Worte aufzugreifen: Wir haben nicht nur dem Löwen von Juda die Klauen gestutzt, sondern auch seinen Nachkommen. Ein Mann ist ein gefährliches Wesen. Frauen entfesseln keine Kriege. Gewaltverbrechen werden selten von Frauen verübt. Unsere Gefängnisse sind nicht von Frauen überfüllt. Ganz offensichtlich ist in der männlichen Seele etwas schiefgelaufen, und wie gehen wir mit dieser Erkenntnis um? Wir operieren diese gefährliche Natur vollends heraus ... endgültig.

Der ungezähmte Mann

Impuls: Könnte Gott mir gefährlich werden? Darf er das? Oder schütze ich mich vor jeder Überraschung?

218 | Was macht Männer zu Helden?

Die innere Stärke, die wesentlich zum Mannsein gehört, ist auch die Kraft, die Männer zu *Helden* machen kann. Die Sklaverei in den USA wurde überwunden durch die innere Stärke von Männern, und viele haben einen ungemein hohen Preis dafür bezahlt. Die Macht der Nationalsozialisten wurde von Männern gebrochen. Die Apartheid wurde nicht von Frauen besiegt. Und nicht zu vergessen – es war ein Mann, der sich auf Golgatha ans Kreuz schlagen ließ. Das soll nicht heißen, dass Frauen nicht heldenhaft sein können. Gott hat Männer so geschaffen, wie sie sind, weil wir ihre Fähigkeiten und Eigenschaften unbedingt *brauchen*. Ja, ein Mann ist ein gefährliches Wesen. Gefährlich wie ein Skalpell. Es kann verletzen – oder es kann Ihr Leben retten. Das Skalpell wird nicht dadurch sicher, dass man es stumpf macht. Vielmehr gibt man es jemandem in die Hand, der genau weiß, wie er damit umgehen muss.

Wer sich mit Pferden auskennt, weiß, dass ein Hengst problematisch sein kann. Hengste sind stark, sehr stark, und eigensinnig. Hengste mögen es überhaupt nicht, wenn man sie aufzäumt, und sie können von einem Moment zum anderen aggressiv werden. Ein Hengst ist schwer zu zähmen. Wenn Sie ein gutmütigeres, ruhigeres Tier wollen, dann gibt es eine einfache Lösung: Kastrieren Sie ihn. Ein Wallach ist sehr viel umgänglicher. Sie können ihn buchstäblich an der Nase herumführen – er wird es mit sich machen lassen, ohne Widerstand. Ein Wallach hat nur einen Mangel: Er kann kein Leben weitergeben. Ein Hengst ist wirklich gefährlich, aber wenn Sie das Leben wollen, das in ihm steckt, dann müssen Sie auch seine Gefährlichkeit akzeptieren. Beides gibt es nur zusammen.

DER UNGEZÄHMTE MANN

Impuls: *Macht, Stärke – welche Emotionen rufen diese Begriffe in mir wach?*

NICHTS GUTES? | 219

In dem Bemühen, das biblische Verständnis von Sünde zu erklären, haben wir einem weiteren sachfremden Gedanken Einzug gewährt. Sie werden das regelmäßig hören, wenn Christen über sich selbst sprechen: „Ich bin nur ein begnadigter Sünder." „An mir ist rein gar nichts Gutes." Dieses Denkmuster ist so verbreitet, diese Vorstellung, dass wir nutzlose Narren sind, bereit, bei jeder sich bietenden Gelegenheit zu sündigen, unfähig zum Guten, und dass wir nichts, aber auch gar nichts Ehrenhaftes an uns haben.

Auch diese Vorstellung ist unbiblisch.

Dabei beziehen sich die Leute regelmäßig auf Römer 7,18. Dort sagt Paulus: „Ich weiß, dass in mir, das heißt in meinem Fleisch, nichts Gutes wohnt." Achten Sie auf die feine Unterscheidung: Paulus sagt *nicht:* „An mir ist rein gar nichts Gutes." Vielmehr sagt er: „*In meinem Fleisch* wohnt nichts Gutes." Das Fleisch ist das alte Wesen, das alte Leben, das mit Christus gekreuzigt worden ist. Genau diese alte Natur hat Gott aus unserem Herzen entfernt, als er es durch seinen Heiligen Geist beschnitten hat. Im Brief an die Galater erklärt Paulus: „Alle, die zu Christus Jesus gehören, haben das Fleisch und damit ihre Leidenschaften und Begierden gekreuzigt" (5,24). Er sagt *nicht*, „Ich bin unfähig zum Guten." Vielmehr sagt er: „*In meinem Fleisch* wohnt nichts Gutes." Und schon einige Sekunden später entdeckt er, dass „das Gesetz des Geistes und des Lebens in Christus Jesus dich frei gemacht [hat] vom Gesetz der Sünde und des Todes" (Römer 8,2).

Ja, wir haben immer noch mit der Sünde zu kämpfen. *Ja*, wir müssen immer noch täglich unser Fleisch kreuzigen. Denn „wenn ihr nach dem Fleisch lebt, müsst ihr sterben; wenn ihr aber durch den Geist die sündigen Taten des Leibes tötet, werdet ihr leben" (Römer 8,13). Wir müssen uns dafür *entscheiden*, aus dem neuen Herzen heraus zu leben, und unser altes Wesen räumt nicht kampflos das Feld. Jetzt und hier geht es um die Frage: Ist es biblische Wahrheit, dass Christen nichts anderes als Sünder sind – dass an uns nicht ein Quäntchen Gutes ist? Die Antwort lautet: *Nein!* Sie haben ein neues Herz. Ihr Herz ist gut. Die sündige Natur, die Sie bekämpfen – das *sind nicht Sie!*

DER UNGEZÄHMTE CHRIST

Impuls: Ist mein Leben eher geprägt von der Wirklichkeit des Sünderseins oder von der Wirklichkeit des Geistes Gottes in mir?

DAS IST NICHT MEIN HERZ | 220

Gleich zweimal in jenem berühmten 7. Kapitel des Römerbriefes, in dem Paulus von seinem Kampf gegen die Sünde erzählt, sagt er: „Aber das ist nicht meine wahre Natur. Das ist nicht mein Herz."

> Dann aber *bin nicht mehr ich es*, der so handelt, sondern die in mir wohnende Sünde. Ich weiß, dass in mir, das heißt in meinem Fleisch, nichts Gutes wohnt; ... Wenn ich aber das tue, was ich nicht will, dann *bin nicht mehr ich es*, der so handelt, sondern die in mir wohnende Sünde ... Denn in meinem Innern freue ich mich am Gesetz Gottes. (Römer 7,17.18.20.22)

Paulus nimmt hier eine wesentliche Unterscheidung vor: *Das bin nicht ich; das ist nicht mein wahres Herz.* Und nun achten Sie bitte mal darauf, wie Paulus an anderer Stelle über sich selbst spricht. In seinen Brief stellt er sich regelmäßig vor als „Paulus, Apostel Jesu Christi". Nicht als Sünder, sondern als Apostel, der an „die Heiligen" schreibt. Lassen Sie mal religiöses Denken außen vor, betrachten Sie die Sache *mythisch*. Paulus, im Reich Gottes zu einer hohen Aufgabe berufen, schreibt an andere mächtige Vertreter des Reiches. Kühner Auftritt. Da ist keine falsche Bescheidenheit, keine Unterwürfigkeit. Er sagt:

> Ihr habt doch gehört, welches Amt die Gnade Gottes mir für euch verliehen hat. Durch eine Offenbarung wurde mir das Geheimnis mitgeteilt, das ich soeben kurz beschrieben habe ... Wenn ihr das lest, könnt ihr sehen, welche Einsicht in das Geheimnis Christi mir gegeben ist. Den Menschen früherer Generationen war es nicht bekannt; jetzt aber ist es seinen heiligen Aposteln ... durch den Geist offenbart worden. (Epheser 3,2-5)

Paulus schämt sich nicht zu sagen, dass er Dinge weiß, die kein Mensch vor ihm erfahren hat. Er geht sogar davon aus, dass es sich bereits herumgesprochen hat, dass ihm Offenbarungen zuteil geworden sind. Das gehört zu seiner Herrlichkeit. Bescheiden ist er gleichwohl; er macht deutlich, dass alles ein Geschenk ist – und zwar ist ihm dieses Geschenk *für andere* verliehen worden.

DER UNGEZÄHMTE CHRIST

Impuls: Welche Atmosphäre herrscht in meiner Gemeinde vor: das frohe Selbstbewusstsein der „Auserwählten Gottes"? Eine „Sündenvermeidungsmentalität", eine Ängstlichkeit, nur ja keinen Fehler zu machen? Oder ...?

221 | SCHÖNHEIT IST ENTSCHEIDEND

Dass es überhaupt einer Erklärung bedarf, wie *unverzichtbar und entscheidend* Schönheit für Gott ist, beweist, wie abgestumpft wir sind. Blind und taub für Gott, für die Welt, in der wir leben, und für Eva. Allzu lange Jahre unseres geistlichen Lebens haben wir verbracht, ohne auch nur einen Gedanken auf Schönheit oder auf die zentrale Rolle, die sie für Gott und für unser Leben spielt, zu verwenden. Wir hielten Wahrheit und Rechtschaffenheit hoch. Hätte jemand den Begriff Schönheit ins Spiel gebracht, dann hätten wir vielleicht genickt, aber nicht wirklich verstanden. Wie konnten wir sie derart unterschätzen?

Für Gott ist Schönheit wesentlich. Eigentlich müsste man es noch stärker ausdrücken: Schönheit ist das Wesen Gottes.

Das wird uns erstens durch die Natur bewusst, das Geschenk Gottes an uns. Aus der Bibel wissen wir, dass die ganze Schöpfung erfüllt ist von der Herrlichkeit Gottes (Jesaja 6,3). Woran wird das deutlich? Vor allem an ihrer *Schönheit*.

Wir hatten zuletzt einen sehr feuchten Frühling hier in Colorado, und überall zeigten sich Wildblumen – Lupinen und wilde Iris und Margeriten und Dutzende andere Arten. Die Espen hüllten sich wieder in ihre herzförmigen Blätter und zitterten beim leisesten Luftzug. Schwere Gewitterwolken rollten heran, in ihrem Gefolge großartige Sonnenuntergänge. Im Sommer prunkt die Erde geradezu mit ihrer Schönheit, einer so strahlenden und vielgestaltigen Schönheit, so selbstverständlich, so reich, so üppig, so verschwenderisch, dass es schon fast wieder erschreckend ist.

Die Natur dient nicht in erster Linie einem Zweck. Sie ist in erster Linie schön. Halten Sie einen Moment inne und lassen Sie diesen Gedanken in sich hineinsinken. Wir haben uns so daran gewöhnt, alles und jeden nach seinem Nutzwert zu beurteilen, dass es eine Weile braucht, bis es uns zu dämmern beginnt. Die Natur dient nicht in erster Linie einem Zweck. Sie ist in erster Linie *schön*. Das heißt, Schönheit ist an und für sich ein großartiges und herrliches Gut. Etwas, wovon wir täglich eine große Dosis brauchen (warum sonst sollte unser Gott so viel davon bereithalten?). Die Natur in ihrer ursprünglichen Herrlichkeit ruft uns zu: *Schönheit ist wesentlich!*, und macht uns damit deutlich, dass Schönheit das Wesen Gottes ist. Die ganze Welt ist erfüllt von seiner Herrlichkeit.

WEISST DU NICHT, WIE SCHÖN DU BIST?

Impuls: Was sind meine Lieblingsplätze in der Natur? Ich nehme mir heute Zeit, die Herrlichkeit Gottes in seiner Schöpfung zu lesen.

ICH GEHE VOR DIR HER | 222

> Ich gehe vor dir her und räume dir alle Hindernisse aus dem Weg. Ich zertrümmere die bronzenen Stadttore und zerbreche ihre eisernen Riegel ... Daran sollst du erkennen, dass ich der Herr bin, der Gott Israels, der dich ... in seinen Dienst ruft.
> (Jesaja 45,2-3)

Dieses Bild von Gott, der vor uns hergeht, macht uns deutlich, dass er uns zu einer Reise aufruft. Das ist noch nicht gar so erschreckend. Den meisten von uns ist bewusst, dass das christliche Leben eine Art Pilgerreise erfordert. Wir wissen, dass wir auf der Durchreise sind. Was wir manchmal nicht so gründlich bedacht haben, ist, was für eine Reise das denn ist, die wir machen sollen.

Wenn wir uns nicht klarmachen, dass es eine Reise des Herzens ist, zu der wir aufgerufen sind, begehen wir einen entscheidenden Fehler. Wir kommen in unserem geistlichen Leben an einen Punkt, wo wir Gottes Ruf an uns hören. Wir wissen, dass er uns aufruft, die gezähmten und zurechtgestutzten Liebhaber, die so sehr Teil unserer Identität geworden sind, aufzugeben, unsere Nacktheit anzunehmen und auf seine Güte zu vertrauen.

An diesem Scheideweg, wenn der Ruf Gottes uns erreicht, sehen wir vor uns zwei Straßen, die in ganz unterschiedliche Richtungen zu führen scheinen. Die erste Straße macht rasch eine Biegung und entschwindet unserem Blick. Wir können nicht genau sehen, wohin sie führt, aber schon in geringer Entfernung erkennen wir drohende Wolken. Es ist schwer zu sagen, ob sie Regen, Schnee oder Hagel bringen werden oder ob sich das Seelenwetter, das sie über uns hereinbrechen lassen wollen, gerade noch in ihnen zusammenbraut. Wenn wir lange genug stillstehen und diese Straße entlangblicken, spüren wir eine Anspannung in unserem Innern, eine Anspannung, in der sich ungeheilter Schmerz und vergessene Enttäuschung herauszukristallisieren drohen. Wir schauen in unserem Gepäck nach und finden keine aktuelle Straßenkarte, sondern nur ein zerrissenes und verschmiertes Pergament mit den handschriftlichen Notizen und Mahnungen anderer Reisender, die vor uns den Weg des Herzens eingeschlagen haben. Sie ermutigen uns, ihnen zu folgen, aber ihre ungeordneten Aufzeichnungen geben uns keine echten Antworten auf unsere Frage, wie wir uns auf dieser Straße zurechtfinden sollen.

GANZ LEISE WIRBST DU UM MEIN HERZ

Impuls: Welche Etappen habe ich auf meiner Reise des Herzens schon zurückgelegt? Hat sich die Reise gelohnt?

Die Macht der Sucht | 223

Sucht ist eine Macht. Was immer das Objekt unserer Sucht ist, es bindet sich an unser intensives Verlangen nach ewiger und intimer Gemeinschaft mit Gott und miteinander, unser Verlangen nach dem Paradies – dasselbe Verlangen, das Gott selbst vor Anbeginn der Welt in uns hineingepflanzt hat. Nichts Geringeres als diese Art von Gemeinschaft, unbelastet von Sünde, wird je unsere Sehnsucht befriedigen oder uns erlauben, diesen Durst zu stillen, ohne uns und andere unfrei zu machen. Sobald wir unserem Herzen erlauben, Wasser aus Quellen zu trinken, die eine andere Qualität haben als Ewigkeit, um das Leben zu finden, für das wir gemacht sind, überwältigt es unseren Willen und wird, wie Jonathan Edwards sagte, „wie eine Viper, die Gott anzischt und anspeit" – und uns ebenfalls, wenn wir sie zurückzuhalten versuchten.

„So gering die Macht des Herzens ist, wir beherrschen es keineswegs, sondern sind gezwungen, ihm zu gehorchen", sagte Jean Rousseau. Unser Herz wird uns entweder zu Gott oder in die Sucht treiben.

„Sucht [ist] die schärfste Gegnerin unseres Verlangens nach Gott", sagt Gerald May in *Sehnsucht, Sucht und Gnade*, und darum ist sie zweifellos eine der Lieblingsmethoden unseres Gegenspielers, um uns unfrei zu machen. Sind wir einmal in der Sucht gefangen, ist jeder Versuch vergeblich, uns durch Willenskraft selbst zu befreien. Nur Gottes Geist kann uns befreien oder uns auch nur zur Besinnung bringen.

GANZ LEISE WIRBST DU UM MEIN HERZ

Impuls: *Womit versuche ich, die Sehnsucht nach Gott, die Sehnsucht nach Ewigkeit in meinem Leben zu stillen?*

224 | Eine Falle für unsere Sehnsucht

Der Böse verfolgt zwei Strategien. Wenn er uns nicht dazu bringen kann, dass wir unser Herz abtöten und unsere Sehnsucht begraben, dann verlegt er sich darauf, unsere Sehnsucht zu verführen und in die Falle zu locken. Wenn wir erst einmal unsere Sehnsucht nach Leben nicht an Gott, sondern an irgendeinem Objekt festmachen, dann hat er uns am Wickel. Wir werden Sklaven all jener Dinge, von denen wir ursprünglich gedacht haben, sie würden *uns* dienen. So gesehen ist die Unterdrückung der Sehnsucht eher das kleinere Übel. Abhängigkeit ist viel schlimmer. So erklärt Gerald May:

> Unsere schlimmsten Feinde sind unsere Abhängigkeiten.
> Sie binden uns mit Ketten, die wir selbst geschmiedet haben und paradoxerweise gleichwohl nicht unter unserer Kontrolle sind. Abhängigkeit macht uns außerdem zu Götzendienern, denn sie zwingt uns, diese Objekte unserer Aufmerksamkeit zu verehren. So halten sie uns davon ab, wahrhaftig und aus freien Stücken Gott und einander zu lieben. (*Sehnsucht, Sucht und Gnade*)

Wie der reiche Jüngling stellen wir fest, dass wir unsere gehorteten Besitztümer nicht aufgeben können, was immer es sein mag, obwohl Gott selbst mit einem besseren Angebot vor uns steht. Wenn Sie glauben, das sei nicht Ihre Geschichte, dann kennen Sie sich selbst nicht genug. Ich erinnere mich an einen wunderbaren Sommerabend im East River. Ich freute mich auf ein paar großartige Stunden Fliegenfischen. Ich wollte gerade die Angel auswerfen. *Stell die Angel ab*, sagte Gott. *Ich möchte diese Zeit mit dir verbringen.* Ich war irritiert. *Jetzt?*, fragte ich. *Wieso jetzt? Warum nicht später auf der Heimfahrt? Da im Auto hätten wir doch jede Menge Zeit.* Meine Güte. Wie süchtig bin ich eigentlich! So schafft es der Vater der Lüge, unseren kostbarsten Schatz – unsere Sehnsucht nach Gott und seinem Reich – in unseren schlimmsten Feind zu verwandeln. Das ist wirklich teuflisch.

Finde das Leben, von dem du träumst

Impuls: Was könnte ich nicht loslassen, wenn Gott mich dazu auffordern würde?

Wenn Gott uns ausbremst | 225

Gelegentlich sieht es so aus, als ob Gott ganz darauf versessen sei, das zu vereiteln, was wir uns am sehnlichsten wünschen. Wir finden keine Arbeit. Unsere Bemühungen, einen Partner fürs Leben zu finden, laufen ins Leere. Die Ärzte können sich auch nicht erklären, warum wir kinderlos bleiben. Ist das nicht genau der hauptsächliche Grund, warum wir uns nicht trauen, der Sehnsucht nachzugeben? Das Leben ist an sich schon hart genug, aber sich dann noch vorzustellen, dass Gott persönlich gegen uns arbeitet, das ist mehr als entmutigend. Hiob ruft es aus: „Was bringt es dir, dass du so grausam bist? ... Wie ein Löwe machst du Jagd auf mich und ängstigst mich mit deiner Übermacht" (Hiob 10,3.16; GN).

Ich möchte klarstellen: Nicht jede Prüfung im Leben ist speziell von Gott für uns arrangiert worden. Viel Leid und viel Scheitern, das wir erleben, ist Resultat dessen, dass wir in einer kaputten Welt unter kaputten Menschen leben. Und wir haben einen Feind, der uns zutiefst hasst. Aber dann gibt es Zeiten, in denen Gott sich offenbar selbst *gegen* uns stellt. Das muss uns grausam vorkommen, so lange wir nicht verstehen, wie verzweifelt unser Herz ist und wie unglaublich hartnäckig wir uns das Leben zurechtzuzimmern versuchen, das wir uns erträumen.

Als wir noch in Eden zu Hause waren, standen uns prinzipiell all die Freuden um uns herum zur Verfügung. Wir waren frei, von allen Bäumen im Garten zu essen. Unsere Sehnsucht war unschuldig und wurde voll und ganz zufriedengestellt. Ich kann mir noch nicht einmal vorstellen, wie sich fünf Minuten totale Seligkeit anfühlen würden. Wir hatten einmal all das, aber wir haben es weggeworfen. Indem sie Gottes Herz misstraut haben, indem sie selbst das Ruder in die Hand nehmen wollten im Hinblick auf das, was sie wollten, haben Adam und Eva einen Prozess im menschlichen Herzen in Gang gesetzt, ein verzweifeltes Streben, das man eigentlich nur als *Sucht* charakterisieren kann. Die Sehnsucht geht mit uns durch. Gerald May stellt fest: „Nachdem sie erst einmal der Versuchung erlegen waren, verwandelte sich ihre Freiheit in Abhängigkeit. Sie machten die Erfahrung, dass sie immer mehr brauchten. Gott wusste, dass sie nicht mit dem einen Baum zufrieden sein würden – zufrieden sein *konnten*."

Unsere Ureltern wurden aus dem Paradies verbannt, und das war in gewisser Weise ein Gnadenakt. Der Gedanke, dass die gefallene Menschheit Unsterblichkeit erlangen könnte – indem sie auch noch vom Baum des Lebens isst – wäre eine gar zu schreckliche Vorstellung. Wir wären zu ewiger Schlechtigkeit verdammt.

FINDE DAS LEBEN, VON DEM DU TRÄUMST

Impuls: *Habe ich schon einmal erlebt, dass Gott meine Pläne vereitelt und es sich im Nachhinein als Segen herausstellt?*

226 | DER HOCHSTAPLER

Aus den Trümmern der verwundeten Seele konstruieren wir ein falsches Selbstverständnis. Wir entdecken ein paar Talente an uns und versuchen, von ihnen zu leben. Stuart stellte fest, dass er gut in Mathematik und in den Naturwissenschaften war. Er schottete sein Herz ab und verwandte alle Energie darauf, seine „Spock"-Persönlichkeit zu vervollkommnen. An der Uni fühlte er sich sicher, hier war er anerkannt, hier wurde sein Können honoriert. Brennan Manning schreibt: „Als ich acht Jahre alt war, wurde der Hochstapler in mir geboren – um den

Schmerz abzuwehren. Der Hochstapler in mir flüsterte: ‚Brennan, sei niemals mehr du selbst. Niemand mag dich so, wie du wirklich bist. Erfinde dich neu, und zwar so, dass dich jeder bewundert. Niemand wird den Schwindel bemerken.' Haben Sie die entscheidende Aussage bemerkt: „um den Schmerz abzuwehren", sprich: um sich selbst zu retten. Hochstapelei als Mittel zur Selbsterlösung.

All das muss Gott uns nehmen. Das geschieht oft schon zu Beginn unserer Initiationsreise. Er zerschlägt unseren ausgeklügelten Rettungsplan, demontiert unser falsches Ich.

Warum sollte Gott etwas so Schreckliches tun? Warum sollte er so grausam sein und uns an der Stelle unseres größten Schmerzes erneut verletzen? Jesus warnt uns: „Wer sein Leben retten will, wird es verlieren" (Lukas 9,24). Im griechischen Urtext steht hier nicht etwa der Begriff *bios*, es geht also nicht um unsere physische Existenz. Wo wir „Leben" lesen, da steht im Griechischen *psyche* – der Begriff für unsere Seele, für unser inneres Selbst, für unser Herz. Jesus sagt also: Die Dinge, die wir tun, um unsere Psyche zu retten, unser Ich, diese Pläne zum Schutz unseres inneren Lebens – sie bewirken letztlich genau das Gegenteil. Sie zerstören uns. „Manch einem scheint sein Weg der rechte, aber am Ende sind es Wege des Todes", heißt es in den Sprüchen Salomos (Sprüche 16,25). Das falsche Selbst, unser Plan zur Selbsterlösung, leuchtet uns ein, erscheint uns richtig. Tatsächlich bekommen wir dadurch ein bisschen Liebe und Bewunderung und der Schmerz wird unterdrückt. Aber das falsche Selbst ist eine Lüge; der ganze Plan basiert auf Selbstbetrug. Gott liebt uns zu sehr, als dass er uns in dieser tödlichen Falle sitzen lassen würde. Folglich demontiert er uns, auf sehr unterschiedliche Weise.

Der ungezähmte Mann

Impuls: *Habe ich eine Antwort auf die Frage: Wer bin ich – unabhängig von der Einschätzung der anderen? Was macht meine Person aus? Wohinter verstecke ich dieses eigentliche Selbst?*

227 | Gott rettet uns vor uns selbst

Es ist ein sehr gefährlicher Moment, wenn Gott gegen alles vorgeht, was uns lebenswichtig war. Der Teufel wittert seine Gelegenheit und klagt Gott in unseren Herzen an. *Siehst du,* flüstert er, *Gott ist zornig auf dich. Er ist enttäuscht von dir. Wenn er dich lieben würde, wäre er sanfter. Scheint, als wäre er nicht auf dein Wohl aus.* Der Feind Gottes will uns dazu verführen, dass wir das zerstörte falsche Selbstbild wieder restaurieren. Wir müssen uns aber vor Augen halten: Gott hat dem Selbstbetrug ein Ende gemacht, weil er uns liebt. „Wen der Herr liebt, den züchtigt er", heißt es bezeichnenderweise im Hebräerbrief (12,6). Deshalb sollten wir nicht dem inneren Aufruhr nachgeben.

Gott vereitelt unsere Vorhaben, um uns zu retten. Wir fürchten, dass seine Schläge uns zerstören könnten, aber das Gegenteil ist der Fall: Wir müssen vor dem gerettet werden, was uns wirklich zerstört. Wenn wir uns mit Gott auf den Weg zur Erkenntnis unserer Berufung machen wollen, dann müssen wir zuvor Abstand gewinnen von dem falschen Selbst, müssen es bewusst aufgeben. Es erscheint hirnrissig, man fühlt sich ungemein verletzlich dabei. Wir nehmen die Einladung an, lassen alles los, worauf wir bisher vertraut haben, und ziehen mit Gott los. Wir können uns selbst dafür entscheiden oder wir können darauf warten, dass Gott von sich aus unser falsches Selbstbild in Trümmer schlägt.

Möglicherweise haben Sie keine Ahnung, was Ihr persönliches falsches Selbst sein könnte. Eine Möglichkeit, das herauszufinden, wäre: Fragen Sie die Menschen in Ihrer Umgebung. „Wie wirke ich auf dich? Wie komme ich dir vor bei der gemeinsamen Arbeit, bei unseren gemeinsamen Unternehmungen? Was traust du dich nicht, mir ins Gesicht zu sagen? Sag es!"

Vergessen Sie das Feigenblatt, kommen Sie aus der Deckung. Für wie lange? Länger, als Ihnen lieb ist; lang genug, um die komplizierteren Fragen zu behandeln. Die Wunde muss ans Licht.

DER UNGEZÄHMTE MANN

Impuls: Traue ich mich, auf die Suche nach meinem falschen Selbstbild zu gehen? Welche Antworten erwarte ich auf die Frage: Wie wirke ich auf dich?

DIE SÜNDE UND UNSERE KULTUR | 228

Durchweg allen Männern ist es peinlich, dass sie innerlich leer und verletzt sind. Viele schämen sich ungemein dafür. Dabei ist Scham überhaupt nicht angebracht. Von Anfang an, schon vor dem Sündenfall, schon vor dem Angriff auf unsre Seele, waren wir dazu bestimmt, radikal abhängige Wesen zu sein. Jesus hat zum Vergleich den Weinstock herangezogen: „Ich bin der Weinstock, ihr seid die Reben." Von mir bezieht ihr euer Leben, und so war es von Anfang an gedacht. „Ohne mich könnt ihr nichts tun" (Johannes 15,5). Das sagt Jesus ohne Vorwurf, ohne Spott, ohne einen heimlichen Seufzer (nach dem Motto: *Allmählich könntet ihr es doch mal geregelt bekommen. Ihr seid so unselbstständig*). Nichts davon. Wir sind dazu *bestimmt*, abhängig zu sein – von Gott. Wir sind zum Einssein mit ihm geschaffen, und nichts an uns kann ohne diese Verbindung richtig funktionieren. C. S. Lewis hat dazu geschrieben: „Ein Auto ist so konstruiert, dass es mit Benzin betrieben wird. Mit irgendeinem anderen Kraftstoff gibt es unvermeidlich Probleme. Nun hat Gott den menschlichen Motor für den Betrieb mit ihm selbst entworfen. Gott selbst ist der Kraftstoff, von dem unser Geist zehren soll. Es gibt keine andere Kraftquelle für uns."

An dieser Stelle kommen unsere Sünde und unsere Kultur ins Spiel. Beides verhindert, dass unsere Wunde geheilt werden kann; beides hält uns gefangen und führt dazu, dass wir hinter unseren Möglichkeiten zurückbleiben. Unsere Sünde ist jener verbohrte Teil unseres Ich, der vor allem unabhängig sein will. Etwas in uns will unbedingt so leben, dass wir auf nichts und niemanden angewiesen sind – erst recht nicht auf Gott. Dazu gesellt sich dann noch unsere Kultur mit Ikonen wie John Wayne und James Bond und all den anderen „echten Männern", die vor allem eines gemeinsam haben: Sie sind *Einzelgänger*, sie brauchen niemanden. Das beeindruckt uns. Und so kommen wir schließlich zu der Überzeugung: Wenn man irgendjemanden für irgendetwas braucht, dann ist das ein Zeichen von Schwäche.

DER UNGEZÄHMTE MANN

Impuls: „Wir sind geschaffen, um abhängig zu sein." Wo erlebe ich dieses Angewiesensein auf ein Gegenüber besonders stark? Wie bewerte ich Abhängigkeit?

229 | DIE WUNDE HEILEN

Stellen Sie sich vor, Sie wollen lernen, wie man Blinde heilt. Sie versuchen, Jesus auf die Finger zu schauen und zu sehen, wie er es macht. Nach kurzer Zeit wären sie frustriert. Denn er macht es jedes Mal anders. Dem einen spuckt er ins Gesicht, einem anderen bestreicht er die Augen mit einem Brei aus Spucke und Straßenstaub, einen Dritten spricht er lediglich an, einen Vierten berührt er und aus einem Fünften treibt er einen Dämon aus. Bei Gott gibt es keine Patentrezepte. Gott kann unsere Wunde heilen, aber es ist jedes Mal ein sehr persönlicher Prozess. Gott ist eine Person und er besteht darauf, persönlich vorzugehen. Bei manchen kann das in einem Moment göttlicher Berührung geschehen. Bei anderen geschieht es allmählich oder mithilfe anderer Menschen. Viele von uns haben so tiefe Wunden, dass wir nur heil werden durch die Vermittlung eines anderen, dem wir unseren Kummer offenbaren.

In meinem Leben ist ganz einfach durch die Freundschaft mit Brent Curtis ganz viel an Heilung geschehen. Wir sind gemeinsam gewandert, haben Lachse gefischt, haben in Kneipen gesessen. Ich habe viel Zeit mit einem Mann verbracht, den ich wirklich respektiert habe, ein echter Mann, der mich mochte und respektierte. Nichts ist so heilsam wie eine solche Begegnung. Anfangs hatte ich Angst, dass er mein Spiel eines Tages durchschauen und mich dann fallen lassen würde. Aber Brent hat stattdessen etwas anderes getan: Er hat mich bestätigt. Nur zur Erinnerung – Männlichkeit wird verliehen durch Männlichkeit.

Daneben hat Gott auch noch auf andere Weise an mir gearbeitet: Durch Zeiten des Gebets, durch Zeiten der Klage über meine Wunde und der Trauer um meinen Vater. Am wichtigsten waren die Zeiten tiefer Gemeinschaft mit Gott. Das leuchtet ein: Heilung geschieht niemals außerhalb der innigen Verbindung mit Gott. Die Heilung für unsre Wunde entspringt dieser Verbindung.

DER UNGEZÄHMTE MANN

Impuls: Wie arbeitet Gott in meinem Leben gerade daran, dass Verletzungen heilen und falsche Selbstbilder aufgegeben werden können?

VÖLLIG NACKT | 230

Wir fürchten uns aus einem tieferen Grund vor unserer eigenen Herrlichkeit: Wenn wir erst einmal anderen einen Blick darauf gewährt haben, dann haben sie unser wahres Ich gesehen. Und das ist so etwas wie Nacktsein. Für unsere Sünden können wir Buße tun. An unseren Schwächen können wir „arbeiten". Aber es gibt nichts zu „arbeiten" an unserer Herrlichkeit. Das ist so nackt. Es ist einfach da – das wahre Ich. Allein schon die Vorstellung ist peinlich, dass man leuchtet, wenn alle um einen herum nicht leuchten; dass man in Herrlichkeit mit unverhülltem Gesicht seinen Weg geht, wenn alle anderen ihr Gesicht verbergen. Wenn eine Frau unbefangen weiblich und schön auftritt, dann fordert das geradezu Argwohn, Getuschel und Missverständnisse heraus.

Deshalb ist das einzig Liebevolle, was Sie tun können: Leben Sie mit Ihrer Herrlichkeit. Aus einem falschen Selbst heraus können Sie niemanden lieben. Sie können nicht lieben, solange Sie sich verstecken. Wie können Sie anderen zur Freiheit verhelfen, solange sie selbst gefangen sind? Sie können einen Menschen erst dann lieben, wenn Sie ihm Ihr Herz anbieten. Es wird Sie Mut kosten, von ganzem Herzen zu leben. Meine Freundin Jenny sagte mir kürzlich: „Ich möchte so gerne sein, was ich bin. Ich möchte nicht mehr den Ruhm und die Ehre, die ich bei anderen immer bewundert habe. Ich möchte die Herrlichkeit verkörpern, die Gott in mich gelegt hat."

Und schließlich die größte Furcht von allen. Wir werden davon leben müssen. Zugeben, dass Gott uns ein neues Herz und eine Herrlichkeit verliehen hat; erlauben, dass diese Herrlichkeit offenbar wird, und sie als wahr anerkennen – das läuft darauf hinaus, dass Gott uns als Nächstes zumuten wird, davon zu leben. Das Boot zu verlassen. Den Thron zu besteigen. Das zu sein, wozu er uns bestimmt hat. Und das klingt riskant … wirklich riskant. Aber es ist zugleich spannend. So ist das, wenn man wirklich lebendig wird. Meine Freundin Morgan sagt: „Es ist ein Risiko, das sich unbedingt lohnt."

Der ungezähmte Christ

Impuls: Den Thron besteigen … Wie sähe es aus, mein wahres Ich ans Licht kommen zu lassen? Inwiefern würde es Mut erfordern? Welches Risiko ginge ich damit ein?

Ihm ins Ungewisse folgen | 231

Entweder stehen wir morgens auf und haken dann unsere „To-do"-Liste ab, einen Punkt nach dem anderen, und lassen uns dabei leiten von unseren Moralvorstellungen oder von dem, was wir sonst an Klarheit haben (wenn es ernst wird, haben wir erfahrungsgemäß zu wenig davon). Oder wir wachen am Morgen mitten in einer gefahrvollen Geschichte auf, als engste Verbündete Gottes, und folgen ihm ins Ungewisse.

Wenn Ihnen nichts an einem abenteuerlichen Leben liegt, nun gut, dann brauchen Sie auch keinen Führer. Wenn Sie sich noch nie mitten in einem erbitterten Kampf wiedergefunden haben, dann können Sie auf einen erfahrenen Befehlshaber verzichten. Wenn Sie zu der Überzeugung gekommen sind, dass man diese Welt am besten für einen neutralen Ort hält, in dem man nach bestem Wissen und Gewissen vor sich hin lebt – nun gut, dann wird Ihnen ein harmloses, belangloses Christentum ausreichen. Vielleicht.

Aber wenn Sie Teil der Geschichte sein wollen, die Gott erzählt, und wenn Sie das Leben anstreben, das er anbietet, dann werden Sie mehr brauchen als eine Handvoll Prinzipien, wie edel diese auch sein mögen. Es sind gar zu viele Wendungen und Verwicklungen auf dem vor Ihnen liegenden Pfad, zu viele Hinterhalte lauern, zu viel steht auf dem Spiel. Sie können sich gar nicht auf jede denkbare Situation vorbereiten. Schmal ist der Weg, hat Jesus gesagt. Wie können wir sicher sein, dass wir ihn überhaupt finden? Wir brauchen Gott an unserer Seite, und wir brauchen ihn dringend.

„Du tust mir kund den Weg zum Leben", betet der Psalmbeter (Psalm 16,11). Genau das ist es. In all den Aufs und Abs des Lebens gibt es nur einen schmalen Weg zum Leben, und wir sind auf Hilfe angewiesen, wenn wir ihn finden wollen.

Der ungezähmte Christ

Impuls: Was bestimmt meinen Alltag – die tägliche Routine oder die größere Perspektive meiner Berufung? Wie kann ich mehr von dieser Perspektive her leben?

232 | Durch Weisheit

Zu diesem „Mit-Gott-unterwegs-Sein" kommen wir durch Weisheit und durch Offenbarung. Sie werden gleich entdecken, wie sehr wir beides brauchen.

> Für einen Augenblick war des Königs Kummer und Zorn so groß, dass er verstummte. Dann sagte er: „Kommt, Freunde!
> Wir müssen schnell den Fluss hinauf und die Schurken finden, die das getan haben. Ich werde keinen von ihnen am Leben lassen."
> „So soll es geschehen, Sire!", rief Kleinod. Aber Klughuf warnte: „Sire, seid vorsichtig, auch in Eurem gerechten Zorn. Seltsame Wesen sind am Werk. Gegen Rebellen in Waffen sind wir drei machtlos. Wartet lieber noch eine Weile." „Auch nicht den zehnten Teil einer Sekunde warte ich", rief der König. „Während Kleinod und ich vorgehen, galoppiere, so schnell du kannst, nach Feeneden." … Das Einhorn erkannte in diesem Augenblick nicht, wie gefährlich es war, nur zu zweit weiterzugehen, und auch der König erkannte es nicht. Sie waren zu wütend, um klar denken zu können. (C. S. Lewis, *Die letzte Schlacht*)

König Tirian von Narnia hat ein gutes Herz, aber leider ist es nicht besonders weise, dieses Herz – es ist untrainiert. Vermutlich könnte man das von den meisten von uns auch sagen. Im Glauben an Christus ist unser Herz gut geworden. Aber wir haben nicht gelernt, was wir damit anfangen können. Und so bleibt es unerfahren und naiv. Es ist gerade so, als hätte man uns eine goldene Harfe oder ein schimmerndes Schwert in die Hand gedrückt. Auch ein überaus musikalischer Mensch muss erst Unterricht nehmen; auch der tapferste Krieger muss den Umgang mit der Waffe üben. Wir sind ungeübt, sind nicht vertraut mit den Wegen des Herzens. Deshalb ist dieser Punkt der

Reise nicht ungefährlich. Würden wir mit einem untrainierten Herzen drauflos marschieren, dann würde das nur Verletzungen und Zerstörungen verursachen. Und hinterher wären wir zurückgeworfen in das Evangelium des Sündenmanagements und würden den Schluss ziehen, dass unser Herz eben doch schlecht ist. Es ist nicht schlecht; es ist nur jung und naiv.

DER UNGEZÄHMTE CHRIST

Impuls: Wie könnte ein Training für ein „untrainiertes" Herz aussehen? Worin müsste ich mich üben, um auf der Spur des erlösten Herzens zu bleiben?

NICHTS ÜBEREILEN | 233

Eine Freundin von mir, Susan, wollte in Asien als Englischlehrerin arbeiten, um so unter der Hand missionarisch tätig zu sein. Ein wunderbarer Traum. Und sie hätte ihn exzellent verwirklichen können. Aber sie war in vieler Hinsicht unvorbereitet. Ich denke da nicht an Sprachkenntnisse oder an Finanzen; ich denke eher an die Wege des Herzens. Tief in ihr gab es einige schwerwiegende, ungelöste Probleme, darunter Scham und Schuldgefühle aufgrund erlittenen Missbrauchs. Die Leute in ihrem Team konnten mit der Vorstellung von einem neuen Herzen überhaupt nichts anfangen. Wie in vielen christlichen Organisationen wurden auch hier Scham und Schuldgefühle als Motivatoren benutzt. Die einseitige Theologie dieser Gruppe traf genau in die Kerbe von Susans Problemen. Sie verschloss ihr Herz. Dazu war sie auch noch ungeübt im „guten Kampf des Glaubens". Der Widersacher versteht sich meisterhaft darauf, Scham und Schuldgefühle zu instrumentalisieren. Susan ging, geriet unter schweres Feuer und kehrte geschlagen zurück.

Dieses Desaster hätte sich vermeiden lassen. Die Weisheit rief warnend: Stürze dich nicht übereilt in den Kampf (Lukas 14,31); übe dich darin, Gut und Böse zu unterscheiden (Hebräer 5,14); verhalte dich stets so, als ob dein Leben auf dem Spiel steht, und rechne mit der Heimtücke des Feindes (Matthäus 10,16). Gott hat uns in seinem Wort alle erdenklichen Hinweise und Ratschläge gegeben. Die Bibel studieren – das sollten wir mit dem Eifer und dem Ernst der Männer tun, die sich die Küstenlinie der Normandie einprägten, bevor sie am D-Day die Strände stürmten. Je mehr diese Weisheit, die Gott selbst uns gibt, unser Herz erfüllt, umso mehr werden wir uns in schwierigen Situationen auf unser Herz verlassen können.

Wohlgemerkt: Weisheit bedeutet nicht, dass wir unseren Kopf mit Prinzipien vollstopfen. Weisheit macht das *Herz* urteilsfähig. Salomo ist nicht für seinen klugen Kopf berühmt geworden, sondern für sein weises und verständiges Herz (1. Könige 3,9).

Wir streben nicht nach Weisheit, weil das eine gute Idee ist; wir wollen weise werden, weil wir andernfalls tot sind.

Impuls: In welcher Haltung lese ich die Bibel? Erwarte ich, dass ich hier wirklich das „Wort des Lebens" vernehme?

Der ungezähmte Christ

234 | ... und durch Offenbarung

Weisheit ist unverzichtbar. Doch Weisheit allein reicht nicht aus.

Saulus von Tarsus war unterwegs nach Damaskus mit einem amtlichen Schreiben, das ihn ermächtigte, alle Christen in der Stadt zu verhaften und ins Gefängnis zu stecken. Sie und ich wissen, dass Jesus Sauls Reiseprogramm völlig auf den Kopf stellte, noch bevor er die Stadt erreicht hatte – das blendende Licht, die Stimme vom Himmel, eine Komplettrenovierung seiner Weltsicht. Aber die Gläubigen in Damaskus wissen von alledem nichts. Sie sehen Sauls Ankunft voller Furcht entgegen. Da spricht Gott zu einem von ihnen, zu einem Mann namens Ananias. Er befiehlt ihm, in das Haus zu gehen, in dem Saul sich befindet, ihm die Hände aufzulegen und für ihn zu beten. Verständlicherweise hält Ananias das für keine so gute Idee: „Herr, ich habe von vielen über diesen Mann gehört, wie viel Böses er deinen Heiligen in Jerusalem getan hat ..." (Apostelgeschichte 9,13). Es geht in Ordnung, sagt Gott, er ist jetzt mein Mann. Entgegen aller Vernunft geht Ananias hin und so kommt es, dass der große Völkerapostel Paulus die Bühne betritt.

Die Bibel ist voll von derartigen Direktiven Gottes, die jeder Vernunft zu widersprechen scheinen. Es war sicher nicht besonders weise von einem Flüchtling, in das Land zurückzukehren, in dem er steckbrieflich wegen Mordes gesucht wurde, und dann auch noch geradewegs in den Palast des Pharao vorzudringen und die Freilassung der hebräischen Sklaven zu fordern. War es vernünftig, eine befestigte Stadt dadurch erobern zu wollen, dass man zu Posaunenklängen um sie herummarschiert? Es war in der Tat ein gefährlicher Rat, einen Knaben gegen einen kampferprobten Söldner ins Feld zu schicken. Und schließlich musste es komplett wahnsinnig erscheinen, dass Jesus sich den Behörden stellte und aus freien Stücken töten ließ.

DER UNGEZÄHMTE CHRIST

Impuls: *Habe ich schon einmal im Glauben etwas getan, was der Vernunft unsinnig erscheinen musste? Was hat mich dazu bewogen?*

235 | MISSVERSTANDEN

Selbst Jesus sah sich dieser Art von Angriffen ausgesetzt – nicht offenen Anklagen, dass er ein törichter Narr sei, sondern Angriffen der subtilen Art, jenen scheinbar „unschuldigen" Pfeilen, die sich als Missverständnisse tarnen.

> Danach zog Jesus in Galiläa umher; denn er wollte sich nicht in Judäa aufhalten, weil die Juden darauf aus waren, ihn zu töten. Das Laubhüttenfest der Juden war nahe. Da sagten seine Brüder zu ihm: Geh von hier fort, und zieh nach Judäa, damit auch deine Jünger die Werke sehen, die du vollbringst. Denn niemand wirkt im Verborgenen, wenn er öffentlich bekannt sein möchte. Wenn du dies tust, zeig dich der Welt! Auch seine Brüder glaubten nämlich nicht an ihn. (Johannes 7,1-5)

Ich denke, das ist uns nicht ganz unbekannt. Hat Ihre Familie an Sie geglaubt? Manche haben dieses Glück, aber sehr viel öfter glaubt die Familie eher an die Person, die sie gern in Ihnen sehen *möchte*. Haben Ihre Angehörigen überhaupt von Ihrem Herzen Notiz genommen? Waren sie begeistert von Ihren Entscheidungen oder haben sie Sie spüren lassen, dass Sie nicht ihren Erwartungen entsprechen? Bei einer anderen Gelegenheit in der Zeit seines öffentlichen Wirkens taucht die Familie Jesu auf und will ihn unter die Fittiche nehmen. „Deine Mutter und deine Brüder stehen draußen und wollen dich sehen" (Lukas 8,20). Sie glauben, dass er den Verstand verliert, und wollen ihn nach Hause bringen, den armen Mann. Missverständnisse können viel Schaden anrichten, umso mehr, als wir sie nicht sofort als Angriff auf unser Herz identifizieren. Sie kommen auf leisen Sohlen daher, säen Zweifel und entmutigen, wo Unterstützung und Anerkennung nötig wäre. An uns muss etwas verkehrt sein.

DER UNGEZÄHMTE CHRIST

Impuls: Ich achte an diesem Tag besonders darauf, wenn Menschen oder Umstände mich entmutigen wollen. Was kann ich dem entgegensetzen?

Von Gott verliehene Würde | 236

„Ihr Mächtigen, wie lange noch schmäht ihr meine Ehre?" (Psalm 4,3). Derartige Schläge erfolgen nicht zufällig oder unabsichtlich. Sie zielen direkt auf einen bestimmten Teil des Herzens; sie verkehren das, was nach Gottes Willen eine Quelle der Freude sein sollte, in eine Quelle der Scham. Und so werden Sie Ihre Herrlichkeit am ehesten dadurch entdecken, dass Sie einmal näher betrachten, was man an Ihnen eigentlich stets verächtlich gemacht hat. Schauen Sie auf das, was angegriffen oder missbraucht worden ist. Bernhard von Clairvaux sagt: „Die Wunde des Herzens offenbart mir sein Geheimnis."

Gehen wir die Frage mal von der Seite an: Was hat Ihnen das Leben über Ihre von Gott verliehene Würde beigebracht? Was haben Sie in all den Jahren von Ihrem Herzen gehalten? „Dass es niemandem auch nur etwas Zeit wert ist", sagte eine Frau. Ihre Eltern waren zu beschäftigt gewesen, als dass sie sich wirklich auf sie eingelassen hätten. „Dass es schwach ist", meinte ein Freund. Er hat als Junge viel Spott wegen seiner schwächlichen Konstitution einstecken müssen, und sein Vater hat stets ihm selbst die Schuld daran gegeben. „Dass ich es niemandem anvertrauen kann." „Dass es selbstsüchtig ist." „Dass es schlecht ist." Und Sie – wie haben Sie Ihr Herz eingeschätzt?

Jene Anklagen, die Sie in jungen Jahren gehört haben; jene Ansichten, die Sie damals von Ihrem Herzen gewonnen haben, werden tief in Ihnen bleiben, bis jemand kommt und sie von dort vertreibt.

Der ungezähmte Christ

Impuls: Was hat mir das Leben über meine Würde und über mein Herz beigebracht?

237 | VERLEUGNUNG

Das ist tatsächlich so: Verleugnung ist eine bei vielen Christen beliebte Methode, mit Problemen umzugehen. Aber bei Jesus funktioniert das nicht. Er wünscht sich Wahrhaftigkeit durch und durch, und damit sie auch in unser Innerstes einsickert, *bringt er uns dahin.*

Zum Beispiel kann er das dadurch tun, dass er eine Erinnerung aus der Versenkung holt. Sie fahren nichts ahnend die Straße entlang, und plötzlich fällt Ihnen ein Ereignis aus Ihrer Kindheit ein. Oder vielleicht träumen Sie von einer Person, die Sie schon lange aus dem Gedächtnis gestrichen haben, von einem Ort, von einem Vorfall. Egal, worauf Sie Jesus aufmerksam macht: Gehen Sie mit ihm dorthin. Er hat Ihnen etwas zu sagen.

Falsche Lektionen, die man in schmerzhaften Situationen verinnerlicht hat, können nur unter Schmerzen korrigiert werden. Jesus muss die falsch verheilte Wunde öffnen; es reicht nicht, sie einfach zu bandagieren. Manchmal bringt er uns so weit, indem er einen Vorfall nach Jahren sich wiederholen lässt, nur mit anderen Akteuren. Wir werden bei der anstehenden Beförderung nicht berücksichtigt, genauso, wie wir von unseren Eltern nicht wahrgenommen worden sind. Oder wir fürchten uns wieder genauso, wie wir uns in jenen einsamen Nächten im Kinderzimmer gefürchtet haben. Das sind regelmäßig *Einladungen*, mit Jesus in die tiefen Wasser unseres Herzens hinabzutauchen, die dort versenkten Lügen heraufzuholen und durch die Wahrheit zu ersetzen, die uns frei macht. Gehen Sie über solche Dinge nicht einfach hinweg, sondern fragen Sie Gott, was Ihnen damit deutlich machen will.

DER UNGEZÄHMTE CHRIST

Impuls: Traue ich Gott zu, dass er die verborgenen Wunden meiner Seele tatsächlich heilen will und kann? Kann ich ihn an diese Wunden heranlassen?

Wir werden erneuert | 238

> Meine Lieben! Wenn wir schon jetzt Kinder Gottes sind,
> was werden wir erst sein, wenn Christus kommt!
> Dann werden wir ihm ähnlich sein, denn wir werden ihn sehen,
> wie er wirklich ist. (1. Johannes 3,2)

Wenn wir beschreiben wollen, dass jemand nicht ganz bei Sinnen ist, sich jedenfalls nicht so verhält, wie wir ihn kennen, dann sagen wir: „Er ist heute nicht er selbst." Das ist eine erstaunliche und ziemlich treffsichere Redewendung, denn in einem gewissen Sinn ist niemand heute wirklich er oder sie selbst. Wir sind mehr, als wir bisher von uns wahrgenommen haben. Ich weiß, dass meine Frau eine Schönheit ist. Dass sie schöner ist, als sie sich vorstellen kann. Ich habe diese Schönheit das eine oder andere Mal aufleuchten sehen, habe Momente erlebt, in denen ihre Herrlichkeit erkennbar war. Auf einmal strahlte sie vor Schönheit, so als ob ein Schleier gelüftet worden wäre.

Wir alle kennen solche Momente – unverhoffte Blicke auf unsere wahre Bestimmung. Sie kommen unerwartet und verfliegen wieder. Die meiste Zeit über verbirgt das Leben unsere Herrlichkeit, verunstaltet sie durch Sünde oder durch Sorge oder auch bloß durch Ermüdung.

Auf dem Berg der Verklärung haben einige Jünger Jesus in seiner ganzen Herrlichkeit gesehen. Er war strahlend, schön, großartig. Er war Jesus – der Jesus, den sie kannten und liebten, nur *noch mehr* er selbst. Und auch wir sollen einmal so herrlich werden. Jesus hat sich selbst als den „Menschensohn" bezeichnet und hat damit klargemacht, dass er so ist, wie die Menschheit ursprünglich sein sollte. Was wir an Jesus sehen, das ist unsere persönliche Bestimmung.

Ganz leise wirbst du um mein Herz

Impuls: Welche Seiten an Jesus sprechen mich besonders an? Weist mich das in die Richtung meiner eigenen Bestimmung?

239 | Jesus aus Fleisch und Blut

> Im Morgengrauen stand Jesus am Ufer. Doch die Jünger erkannten ihn nicht. Jesus rief ihnen zu: „Kinder, habt ihr ein paar Fische zu essen?" „Nein", antworteten sie. Da forderte er sie auf: „Werft das Netz auf der rechten Seite des Bootes aus, dann werdet ihr einen guten Fang machen!" Sie folgten seinem Rat und fingen so viele Fische, dass sie das Netz nicht mehr einholen konnten. Jetzt sagte der Jünger, den Jesus liebte, zu Petrus: „Das ist der Herr!" … Als sie aus dem Boot stiegen, sahen sie ein Kohlenfeuer, auf dem Fische brieten. Auch Brot lag bereit … „Kommt her und esst", sagte Jesus. (Johannes 21,4-12)

Überlegen Sie mal eine Minute lang: Sie sind der Sohn Gottes. Sie haben soeben die größte Tat Ihres Lebens vollbracht, haben die Menschheit gerettet. Sie sind von den Toten auferstanden. Was würden Sie als Erstes tun? Mit ein paar Freunden zum Picknick rausfahren? Das wirkt so ungeistlich, so *gewöhnlich*. Merken Sie was? Ewiges Leben wird nicht etwas vollkommen „anderes" sein, sondern wird viel eher bedeuten, dass das Leben weitergeht – allerdings so, wie es von Anfang an sein sollte.

Jesus hat sich nicht in ein mysteriöses Geistwesen aufgelöst, ist nicht eins geworden mit den kosmischen Schwingungen. Jesus hat einen Körper, und zwar *seinen* Körper. Seine Wunden sind geheilt, aber die Narben bleiben, nicht zur Abschreckung, sondern zur Erinnerung an all das, was er für uns getan hat. Seine Freunde erkennen ihn. Sie setzen sich zu ihm hin und teilen das Essen mit ihm. Das ist auch unsere Zukunft – unser Leben wird heil und wird weitergehen, und wir werden niemals mehr den Tod schmecken.

Finde das Leben, von dem du träumst

Impuls: „Ewiges Leben wird nicht etwas vollkommen ‚anderes' sein, sondern wird viel eher bedeuten, dass das Leben weitergeht – allerdings so, wie es von Anfang an sein sollte." Was von diesem Leben „wie es sein sollte" kann ich heute schon gestalten?

Es wird Zeit, unseren Vätern zu vergeben | 240

Es ist nun an der Zeit, dass wir unseren Vätern vergeben. Der Apostel Paulus warnt uns, dass Unversöhnlichkeit und Bitterkeit unser Leben und das von anderen ruinieren können (Epheser 4,31; Hebräer 12,15). Es tut mir so leid, wenn ich daran denke, wie viele Jahre meine Frau den Zorn und die Bitterkeit ertragen musste, die ich von meinem nicht mehr greifbaren Vater auf sie projiziert habe. Jemand hat gesagt: Vergebung entlässt einen Gefangenen in die Freiheit und erst im Rückblick erkennt man, dass man selbst der Gefangene war. – Auch Robert Bly musste seinem Vater vergeben und er schrieb dazu Folgendes: „Allmählich sah ich ihn nicht mehr als jemanden, der mir Liebe oder Aufmerksamkeit oder Kameradschaft vorenthalten hatte, sondern als jemanden, dem selbst bereits etwas vorenthalten worden war – von seinem Vater, seiner Mutter und von der Kultur, in der er lebte. Diese Neubesinnung dauert noch an."

Nun gilt es zu verstehen: Vergebung ist kein Gefühl, sondern ein Willensakt. Man muss sich bewusst dafür entscheiden. Neil Anderson schreibt: „Warten Sie nicht mit dem Vergeben, bis Ihnen danach zumute ist – da können Sie lange warten. Ihre Gefühle werden erst allmählich heilen, *nachdem* die Entscheidung bereits gefallen ist und Sie vergeben *haben*." Wir erlauben Gott, die Verletzungen der Vergangenheit wieder aufzudecken, denn „wenn Ihre Vergebungsbereitschaft nicht auch Ihre Empfindungen aufwühlt, dann ist sie unvollständig." Wir erkennen an, dass die Wunde schmerzt, dass es uns tatsächlich etwas ausmacht, und wir entscheiden uns, unserem Vater zu vergeben. Das bedeutet ausdrücklich *nicht*: „Es war gar nicht so tragisch"; es bedeutet *auch nicht*: „Vielleicht habe ich es ja auch verdient." Vergeben heißt: „Es war schlimm, es hat mir etwas ausgemacht, aber ich verzeihe dir."

Und dann bitten wir Gott darum, dass *er* sich an uns als wahrer Vater erweist.

Der ungezähmte Mann

Impuls: Bin ich mit meinen Eltern, mit meiner Geschichte versöhnt?

241 | Wenn Gott Sie ansieht

Ihre Sünden sind kein Thema mehr. Gott hat sie von Ihnen entfernt, so weit, wie der Osten vom Westen entfernt ist (Psalm 103,12). Ihre Sünden sind abgewaschen (1. Korinther 6,11). Wenn Gott Sie jetzt ansieht, dann sieht er keine Sünde. Er wird Sie also auch nicht verurteilen (Römer 8,1). Kommt dazu, dass Sie nun ein neues Herz haben. Das und nicht weniger verheißt der Neue Bund: „Ich schenke euch ein neues Herz ... Ich nehme das Herz von Stein aus eurer Brust und gebe euch ein Herz von Fleisch. Ich lege meinen Geist in euch und bewirke, dass ihr meinen Gesetzen folgt und auf meine Gebote achtet und sie erfüllt" (Hesekiel 36,26-27). Es hat schon seinen Grund, warum man diese Botschaft „Evangelium" nennt, „Gute Nachricht".

Viel zu viele Christen leben im Grunde noch nach den Regeln des Alten Bundes. Sie haben Jeremia 17,9 unzulässigerweise verabsolutiert und leben in der Überzeugung: *Mein Herz ist arglistig und unverbesserlich.* Stimmt nicht. Stimmt jedenfalls nicht mehr. Lesen Sie den Rest des Buches. In Jeremia 31,33 kündigt Gott die Therapie für das unverbesserliche Herz an: „Ich lege mein Gesetz in sie hinein und schreibe es auf ihr Herz. Ich werde ihr Gott sein, und sie werden mein Volk sein." Gott tauscht die Herzen aus, erneuert sie komplett. Deshalb kann Paulus in Römer 2,29 sagen: „Jude ist, wer es im Verborgenen ist, und Beschneidung ist, was am Herzen durch den Geist geschieht." Ihre Sünde ist wirklich nicht das Entscheidende, was man von Ihnen sagen könnte. Verstehen Sie: Ihr Herz ist *gut.*

Wenn Gott Sie sieht, dann sieht er Ihr *wahres* Selbst. Er sieht den Mann, den er im Sinn hatte, als er Sie erschuf.

Der ungezähmte Mann

Impuls: Glaube ich Gott, dass meine Sünden und Fehler, meine Unzulänglichkeiten und ungelösten Fragen in seinen Augen nicht das Entscheidende an mir sind?

Wenn die Selbstbezogenheit zerbricht | 242

Wahre Stärke kommt nicht aus zur Schau gestellter Tapferkeit. Solange wir nicht zerbrochen sind, wird unser Leben selbstbezogen sein, haben wir nur unsere eigene Stärke. Solange Sie davon überzeugt sind, dass Sie doch schon aus sich heraus ganz respektabel sind – was brauchen Sie da noch Gott? Ich vertraue mich keinem Mann an, der noch nicht an sich selbst gelitten hat. Ich lasse keinen Mann zu nahe kommen, der sich nicht schon mit seiner Wunde befasst hat. Ich will keine Klischees, ich will tiefe, durchlebte Wahrheit, und das gibt es nur bei Männern, die bereits den Weg gegangen sind, von dem wir hier reden.

> Wenn Sie für sich selbst das Beste tun, was in Ihrer Macht steht; wenn Sie die Zähne zusammenbeißen und die Fäuste ballen, um diese Welt in ihrer schlimmsten und unerbittlichsten Form zu überleben – dann bedeutet eben dieser Akt, dass Sie unfähig sind, etwas für Sie und in Ihnen geschehen zu lassen, das noch Wunderbarer ist als Ihre Zähigkeit. Das Dilemma ist: Sie stählen sich zwar gegen die Grausamkeiten der Realität und schützen dadurch Ihr Leben vor der Zerstörung, aber derselbe Stahl verhindert, dass Ihr Leben sich für Größeres öffnet und verwandelt wird. (Frederick Buechner, *The Sacred Journey*)

Nur wenn wir uns mit unserer Wunde befassen, werden wir unsere wahre Größe kennenlernen. Dafür gibt es zwei Gründe. Zum einen ist die Wunde ja genau dort geschlagen worden, wo Ihre wahre Stärke lag. Sie sollten besiegt werden. Solange Sie diesem Ort ausweichen, können Sie anderen nur etwas Hohles und Unwirkliches anbieten. Zweitens und gerade deshalb werden Sie nur durch das Eingeständnis Ihres erbärmlichen inneren Zustandes entdecken, was Sie den Menschen tatsächlich zu bieten haben. Das falsche Selbstbild ist niemals völlig falsch. Die Talente, die wir benutzt haben, sind oft durchaus wirkliche Stärken, aber wir haben sie benutzt, um uns dahinter zu verstecken. Wirkliche Stärke entwickeln wir dann, wenn wir nicht nur unsere Talente, sondern *uns selbst* investieren.

DER UNGEZÄHMTE MANN

Impuls: Auf welche echte Stärke verweisen die Wunden meines Lebens? Gibt es etwas, in das ich mich ganz investiere?

243 | DER STROM DER HEILUNG

> Denn dieses Volk ist im Innersten verstockt. Sie halten sich die Ohren zu und schließen die Augen, damit sie nur ja nicht sehen, hören und begreifen, sagt Gott. Sonst würden sie zu mir umkehren, und ich könnte sie heilen. (Matthäus 13,15; GN)

Und ich könnte sie heilen." Das klingt doch ganz anders als: „Und ich würde ihnen vergeben." Es ist auch ein anderes Angebot als: „Und ich würde ihnen einen Platz im Himmel verschaffen." Nein, Jesus bietet uns *Heilung* an. Schauen wir uns einmal an, was er mit den zerbrochenen Menschen anstellt. Wie geht er mit ihnen um? Die Blinden sind anschließend scharfsichtig wie ein Falke. Die Tauben hören wieder jeden Tropfen. Die Lahmen können am Hürdenlauf teilnehmen. Die verfaulte Haut des Leprakranken ist wieder rein und wie neu. Die Frau, die an Blutungen litt, ist ihr Leiden los. Der schwer kranke Knecht springt aus dem Bett. Sie sind geheilt, jede und jeder Einzelne von ihnen. Nun gilt es wahrzunehmen: Alles, was Jesus *getan* hat, diente dazu, seine *Worte* zu unterstreichen. Schaut es euch an: Das habe ich euch zu bieten. Nicht nur für euren Leib, sondern – wichtiger noch – auch für eure Seele. Ich kann euer Herz heilen. Ich kann eure Seele wieder gesund machen.

DER UNGEZÄHMTE CHRIST

Impuls: Was brauche ich von Jesus, damit meine Seele heil wird?

ICH STEHE VOR DER TÜR UND KLOPFE AN | 244

So stellt Jesus es fast jedes Mal an, wenn er jene Verwerfungen in unserem Herzen wieder in Ordnung bringt. Er bringt seinen Trost und seine Gnade zu den Zeiten und an die Plätze, an denen wir den vernichtenden Schlag erhalten haben, und das Herz fühlt sich an diesen Orten oft so an wie zu der Zeit, als sich der Schlag ereignete, auch wenn mittlerweile Jahrzehnte vergangen sind.

Es klingt vielleicht überraschend, dass Jesus uns erst um Erlaubnis bittet, bevor er eintritt und heilt. „Siehe, ich stehe vor der Tür und klopfe an" (Offenbarung 3,20; L). Er verschafft sich nicht mit Gewalt Eintritt, und diesem Prinzip bleibt er auch treu, nachdem wir ihm bereits grundsätzlich Zugang zu unserem Herzen gewährt haben. Da mag es Räume geben, die wir immer noch verschlossen halten, Räume, von denen wir nicht wollen, dass er sie betritt, und um seine Heilung zu erfahren, müssen wir ihm auch die Erlaubnis erteilen, dort einzutreten. *Willst du mir erlauben, dich zu heilen?*

Wie Jesus Christus die Seele heilt, das ist ein tiefes Geheimnis – erstaunlicher als eine Operation am offenen Herzen. Ein Freund beschrieb diese Erfahrung so: Jesus „hält die zerbrochenen Teile meines Herzens in seinen Händen, und dann fügt er sie wieder zusammen, hält sie sachte, bis sein Leben aus den vielen Teilen wieder etwas Ganzes, Geeintes macht." Das trifft es genau. Die Trümmer müssen in dem einen ganzen Herzen wieder zusammengefügt werden. Die durch tragische Vorfälle oder Angriffe abgetrennten Orte müssen wieder eingegliedert werden.

Der ungezähmte Christ

Impuls: Zu welchen Räumen meines Herzens möchte Christus Zutritt erlangen?

245 | Von Eva verfolgt

Jede Frau wird im tiefsten Innern von Eva verfolgt. Jede Frau weiß, sobald sie an einem Spiegel vorbeigeht, dass sie nicht ihrer ursprünglichen Bestimmung entspricht. Unsere Mangelhaftigkeit ist uns selbst vermutlich schmerzlicher bewusst als irgendjemandem sonst. Die Erinnerung an die Herrlichkeit, die uns einmal eigen war, weckt in meinem Herzen ein schmerzhaftes Verlangen. Der Verlust ist überwältigend, die Hoffnung, diese Herrlichkeit je wiedergewinnen zu können, erscheint unerfüllbar.

Jedes kleine Mädchen – und jeder kleine Junge – stellt eine grundlegende Frage. Kleine Jungen wollen wissen: *Hab ich es drauf? Habe ich das Zeug dazu, ein echter Mann zu werden?* All das raue Gehabe, die Angeberei und das Supermann-Gebaren sind nichts anderes als der Versuch des Jungen, zu beweisen, dass er ein ganzer Kerl ist. Er ist das Ebenbild eines kämpferischen, tatkräftigen, rettenden Gottes. Fast alles, was ein Mann tut, entspringt dem Verlangen nach einer befriedigenden Antwort auf diese Frage.

Kleine Mädchen wollen wissen: *Bin ich liebenswert?* Die schwingenden Röcke, das Verkleiden, der Wunsch, sich hübsch zu machen und zu zeigen – all das provoziert geradezu diese Frage. Und wir brauchen unbedingt eine Antwort darauf. Ich (Stacy) erinnere mich, dass ich mit vielleicht fünf Jahren im

Wohnzimmer meiner Großeltern auf dem Kaffeetisch stand und mir das Herz aus dem Leib sang. Ich gierte nach Aufmerksamkeit – vor allem nach der Aufmerksamkeit meines Vaters. Ich wollte bezaubernd sein. Wir alle wollen das. Aber die meisten von uns haben auf die Frage aller Fragen eine frustrierende Antwort bekommen: „Nein, was soll an dir schon entzückend sein." Runter vom Kaffeetisch. Fast alles, was eine Frau im Erwachsenenalter tut, speist sich aus ihrer Sehnsucht, schön zu sein, unersetzlich, aus dem Verlangen, auf die Frage aller Fragen die Antwort zu vernehmen: „Ja, du bist zauberhaft!"

Warum quält uns diese Frage so? Warum waren wir offensichtlich nicht in der Lage, eine wunderbare, persönliche, befriedigende Antwort für unsere Herzen zu bekommen?

WEISST DU NICHT, WIE SCHÖN DU BIST?

Impuls: Welche Antworten auf meine große Frage habe ich erhalten?

DIE BOTSCHAFT DER PFEILE UND IHR EINFLUSS | 246

Die Verletzungen, die wir als junge Mädchen erlitten haben, waren nicht einfach nur schmerzhaft. Stets haben sie eine Botschaft transportiert und diese Botschaft hat uns mitten ins Herz getroffen, genau dahin, wo sich unsere entscheidende Frage verbirgt. Die Wunden treffen uns im Zentrum unserer *Weiblichkeit*. An unserem weiblichen Herzen richten sie einen ungeheuren Schaden an, weil sie uns schlimme Dinge über uns selbst glauben machen. Als Kinder waren wir nicht in der Lage, das zu analysieren und zu bewerten, was uns angetan worden ist. Unsere Eltern waren wie Götter. Wir dachten, dass sie stets recht haben. Wenn wir uns überwältigt oder eingeschüchtert oder verletzt oder missbraucht fühlten, dann haben wir geglaubt, dass es an *uns* lag – *wir* waren das Problem.

Wir können es nicht in Worte fassen, aber tief im Innern fürchten wir, dass etwas an uns katastrophal verkehrt sein muss. Wenn wir wirklich Prinzessinnen wären, dann wäre unser Prinz längst aufgetaucht. Wenn wir Königstöchter wären, dann hätte er um uns gekämpft. Wir können nicht anders, wir müssen uns einreden, dass wir selbst schuld sind. Wenn wir anders, wenn wir *besser* wären, dann wären wir so sehr geliebt worden, wie wir das ersehnen. Es muss an uns liegen.

Ich habe etliche Jahre gebraucht, um die Verletzungen und Botschaften zu verstehen, die mein Leben geprägt haben. Mit der Zeit wuchs die Klarheit und allmählich wurde etwas heil. Meine Mutter war überfordert von der Aussicht, noch ein Kind zu bekommen – nämlich mich. In meinem Herzen landete die Botschaft: Schon meine bloße Existenz verursacht Kummer und Sorgen. Von einem Vater, der offenbar keinerlei Interesse an mir hatte, bekam ich die Botschaft: „Wozu brauchst du überhaupt so etwas wie Schönheit, um mich zu bezaubern? Du bist eine einzige Enttäuschung."

Weisst du nicht, wie schön du bist?

Impuls: Kann ich die hier beschriebenen Erfahrungen verstehen oder nachvollziehen? Inwiefern betreffen sie mich?

247 | Verwundete Weiblichkeit

Die in der Kindheit und Jugend erlittenen Verletzungen nähren in uns die Überzeugung, dass etwas an uns, vielleicht alles an uns, gänzlich verdorben sein muss. Scham macht sich breit und nistet sich in unserem Herzen ein. Scham lässt uns die Augen niederschlagen, so vermeiden wir den Blickkontakt mit Fremden und Freunden. Scham ist das quälende Gefühl, dass die anderen sich kopfschüttelnd von uns abwenden werden, wenn sie uns erst einmal durchschauen. Scham hält das Gefühl, nein, die *Überzeugung* in uns wach, dass wir es niemals schaffen können – nicht nach weltlichen Maßstäben, nicht nach geistlichen Maßstäben, und selbst gegenüber unseren eigenen Anforderungen werden wir versagen.

Andere scheinen ihr Leben zu meistern, aber unser Herz ist im Klammergriff der Scham gefangen und wird davon zu Boden gedrückt. Stets ist die Scham bereit, uns unsere Fehler vorzuhalten und unseren Wert zu taxieren. Wir sind ungenügend. Wir wissen, dass wir alle nicht so sind, wie wir gerne sein wollen, nicht so, wie Gott uns gerne haben will. Aber anstatt bei ihm im frischen Wind der Barmherzigkeit aufzuatmen und ihn zu fragen, was er von uns hält, bleiben wir unter der Knute der Scham und lassen uns einreden, dass wir es verdienen zu ersticken.

Scham zwingt uns zum Versteckspiel. Wir fürchten, unser wahres Ich zu zeigen, und so verbergen wir es und bieten nur das von uns an, was unserer Überzeugung nach erwünscht ist. Die Dominanten unter uns präsentieren ihren „Sachverstand". Wenn wir eher trostlose Frauen sind, dann machen wir uns „nützlich". Wir sind schweigsam und halten mit unserem Wissen hinterm Berg, jedenfalls dann, wenn es von den Aussagen anderer abweicht, denn wir sind davon überzeugt, dass im Zweifelsfall wir falsch liegen. Aus Furcht vor Ablehnung weigern wir uns, uns anderen mit dem vollen Leben zuzumuten, zu dem Gott uns bestimmt hat.

WEISST DU NICHT, WIE SCHÖN DU BIST?

Impuls: *In welchem Ausmaß bestimmt die Angst vor Ablehnung mein Verhalten?*

248 | Von Anfang an erwählt

Wenn sich dann der Vorhang für die Geschichte der Menschheit hebt, sehen wir Gott in einem Wirbel atemberaubend dramatischer Handlungen, die wir etwas farblos „Schöpfung" nennen. Vergessen Sie nicht, wir suchen nach den Motiven seines Herzens. Warum tut er das alles? Wir wissen ja, dass er bereits die vollkommene Beziehung hatte und dass er mitten im Himmel einen Verrat erdulden musste, nur weil er das Verbrechen beging, sie mit anderen zu teilen. Jetzt sehen wir, wie er sich darauf vorbereitet, unser Herz mit einer Welt zu umwerben, die schön und heiter und voller Abenteuer ist. Eilen Sie nicht gleich weiter zum Sündenfall. Bleiben Sie für einen Moment hier stehen und spüren Sie Gottes Freude über das alles. Die Nordsee, die Alpen und die Niagarafälle, Yellowstone und die Südsee; Mangos und Heidelbeeren und Weintrauben; Pferde und Kolibris und Regenbogenforellen. „Damals sangen alle Morgensterne, und die Engel jubelten vor Freude" (Hiob 38,7).

Gott erschafft Mann und Frau und setzt sie ins Paradies. Wie lange hatte er das schon geplant? Sind wir nur der Ersatz für die Engel, die er verloren hat, seine erste Verabredung nach einer in die Brüche gegangenen Beziehung? Das erste Kapitel des Epheserbriefes gibt uns einen Einblick in Gottes Motive:

> Schon vor Beginn der Welt, von allem Anfang an, hat Gott uns auserwählt. Wir sollten zu ihm gehören, befreit von aller Sünde und Schuld. Ja, seine eigenen Kinder sollten wir werden, durch seinen Sohn Jesus Christus. Das hat Gott schon damals aus Liebe zu uns beschlossen. Darum wollen wir Gottes herrliche, unverdiente Güte rühmen und preisen, die wir durch Jesus Christus, seinen geliebten Sohn, erfahren haben. ... nach seinem Plan und Willen hat Gott uns schon im Voraus durch Christus als seine Erben eingesetzt. (Epheser 1,4-6)
>
> Ganz leise wirbst du um mein Herz

Impuls: Ich betrachte die Schöpfung als Ausdruck von Gottes Werben um mein Herz.

Er gibt uns unsere Freiheit | 249

Gott beginnt seine Werbung um uns mit einer Überraschung. Er nimmt uns die Augenbinde ab, dreht uns herum und zeigt uns sein handgemachtes Hochzeitsgeschenk. „Hier", sagt er. „Das ist für euch. Freut euch daran. Gefällt es euch? Probiert es aus." Ein überschwänglich reiches Geschenk. Was hat er vor? Blumen, Pralinen, einen Urlaub im Süden, Essen in den feinsten Restaurants – da würde sich jeder umworben fühlen. Aber was sind seine Absichten? Zu unserer Überraschung erkennen wir in diesem ersten Blick auf Gottes Wildheit, wie gut sein Herz ist – er gibt uns unsere Freiheit. Damit es zu einer wahren Romanze kommen konnte, mussten wir die Freiheit haben, ihn abzulehnen. In *Von Gott enttäuscht* erinnert uns Philip Yancey daran, dass die Macht des Autors nicht ausreicht, um unsere Herzen zu gewinnen.

> Macht vermag alles, nur nicht das Wichtigste: Sie kann keine Liebe steuern. ... In einem Konzentrationslager besitzen die Wächter fast unbegrenzte Macht. Durch Anwendung von Gewalt können sie uns dazu bringen, Gott abzuschwören, unsere Familie zu verfluchen, unseren besten Freund oder sogar unsere eigene Mutter zu töten und zu begraben. All das liegt in ihrer Macht. Nur eins können sie nicht: Sie können uns nicht zwingen, sie zu lieben. Diese Tatsache erklärt vielleicht, warum sich Gott manchmal zu scheuen scheint, seine Macht zu gebrauchen. Er hat uns geschaffen, damit wir ihn lieben, aber seine beeindruckendsten Wundertaten – die Art, nach der wir uns vielleicht insgeheim sehnen – tragen nichts dazu bei, diese Liebe zu fördern.
> Wie Douglas John Hall es ausgedrückt hat: „Gottes Problem ist nicht, dass Gott nicht in der Lage wäre, gewisse Dinge zu tun. Gottes Problem ist, dass Gott liebt. Liebe macht das Leben Gottes kompliziert, so wie sie jedes Leben kompliziert macht."

Dass Gott so wild ist, uns die Freiheit zu geben, ist umso erstaunlicher, wenn wir bedenken, dass Gott bereits teuer dafür bezahlt hat, dass er den Engeln ihre Freiheit gegeben hat. Doch wegen seines großen Herzens geht er das Risiko ein, ein enormes, kolossales Risiko. Der Grund, warum er keine Marionetten geschaffen hat, ist der, dass er Liebende wollte.

GANZ LEISE WIRBST DU UM MEIN HERZ

Impuls: Was lässt in mir Liebe zu Gott wachsen?

250 | EIN SANFTES SÄUSELN

Wenn wir zum ersten Mal an eine Beziehung mit Gott denken, stellen wir uns ihn wahrscheinlich als jemanden vor, der sich ziemlich auffällig gebärdet, so wie viele von uns Jungs es machen, wenn wir mit Mädchen ausgehen. Er schickte dem Jakob Visionen von Engeln, die vom Himmel herab und wieder hinaufstiegen; für Mose teilte er das Rote Meer und einmal ließ er die Sonne einen Tag lang stillstehen, damit die Israeliten eine Schlacht gewinnen konnten. Er macht auf jeden Fall Eindruck. Aber irgendwie fragt man sich: Wie ist es wohl, wenn man mit ihm allein ist?

Zwei Bilder aus der Bibel zeigen uns eine ganz andere Seite Gottes. In Offenbarung 2,17 heißt es, dass Gott uns, wenn wir in den Himmel kommen, einen Stein geben wird, auf dem ein Name geschrieben ist, den nur er kennt; ein Name, wie Liebende ihn benutzen, wenn sie unter sich sind, weil er etwas ganz Persönliches über ihre Beziehung offenbart.

Ein zweites Bild für die Art von Gemeinschaft, die Gott uns anbietet, findet sich in 1. Könige 19. Der Prophet Elia ist erschöpft und verängstigt auf der Flucht vor der Königin Jesebel, die ihn töten will. Gott kümmert sich zärtlich um Elia und bringt ihm zweimal Nahrung und Wasser. Gestärkt wandert Elia vierzig Tage und vierzig Nächte, bis er den Berg Horeb erreicht, wo er sich schlafen legt. Gott weckt ihn und hört sich seine Klage darüber an, wie schwer es doch ist, ein Prophet Gottes zu sein. Elia ist erschöpft vom „Tun" und braucht drin-

gend eine geistliche Erfrischung. Da fährt ein starker
den Berg hinweg, gefolgt von einem Erdbeben und ein(
Aber Gott ist in keiner dieser Erscheinungen. Schließl\
Elia ein „sanftes Säuseln".

Und in diesem sanften Säuseln findet er Gott.

GANZ LEISE WIRBST DU UM MEIN F

Impuls: *Die sanfte, zärtliche, persönliche Seite Gottes – wor.
erfahre ich sie?*

DIE STILLE UNSERES EIGENEN HERZENS | 25

Gott ist nicht auf eine dramatische Weise „irgendwo da draußen" und wartet darauf, uns durch Erdbeben oder Feuer oder Zeichen am Himmel zu begegnen. Stattdessen verlangt er danach, in der Stille unseres eigenen Herzens durch seinen Geist, der in uns ist, mit uns zu reden. Es war seine Stimme, die uns etwas von einer Göttlichen Romanze eingeflüstert hat. Was hören Sie, wenn Sie dieser sanften leisen Stimme lauschen?

Was ich oft höre oder empfinde, ist eine Rastlosigkeit, eine Ablenkung, so als ob Hunderte unzusammenhängender Gedanken um meine Aufmerksamkeit wetteiferten. Bruchstücke meiner kleinen Geschichte, manchmal ganze Gebäude, blitzen auf der Leinwand auf: Was andere von mir denken und was ich tun muss, um sie zu gewinnen. Zorn, Ego, Begierden und pure geistliche Leere besetzen abwechselnd mein Herz.

Wenn ich anfange, auf mein Herz zu hören, ist es oft so, dass ich außer dem Geplapper meiner alten „Liebhaber" nicht viel höre. Da scheint es keine Stille oder Ruhe zu geben. Wenn ich versuche, stillzuhalten, reagiert meine Seele wie eine Feder in der Nachmittagsbrise, die ohne Ziel oder Richtung umherflattert. Ich komme mir fast unsichtbar vor in all dem Lärm oder der Leere. Theologen bezeichnen diesen Zustand als „ontologi-

, die Tatsache, dass ich, wenn ich aufhöre zu
uf mein Herz höre, nicht an irgendetwas Fes-
sc bin. Mir wird bewusst, dass meine Identität
d ist mit Aktivität.
amte Kultur ist mit dieser ontologischen Leichtig-
t. Prominente und Profisportler sind die drama-
eispiele für diese Vergewaltigung unserer Seelen, die
ede gehaltvolle Liebesbeziehung unbrauchbar macht.
nur in dem verankert, was sie darstellen, und daraus
en sie ihre Identität – und wir, die wir sie verehren, die
e. Sobald sie nichts mehr nach außen darstellen, ver-
windet ihre Identität – und unsere ebenso.

GANZ LEISE WIRBST DU UM MEIN HERZ

Impuls: Wenn ich auf die Stimmen in meinem Herzen höre – welche Stimmen vernehme ich da?

252 | DIE TRADITION DER WÜSTE

Wenn wir hören, wir sollen „vollkommen auf Gott vertrauen", veranlasst das die meisten von uns wahrscheinlich zu einem Seufzen. Sie hören darin nur eine weitere Anforderung, der wir noch nie haben entsprechen können. Aber was wäre, wenn wir auf unser Herz hören und darin einen Ruf vernehmen würden, schwach zu werden, unser „Tun" aus der Hand zu legen und einfach nur unsere Bedürfnisse vor Christus auszusprechen und bei ihm Ruhe zu finden?

Aber wie stellen wir das an – Ruhe finden?

Als Jesus sich auf sein öffentliches Wirken und auf seinen Kampf mit dem Widersacher vorbereitete, ging er in die Wüste. Weg von den Menschen. Gottes Geist, schreibt Matthäus, führt Jesus in die Wüste, damit er vom Teufel versucht würde. Jesus bereitet sich auf den geistlichen Kampf vor, indem er sich von jeder Abhängigkeit von den Dingen, die die Welt zu bieten hat, löst, angefangen bei dem elementarsten Grundbedürfnis: dem Essen. Er fastet – vierzig Tage lang. Er bleibt im Gebet, in der Gemeinschaft mit seinem Vater im Himmel. Als Satan kommt, um ihn mit den Dingen dieser Welt auf die Probe zu stellen, antwortet Jesus ihm nicht mit intellektuellen Argumenten, sondern er ruht in der Wahrheit der Heiligen Schrift. Und nachdem er, so im Geist Gottes verankert, dem Teufel widerstanden hat, kommen Engel und dienen ihm.

Jeder von uns kommt auf seiner geistlichen Reise an einen Ort, wo der Geist uns in die Wüste führen möchte. Wir hören seinen Ruf in der Rastlosigkeit und Müdigkeit unseres eigenen Herzens. Wenn der Geist das erste Mal zu uns spricht, wissen wir nicht, dass er es ist. Wir nehmen an, dass wir einfach noch nicht genug tun, um fromm zu sein, und so verstärken wir unsere religiösen Anstrengungen, anstatt sie aufzugeben. Manchmal gehen wir zwei- oder dreimal durch diesen Prozess, bevor wir erkennen, dass es Gott ist, der in unserem Herzen zu uns spricht, und ihm in die Wüste folgen.

Ganz leise wirbst du um mein Herz

Impuls: *Gibt es in meinem Leben Wüstenzeiten? Erzwungene oder freiwillig gewählte? Haben sie meine Beziehung zu Gott vertieft?*

Unerträgliche Stille | 253

Um zu erfahren, wer wir wirklich sind, müssen wir einen Ort in unserem Leben haben, wo wir dem Materialismus, der Unterhaltung, der Zerstreuung und der Geschäftigkeit entkommen, in die der Markt der Eitelkeiten unserer Gesellschaft und Kultur uns ständig verwickeln will. Was da alles an den Ständen auf dem Markt verkauft wird, sind Beruhigungsmittel, die uns von der Leere und der Bedürftigkeit unseres Herzens trennen und schützen. Wenn wir diese gezähmten Liebhaber hinter uns lassen und in die Einsamkeit und Stille unserer eigenen Wüste eintreten, stoßen wir als Erstes nicht auf Ruhe, sondern auf Furcht und auf das zwanghafte Gefühl, in die Aktivität zurückkehren zu müssen.

> Wir suchen nach Ruhe, und wenn wir sie finden, wird sie uns unerträglich. Unfähig zu der göttlichen Aktivität, die allein uns befriedigen kann [Ruhe] ... stürzt sich der gefallene Mensch in die äußerlichen Dinge, nicht so sehr um ihrer selbst willen als um der Erregung willen, die seinen Geist so angenehm unempfindlich macht ... [die Zerstreuung] lenkt uns von der einzigen Sache ab, die uns helfen kann unseren Aufstieg zur Wahrheit zu beginnen ... dem Gefühl unserer eigenen Leere.
> (Thomas Merton, *Der Aufstieg zur Wahrheit*)

Unsere Leere ist oft das Erste, was wir finden, wenn wir uns aufrichtig mit der Geschichte befassen, die sich in unserem Herzen abspielt. Sie ist das Geschenk der Wüste an uns. George MacDonald ermutigt uns, sie als einen Freund zu begrüßen, indem wir „unsere Herzen wie leere Becher hinstrecken" und weitergehen. Aber was fangen wir mit unserer Leere an, wenn wir bei unserem Herzen bleiben? Wenn wir versuchen zu beten, füllen sich unsere Gedanken mit Worten wie: „Gott, hilf mir dies und jenes besser zu tun, mehr Glauben zu haben, mehr in der Bibel zu lesen." Diese eifrigen Bitten unseres Bewusstseins überhören, so scheint es, eine Stimme, die vom Raum unseres Herzens zu uns dringt, eine Stimme, die uns zu sagen versucht, wie die Dinge wirklich sind.

GANZ LEISE WIRBST DU UM MEIN HERZ

Impuls: *Traue ich mich, der Leere und der Bedürftigkeit meines Herzens zu begegnen? Was hält mich davon ab, die Stille zu suchen?*

Das Wesen der Umkehr | 254

In Jesus Ruhe zu finden hat nichts damit zu tun, eine religiöse Formel als eine Art Allheilmittel für die Katastrophen des Lebens anzuwenden. Es ist das Wesen der Buße. Es bedeutet, dass wir uns von unserem Herzen sagen lassen, wo wir uns in unserer eigenen Geschichte befinden, sodass Jesus uns dienen kann. In dem Moment, wo wir unser falsches Ich und die kleine Geschichte der Leistung, mit der wir uns aufrecht gehalten haben, ablegen, wenn wir alles außer ihm aufgeben, erleben wir die Freiheit zu wissen, dass er uns einfach da liebt, wo wir sind. Wir fangen an, einfach zu *sein*, weil unsere Identität in ihm verankert ist. Wir fangen an, unser geistliches Leben als das „sanfte Joch" und die „leichte Last" zu erleben, von denen Jesus spricht. Wir setzen ontologisches Gewicht an.

In Matthäus 24 sagt Jesus, dass die Menschen in den letzten Tagen die Göttliche Romanze ganz und gar aus den Augen verlieren werden. Da sie keinen Anker haben, wird ihr Glaube erkalten, und sie werden buchstäblich von der Panik davongeschwemmt, wenn alles, was erschüttert werden kann, erschüttert werden wird. Nur diejenigen, die in ihrem Herzen fest in ihm verankert sind, werden standhalten können, um die Göttliche Romanze mit denen zu teilen, die verloren sind. Wir sind zusammen bis an die Ufer des Himmels gekommen, bis an die Grenze der Region, wo unser Glaube seinen Schwerpunkt vom Tun auf die Gemeinschaft mit Christus, unserem Liebhaber und Herrn, zu verlagern beginnt. Geistliche Übungen – Stille, Einsamkeit, Meditation (Herzensgebet), Fasten und ein einfacher Lebensstil –, wie Jesus sie praktizierte, bringen uns in die Gegenwart Gottes – durch die Leere und den Durst hindurch. Wir fangen an, unser Zuhause am Herzen Gottes zu finden. Hier und da erreicht uns ein frischer und exotischer Duft von den Grenzen des Himmels.

GANZ LEISE WIRBST DU UM MEIN HERZ

Impuls: Ist mein Leben bestimmt von dem, was ich tue, oder von dem, was ich bin? Wie kann ich ggf. eine Schwerpunktverlagerung vornehmen?

255 | Ein gutes Ende

Eine Geschichte ist immer nur so gut wie ihr Ende. Ohne ein Happy End, das uns mit froher Erwartung anlockt, wird unsere Reise zu einem Albtraum voller endloser Kämpfe. Ist das schon alles? Ist das das Beste, womit wir rechnen können? Kürzlich unterhielt ich mich auf einem Flug mit einer der Flugbegleiterinnen über ihre religiösen Überzeugungen. Sie war Anhängerin eines New-Age-Gurus und sagte in vollem Ernst: „Ich glaube nicht an den Himmel. Ich glaube, das Leben ist ein nie endender Zyklus von Geburt und Tod." *Was für ein Horror*, dachte ich im Stillen. *Nein, diese Geschichte sollte besser ein Happy End haben.* Der Apostel Paulus empfand das ebenso. Wenn es nichts Besseres gibt als das, was wir jetzt erleben, sagte er, können wir uns genauso gut auf dem Weg nach Hause in einer Bar betrinken; in die Stadt gehen und alle Kreditkarten bis zum Anschlag ausreizen; eine Torte backen und das ganze Ding auf einmal verdrücken. „Freut euch des Lebens, denn morgen ist alles vorbei" (1. Korinther 15,32).

Unser Herz kann nicht ohne Hoffnung leben. Gabriel Marcel sagt: „Hoffnung ist für die Seele, was das Atmen für den lebendigen Organismus ist." In der Dreifaltigkeit der christlichen Gnadengaben – Glaube, Hoffnung und Liebe – mag wohl die Liebe die Größte sein, aber die Hoffnung spielt die entscheidende Rolle. Glaube und Liebe sind von der Hoffnung abhängig, von unserer Erwartung dessen, was vor uns liegt. Beide entspringen der Hoffnung, deren Erfüllung uns im Himmel erwartet (siehe Kolosser 1,4.5). Der Mut zu unserer Reise verlässt uns oft, weil wir unsere Hoffnung auf den Himmel verloren haben –

auf die große Erfüllung unserer Liebesgeschichte. Der Grund, warum die meisten Menschen, um Thoreau zu zitieren, „ein Leben in stiller Verzweiflung führen", ist der, dass sie ohne Hoffnung leben.

GANZ LEISE WIRBST DU UM MEIN HERZ

Impuls: Worauf hoffe ich? Was ist die Triebfeder meines Glaubens und meiner Liebe?

PLÄNE FÜR DIE EWIGKEIT | 256

Jesus meint es ernst, wenn er sagt, wir werden die neue Welt Gottes erben, die Gott für uns bereithält, und wir werden mit ihm regieren. Wir werden den Platz einnehmen, für den wir in einzigartiger Weise geschaffen sind; und wir werden regieren, wie Gott regiert – mit Kreativität und Macht.

> Die geschaffene Welt selbst kann kaum erwarten, was kommen wird. Alles in der Schöpfung ist mehr oder weniger zurückgehalten. Gott selbst hält die Zügel, bis sowohl die Schöpfung als auch alle Geschöpfe bereit sind und in einem Augenblick in die herrliche Zukunft entlassen werden, die vor uns liegt. (Römer 8,19.20; nach *The Message*)

> Die ganze Schöpfung wartet sehnsüchtig darauf ... dass sie zusammen mit den Kindern Gottes ... zu einem neuen, herrlichen Leben befreit werden. (Römer 8,19.21)

Was würden Sie dann am liebsten zuerst tun? Den Amazonas hinunterpaddeln? Ein Instrument erlernen? Ein neues Universum entdecken? Sie werden genug Zeit haben für das alles – und unendlich viel mehr.

> In der vollkommenen Zeit, vollkommener Gott,
> Wenn wir daheim, am Ort unserer Geburt,
> Wenn Freude jede heil'ge Last erträglich macht
> Und keinem es an Frieden und an Leben fehlt,

> Was wäre, wenn du uns mit deiner Schöpferkraft begabst,
> mit Monden zu erleuchten und mit Grün zu kleiden,
> Golden die Sonne untergehn zu lassen über violetter See!
> (George MacDonald, *Diary of an Old Soul*)

IM FALSCHEN FILM?

***Impuls:** Ich gestatte mir, ausgiebig von der Welt zu träumen, die Jesus verheißt. Wie müsste sie aussehen, um meine tiefste Sehnsucht zu stillen?*

257 | EVAS WUNDE

Jede Frau kann Ihnen etwas über Verletzungen erzählen. Verletzungen durch Gewalt, Verletzungen durch Vernachlässigung. So wie jeder Junge eine ganz besondere Frage mit sich herumträgt, so hat auch jedes Mädchen eine entscheidende Frage, eine Herzensfrage: *Bin ich liebenswert?* Jede Frau muss wissen, dass sie etwas ganz Besonderes und Bezauberndes und *Erlesenes* ist. Das ist wesentlich für ihre Identität. Darin zeigt sich ihre Gottebenbildlichkeit. *Wirst du um mich werben? Bist du entzückt von mir? Wirst du für mich kämpfen?* Und auch sie hat eine Wunde erlitten. Die Wunde hat sie genau an ihrer empfindlichsten Stelle getroffen, an ihrer Schönheit und Liebenswürdigkeit. Sie hinterlässt eine vernichtende Botschaft: *Nein. Du bist nicht schön, und niemand wird sich je um dich bemühen.* Und wie bei den Jungen ist auch diese Wunde fast immer verursacht vom eigenen Vater.

Ein Mädchen sucht die Nähe des Vaters, weil sie sich ihrer Liebenswürdigkeit versichern will. Genau wie bei einem Sohn steht es auch bei der Tochter in der Macht des Vaters, zu verletzen – oder zu segnen. Wenn der Vater ein gewalttätiger Mensch ist, dann wird er sie möglicherweise mit Worten oder gar durch sexuelle Übergriffe erniedrigen. Ich habe von missbrauchten

Frauen Berichte gehört, die Ihnen das Herz brechen würden. Was wird eine vergewaltigte Frau von ihrer Schönheit und Liebenswürdigkeit halten? Bin ich begehrenswert? Die Antwort ist vernichtend: *Nein, du bist schmutzig. Alles, was an dir anziehend sein könnte, ist dunkel und böse.* Die Attacken auf ihr Herz hören mit dem Erwachsenwerden nicht auf, dafür werden gewaltsame oder passive Männer sorgen. Sie mag begehrt sein oder ein Mauerblümchen – in jedem Fall schwärt die Wunde weiter und wird die Botschaft noch mehr verinnerlicht: *Niemand ist wirklich an dir interessiert. Niemand schützt dich. Niemand wird für dich kämpfen.* Der Turm wird Stein um Stein erhöht, und bis sie erwachsen ist, kann er zur Festung geworden sein.

DER UNGEZÄHMTE MANN

Impuls: *Gibt es in meinem Leben Mauern, die mich davor schützen sollen, weiter verletzt zu werden? Könnte ich die Mauern abtragen? Was schließen sie noch aus?*

ALS MANN UND FRAU | 258

Die sexuelle Begegnung zwischen Mann und Frau hat etwas Geheimnisvolles an sich. Unsere Sexualität erweist sich als bedeutungsvolles Gleichnis über das Wesen von Männlichkeit und Weiblichkeit. Der Mann naht sich seiner Frau und bietet ihr seine Stärke an; die Frau lädt ihn zu sich und in sich ein. Beides verlangt Mut und Verletzlichkeit und Selbstlosigkeit sowohl von ihm als auch von ihr. Wohlgemerkt: Wenn der Mann nicht die Gelegenheit ergreift, dann passiert gar nichts. Er muss den ersten Zug machen; seine Stärke muss erstarken, sonst findet er keinen Einlass. Aber genauso wenig kann die Liebe Erfüllung finden, solange die Frau sich nicht öffnet und in überwältigender Weise verletzlich macht. Wenn beide so leben, wie sie von Gott geschaffen sind, dann dringt der Mann in seine Frau ein und beweist ihr seine Stärke. Er verströmt sein Leben in ihr, für sie. Sie zieht ihn an sich, umarmt, umschließt ihn. Sicher: Wenn es vorbei ist, dann ist er erschöpft, aber was für ein süßer Tod war das!

Genau so entsteht neues Leben. Die Schönheit einer Frau bringt einen Mann dazu, tatsächlich seine Rolle einzunehmen; die Stärke eines Mannes, der Frau mit Zärtlichkeit dargeboten, bestätigt sie in ihrer Schönheit und ihrem Wert und erweckt in ihr Leben. Es geht hier um sehr viel mehr als um Sex und Orgasmus. Es geht um eine Realität, die unser Leben in jeder Hinsicht prägt. Wenn ein Mann sich seiner Frau entzieht, dann enthält er ihr das Leben vor, das nur er vermitteln kann. Das gilt erst recht im Hinblick darauf, was er ihr an Worten anbietet – oder eben nicht. „Tod und Leben stehen in der Macht der Zunge", heißt es in den Sprüchen Salomos (18,21). Die Frau ist zur Kommunikation mit dem Mann geschaffen, sie sehnt sich nach Ansprache.

DER UNGEZÄHMTE MANN

Impuls: Wo erlebe ich ein gelungenes Zusammenspiel zwischen Mann und Frau in ihrer Unterschiedlichkeit – nicht nur innerhalb einer Ehe?

259 | AUF WAS WARTEN WIR?

Wo wären wir heute, wenn Abraham erst einmal sorgfältig das Für und Wider abgewogen und am Ende beschlossen hätte, dass er lieber in Ur bleibt, als seine dreißig Tage bezahlten Urlaub und seine angesparte Betriebsrente aufs Spiel zu setzen? Was wäre passiert, wenn Mose auf seine Mutter gehört hätte („Spiel nie mit Streichhölzern!") und ein vorsichtiges, sicheres Leben fernab von brennenden Dornbüschen geführt hätte?

Oder stellen Sie sich vor, Saulus-Paulus hätte beschlossen, das Leben als Pharisäer sei, wenn schon nicht der Traum eines jeden Mannes, aber doch zumindest berechenbar und jedenfalls nicht so riskant wie eine radikale Lebenswende aufgrund einer obskuren Stimme vor den Toren von Damaskus. – Und wo wären wir, wenn Jesus nicht mit jeder Faser seines Herzens kühn und verwegen und der Liebe verschrieben gewesen wäre? Und einmal ganz vom Anfang her und ganz zu Ende gedacht: Wir alle würden überhaupt nicht *existieren*, wenn Gott sich nicht bewusst auf das enorme Wagnis Menschheit eingelassen hätte.

Die meisten Männer verwenden viel Lebensenergie darauf, alle erdenklichen Risiken entweder ganz auszuräumen oder wenigstens zu minimieren. Wenn es funktioniert, wenn es einem Mann gelingt, sein Leben gegen alle Risiken abzusichern, dann wird er schließlich in einem selbst gesponnenen Kokon aus Selbstschutzmaßnahmen ersticken. Wenn es schiefgeht, dann wird er Gott dafür die Schuld geben, wird seine Anstrengungen verdoppeln und seinen Blutdruck dazu. Das falsche Selbst, das Männer so oft aufbauen, hat stets diese zwei Merkmale: Es versucht den Eindruck irgendeiner Art von Kompetenz zu erwecken, und es sperrt und wehrt sich gegen alles, was nach Kontrollverlust aussieht. David Whyte bringt es auf die Formel: „Der Preis unserer Lebenskraft ist die Summe all unserer Ängste."

DER UNGEZÄHMTE MANN

Impuls: *„Die besten Entscheidungen, die ich in meinem Leben getroffen habe, hatten immer etwas damit zu tun, ein ganz und gar unüberschaubares Risiko einzugehen." (Brennan Manning)*

Ein authentisches, erlöstes und befreites Leben als Frau führen heißt: in diesem Moment echt und präsent sein. Wenn wir uns weiter verstecken, geht viel verloren. Wir können keine vertraute Beziehung zu Gott oder sonst jemandem pflegen, wenn wir in Deckung bleiben. Wir können nicht die uns zugedachte Rolle als *ezer* ausfüllen, wenn wir uns weiter von Scham und Furcht lähmen lassen und der Welt nur unser unauffälliges Sicherheitsgesicht zeigen. *Sie haben nur ein Leben. Am besten wäre es, Sie leben es selbst.*

Im Ernst: Was haben wir denn anderes anzubieten als uns selbst, die wir und wie wir sind und was Gott in unser Leben gelegt hat? Es war kein Versehen, dass Sie auf der Welt sind; und auch die Sehnsüchte, die Sie hegen, sind kein Zufall. Der siegreiche, dreieinige Gott hat Ihr Dasein jetzt und hier geplant „gerade für einen Zeitpunkt wie diesen" (Esther 4,14; RE). Wir brauchen Sie.

> Jesus wusste, dass der Vater ihm alles in die Hand gegeben hatte, dass er *von Gott gekommen* war und *zu ihm zurückkehren* würde. Da stand er vom Tisch auf … goss Wasser in eine Schüssel und begann, seinen Jüngern die Füße zu waschen und mit dem Tuch abzutrocknen. (Johannes 13,3-5)

Jesus wusste, wer er war. Er wusste, woher er kam und wohin er ging. Er wusste, wozu er auf der Welt war. Und so bietet er sich an, in Vollmacht und Stärke, in Demut und vollkommener Freiheit. Er dient uns und bietet schließlich sein Leben an als Opfer für uns. Er tut das, wie er sagt, um uns damit „ein Beispiel zu geben, dem ihr folgen sollt. Handelt ebenso!" (Johannes 13,15).

Gott möchte wirklich, dass Sie wissen, wer *Sie* sind. Sie sollen in der Lage sein, die Geschichte Ihres Lebens zu verstehen; wissen, woher Sie kommen und wohin Sie gehen. Darin liegt Freiheit. Freiheit zu sein und sich zu verschenken und zu lieben.

Wir möchten deshalb an dieser Stelle noch einmal innehalten und Sie erinnern, wer Sie wirklich sind.

Weisst du nicht, wie schön du bist?

Impuls: *Inwiefern ist mein Leben von der Freiheit eines Sohnes, einer Tochter Gottes geprägt?*

Zentrale Lehre | 261

Wer hat den Neuen Bund so erfolgreich unter Verschluss gehalten, dass die meisten Christen immer noch glauben, Sie seien im Herzen, im Innersten schlecht? Wenn einer behauptet, Ihr Herz sei gut, dann klingt das für viele Christen immer noch nach Häresie. Welche PR-Kampagne ist so erfolgreich?

Lassen Sie mich die Frage anders stellen. Mit was für Menschen hat sich Jesus häufiger angelegt als mit jeder anderen Personengruppe? Wer hat Gerüchte gestreut, um Jesus und seinen Dienst in Misskredit zu bringen? Wer hat wiederholt versucht, Jesus mit Fangfragen festzunageln? Und als dann klar wurde, dass Jesus sich weder einschüchtern noch in die Enge treiben ließ, aus welcher Ecke schlug Jesus offene Feindschaft entgegen? Wer hat Judas mit dreißig Silberstücken bestochen? Wer hat die Menge dazu gebracht, für Barabbas zu schreien, als Pilatus Jesus freilassen wollte?

Die Verfechter der Religiosität waren stets die erbittertsten Feinde des wahren Glaubens, gerade weil sie nicht offenkundige Gegner des Glaubens sind – vielmehr sind sie *Hochstapler*. Einem erklärten Heiden ist leichter beizukommen als einem langjährigen Gemeindeältesten oder Presbyter. Bevor Jesus kam, hatten die Pharisäer den Ton angegeben. Jedermann hatte das, was sie verlangten, als Evangelium genommen – obwohl es nun wirklich nicht nach froher Botschaft klang. Aber wir haben nicht mit Fleisch und Blut zu kämpfen. Die Pharisäer und ihresgleichen durch all die Jahrhunderte haben – zumeist wohl unbewusst – als Marionetten gedient, als Sprachrohr für den Feind.

DER UNGEZÄHMTE CHRIST

Impuls: Wo entdecke ich den Pharisäer in mir?

262 | DER GEIST DER RELIGIOSITÄT

Der Geist der Religiosität hat Christsein in eine seelenlose Pflichtübung verwandelt. Die meisten Leute wissen noch nicht einmal, dass sie konkret mit Gott leben, dass sie seine Stimme hören können. Der religiöse Geist hat es geschafft, Seelsorge zu stigmatisieren als eine Sache für Kranke und Unfähige – mit dem Ergebnis, dass die Verletzungen unseres Herzens nie geheilt werden. Der Heilung hat er uns fast vollkommen beraubt, sodass wir als gebrochene Menschen in den Kirchenbänken sitzen, geplagt von Schuldgefühlen, weil wir es nicht schaffen, so zu leben, wie es von uns erwartet wird. Der Geist der Religiosität hat die Vorstellung vom Glauben als einem Kampf lächerlich gemacht, sodass die meisten Menschen in der Kirche keine Ahnung mehr davon haben, wie man Gefangene befreit und wie man die Einfallstore des Bösen versperrt.

Und schließlich hat der religiöse Geist es fast unmöglich gemacht, dass ein Mensch freikommen kann, indem er die Lüge verbreitet hat, dass *überhaupt kein Kampf stattfindet*. Mal ehrlich: Wie viele Christen kennen Sie, die den geistlichen Kampf als normalen, notwendigen, regelmäßigen Bestandteil ihres Glaubenslebens praktizieren? Einige meiner engsten Freunde halten sich fern von diesem Strom und setzen ein sorgenvolles Gesicht auf, wenn ich auch nur die kleinste Andeutung mache. Das Lied „Vorwärts, Christi Streiter" ist aus den Gesangbüchern verschwunden – nicht etwa, weil es musikalisch aus der Mode gekommen wäre, sondern weil es uns peinlich ist, es zu singen. Wir singen es nicht, weil es uns unwahr erscheint. Wir haben uns stillschweigend gefügt, haben uns kampflos ergeben.

DER UNGEZÄHMTE CHRIST

Impuls: *Wo erlebe ich in der christlichen Gemeinde heute etwas vom Grundauftrag Jesu: „Gefangene werden frei, Blinde werden sehend, Unterdrückte werden von jeder Gewalt befreit" (vgl. Lukas 4,18). Müssen wir etwas vom Kampfgeist früherer Generationen zurückgewinnen?*

SCHÖNHEIT LÄSST SICH NICHT EINFANGEN | 263

Wir sehnen uns nach Schönheit, und wenn die biblischen Verfasser vom Himmel sprechen, verwenden sie die schönste Bildersprache, die ihnen zu Gebote steht. Man spürt förmlich die Qual des Autors, der versucht, es richtig zu beschreiben, während er doch weiß, dass er weit hinter dem zurückbleibt, was er sieht. In der Offenbarung benutzt Johannes unzählige Male das Wort „wie". „Die Gestalt leuchtete wie ein Edelstein, wie ein Jaspis oder Karneol. Und um den Thron strahlte ein Regenbogen, leuchtend wie lauter Smaragde. ... Gleich vor dem Thron war so etwas wie ein Meer, durchsichtig wie Glas, strahlend und hell wie Kristall" (4,3.6). Die Schönheit lässt sich nicht einfangen, die schönsten Dinge auf Erden können bestenfalls auf sie anspielen.

Ich glaube, die Schönheit des Himmels ist der Grund, warum die Bibel von einem Festmahl spricht. Es geht nicht nur darum, dass es kein Leid mehr geben wird, obwohl das allein schon eine überwältigende Freude sein wird; wenn jeder Pfeil, von dem ich je getroffen wurde, herausgezogen und jede Wunde mit den Blättern vom Baum des Lebens verbunden wird (Offenbarung 22,2). Aber da ist noch mehr. Wir werden verklärte Leiber haben, himmlische Körper, mit denen wir an der Schönheit des

Himmels teilhaben können. Edwards schrieb: „Jeder Sinn wird ein Einlass des Entzückens sein." Wir werden nach Herzenslust von der Frucht vom Baum des Lebens essen und aus dem Fluss des Lebens trinken, der durch die Stadt fließt. Und die Speise wird nicht nur unseren Körper satt machen, sondern auch unsere Seele. C. S. Lewis sagte:

> Wir wollen die Schönheit nicht nur sehen, obwohl auch das – Gott weiß es – schon Belohnung genug wäre. Wir wollen etwas anderes, was sich kaum in Worte fassen lässt – wir wollen uns mit der Schönheit, die wir sehen, vereinigen, in sie eindringen, sie in uns aufnehmen, in ihr baden, Teil von ihr werden. (*Das Gewicht der Herrlichkeit*)

Und das werden wir.

GANZ LEISE WIRBST DU UM MEIN HERZ

Impuls: *Kann diese Vorstellung von der Welt Gottes meine Hoffnung nähren?*

264 | WAS WERDEN WIR IM HIMMEL TUN?

Was werden wir im Himmel tun? Die Cartoons in den Zeitungen zeigen uns Heilige, die auf Wolken herumliegen und auf Harfen klimpern. Das verschlägt uns nicht gerade den Atem. Die Tatsache, dass die meisten Christen im Bauch das Gefühl haben, die Erde sei aufregender als der Himmel, ist ein Beweis für die betrügerische Macht des Feindes und das Versagen unserer eigenen Vorstellungskraft. Was sollen wir anfangen mit dem Gedanken der „ewigen Ruhe"? Das hört sich an wie der Werbeslogan eines Beerdigungsinstituts mittlerer Güte. Wir wissen, dass der Himmel mit einer Party anfängt, aber was dann? Ein langes Nickerchen nach dem Essen? Die typische christliche Antwort – „Wir werden Gott anbeten" – hilft uns auch nicht weiter. Gewiss ist diese Antwort biblisch, und vielleicht sagt meine Reaktion nur etwas über mich aus, aber das hört sich so eindimensional an. Etwas in meinem Herzen sagt: *Das ist alles? Wie viele Lieder und Choräle können wir denn singen?*

Ja, wir werden im Himmel Gott anbeten, und das bedeutet, dass das ganze Leben letzten Endes Anbetung sein wird, nicht, dass wir pausenlos „Amazing Grace" singen werden. Das Gleichnis von den anvertrauten Talenten (Matthäus 25) weist hin auf einen Tag, an dem wir alle unsere eigentliche Aufgabe in Gottes Ökonomie erfüllen werden, die Rolle, auf die wir hier auf der Erde vorbereitet wurden. Wer in den kleinen Dingen treu gewesen ist, dem werden im Himmel noch größere Abenteuer anvertraut werden. Wir sehnen uns nach Abenteuern, danach, in etwas einbezogen zu sein, das größer ist als wir selbst, in ein Drama von heroischen Ausmaßen. Das ist nicht nur ein Bedürfnis nach ständigem Nervenkitzel, es gehört zu der Art und Weise, wie wir gemacht sind. Wenn Offenbarung 3 davon spricht, dass wir „Säulen im Tempel unseres Gottes" sein werden, dann bezieht sich das nicht auf die Architektur. Christus verspricht uns hier, dass wir aktiv unsere Bestimmung in den Abenteuern des neuen Königreiches erfüllen werden.

GANZ LEISE WIRBST DU UM MEIN HERZ

Impuls: *Habe ich den Eindruck, dass meine Gaben und Fähigkeiten in vollem Umfang gefragt sind? Wo und wofür bringe ich sie ein?*

265 | Ein Kampf und eine Reise

Das Leben stellt sich nun als ein Kampf und als eine Wanderung dar. Eugene Peterson hat es so ausgedrückt: „Wir müssen die Mächte bekämpfen, die verhindern wollen, dass wir heil werden; wir müssen einen Weg bahnen durch schwieriges und unvertrautes Gelände hin zu unserer wahren Heimat." Es ist nicht so, dass es unterwegs nicht auch Freude und Schönheit, Liebe und Abenteuer gäbe – es gibt das alles. Die Invasion des Reiches Gottes in diese Welt hinein hat bereits begonnen. Aber das Leben in seiner ganzen Fülle steht noch aus. Und deshalb müssen wir unser Herz sorgfältig hüten. Wir tun gut daran, unsere Sehnsucht mit eifersüchtiger, kämpferischer Liebe zu bewachen, als ob sie unser kostbarster Schatz wäre. Wir dürfen den Kampf gegen die Feinde unseres Herzens nicht scheuen – gegen jene Sirenengesänge, die unsere Sehnsucht betören und aufs Riff locken wollen; gegen jene Pfeile, die die Sehnsucht abtöten sollen. Und wir müssen dabei weiterwandern, hin zu Gott, hin zur großen Erneuerung und zu zukünftigen Abenteuern. Eine schreckliche Vorstellung, dass wir das Ende unseres Lebensweges erreichen und dann feststellen könnten, dass wir unser Herz unterwegs verloren haben.

Deshalb lassen Sie es mich noch einmal sagen: Das Leben ist von nun an eine Reise und ein Kampf. Das ist die stimmigste Erklärung für das, was da vor sich geht. Das Leben ist kein Glücksspiel. Auch kein langer Marsch von Pflicht und Schuldigkeit. Es ist nicht nur, wie Henry Ford einmal sagte, „eine verdammte Sache nach der anderen". Das Leben ist eine anspruchsvolle Prüfung, und die führt durch gefährliches Gelände zu einem unvorstellbar guten Ziel, das unsere kühnsten Erwartungen weit übertreffen wird.

Es dürfte klar sein: Unterschiedliche Wege führen zu verschiedenen Zielen. Um das Land der Sehnsucht zu erreichen, müssen wir uns auf den Pfad der Sehnsucht begeben. Anders gelangen wir nicht ans Ziel.

*Impuls: Meine Sehnsucht hüten wie meinen größten Schatz ...
Gegen wen oder was muss ich diese Sehnsucht verteidigen?*

Die Sehnsucht erneuern | 266

Mich erstaunt immer wieder, dass die meisten Menschen Leblosigkeit für normal halten und sich offensichtlich damit abfinden. Diane und Ted hatten mich aufgesucht, um seelsorglichen Rat einzuholen. Wie in so vielen Ehen lagen die eigentlichen Probleme begraben unter Jahren, in denen es einfach nur darum gegangen war, zurechtzukommen und zu garantieren, dass das Boot nicht kentert. Traurigerweise sterben dabei große Regionen unseres Herzens ab. Und so war das Bemühen von Diane und Ted um Vertrautheit gekennzeichnet von viel Schmerz und harter Arbeit. Aber sie machten weiter, bis sie eine Ahnung von dem bekamen, was eine wirkliche Ehe ausmacht. An diesem Punkt fragte Diane Ted nach seinen tiefsten Sehnsüchten: „Wenn ich mehr von dem sein könnte, was du von einer Frau erwartest: Was wünschst du dir insgeheim, was sollte ich dir bieten?" Die meisten Männer würden dafür sterben, dass ihnen einmal diese Frage gestellt wird. Aber was wünschte sich Ted? Saubere Socken. Was anderes fiel ihm nicht ein. Ich war nah daran, ihn aus dem Fenster zu stürzen.

Nicht deshalb, weil seine Antwort unglaublich borniert war oder weil er damit alles ins Lächerliche zog, was seine Frau bereit war, ihm anzubieten. Ich war zornig, weil es *einfach nicht wahr* ist. Wir sind als Ebenbilder Gottes geschaffen; wir tragen die Sehnsucht nach unserem wahren Leben von Vertrautheit und Abenteuer in uns. Wer behauptet, dass wir weniger als das begehren, der lügt. Ted kann sich einbilden, dass saubere Socken ihm Befriedigung verschaffen würden, aber damit ist er auf dem Holzweg. Befriedigung erlangen kann er nur um den Preis, dass er seine Seele investiert.

Wir sind für diese Sehnsucht *geschaffen*. C. S. Lewis sagt:

> Wenn wir die geradezu schamlosen Verheißungen auf Belohnung und die fantastischen Belohnungen, die uns in den Evangelien verheißen werden, betrachten, scheint es, als müssten unsere Wünsche dem Herrn eher zu schwach als zu groß vorkommen. (*Das Gewicht der Herrlichkeit*)

Ganz leise wirbst du um mein Herz

Impuls: *Welche meiner Wünsche könnten Gott zu klein vorkommen? Welche könnten seiner Perspektive für mein Leben entsprechen?*

267 | Geh nicht allein

Als Neo aus der Matrix befreit wird, schließt er sich der Mannschaft der *Nebuchadnezzar* an. Jenes Vehikel ist das Hauptquartier der kleinen Gruppe von Auserwählten, die die Gefangenen befreien sollen. Es sind nur neun Leute, jede und jeder eine eigenständige Persönlichkeit und doch eine Herzensgemeinschaft. Gemeinsam bereiten sie sich auf den Kampf vor. Als sie in die Matrix zurückkehren, um andere zu befreien, hat jeder von ihnen seine Aufgabe, die seinem Talent, seiner Herrlichkeit entspricht. Sie funktionieren als Team. Und sie geben sich gegenseitig Deckung. Neo ist schnell, wirklich schnell, aber er wäre gleichwohl ums Leben gekommen, wäre Trinity nicht gewesen. Morpheus ist begabter als sie alle, und doch braucht es die anderen, um Morpheus zu befreien.

Sie werden dieses Muster im Mittelpunkt aller großen Geschichten entdecken. Prinz Kaspian findet die Unterstützung der letzten verbliebenen treuen Narnianer, und zusammen überwinden sie den bösen König Miraz. Maximus hat nur eine kleine Gruppe von Gladiatoren an seiner Seite, Unfreie, Todgeweihte in den Augen der Welt, und doch triumphieren sie gemeinsam über das mächtigste Imperium auf Erden. Und was Jesus angeht – der hatte die Zwölf. Es ist uns tief ins Herz eingeprägt: *Geh niemals allein.* Die Bibel ist voll von solchen Warnungen, aber solange wir nicht erkennen, wie verzweifelt unsere Lage ist, lesen wir diese Passagen womöglich als Aufforderung zum sonntäglichen Gottesdienstbesuch, mehr nicht.

Nehmen wir noch einmal Frodo oder Neo oder Kaspian oder Jesus als Beispiel. Stellen Sie sich vor: Sie sind von einer kleinen Schar von Gefährten umgeben (alles kantige Persönlichkeiten, aber sie mögen Sie und Sie mögen diese Leute). Wir sind im Krieg – das wissen die Gefährten genau; sie wissen auch, dass es Gottes Absicht ist, Menschen Leben in Fülle zu verleihen. Sie kämpfen füreinander – einer für alle, alle für einen. Stellen Sie sich vor, Sie *könnten* eine solche kleine Herzensgemeinschaft um sich haben. Würden Sie es wollen, wenn es möglich wäre?

Der ungezähmte Christ

Impuls: Was löst die Vorstellung einer solchen Herzensgemeinschaft in mir aus? Gibt es in der Gemeinde Ansätze einer solchen Gemeinschaft?

Es muss klein sein | 268

Frodo wurde nicht etwa von tausend Elben eskortiert, als er von Bruchtal aufbrach. Er hatte acht Gefährten. Auch Jesus zog nicht in Gesellschaft von Hunderten von Anhängern umher. Er hatte zwölf Männer bei sich – jeder Einzelne ein Dickschädel, aber zusammen eine Schar von Brüdern. So funktioniert das im Reich Gottes. Wir sind zwar Teil einer großen Menge, aber unser Leben sollen wir in kleinen Gruppen gestalten. Jeder Zug, den wir bilden, muss so klein sein, dass jedes Mitglied jedes andere Mitglied kennt und als Freund und Verbündeten wahrnimmt. Wenn sich an einem Sonntagmorgen fünftausend

Leute für eine Stunde zusammenfinden, wie sollen sie sich da gründlich *kennen*? Oder lassen Sie es fünfhundert sein, oder hundertachtzig – es funktioniert nicht. Sie können unmöglich enge Vertraute sein. Es kann inspirierend und ermutigend sein, wenn man mit einer großen Menge von Gleichgesinnten zusammen feiert, aber wer von diesen vielen wird für Ihr Herz kämpfen?

Wer wird für Ihr Herz kämpfen?

Wie können wir einander den heilenden Strom der Seelsorge eröffnen, solange wir uns nicht gegenseitig *kennen*, solange wir nicht mit unseren jeweiligen Geschichten vertraut sind? Seelsorge wurde hauptsächlich deshalb zu jener professionalisierten, bezahlten Lebensbegleitung, weil wir sie nirgends sonst gefunden haben. Wir haben eben nicht jene familiären Gruppen gebildet, in denen dieser Strom ganz natürlich fließen kann. Oder wie soll es möglich sein, jemandem tiefe und treffende Worte zu sagen, wenn man diesen Menschen kaum kennt, und das im Foyer des Gemeindehauses, während man gerade die Kinder einsammelt?

Der ungezähmte Christ

Impuls: Wer kämpft für mein Herz?

269 | Die vier Ströme

Wo werden Sie die Vier Ströme finden? Wir können sie kennenlernen, können in sie hineinwachsen, können sie einander anbieten im Rahmen einer kleinen Gemeinschaft. Wir erfahren die Geschichte jedes Einzelnen. Wir entdecken die jeweilige Herrlichkeit. Wir üben uns gemeinsam darin, in der Gegenwart Gottes zu leben, mit ihm unseren Alltag zu gestalten. Wir beten füreinander, beten um Heilung. Wir geben uns gegenseitig Rückendeckung. Diese kleine Herzensgemeinschaft ist die entscheidende Zutat zum christlichen Leben. Jesus hat uns das *aus gutem Grund* vorgelebt. Sicher, er hat zu den Massen gesprochen. Aber *gelebt* hat er in einer kleinen Einheit, einer kleinen Gemeinschaft von Freunden und Verbündeten. Seine Nachfolger haben es ihm nachgemacht: „In großer Freude und mit aufrichtigem Herzen trafen sie sich zu gemeinsamen Mahlzeiten" (Apostelgeschichte 2,46).

Die Kirche, das ist kein Gebäude. Gemeinde, das ist keine Veranstaltung, die jeweils sonntags stattfindet. Ich weiß, wir sind irgendwie da gelandet. In der Bibel wird der Begriff Kirche bzw. Gemeinde *anders* gebraucht. Ganz anders. Gewiss, der Leib Christi, das ist eine gewaltige Menge und umfasst viele Millionen Menschen rund um den Globus. Aber wenn in der Bibel von Gemeinde die Rede ist, dann stets im Sinn von *Gemeinschaft*. Die kleinen Herzensgemeinschaften, die die Vorposten des Reiches Gottes bilden. Das gemeinsame Leben. Sie feiern zusammen Gottesdienst, sie halten gemeinsame Mahlzeiten, beten füreinander, bestehen Prüfungen gemeinsam. Sie stecken beieinander, besuchen sich gegenseitig in ihren Wohnungen. Nachdem Petrus aus dem Gefängnis befreit worden war, ging er „zu dem Haus, in dem Maria wohnte, die Mutter von Johannes Markus", wo die Gemeinde sich versammelt hatte, um für seine Befreiung zu beten (Apostelgeschichte 12,12).

DER UNGEZÄHMTE CHRIST

Impuls: Was kann ich dazu beitragen, Gemeinde wieder zur Herzensgemeinschaft werden zu lassen?

Natürlich sind Kleingruppen längst Teil des Angebots, das die meisten Gemeinden ihren Mitgliedern präsentieren. Zumeist sind diese Gruppen kurzlebig. Das hat zwei Gründe. Zum einen kann man nicht einfach ein paar Leute für einen zwölfwöchigen Glaubenskurs zusammenstecken und dann erwarten, dass sie ohne Weiteres zu Vertrauten und Verbündeten werden. Die Art von geistlichem Leben, die wir brauchen und anstreben, erwächst aus gemeinsamem Leben. Seit einigen Jahren gehen wir in unserer Gemeinschaft gemeinsam Zelten. Wir spielen zusammen; wir helfen einander bei Umzügen; renovieren Zimmer, suchen nach Jobs. Wir veranstalten rauschende Feste. Wir kämpfen füreinander, leben in und mit den Vier Strömen. Darum geht es.

Ich liebe die folgende Charakterisierung: „Alle in der Gemeinde waren ein Herz und eine Seele" (Apostelgeschichte 4,32). Da kommt Kameradschaft zum Ausdruck, eine verschworene Gemeinschaft. Das heißt: Sie liebten alle dasselbe; sie wollten alle dasselbe und sie hatten sich gemeinsam vorgenommen, es zu finden, und wenn es dafür durchs Höllenfeuer und durchs Hochwasser ginge. Und es *wird* durchs Höllenfeuer und durchs Hochwasser gehen, Freunde, und dann wird es sich erweisen, ob Ihre Gruppe durchhält: Das kann sie nämlich nur, wenn Sie ein Herz und eine Seele sind. Judas hat die Brüder verraten, weil sein Herz nie wirklich ganz bei ihnen war, genauso wie Boromir die Gemeinschaft des Rings verrät. Meine Güte – Gemeinden zerbrechen an der Frage, wie breit die Parkplätze sein sollen oder welche Instrumente im Gottesdienst zum Einsatz kommen dürfen. Die meisten Gemeinden sind *nicht* „ein Herz und eine Seele".

DER UNGEZÄHMTE CHRIST

Impuls: Wo teilen die Glieder meiner Gemeinde Leben miteinander? Müssen wir neue Formen gemeinsamen, geteilten Lebens wiederentdecken?

> Die Familie ... ähnelt einem kleinen Königreich, und, wie die meisten kleinen Königreiche, ist sie gewöhnlich in einem Zustand, der an Anarchie erinnert.

Diesen Satz könnte G. K. Chesterton auch über eine kleine Gemeinschaft gesagt haben (unsere *wahre* Familie, denn es ist die Familie Gottes). Es ist wirklich eine Katastrophe. Ich will da gar nichts beschönigen. Es ist *niederschmetternd*. Wenn man mit hundert Leuten zur Kirche geht und sich gemeinsam eine Predigt anhört, das fordert einen nicht sonderlich. Da müssen Sie nicht aus der Deckung kommen. Deshalb ziehen die meisten Menschen Kirchlichkeit echter Gemeinschaft vor. Denn in der Gemeinschaft stehen Sie im Scheinwerferlicht. Dort wird offenbar, wo Sie noch an sich zu arbeiten haben; und das just in dem Moment, in dem auch Ihnen klar wird, wo die *anderen* noch etwas für *ihre* Heiligung tun müssen. Dort werden Sie *wahrgenommen* und *durchschaut* und darin liegt sowohl die Kraft als auch die Gefahr. Ist es nicht so, dass all diese kleinen Gruppen in all diesen Geschichten irgendwann an einem seidenen Faden hängen? Galadriel sagt zu Frodo: „Ob eure Fahrt gelingt, steht auf Messers Schneide. Der kleinste Fehltritt kann sie scheitern lassen, zu unser aller Verderben. Doch bleibt Hoffnung, solange alle Gefährten treu sind."

Wir haben in unserer Gemeinschaft unglaubliche Enttäuschungen erlebt. Wir haben uns gegenseitig verletzt, manchmal schwer. Vergangenes Jahr stellten Stacy und ich unsere Vision davon vor, in welche Richtung sich die Dinge entwickeln sollten – unseren Traum einer erlösenden, heilenden Gemeinschaft. Wir hatten Begeisterung erwartet. Die Reaktion ähnelte eher verständnisloser Reserviertheit. Unser Traum geriet böse unter die Räder. Ich war wie vor den Kopf geschlagen. Enttäuscht. Am nächsten Tag spürte ich, wie mein Herz von Bitterkeit überflutet wurde. Das ist normalerweise der Anfang vom Ende.

DER UNGEZÄHMTE CHRIST

Impuls: Wo werde ich wirklich wahrgenommen? Erlebe ich das als Befreiung oder als Bedrohung?

272 | Die eigenen Rettungsstrategien aufgeben

Sie müssen vermutlich nur ein paar Details ändern, dann haben Sie meine Geschichte – und Ihre eigene. Wir zimmern uns einen geschützten Bereich (*hier* jedenfalls bin ich nicht mehr verwundbar) und suchen uns einen Ort, an dem wir wenigstens eine Idee davon bekommen, wie es ist, geliebt oder zumindest „gebraucht" zu werden. Unser Weg zur inneren Heilung beginnt dort, wo wir uns von diesen Strategien verabschieden, sie aufgeben, bedingungslos. Sie haben uns ohnehin nichts Gutes beschert.

Gott kommt zu uns und fragt: „Erlaubst du, dass ich mich für dich einsetze?" Er durchkreuzt also nicht nur unsere Bemühungen, sondern er macht uns zugleich ein Angebot, so wie bei unserer Freundin Susan: „Lass los. Hör auf zu kämpfen. Gib deine Strategie auf, lass dich auf meine ein. Ich möchte das für dich durchfechten."

> Doch dann werde ich versuchen, sie wiederzugewinnen:
> Ich will sie in die Wüste bringen und in aller Liebe mit ihr reden.
> (Hosea 2,14)

Der erste Schritt auf der Reise zur Heilung Ihres Herzens erfordert eigentlich nur ein „Einverstanden. Ich bin dabei." Nur eine kleine Neuausrichtung im Herzen. Wie der verlorene Sohn wachen wir eines Tages auf und wissen, dass das Leben, das wir uns eingerichtet haben, kein Leben ist. Wir lassen die Sehnsucht wieder zu uns sprechen; wir erlauben unserem Herzen eine Stimme und diese Stimme sagt in aller Regel etwas wie: *So geht es jedenfalls nicht. Mein Leben ist ein Desaster. Ich hab's falsch angepackt, Jesus. Jetzt lasse ich dich dran. Bitte kümmere du dich um mich.*

Weisst du nicht, wie schön du bist?

Impuls: Wie bin ich bisher mit den kleinen und großen „Desastern" meines Lebens umgegangen?

Geben Sie der Furcht keinen Raum | 273

Natürlich ist das beängstigend. Gottes Einladungen annehmen, das erscheint uns oft als das größte Risiko, das wir überhaupt eingehen können. Fragen sie Rahab, Esther, Ruth oder Maria. Im Konversationslexikon wird das Wort Risiko erklärt als „Wagnis, Gefahr; in der Wirtschaft Verlustgefahren, Unsicherheits- und Zufälligkeitsfaktoren ..." Das Leben in der Freundschaft zu Gott ist ein Leben mit hohem Risiko. Andere lieben ist riskant. Sich erkennbar machen und etwas anbieten ist riskant. Den Mund aufmachen, unseren von Gott gegebenen Träumen folgen, die Rolle übernehmen, die Gott uns zugedacht hat – alles riskant. Wundert uns das? Wenn es einfach wäre, würden wir uns ja massenhaft darauf einlassen.

So landen wir am Ende wieder bei dem, was Petrus im Zusammenhang mit seiner Aufforderung an Frauen, anderen ihre Schönheit in Liebe anzubieten, gesagt hat.

„Fürchtet euch vor keiner Einschüchterung." (1. Petrus 3,6; EÜ)

Wir fürchten uns, ans Licht zu treten, weil wir genau wissen, dass es schiefgehen kann. Unsere Narben mahnen uns zur Vorsicht. Könnte ja sein, dass wir scheitern. Dass wir auf Ablehnung stoßen. Und dann? Wir fürchten, dass die Reaktionen der anderen zum beherrschenden Urteil über unser Leben, unser Sein, unser Herz werden. Wir fürchten, dass unsere tiefsten Selbstzweifel im Hinblick auf unsere Weiblichkeit bestätigt werden. Erneut. Dass wir wieder nur die Botschaft unserer Verletzungen hören werden, die vernichtenden Antworten auf unsere entscheidende Frage. Deshalb können wir das Wagnis, uns zu zeigen, *nur* eingehen, wenn wir uns in der Liebe Gottes geborgen wissen. Wenn wir sein Urteil über unser Leben gehört haben. Denn das lautet: Geliebt und auserwählt. Gott findet uns liebenswert. Begehrenswert. Das macht uns frei, auf andere zuzugehen.

WEISST DU NICHT, WIE SCHÖN DU BIST?

Impuls: Wem erlaube ich, ein Urteil über mein Leben zu sprechen?

274 | WAS WILL GOTT VON IHNEN?

Er will dasselbe, was auch Sie wollen. Er möchte geliebt werden. Er möchte so erkannt und gekannt werden, wie nur Liebende einander kennen. Ja, gewiss – er erwartet auch Gehorsam, aber nur, wenn er aus einem Herzen kommt, das vor Liebe zu ihm überfließt. „Wer meine Gebote annimmt und danach lebt, der liebt mich" (Johannes 14,21). Gott auf den Fersen bleiben, das ist der natürliche Wunsch eines Herzens, wenn es von und für Gott eingenommen und in ihn verliebt ist.

Vermutlich haben Sie schon mal gehört, dass in jedem menschlichen Herzen ein Leerraum ist, den nur Gott ausfüllen kann. (Wir haben weiß Gott schon alles Mögliche versucht, dieses Loch zu stopfen, ohne Erfolg.) Beim alten Dichter George MacDonald stieß ich kürzlich aber auf den ganz erstaunlichen Gedanken, dass es auch in *Gottes* Herz einen Raum gibt, den nur wir ausfüllen können. „Folglich gibt es auch in Gott selbst eine Kammer, zu der niemand sonst Zutritt hat außer dem Einzelnen." Außer Ihnen. Dazu sind Sie geschaffen: einen Platz im Herzen Gottes einzunehmen, den sonst nichts und niemand ausfüllen kann. Unglaublich. Gott verzehrt sich nach *Ihnen*.

Gott möchte teilhaben an Ihren alltäglichen Entscheidungen, Ihren Wünschen und Niederlagen. Er möchte Ihnen nah sein mitten in Chaos und Alltagsroutine, in der Waschküche und im

Festsaal, beim Planen und Auswerten und auch, wenn es wehtut. Er möchte Sie mit seiner Liebe überschütten und hofft darauf, dass Sie diese Liebe erwidern. Er sehnt sich nach Ihrem Herzen, er will dort sein, wo Sie ganz *Sie selbst* sind. Er ist nicht interessiert an einer innigen Beziehung mit der Rolle, die Sie glauben darstellen zu müssen. Er möchte vertraut sein mit Ihrem wahren Ich.

Weisst du nicht, wie schön du bist?

Impuls: „Geschaffen, einen Platz im Herzen Gottes einzunehmen, den sonst nichts und niemand ausfüllen kann." Kann ich mir vorstellen, dass ich Gott fehle?

Vergesslichkeit

Auf dem Weg der Sehnsucht sind unsere größten Feinde nicht die Pfeile, nicht der Feind und auch nicht unsere falschen Liebhaber. Das größte Hindernis für das Herz eines Pilgers ist schlicht und einfach die Vergesslichkeit, genauer gesagt: das Versäumnis, sich zu erinnern. Sie *werden* vergessen; dies ist nicht das erste Buch, das Sie auf Ihrer Suche nach Gott lesen. Was haben Sie von den anderen noch in Erinnerung? Wenn Gott Sie durch dieses Buch angerührt hat, dann war es sicher nicht das erste Mal, dass er das tat. Was haben Sie mit all den anderen Malen gemacht? Ich hatte selbst genügend Begegnungen mit Gott, dass meine Überzeugung ein Leben lang vorhalten müsste – warum lebe ich dann nicht mit größerem Glauben? Weil ich vergesse.

Die Geschichte vom Goldenen Kalb macht mich demütig. Diese Israeliten, die Gott gerade aus Ägypten befreit hatte, hatten wirklich viel erlebt. Zuerst die Plagen; dann das Passah-Ereignis; dann die Flucht vor den Armeen des Pharao und die Rettung in letzter Minute direkt durch das Rote Meer. Danach das Manna: Frühstück im Bett sozusagen, und das monatelang jeden Morgen. Wasser aus dem Felsen. Sie sahen das Feuerwerk am Berg Sinai und erzitterten im Wüstensand vor der Gegenwart Gottes. Man kann wohl gefahrlos sagen, dass diese Gruppe befreiter Sklaven allen Grund hatte, zu glauben. Dann verschwindet ihr Anführer Mose für vierzig Tage in dem „verzehrenden Feuer", das den Gipfel des Berges einhüllt und das sie mit eigenen Augen sehen können. Während er fort ist, werfen sie alles über den Haufen und veranstalten eine wilde Fruchtbarkeitsparty zu Ehren eines Götzen, den sie aus ihren Ohrringen angefertigt haben. Meine erste Reaktion ist arrogant: Wie konnten sie nur so dumm sein? Wie konnten sie alles vergessen, was sie direkt aus der Hand Gottes empfangen hatten? Meine zweite Reaktion ist ein bisschen ehrlicher: Das bin ich; das würde ich auch bringen; ich vergesse ja dauernd.

Ganz leise wirbst du um mein Herz

Impuls: Was bestimmt mein Gebet mehr: die dankbare Erinnerung an Gottes Liebesbeweise oder der Mangel, den ich in unterschiedlichen Lebensbereichen empfinde?

276 | Eine Sprache für das Herz

Unsere Akte des Erinnerns müssen darum beides umfassen: unverzichtbare Grundwahrheiten und dramatische Erzählung. Ich glaube, wir müssen die Glaubensbekenntnisse in der einen und die Kunstformen, die wir am meisten lieben, in der anderen Hand halten. Es gibt Filme, Bücher, Gedichte, Lieder und Gebete, zu denen ich aus irgendeinem tiefen Grund in meinem Herzen immer wieder zurückkehre. Wenn ich näher hinschaue, sehe ich, dass sie alle mir von einem Teil der Göttlichen Romanze erzählen. Sie helfen mir, zu einer tieferen Erinnerung zu erwachen. Don Hudson sagte: „Kunst ist, genau betrachtet, ein Fenster zum Himmel."

Jetzt, wo wir unseren Weg angetreten haben, wird der Feind tun, was er kann, um uns die Romanze zu rauben. Eine Weise, wie er das tut, besteht darin, uns nur Lehrsätze oder, schlimmer noch, „Prinzipien" zu hinterlassen, wie etwa „die Managementtechniken Jesu" oder „die Marketingmethoden Jesu". Das Herz kann nicht allein von Fakten und Prinzipien leben; es spricht die Sprache der Erzählung, und wir müssen die Wahrheiten unseres Glaubens auf eine solche Weise einstudieren, dass unser Herz und nicht nur unser Verstand davon ergriffen wird.

Wie bewahrte sich Jesus sein leidenschaftliches Herz angesichts der brutalen Widerstände, auf die er stieß? *Er verlor nie aus dem Blick, wohin er wollte.* Er hatte eine Vision für die Zukunft, die in der Vergangenheit gegründet war. Im Bericht vom letzten Abendmahl wird uns gesagt, dass Jesus wusste, „dass er von Gott gekommen war und zu ihm zurückkehren würde" (Johannes 13,3), und dass er sein Leben der selbstlosen Liebe bis zum Ende lebte. Er erinnerte sich sowohl daran, woher er kam, als auch daran, wohin er ging. Und das müssen auch wir tun.

Ganz leise wirbst du um mein Herz

Impuls: Wovon ernährt sich mein Glaube? Erreicht er vor allem meinen Kopf oder auch mein Herz?

Sich gemeinsam erinnern | 277

Erinnerung ist auch eine Sache der Gemeinschaft. Wir müssen unsere Geschichten anderen erzählen und ihre Geschichten anhören. Wir müssen einander helfen, die Große Geschichte und unsere eigene Geschichte zu deuten. Wenn wir uns zum Gottesdienst treffen, sollen diese Zeiten auch der gemeinschaftlichen Erinnerung dienen. „Dies hat Gott getan", sagen wir; „dies wird er tun." Wie anders würde es am Sonntagmorgen bei uns zugehen, wenn unser Gottesdienst davon bestimmt wäre, dass wir einander die Göttliche Romanze im Kontext unserer wirklichen Lebensgeschichten erzählen würden. Das ist weit entfernt von dem Herunterleiern von Fakten, dem Auflisten von Prinzipien, dem Abhaken von Programmpunkten, das so viele unserer modernen Gottesdienste kennzeichnet.

Einer der Gründe, warum der evangelikale Glaube heute so dünn wirkt, ist der, dass er einfach nur modern ist; er hat keine Verbindung mit den Jahrhunderten voller Heiliger, die uns vorausgegangen sind. Unsere Erinnerungsgemeinschaft sollte nicht nur die Heiligen einschließen, die gleich bei uns in der Straße wohnen, sondern auch diejenigen aus den alten Zeiten. Lasst uns die Geschichten von John und Teresa aus der letzten Woche hören, aber auch jene von Johannes vom Kreuz und von Teresa von Avila, um nur zwei von ihnen zu nennen. Lasst uns von jener „großen Wolke von Zeugen" hören und von ihren Erfahrungen auf der Pilgerschaft lernen, damit unsere Erinnerung die lange Geschichte der Beziehung Gottes zu seinem Volk einschließen kann.

Erinnerung ist mehr als nur Nostalgie; sie ist ein Akt des Überlebens, unsere Art, „mit aller Sorgfalt über unser Herz zu wachen". In *Die Brüder Karamasow* sagt der freundliche Aljoscha: „Und selbst wenn nur eine einzige gute Erinnerung in unserem Herzen bleibt, so mag diese allein eines Tages zu unserem Heil dienen."

GANZ LEISE WIRBST DU UM MEIN HERZ

Impuls: Mein Glaube beginnt und endet nicht mit mir. Ich bin eingereiht in eine lange Geschichte Gottes mit den Menschen. Das kann entlasten.

> Darum hat mir der Herr aufgetragen, euch zu sagen: Lebt nicht
> länger wie Menschen, die Gott nicht kennen! Ihr Denken ist
> verkehrt und führt ins Leere, ihr Verstand ist verdunkelt.
> Sie wissen nicht, was es bedeutet, mit Gott zu leben, und ihre
> Herzen sind hart und gleichgültig. Ihr Gewissen ist abgestumpft,
> deshalb leben sie ihre Leidenschaften aus. Sie sind zügellos und in
> ihrer Habgier unersättlich. (Epheser 4,17-19)

Paulus spielt hier auf einen Verlust an Empfindsamkeit an, den die meisten Menschen als normal akzeptieren. Dabei führt diese Abstumpfung zu Sünde, zu Sinnlichkeit und Begierde. Die gefühllose Seele muss mit immer stärkeren Reizen stimuliert werden, um überhaupt noch etwas zu empfinden. Das ist natürlich die Abwärtsspirale jeder Sucht. Denken Sie nur an die Entwicklung der Fernsehfilme in den letzten dreißig Jahren. Was wir heute erleben, hätte man früher ungeheuerlich und ekelerregend gefunden. Fernsehsender müssen immer mehr Sex und Gewalt zeigen, um überhaupt noch unsere Aufmerksamkeit zu erregen. Wir sind so sinnlich geworden. Deshalb ist Heiligkeit nicht gleichbedeutend mit Gefühlskälte, sondern mit Empfindsamkeit. Es geht darum, dass wir besser auf unsere Sehnsüchte achten, auf das, wofür wir in Wahrheit geschaffen sind und was wir deshalb auch wirklich erstreben.

Unser Problem ist, dass wir mittlerweile daran gewöhnt sind, das Leben überall zu suchen, nur nicht bei Gott. Und so kommentiert Gerald May: „Je mehr wir uns daran gewöhnen, geistliche Befriedigung durch etwas anderes als durch Gott zu suchen, umso unnatürlicher und anstrengender empfinden wir es, direkt nach Gott zu fragen." Unser Instrument ist durch jahrelangen Missbrauch verstimmt.

GANZ LEISE WIRBST DU UM MEIN HERZ

Impuls: „Wir suchen das Leben überall, nur nicht bei Gott."

279 | Die ganze Pralinenschachtel

Alles in Ihnen begehrt vielleicht auf mit Worten wie: „Aber Sie verstehen mich nicht. Ich *möchte* die ganze Pralinenschachtel leer futtern (oder mit meinem Freund schlafen oder meinem Ärger freien Lauf lassen). Genau das wäre in diesem Augenblick wahres Leben für mich." Was sagt Gott darauf: „Ich weiß, dass du das so empfindest, aber am Ende wird es dich umbringen. Was du für Leben hältst, ist keines. Das ist nicht der Trost (oder die Liebe oder die Bedeutung), die du suchst. So wirst du dich am Ende selbst zerstören." Die Gebote Gottes werden unser Lehrbuch, wenn es darum geht, unser Verlangen zu stillen. Wir brauchen das Gesetz, weil unser Instrument verstimmt ist. Wir sind uns eben nicht die ganze Zeit über bewusst, was wir uns *wirklich* ersehnen.

Worum geht es denn im ersten Gebot: Gott fordert uns dazu auf, ihn von ganzem Herzen und von ganzer Seele, mit all unserem Verstand und aller Kraft zu lieben. Das ist keine Last, sondern eine Rettungsleine, ein Weg heraus aus dem Dschungel der Sehnsucht. Solange wir nicht Gott als Inbegriff unseres wahren Lebens suchen, wird sich unsere Sehnsucht nach ihm auf andere Sehnsüchte übertragen und wird ihnen eine Endgültigkeit und Bedeutung verleihen, die ihnen niemals zustand. Wir verzweifeln dann, bemühen uns und machen uns Gedanken um alle möglichen Dinge, und wenn wir sie erst einmal haben, dann beginnen sie, uns zu beherrschen. Das ist der Unterschied zwischen Wünschen und Bedürfnissen. Alles, was wir wirklich brauchen, ist Gott. Stets versucht, uns von Gott zu entfernen, glauben wir auf einmal, wir seien auf alle möglichen anderen Dinge angewiesen. Unsere Sehnsucht wird unstillbar, weil wir unser Verlangen nach dem Unendlichen auf vergängliche Dinge übertragen haben. Gott rettet uns aus diesem Durcheinander von Verwechslungen, indem er unser Herz wieder auf ihn ausrichtet.

Ganz leise wirbst du um mein Herz

Impuls: „Wir brauchen die Gebote, weil unser Instrument verstimmt ist." Wie sind die Worte „Gebote" und „Gehorsam" für mich emotional besetzt?

Gott ist lebendig | 280

Theologen und Bibellehrer sagen uns, Gott sei „affektlos", er lasse sich nicht von Emotionen bestimmen, wie wir Menschen es tun. Aber stimmt das? Lesen wir doch Jesaja oder Jeremia oder Hosea. A. W. Tozer schreibt in *The Pursuit of God*: „Wir haben fast vergessen, dass Gott Person ist ... und dass er in der Tiefe seines gewaltigen Wesens denkt, will, jubelt, fühlt, liebt, sehnt und leidet wie jede andere Person auch."

Philip Yancey beschreibt in seinem Buch *Von Gott enttäuscht*, wie er sich zurückzieht, um sich seinen Zweifeln an Gott zu stellen und in der Bibel nach Antworten zu suchen. Was er entdeckte, veränderte sein Leben:

> Beim schlichten Lesen der Bibel entdeckte ich nicht einen nebulösen Dunst, sondern eine wirkliche Person. So einzigartig und unverwechselbar und schillernd wie jede andere Person, die ich kenne. Gott hat tiefe Gefühle; er empfindet Freude und Frustration und Zorn ... Als ich so die Bibel studierte, begann ich zu staunen, wie sehr Gott sein Herz durch Menschen berühren und bewegen lässt. Ich war nicht vorbereitet auf die Freude und die Qual – kurz: die Leidenschaft – dieses Gottes. Ich hatte „über" Gott nachgedacht, ihn gezähmt und in Worte und Begriffe gezwängt, die ich schön säuberlich einordnen konnte, und dadurch hatte ich die Kraft der leidenschaftlichen Beziehung verloren, die Gott vor allem sucht. Die Menschen, die am engsten mit Gott verbunden waren – Abraham, Mose, David, Jesaja, Jeremia –, behandeln ihn mit erstaunlicher Vertrautheit. Sie reden mit ihm, als säße er neben ihnen, wie man mit einem Berater, einem Chef, den Eltern oder dem Geliebten redet. Sie behandeln ihn als Person.

Ganz leise wirbst du um mein Herz, Journal

Impuls: Wo erlebe ich „die Kraft der leidenschaftlichen Beziehung, die Gott vor allem sucht"?

281 | Anbetung – Liebeserklärung an Gott

Henri Nouwen bat einmal Mutter Teresa um eine geistliche Weisung. Sie sagte ihm: „Verbringe eine Stunde am Tag in der bewundernden Verehrung deines Herrn, und tu niemals etwas, von dem du weißt, dass es falsch ist." Was für eine schlichte und doch profunde Regel. Anbetung bedeutet nichts anderes, als dass das Herz selbstvergessen seinen Gott bewundert. Anbetung ist die Äußerung der Vertrautheit, nach der wir uns sehnen. Nur wenige von uns erfahren wohl regelmäßig etwas davon. Aber genau das brauchen wir. Unbedingt. Regelmäßig in der Kirche aufzutauchen, das hat herzlich wenig mit Anbetung zu tun, genauso wenig wie das Singen von Liedern mit religiösem Inhalt. Was zählt, das ist allein die *Haltung der Seele*. Das offene Herz, das Gott seine Liebe erklärt und mit ihm kommuniziert. Es ist eine Frage der Sehnsucht.

Anbetung findet da statt, wo wir zu Gott vom Grund unseres Herzens sagen: „Du bist der Eine, nach dem ich Verlangen habe." Thomas von Kempen hat es so ausgedrückt: „Nichts Geschaffenes kann mein Sehnen völlig stillen und mich trösten. Verknüpfe mich mit dir durch das unzerreißbare Band der Liebe, denn du allein bist dem Liebenden genug und ohne dich sind alle Dinge wertlos."

Ich habe ein Jahr lang mit den Psalmen verbracht. Ich studierte die Psalmen nicht verstandesmäßig, ich betete sie mit dem Herzen. Sie haben dem Schrei meiner Seele eine Stimme verliehen – der Angst, der Traurigkeit, der Freude, dem Schmerz. Sie enthalten all das. Was ich bemerkenswert finde: Ganz gleich, wo der Psalmdichter beginnt, er landet fast immer bei der Anbetung. Das ist kein Zufall. Dahin muss uns unsere

Reise führen. „Unruhig ist unser Herz, bis es Ruhe findet in dir", sagt Augustinus. Das ist eine Anspielung auf unsere Sehnsucht. Gott ist unsere einzige Hoffnung, dass das unaufhörliche Sehnen und Verlangen gestillt wird – in der Vereinigung mit ihm.

GANZ LEISE WIRBST DU UM MEIN HERZ

Impuls: Ich bete meinen Lieblingspsalm und lasse mich von ihm in die Anbetung des Herzens führen.

AUF ENTBEHRUNGEN GEFASST SEIN | 282

Weitverbreitet in der Christenheit ist die Meinung, dass der christliche Glaube irgendwie all unsere Sehnsüchte befriedigt. So wie es in einem Jungscharlied heißt: „Ich bin von innen, außen, oben, unten glücklich allezeit." Was für ein Unsinn! Augustin hat einmal geschrieben: „Das gesamte Leben des guten Christen ist ein heiliges Verlangen. Was man inbrünstig ersehnt, auch wenn man es noch nicht sieht." Deshalb: „Lasst uns an der Sehnsucht festhalten, denn sie wird gestillt werden … Das ist unser Leben: durch Sehnsucht geprüft werden." Da haben wir wieder das Geheimnis. Verlangen führt irgendwo auf dem Weg zur Erfüllung. Das bedeutet auch: Zufrieden sein ist nicht dasselbe wie erfüllt sein.

Paulus sagt: „Ich habe gelernt, mir genügen zu lassen" (Philipper 4,12; L), und viele Christen schließen daraus, dass er nicht länger den Durst der Seele erlebt hat. Aber etwas weiter vorn im selben Brief sagt der alte Heilige, dass er das Ziel seiner Sehnsucht noch *nicht* erreicht hat und noch *nicht* vollkommen ist. Ganz im Gegenteil. Er beschreibt sich als einen, der weiter ringt, der „alles daran setzt, das Ziel zu erreichen" (3,12ff.). Das sind nicht die Worte eines Mannes, der keine Sehnsucht mehr kennt, weil er schon alles erreicht hat. Das ist das Zeugnis eines Mannes, den die Sehnsucht antreibt, die Prüfungen des Lebens erfolgreich zu bestehen.

Zufriedenheit ist nicht die Freiheit *von* Sehnsucht, sondern vielmehr die Freiheit *der* Sehnsucht. Wer zufrieden ist, behauptet nicht, dass alles nach Plan verläuft, und handelt auch nicht so, als ob er keine Wünsche mehr hätte. Vielmehr wird er nicht mehr von seinen Sehnsüchten *beherrscht*.

Ganz leise wirbst du um mein Herz

Impuls: „Zufriedenheit ist nicht die Freiheit von Sehnsucht, sondern vielmehr die Freiheit der Sehnsucht."

283 | Unstillbare Sehnsucht

> Was für einen Sinn hat dieses unstillbare Verlangen und die Unmöglichkeit seiner Erfüllung, wenn nicht einst dem Menschen ein Glück zu eigen war, von dem jetzt nur noch verblasste Spuren zeugen, Lücken, die er mit allem, was ihm zu Gebote steht, auszufüllen sucht? Aber es ist vergeblich, dass er sich von nicht vorhandenen Gegenständen die Befreiung verspricht, die bereits vorhandene Dinge nicht geben können. In der Tat kann kein Ding sie geben, denn in einer Seele, die ewig leben wird, ist ein endloser Leerraum, den nichts ausfüllen kann als nur ein endloses, unveränderliches Sein.
> (Blaise Pascal, *Gedanken über die Religion*)

Du kannst zufrieden sein, sagt Pascal; du wirst nur nie satt sein. Es steckt viel Freude in einem Glas Rotwein; eine ganze Flasche – das wäre eine andere Geschichte. Vertrauliche Gespräche befriedigen einen anderen Durst, aber es ist schlimm, wenn man jeden Abend eines arrangieren muss. Die Israeliten haben versucht, das Manna zu horten – mit dem Ergebnis, dass es von Würmern wimmelte. Pascal warnt davor, dass die unstillbare Sehnsucht unserer Seele zu einem Gift werden kann, nämlich dann, wenn sie nach Befriedigung hier und jetzt verlangt, Befriedigung durch die an und für sich schönen und guten Dinge in unserem Leben.

Gott geht auf die Sehnsüchte unseres Herzens ein, wenn wir uns an ihm freuen: „Du tust deine Hand auf und sättigst alles, was lebt" (Psalm 145,16; L). Nicht immer, nicht auf unseren Befehl hin, aber ganz sicher gibt er uns mehr, als wir verdienen. Gott freut sich, wenn er seinen geliebten Kindern gute Gaben schenkt. Aber jene alte Wurzel in uns verleitet uns dazu, dass wir uns vom Geber ab- und der Gabe zuwenden und unsere Befriedigung darin suchen, dass wir voll sind. Vor diesem verhängnisvollen Schwenk sollten wir uns hüten, davor sollten wir unser Herz mit liebevoller Aufmerksamkeit bewahren.

GANZ LEISE WIRBST DU UM MEIN HERZ

Impuls: *„Gott, weil er groß ist, gibt am liebsten große Gaben. Ach, dass wir Armen nur so kleine Herzen haben."*

WIE SICH HOFFNUNG ANFÜHLT | 284

> Wir wissen ja, dass die gesamte Schöpfung leidet und stöhnt wie eine Frau in den Geburtswehen. Aber auch wir selbst ... warten voll Sehnsucht darauf, dass Gott uns als seine Kinder zu sich nimmt und auch unseren Leib von aller Vergänglichkeit befreit. Darauf können wir zunächst nur hoffen, obwohl wir schon gerettet sind. Hoffen aber bedeutet: noch nicht haben. Denn was einer schon hat und sieht, darauf braucht er nicht mehr zu hoffen. Hoffen wir aber auf etwas, das wir noch nicht sehen können, dann warten wir zuversichtlich darauf. (Römer 8,22-25)

Wunderbar. Paulus verrät uns das Geheimnis des pilgernden Herzens. Wir leben in Hoffnung, und er sagt, dass Hoffen gleichbedeutend ist mit Warten. Und Seufzen. Wann haben Sie das zuletzt in einer Predigt gehört oder als Buchtitel gelesen? *Auch Sie dürfen innerlich seufzen, während Sie gedul-*

dig warten! – Alles, was ich zuletzt gesehen habe, waren Versprechungen nach dem Muster „Wie kriegt man, was man will?" Wie man im Beruf erfolgreich wird. Wie man in der Liebe erfolgreich wird. Erfolgreich in Beruf *und* Liebe zugleich.

Zwei Testfragen, anhand derer Sie herausfinden können, ob Sie ein Pilger sind oder die Dinge lieber selbst in die Hand nehmen: Worauf warte ich? Wonach sehne ich mich brennend, ohne dass ich etwas unternehme, um es zu erreichen? – Als ich mir diese Fragen zum ersten Mal stellte, fiel mir nichts ein. Es gab eine Menge Dinge, an denen ich arbeitete oder um die ich mich bemühte oder auf die zu warten ich bereits aufgegeben hatte. Ich bin dankbar, dass das mittlerweile vorbei ist. Die Dinge haben sich verändert. Jetzt frage ich mich: Was versuche ich immer noch irgendwie hinzubekommen? Ich sollte wohl auch das besser bleiben lassen.

GANZ LEISE WIRBST DU UM MEIN HERZ

Impuls: Worauf warte ich? Wonach sehne ich mich brennend, ohne dass ich etwas unternehme, um es zu erreichen?

285 | WARTEN …

Warten heißt, die geistliche Gabe der Indifferenz, der Freiheit von den Dingen, einzuüben, die Freiheit der Sehnsucht. Nicht die Abwesenheit von Sehnsucht, sondern Sehnsucht im Ruhezustand. Johannes vom Kreuz beklagte, dass „die Sehnsüchte die Seele bekümmern und ermüden; denn sie sind wie ruhelose und undankbare Kinder, die immer dieses oder jenes von ihrer Mutter fordern und nie zufrieden sind". Indifferenz stellt sich dort ein, wo jene fordernden Kinder zur Ruhe kommen, so wie David es besungen hat:

Still und ruhig ist mein Herz, so wie ein sattes Kind im Arm der Mutter – still wie ein solches Kind bin ich geworden.
(Psalm 131,2; GN)

Ein schönes Bild: Ein kleines Kind schmiegt sich an die Brust seiner Mutter. Kein Gejammer, keine trotzigen Tränen. Es ist gestillt. Es vertraut.

Das Wort *Indifferenz* hat nichts gemein mit Teilnahmslosigkeit oder Gleichgültigkeit. Gerald May schreibt: „Ein korrektes geistliches Verständnis von Indifferenz entwertet weder die Sehnsucht noch die Objekte der Sehnsucht." Stattdessen zielt Indifferenz darauf ab, „das eigene ängstliche Eifern zu beenden, damit man frei wird für eine hingebungsvolle Beziehung zu Gott".

Thomas von Kempen hat gesagt: „Halte noch ein wenig aus, meine Seele; erwarte die Erfüllung der göttlichen Verheißung, so wirst du im Himmel an allen Gütern Überfluss haben!" Aus diesem Blickwinkel betrachtet entdecken wir, dass Sehnsucht uns wachsen lässt. Etwas in uns nimmt zu, wenn Sie so wollen, die Kapazität für das Leben und die Liebe und für Gott.

Im Sehnen steckt tatsächlich so etwas wie ein süßer Schmerz, der unser Herz umso mehr auf die Heimat ausrichtet.

GANZ LEISE WIRBST DU UM MEIN HERZ

Impuls: *Kann ich unterscheiden zwischen der „ruhelosen" Sehnsucht und der gelassenen Gelöstheit der vertrauenden Sehnsucht?*

286 | Das Herz hüten – für andere

Es hat nichts mit Selbstsucht zu tun, wenn wir gut für unser eigenes Herz sorgen. Es ist vielmehr der Anfang der Liebe.

Jawohl: Wir hüten unser Herz um der anderen willen. Klingt das nicht wie ein Widerspruch? Ganz und gar nicht. Was können Sie anderen denn geben, wenn Ihr Herz leer ist, ausgetrocknet, kraftlos? Es geht um Liebe. Und Sie können nicht lieben ohne Ihr Herz. Sie können nicht gut lieben, solange es um Ihr Herz nicht gut bestellt ist.

Wenn wir uns darüber unterhalten, was es heißt, andere zu lieben, dann sollte das eine klar sein: So wie Sie Ihr eigenes Herz behandeln, so werden Sie auch mit anderen umgehen. Das ist der tiefere Sinn darin, wenn Jesus sagt, dass wir einander so lieben sollen, *wie wir uns selbst lieben* (Markus 12,31). „Ein schreckliches Gebot", meint C. S. Lewis, „wenn das Selbst nur hassenswert wäre." Wenn Sie Ihr Herz verachten, dann werden Sie letztlich auch das Herz Ihrer Mitmenschen verachten. Wenn Sie von Ihrem Herzen Perfektion erwarten, dann werden Sie diesen Maßstab auch an andere anlegen. Wenn Sie Ihr Herz in Richtung Effizienz und Leistung trimmen, dann werden Sie auch andere entsprechend unter Druck setzen.

Nun wenden Sie vielleicht ein: „Aber ich bin anderen gegenüber doch großzügig. Ich bin nur hart zu mir selbst." Diese Ausrede habe ich selbst jahrelang bemüht. Es funktioniert nicht. Selbst wenn wir uns anstrengen, anderen gegenüber barmherzig zu sein, während wir zugleich uns selbst kurzhalten oder schlechtmachen, werden sie doch sehen, wie wir unser Herz behandeln, und werden stets das Empfinden haben, dass wir sie letztlich genauso behandeln. Und sie haben recht. Mit der Zeit, das ist unvermeidlich, werden wir auch andere schlecht behandeln.

Der ungezähmte Christ

Impuls: Wo gehe ich nicht liebevoll mit mir selbst um?

Das Herz hüten – für Gott

Indem Sie Ihr Herz hüten, beschützen Sie zugleich Ihre Beziehung zu Gott.

Hier kommt ein neuer Gedanke ins Spiel. War unser Herz nicht der Ort, an dem Gott Wohnung bezieht? Hier erfahren wir doch Gemeinschaft mit ihm. Hier hören wir seine Stimme. Ich kenne viele Leute, die Gott noch nie zu sich persönlich sprechen gehört haben, und das sind dieselben Leute, die fern von ihrem Herzen leben; sie üben ein Christentum der Prinzipien. Und wundern sich dann, warum Gott so fern erscheint. *All das von wegen persönlicher Umgang mit Gott – das ist vielleicht was für andere, aber nicht für mich.* Das ist wie bei einem Freund, der das Telefon hasst. Er zahlt die Rechnungen nicht; es schert ihn nicht, wenn die Telefongesellschaft den Anschluss stilllegt. Und dann wundert er sich, warum ihn keiner anruft. Man kann nicht sein Herz abklemmen und zugleich erwarten, dass Gott von sich hören lässt.

Bernhard von Clairvaux beschreibt Reife im christlichen Glauben als den Zustand, in dem wir „uns selbst lieben um Gottes willen", und er meint damit: Weil Gott unser Herz als den Schatz seines Reiches betrachtet, tun wir das ebenfalls. Wir kümmern uns um unser Herz in derselben Weise, wie sich eine Frau pflegt, die sich innig geliebt weiß. Gottes Freunde hüten ihr Herz, weil sie wissen, dass es Gott wichtig ist.

Der ungezähmte Christ

Impuls: Was kann ich heute tun, um sorgfältig mit meinem Herzen umzugehen? Was muss ich heute lassen?

288 | Fassen Sie sich ein Herz

Wir ziehen nun in den Kampf. Es ist höchste Zeit und Sie werden gebraucht. Wir brauchen Ihr Herz.

Sie müssen sich nun wieder der mythischen Ebene der Wirklichkeit zuwenden – morgen und übermorgen und jeden weiteren Tag. Lesen Sie den Bericht über die Schlacht um Helms Klamm; es ist das siebte Kapitel von *Die zwei Türme*. Schauen Sie sich einen Film aus der Tolkien-Trilogie an, egal welchen. Oder den Anfang von *Gladiator*. Das ist genau die Situation, in der wir uns befinden. Das trifft so exakt die Wahrheit dessen, was wir durchmachen müssen – und werden. Lassen Sie den Höhepunkt von *Der Prinz von Ägypten* auf sich wirken, wo Gott gegen Ägypten in den Krieg zieht, um sein Volk zu befreien. Wenn die Bilder des Exodus Ihr Herz nicht anrühren, dann weiß ich auch keinen Rat mehr.

Wir stecken nun tief drin in jener epischen Geschichte, auf die alle großen Mythen hinweisen. Wir haben jetzt den Punkt erreicht, an dem auch wir uns ein Herz fassen und aufstehen müssen, damit wir unser eigenes Herz zurückgewinnen und um die Herzen anderer kämpfen können. Die Stunde ist schon vorgerückt, viel Zeit ist vergeudet worden. Aslan ist unterwegs; wir müssen uns beeilen, um ihn am steinernen Tisch zu treffen. Wir müssen Gepetto finden, der einsam auf dem Meer treibt. Wir müssen scharf reiten, reiten nach Helms Klamm, und dort in die große Schlacht um Mittelerde eintreten. Ergreifen Sie alles, was Gott Ihnen zur Verfügung stellt. Sie werden alles brauchen, was Ihnen hilft, mit den Augen des Herzens zu sehen, auch jene Mythen und die Art, wie sie uns das Wort Gottes erhellen, das er uns in der Bibel gegeben hat und von dem es heißt: „Ihr tut gut daran, es zu beachten; denn es ist ein Licht, das an einem finsteren Ort scheint, bis der Tag anbricht und der Morgenstern aufgeht in eurem Herzen" (2. Petrus 1,19).

Der ungezähmte Christ

Impuls: Wo, glaube ich, verlaufen die geistigen und geistlichen Kampffronten unserer Zeit?

Was geht hier eigentlich wirklich vor? | 289

Entweder *(a)* wir haben es vermasselt oder *(b)* Gott hält uns zum Narren. Vielleicht ist auch eine Mischung aus beidem wahr – bei der Überzeugung landen schließlich die meisten. Denken Sie darüber nach. Landen nicht auch *Sie* da, nach alledem, was in Ihrem Leben nicht nach Plan gelaufen ist? Ist da nicht eine Spielart von „Wahrscheinlich bin ich selbst dran schuld"? Hätten Sie es besser machen können, wenn Sie nur schlauer oder mutiger oder schöner oder sonst was gewesen wären? Oder ist es eher „Gott hat mich hängen lassen", denn Sie wissen *genau*, dass er sie hätte heraushauen können, aber er hat es nicht getan – und was machen Sie nun mit dieser Erkenntnis?

Nebenbei: Das ist DAS große Rätsel, das jeder Philosoph, jede Religion und beileibe nicht nur die Christenheit in ihren unterschiedlichen Spielarten seit Beginn der Menschheitsgeschichte zu lösen versucht hat. *Was geht hier eigentlich wirklich vor?* Meine Güte – das Leben ist brutal. Tag für Tag drischt es auf uns ein, bis wir aus dem Blick verloren haben, wofür uns Gott eigentlich geschaffen hat, und wir haben nicht mehr den geringsten Schimmer, warum uns all die Dinge passieren, *die* uns passieren. Wir sehen die Zwillingstürme in New York zusammenstürzen und Tausende Menschen unter sich begraben, wir sehen Kinder in Äthiopien hungern, und Peng! Wenn wirklich ein guter Gott am Ruder wäre ... – so denken wir doch.

Wir brauchen Klarheit, und zwar dringend. Ein schlichtes Gebet steigt in meinem Herzen auf: *Jesus, blas den Nebel und die Wolken und den Schleier weg und hilf mir zu sehen ... gib mir Augen für die Wirklichkeit.*

Der ungezähmte Christ

Impuls: Im Blick worauf fühle ich mich „selber schuld" oder von Gott im Stich gelassen? Kann ich mit Gott über diese Dinge reden?

290 | Die Geschichte, in der wir stecken

Und nun? Nun stehen wir irgendwo kurz vor dem Ende von Akt drei. Wir haben eine Zukunft, aber unsere Geschichte hier ist noch nicht zu Ende. Jetzt leben wir zwischen der Schlacht bei Helms Klamm und der Schlacht am Pelennor. Zwischen dem verlorenen und dem wiedererlangten Paradies.

Die Geschichte, in der wir leben, ist weitaus dramatischer, weitaus gefährlicher, als wir geahnt hätten. Warum lieben wir Geschichten wie die *Narnia-Chroniken*, *Krieg der Sterne* oder den *Herrn der Ringe* so? Weil sie uns etwas über unser Leben erzählen, das wir niemals aus den Nachrichten erfahren könnten. Oder nur selten von einer Kanzel. Sie erinnern uns an die Große Geschichte, für die wir geschaffen wurden.

In so eine Geschichte sind Sie hineingeraten. Wie würde sich Ihr Leben verändern, wenn Sie glaubten, diese Geschichte sei wahr?

Hier ist der abschließende Test für jede Überzeugung oder jeden Glauben, die beanspruchen, eine Antwort für unser Leben zu haben: Erklären sie sich gegenseitig – das Leben den Glauben und umgekehrt? Gibt die Geschichte den Seiten Ihres Lebens, die Sie bereits in der Hand halten, einen Sinn? Trägt sie dem Ganzen Ihres Lebens Rechnung? Erklärt sie die Sehnsucht nach einem Leben, das Sie noch nicht gefunden haben? Bietet sie eine Erklärung für das Böse, das Sie um sich herum erleben? Und vor allem: Gibt Sie Ihnen Ihr Herz zurück, führt sie Sie zur Quelle des Lebens?

In Ihr Herz ist ein Geheimnis hineingeschrieben. Ein kühner, heldenhafter Liebhaber und seine Geliebte. Eine böse Macht und eine große Schlacht. Eine Reise und ein Auftrag, gefährlicher und doch fesselnder, als Sie es sich vorstellen konnten. Eine kleine Gemeinschaft von Gefährten, die Sie durchbringt.

Das ist das Evangelium der Christen.

Im falschen Film?

Impuls: Das Evangelium als dramatische Geschichte des Kampfes Gottes um die Menschen, die er liebt. Wie verändert das meine Perspektive?

Was ist Ihre Rolle in der Geschichte? | 291

Und nun – wo ist Ihr Platz darin? Was ist Ihre Rolle in der Geschichte?

Um es klar zu sagen: Der Einzige, der Ihnen diese Frage beantworten kann, ist der Autor. Um die Rolle unseres Lebens zu finden, müssen wir uns an Jesus wenden. Ihm alles überlassen, was wir mitbringen, und ihn bitten, uns wiederherzustellen. Ihn bitten, uns unseren Verrat zu verzeihen. Ihn bitten, dass er all das aus uns macht, was er im Sinn hatte, als wir geschaffen wurden – dass er uns sagt, wer wir sind und was unsere Aufgabe ist. Dass er den Schleier wegnimmt, der über unseren Augen und Herzen liegt.

Die Geschichte, die Gott erzählt – und alle großen Geschichten, die ein Echo dieser Geschichte sind – erinnert uns an drei ewig gültige Wahrheiten.

Erstens: Die Dinge liegen anders, als es scheint.

Wo wären wir, wenn Eva erkannt hätte, wer ihr in der Schlange tatsächlich begegnete? Und jener Zimmermann aus Nazareth – er ist ganz sicher nicht, was er zu sein scheint. Wir leben in einer zweigeteilten Welt: Wir sehen nur die eine Hälfte; die andere Seite der Wirklichkeit ist uns verborgen. Aber wir müssen so leben, als sei diese unsichtbare Welt bedeutender und realer als der Teil der Wirklichkeit, den wir sehen.

Zweitens: Es ist eine Schlacht im Gang.

Wir sind Teil einer Liebesgeschichte, die sich mitten in einem Kampf auf Leben und Tod abspielt. Sehen Sie sich um. Sehen Sie all die Opfer, die schon auf dem Schlachtfeld liegen. Die verlorenen Seelen, die zerbrochenen Herzen. Die Gefangenen. Wir müssen diese Schlacht ernst nehmen.

Drittens: Sie haben eine entscheidende Rolle darin.

Das ist die dritte ewig gültige Wahrheit, die jede große Geschichte erzählt. Und es ist zugleich die, die wir am dringendsten hören müssen, wenn wir jemals den Sinn unseres Daseins begreifen wollen. Frodo hat unterschätzt, wer er war. Neo ebenfalls. Und Wallace. Und Petrus, Jakobus und Johannes. Es ist gefährlich, die eigene Rolle in der eigenen Geschichte zu unterschätzen. Man verliert dabei sein Herz; man verpasst alle seine Stichwörter.

Dies ist unsere verzweifeltste Stunde. Sie werden gebraucht.

Im falschen Film?

Impuls: Eine entscheidende Rolle in Gottes Rettungsaktion ...

Erlöst

Jesus von Nazareth wurde zum Tode verurteilt durch einen Funktionär der römischen Besatzungsmacht, der als Prokurator von Judäa seinen Dienstsitz in Jerusalem hatte. Er wurde ans Kreuz genagelt von einigen römischen Soldaten, die zufällig Dienst hatten. Er starb gegen drei Uhr nachmittags an einem Freitag. Im Englischen nennen wir diesen Tag „Good Friday", guter Freitag – gut bei allem Schlimmen, was damals ablief, aufgrund dessen, was er bewirkt hat. Ein unschuldiger Mensch, der Sohn Gottes, blutete für die Sünden der Welt. Er starb dort stellvertretend für uns, so wie Jack im Film *Titanic* sein Leben opfert für Rose oder wie der Löwe Aslan anstelle des Verräters Edmund stirbt. Wir haben uns gegen Gott aufgelehnt, und die Strafe für unsere Rebellion war der Tod. Aber Gott hätte es nicht ertragen können, uns zu verlieren, und so nahm er die Strafe auf sich selbst, um uns zu retten. Der Sohn Gottes kam, um „sein Leben hinzugeben als Lösegeld für viele" (Matthäus 20,28).

Sie sind ausgelöst, er-löst worden durch Jesus Christus. Ihr Verrat ist vergeben. Jeder falsche Gedanke, jede Eigenmächtigkeit und jede üble Tat, ihre ganze Gottlosigkeit ist Ihnen ganz und gar verziehen. Das ist für die ganz überwiegende Mehrheit der Christen das zentrale Werk, das Jesus Christus für uns getan hat. Damit wir uns nicht falsch verstehen: Das ist eine zutiefst überwältigende Wahrheit, eine Wahrheit, die uns frei macht und uns Freude bringt. Für eine Weile.

Aber die Freude hat sich bei den meisten von uns verflüchtigt, denn wir haben festgestellt, dass wir wieder und wieder und wieder Vergebung brauchen. Christus ist für uns gestorben, und doch bleiben wir (so glauben wir zumindest) zutiefst beschädigt. Am Ende stehen jede Menge Schuldgefühle. „Nach allem, was Jesus für Sie getan hat ... und nun stehen Sie *schon wieder* hier und bitten um Vergebung?!" Man kann es ja wohl kaum *Erlösung* nennen, wenn wir uns dazu verdammt sehen, in unserem Leben wieder und wieder die Dinge zu tun, die unseren Erlöser ans Kreuz gebracht haben.

Denken Sie darüber nach.

Der ungezähmte Christ

Impuls: Welche Bedeutung hat die Vergebung in meinem Leben? Weckt sie in mir Freude? Oder ...?

293 | WIR BEANTWORTEN EINANDER UNSERE FRAGEN NICHT

Sie können Ihre Frage nicht an Adam richten. Er kann Ihnen nicht die ersehnte Bestätigung für Ihre Seele liefern. Und trotzdem erwarten so viele Frauen genau das. *Wenn ich einen Mann habe, dann geht's mir gut. Dann bin ich geliebt.* Sie kennen die alte Maxime „Frauen geben Sex, um Liebe zu bekommen"? Sie ist nur zu wahr.

Und trotzdem erscheint sie Frauen natürlich logisch und einleuchtend, denn Eva *ist* ja schließlich für Adam geschaffen worden. „Es ist nicht gut, dass der Mensch allein bleibt. Ich will ihm [ein *ezer kenegdo*] machen, die ihm entspricht" (1. Mose 2,18; EÜ). Eva ist bekanntlich aus einer Rippe Adams modelliert worden, und das heißt: Adam und Eva sind beide nicht komplett *ohne* einander und sehnen sich mit gutem Grund *nach* einander.

Und doch: Kein Mann kann Ihnen sagen, wer Sie als Frau sind. Kein Mann kann und darf das Urteil über Ihre Seele sprechen. (Wie viele Frauen haben sich dabei selbst verloren?) Eine Frau sagte uns: „Ich fühle mich immer noch nutzlos. Ich bin keine Frau. Ich habe keinen Mann. Ich habe es nie geschafft, mir einen zu angeln." Der Schmerz ist echt. Aber das Urteil ist falsch. Nur Gott kann Ihnen sagen, wer Sie sind. Nur Gott kann Ihnen die ersehnte Antwort geben. Deshalb haben wir auch zuerst über die leidenschaftliche Liebesbeziehung zu ihm gesprochen. Sie hat Vorrang. Muss Vorrang haben. Schon deshalb, weil Adams Urteil allzu oft allzu unzuverlässig ist.

WEISST DU NICHT, WIE SCHÖN DU BIST?

Impuls: „Der Schmerz ist echt. Aber das Urteil ist falsch." Gibt es Erfahrungen in meinem Leben, auf die das zutrifft?

Die Sache wird zusätzlich kompliziert durch den Fluch, der über Eva verhängt ist. „Du wirst dich nach deinem Mann sehnen, aber er wird dein Herr sein" (1. Mose 3,16). Eva trägt seitdem ein Verlangen in sich – und von wem erwartet sie, dass er es stillen soll? Von Adam. Eva empfindet eine Leere, die sie eigentlich zurück zu Gott treiben soll. Stattdessen hängt sie sich an Adam. Aber wie sehr sich Adam auch anstrengt, die Leere auszufüllen – es wird nie genug sein. Er kann die Leere in Eva nicht ausfüllen. Vielleicht geht er auch instinktiv auf Abstand, sobald er spürt, dass seine Frau das von ihm erwartet. Jede Frau hat mit diesem Verlangen zu kämpfen, das sie auf ihren Mann projiziert. Wenn Sie ihn wirklich lieben lernen wollen, dann dürfen Sie nicht länger das Unmögliche von ihm erwarten.

Wir sind bis jetzt immer noch beim Vorwort. Wie man einen Mann richtig liebt, darüber können wir erst sprechen, wenn klar ist: Es hat keinen Zweck, Adam um etwas zu bitten, was er nicht geben kann. Eva kann Adam nicht lieben, solange sie vor allem Bestätigung von ihm erwartet. Das löst zu viele Ängste aus. Wenn ein Mann wirklich das Urteil über den Wert einer Frau sprechen dürfte, dann wäre sie nicht mehr frei, sich ihm zu öffnen und ihre Schönheit anzubieten. Sie würde sie vielmehr aus Furcht vor einem vernichtenden Urteil verstecken. Oder aber sie würde sich ihm in ihrer verzweifelten Sehnsucht nach Zuwendung in einer völlig unangemessenen Art und Weise ausliefern, in einer Art gefühlsmäßiger Promiskuität. Und wie könnte sie ihn dann in die Schranken weisen und sich ihm gegenüber behaupten, wenn er eben das nötig hat?

Bitten Sie Gott darum, dass er Ihnen zeigt, was Sie bisher mit Ihrer Frage angefangen haben und was Sie von Adam erwartet haben. Erst dann können wir über die Liebe zu einem Mann sprechen.

WEISST DU NICHT, WIE SCHÖN DU BIST?

Impuls: *Von wo beziehe ich mein Urteil über mich selbst?*

295 | Wie liebt eine Frau einen Mann?

Fangen wir an beim Sex. *Nicht* deshalb, weil Männer „immer nur an das eine" denken (zumindest glauben das viele Frauen). Sondern weil daran die Beziehung zwischen Weiblichkeit und Männlichkeit am klarsten deutlich wird. Die Sexualität liefert uns eine großartige Metapher, ein leidenschaftliches, ausdrucksstarkes Bild für eine viel umfassendere Wirklichkeit. Die Frage lautet: „Wie kann eine Frau einen Mann am besten lieben?" Antwort: Verführe ihn.

Denken Sie an eine Frau in der Hochzeitsnacht. Sie dimmt das Licht herunter. Sie zieht ein seidenes Etwas an, das die Reize ihres Körpers eher hervorhebt als verhüllt. Sie gibt also einiges von ihrer Schönheit preis – aber nicht alles. Etwas muss noch zum Auspacken übrig bleiben. Sie legt Parfüm und Lippenstift auf und richtet sich die Haare. Sie will ihren Mann *verlocken*. Sie will ihn erregen und einladen, zu ihr zu kommen und sich mit ihr zu vereinigen. Sie geht dazu das größte Risiko ihres Lebens ein: Sie bietet sich und ihre Schönheit an, unverschleiert, unverhüllt. Sie öffnet sich ihm in jeder Hinsicht.

Was den Mann angeht: Wenn er der Situation nicht gewachsen ist und sich nicht erregen lässt, dann wird nichts passieren. Kein Feuerwerk der Liebe. Kein neues Leben wird empfangen, solange der Mann nicht in der Lage ist, seiner Frau seine Stärke (in dieser Situation buchstäblich die „Stärke seiner Lenden") anzubieten. So lieben wir einander. Weiblichkeit weckt Männlichkeit. Männliche Stärke lässt eine Frau danach verlangen, schön zu sein.

So einfach ist das, so schön, so geheimnisvoll, so unglaublich tiefgründig.

Die Schönheit einer Frau weckt die Stärke in einem Mann. Er möchte tatsächlich seine Männlichkeit unter Beweis stellen, wenn eine Frau ihn so verführt. Das bleibt nicht aus. Er *möchte* sich als Mann beweisen. Und dieses Verlangen ist entscheidend.

Wollen Sie etwa nicht, dass er sich mit aller Entschlossenheit um Sie bemüht?

WEISST DU NICHT, WIE SCHÖN DU BIST?

Impuls: Erlebe ich etwas von diesem Zusammenspiel in meiner Ehe oder Partnerschaft?

GEIST, SEELE UND LEIB | 296

Wir Menschen bestehen aus drei untrennbar miteinander verwobenen Teilen. Paulus schreibt: „Gott bewahre euch ... an Geist, Seele und Leib" (1. Thessalonicher 5,23). Geist, Seele und Leib – jeder Teil beeinflusst jeden anderen im geheimnisvollen Zusammenspiel des Lebens. Die Seelsorge, die ich (Stacy) in Anspruch genommen habe, hat, wie der Name sagt, meiner Seele gutgetan. Antidepressive Medikamente haben mir von der körperlichen Seite her geholfen. Ich machte wirklich Fortschritte. Aber das war noch nicht genug. Gott wollte, dass auch mein Geist mit einbezogen wird.

Die Depression hatte mich fest in den Klauen. Der Feind kennt unsere Schwachstellen und nutzt sie gnadenlos aus. Er riecht menschliche Zerbrochenheit und greift genau dort an, um Einfluss auf die geschwächte Seele zu bekommen. Paulus warnt im Epheserbrief ausdrücklich davor (und dieser Brief ist an *Christen* gerichtet): Wir sollen „dem Teufel keinen Raum" geben durch verletzte und falsch gehandhabte Gefühle (Epheser 4,26.27). Ich begann zu begreifen, dass ich auch hier einen Kampf führen musste.

Jakobus und Petrus fordern uns auf, dem Feind unserer Seele Widerstand zu leisten (Jakobus 4,7; 1. Petrus 5,8-9). Und Jesus hat uns die Autorität verliehen, die Angriffe des Widersachers erfolgreich abzuwehren (Lukas 10,18.19). Also betete ich. John unterstützte mich dabei. Im Namen Jesu haben wir diesen Geist der Niedergeschlagenheit und Depression in seine Schranken verwiesen. Das war der letzte Schlüssel zur Befreiung und zur Heilung. Ich musste mich erst mit allen drei Aspekten befassen – mit meinem Körper, meiner Seele und meinem Geist. Allzu viele Frauen beschränken sich auf einen oder zwei Aspekte und scheuen den dritten Aspekt, der mit den „Listen des Teufels" rechnet und den „guten Kampf des Glaubens" aufnimmt, den Paulus im Epheserbrief beschreibt (6,10-17).

Weisst du nicht, wie schön du bist?

Impuls: An welcher Schwachstelle ist meine besondere Wachsamkeit gefordert?

297 | Worauf setzen wir?

Das Leben ist eine Reise des Herzens, die den Einsatz des Verstandes erfordert – nicht etwa umgekehrt. Selbst die Kirche verwechselt das manchmal und stellt die Erkenntnis der richtigen Dinge in den Mittelpunkt des Lebens. Irrtum – im Mittelpunkt des Lebens steht das Herz. Die Sehnsucht ist immer da, wo das Leben pulsiert. Freilich reicht es nicht, dass wir uns unserer Sehnsucht bewusst sind. Wir müssen die *Wahrheit* in unser Herz einlassen, damit sie unsere Sehnsucht abschirmt und leitet. Das ist der notwendige zweite Teil. So wichtig es ist, dass das Herz und die Seele heil werden, so groß ist die Gefahr, dass wir es mit der Wahrheit nicht so genau nehmen und unsere Reise eher auf Gefühle und Intuition stützen. „Folge dem Ruf des Herzens", das ist in unserer Kultur ein weitverbreitetes Motto. Aber das klappt nicht. Die Väter und Mütter des Glaubens wussten das nur zu gut. Thomas von Kempen schreibt in der *Nachfolge Christi*: „Unser Sinnen und Denken betrügt uns oft und sieht nicht tief." Wir müssen auf die Wahrheit setzen, um ein erfülltes Leben zu gewinnen. Herz *und* Verstand müssen zusammenkommen.

Es gibt allerdings eine Art, über die Wahrheit zu sprechen, die für das Herz geradezu tödlich ist. Wir sind in der Moderne aufgewachsen, im Zeitalter der Vernunft und der Wissenschaft. Man hat uns beigebracht, dass Wahrheit am besten mithilfe der wissenschaftlichen Methode aufgedeckt wird.

Was ist die Wahrheit über das Küssen? Rein technisch betrachtet werden dabei zwei Paar Lippen für eine gewisse Zeitdauer aufeinandergepresst. Wenn Sie schon mal die wunderbare Erfahrung gemacht haben, zu küssen, dann werden Sie bestätigen, dass die Beschreibung bei aller Stimmigkeit noch nicht einmal die halbe Wahrheit ist. Sie berücksichtigt in keiner Weise das Schöne, das Geheimnisvolle, die Leidenschaft und die Intimität; sie liefert nur eiskalte Fakten. Wer Küsse kennt, fühlt sich dadurch beraubt. Wer noch nie geküsst hat, wird nach dieser Beschreibung versucht sein zu sagen: „Wenn das alles ist, dann kann ich darauf verzichten."

Etwas Ähnliches haben wir mit der Theologie angestellt.

GANZ LEISE WIRBST DU UM MEIN HERZ

Impuls: Wer führt in meinem Leben: Emotionen, Verstand – oder ein Zusammenspiel von beidem?

ECHOS DER GROSSEN ERZÄHLUNG | 298

Wir haben Gott seziert, ebenso wie den Menschen und das Evangelium, und nun kennen wir Tausende, wenn nicht Millionen Einzelheiten – die meisten davon ziemlich leblos. Es ist nicht so, dass diese Erkenntnisse nicht wahr wären; das Problem ist nur, dass sie nicht mehr sprechen können. Ich kann Ihnen zum Beispiel ein paar Eigenschaften Gottes aufzählen. Er ist allwissend, allmächtig und unveränderlich. Und? Bringt Sie das ihm irgendwie näher? Alle unsere Aussagen über Gott klammern aus, dass er eine Person ist. Und was macht diese Person

A. W. Tozer zufolge: „In der Tiefe seines gewaltigen Wesens denkt, will, jubelt, fühlt, liebt, sehnt und leidet Gott wie jede andere Person auch." Wie lernen wir eine Person kennen? Durch Geschichten. All die wilden und spannenden Erfahrungen, die wir austauschen – sie offenbaren anderen etwas über uns. Wir müssen die Bibel wieder als die Erzählung begreifen, die sie tatsächlich ist, und sollten aufhören, sie wie eine Enzyklopädie zu lesen, die uns „Tipps und Hinweise" liefert.

Echos der Großen Erzählung finden sich überall – in Filmen und Romanen, in Märchen, in der Natur um uns und in den Geschichten unseres eigenen Lebens. Jede Geschichte, jedes Drehbuch, jedes Gedicht, jedes Lied, das jemals Ihre Seele angerührt hat, erzählt Ihnen etwas über die himmlische Affäre, was sie unbedingt wissen müssen. Sogar die Natur raunt und ruft uns etwas zu über Gottes großes Herz und über das Drama, das sich um uns abspielt. Sonnenaufgang und Abenddämmerung erzählen uns Tag für Tag die Geschichte, erinnern uns an das Paradies und prophezeien, dass es einmal wiederhergestellt wird. Das sind die Fanfarenstöße „von den verborgenen Schlachten in der ewigen Welt". Wir sollten solche Eindrücke aufsammeln wie kleine Kostbarkeiten und sollten sie fest an unser Herz drücken.

GANZ LEISE WIRBST DU UM MEIN HERZ

Impuls: Was sind die Geschichten, die mich fasziniert haben? Inwiefern sind sie Echos von Gottes Großer Geschichte?

SEHNSUCHT NACH ZUGEHÖRIGKEIT | 299

Was immer sonst es auch bedeuten mag, menschlich zu sein – in jedem Fall bedeutet es, ein Gemeinschaftswesen zu sein. Sind nicht die größten Freuden und die tiefsten Erinnerungen des Lebens verbunden mit unserer Familie, mit Freundschaften oder mit Verliebtheit? Sind unsere tiefsten Wunden nicht ebenfalls verbunden mit *anderen,* mit dem Scheitern von Beziehung? Dass wir eben nicht mehr geliebt werden oder gar nicht erst als liebenswert erwählt wurden?

Zu den tiefsten Bedürfnissen des Menschen gehört die Sehnsucht nach Zugehörigkeit, danach, Teil von etwas Größerem zu sein, einbezogen zu sein in ein größeres Ganzes. Woher kommt dieses Verlangen?

Und umgekehrt erwächst unser tiefster Schmerz daraus, dass wir die Menschen verlieren, die wir lieben. Einsamkeit ist vielleicht das härteste Kreuz, das wir tragen. Warum sonst wäre Einzelhaft eine Strafe? Wir sind im Innersten auf Beziehung angelegt. Wir sind, so sagt es die Bibel, zum Bild Gottes erschaffen, zum Bild der Dreieinigkeit: „Lasset *uns* Menschen machen, ein Bild, das *uns* gleich sei" (1. Mose 1,26; L).

Meister Eckhart hatte wohl recht: Der Mensch ist aus dem Lachen der Dreieinigkeit geboren.

Das Herz, das in uns schlägt, entsprang dem Herzen des Universums. Und aus dieser uranfänglichen Gemeinschaft erwachsen auch all unsere Sehnsüchte nach Freunden, Familie, einer Gemeinschaft – nach einem Ort, an den wir *gehören.*

IM FALSCHEN FILM?

Impuls: *Habe ich einen solchen Ort, an den ich gehöre? Wenn nicht, in welcher Richtung kann ich ihn suchen?*

300 | Liebe ist freiwillig

Jeder Vater, jede Mutter, jeder, der einen Menschen liebt weiß: Liebe ist freiwillig. Niemand kann einen anderen Menschen zwingen, ihn zu lieben. Wenn man also eine Geschichte schreiben will, in der es um Liebe geht, in der die Liebe das Höchste und Beste und das Entscheidende ist, dann muss man jeder anderen Figur Entscheidungsfreiheit zubilligen. Freiheit ist dann unverzichtbar. Liebe lässt sich nicht erzwingen. Gott gibt uns die Würde der freien Entscheidung: Wir können uns für ihn entscheiden, aber auch gegen ihn (und das möchte ich auch sagen: Ihn zu ignorieren ist dasselbe, wie sich gegen ihn zu entscheiden).

Das ist der Grund für das, was Lewis das Problem des Schmerzes nannte. Warum sollte ein gütiger, liebender Gott eine Welt erschaffen, in der das Böse möglich ist? Ist ihm nichts an unserem Glück gelegen? Ist er vielleicht doch nicht gut? Keineswegs. Ihm geht es so sehr um unser Glück, dass er uns mit der Fähigkeit ausstattet, Liebe zu geben und zu empfangen – denn das ist das größte Glück, das wir je erleben können.

Er stattet uns mit einer Würde aus, die beinahe unvorstellbar ist.

Denn dieser Schöpfergott ist kein Puppenspieler.

„Vertraut mir in dieser einen Sache", sagt Gott zu uns. „Ich habe euch die ganze Erde gegeben, damit ihr euch daran freut. Erforscht sie, erweckt sie, bewahrt sie für mich. Und ich habe euch einander gegeben – für die Liebe, die Freundschaft, die Romantik. Ihr sollt enge Gefährten sein. Aber in dieser einen Sache müsst ihr mir vertrauen. Ihr müsst glauben, dass es aus reiner Liebe zu euch geschieht, wenn ich euch etwas vorenthalte. Vom Baum der Erkenntnis des Guten und Bösen sollt ihr nicht essen ... sonst werdet ihr sterben."

Und an diesem Punkt nimmt unsere Geschichte eine tragische Wendung.

Im falschen Film?

Impuls: „Er stattet uns mit einer Würde aus, die beinahe unvorstellbar ist." Was ist für mich das Wesen von Freiheit? Wo erlebe ich sie?

An der Wahrheit festhalten | 301

Wir stehen unablässig in Gefahr, die Geschichte zu vergessen. Der Teufel, dieser Größte aller Dekonstruktivisten, ist ständig darauf aus, sie uns zu stehlen. Er verdreht und verfälscht und verkürzt die Wahrheit, bis die übrig gebliebenen Bruchstücke unverständlich geworden sind. Oder wir verlieren sie selbst auf dem Jahrmarkt der Eitelkeiten. Täglich werden wir mit Tausenden von Botschaften bombardiert, jede einzelne davon gibt sich besonders dringend und so geraten die wahrhaft wichtigen Dinge, die allein unserem Herzen als Zuflucht dienen können, in den Hintergrund.

Die geistlichen Pilger, die sich mit Benedikt von Nursia zusammenschlossen, haben ihren Auftrag sehr ernst genommen – viel ernster, als wir es in der Regel tun. Ein Tag im Leben der Benediktinermönche begann gewöhnlich um Mitternacht mit dem nächtlichen Gebet, der Vigil. Sie sangen nicht weniger als zwölf Psalmen, dazu kamen drei andere Schriftlesungen, einige Lieder und Gebete. Der Sonnenaufgang bringt das Morgenlob (Laudes), gefolgt von fünf weiteren Unterbrechungen der Arbeit im Lauf des Tages: Prim, Terz, Sext, Non, Vesper und Komplet. Sieben Mal am Tag ein Zeitraum reserviert für Gebet und Gesänge. Mehr als 29 Psalmen werden so über den Tag verteilt rezitiert, ganz zu schweigen von den zahlreichen anderen Lesungen, Gebeten und Hymnen.

Natürlich meine ich keineswegs, dass wir nun alle nach der Regel des Benedikt leben sollten. Mir ist nur wichtig: Diese Männer haben die Zerstreuungen der Welt hinter sich gelassen, um ganz und gar für Gott da zu sein. Sie lebten in einer Umgebung, die darauf *angelegt* war, dass sie unablässig vor Gott standen – und doch stellten sie fest, dass sie Tag und Nacht Gedächtnisstützen brauchten! Und da denken wir, die wir im feindseligen Chaos dieser Welt leben, wir kämen mit einer gelegentlichen Stippvisite aus?

GANZ LEISE WIRBST DU UM MEIN HERZ

Impuls: Welche „Gedächtnisstützen" an Gott kann ich in meinen Alltag einbauen?

302 | DIE LERCHE

Schon seit Langem ist mir die Lerche von allen Singvögeln am liebsten. Für viele mag sie nur ein einfacher Vogel mit einem nicht besonders schmucken Federkleid sein, ohne beeindruckende Flugkünste. Aber ich liebe ihren Gesang, denn er ruft mir unzählige Sommertage in den Wiesen und an den Flüssen im Westen ins Gedächtnis. Ihr Gesang steht für Sommer, für Heuwiesen, für lange gemütliche Tage, für Fliegenfischen. Mehr als alles andere ist sie für mich zu einem Symbol der Hoffnung geworden. Die Lerche kehrt bei den ersten Anzeichen des Frühlings nach Colorado zurück und das bedeutet: Sie kommt fast zur selben Zeit, in der uns die heftigsten Schneestürme treffen. Was für ein Mut. Wenn ich eine Lerche wäre, würde ich bis Juni warten, wenn das Wetter einigermaßen angenehm ist. Aber die Lerchen kommen ungeachtet des Schnees und beginnen ihr Konzert. Es wirkt vielleicht etwas deplatziert, wenn man ein Sommerlied hört, während einem Schneeflocken ins Gesicht peitschen. Aber genau dann brauchen wir dieses Lied.

Auch in diesem Frühjahr hörte ich zwei Lerchen, die einander an einem kalten und windigen Tag ihr Lied zuriefen. Gott begann, durch sie zu sprechen. Aus ihrem Gesang hörte ich seine Aufforderung heraus: Ich sollte mein eigenes Sommerlied anstimmen, auch wenn der Winter des Lebens mit kaltem Wind und Schnee meinen Frühling aufzuhalten versuchte. *Gib dein Vertrauen nicht auf*, sagte er. *Lass dich nicht von deinem erhöhten Platz vertreiben, sondern sing dein Lied, sei des Sommers gewiss, sei dir meiner großen Güte dir gegenüber sicher. Du hast nichts dazu getan, dass dieser Frühling kommt; also musst du auch nichts unternehmen, um den Sommer herbeizuzwingen. Beide kommen auf den Wink deines Vaters hin, und sie werden kommen.*

Brent wurde an einem Donnerstag Nachmittag beigesetzt. Als wir, seine Familie und seine Freunde, uns um das Grab versammelten, las Craig die folgenden Worte: „Ich bin die Auferstehung, und ich bin das Leben. Wer mir vertraut, der wird leben, selbst wenn er stirbt. Und wer lebt und mir vertraut, wird niemals sterben" (Johannes 11,25f.). Er schloss seine Bibel, und wir alle standen schweigend da. Wir wussten nicht recht, was wir sagen oder tun sollten; keiner wollte gehen; es wollte eigentlich aber auch niemand bleiben. Alles schien so endgültig. Da begann eine Lerche zu singen.

Dies ist meine Antwort auf ihr Lied.

GANZ LEISE WIRBST DU UM MEIN HERZ

Impuls: Gegen welchen verlängerten Winter muss ich momentan mein Hoffnungslied anstimmen?

INS UNGEWISSE HINEIN | 303

Das geistliche Leben spielt sich nicht im ruhigen Wohngebiet ab, sondern immer im Grenzland", schrieb Howard Macey. „Wir sollten uns freuen, dass dieses Land so unbezähmbar ist." Das größte Hindernis, das der Verwirklichung unserer Träume im Weg steht, ist der Hass des falschen Selbst gegen jede Art von Geheimnis. Und das ist ein ernstes Problem, denn

Abenteuer und Geheimnisse gehören untrennbar zusammen. Mehr noch: Das ganze Universum ist zutiefst geheimnisvoll, genau wie der Schöpfer dieses Universums. Die wichtigsten Elemente in der Welt eines Mannes – seine Beziehung zu Gott und zu den Menschen in seinem Leben, seine Berufung, die geistlichen Kämpfe, die er zu führen hat – jedes einzelne davon ist von Geheimnissen umhüllt und durchdrungen. Aber daran ist nichts Schlechtes; es ist im Gegenteil Anlass zur Freude. Geheimnisse sind ein bereichernder Teil der Wirklichkeit und ein entscheidender Grund dafür, dass unsere Seele sich nach Abenteuern sehnt.

Bei Gott gibt es keine einfachen Gleichungen. Punkt. Genauso wenig berechenbar ist der Mann, der mit Gott lebt. Gott ist eine Person und keine Doktrin. „Die Sphäre Gottes ist gefährlich", schrieb Anthony Bloom, „man muss in sie eintreten und kann nicht einfach nur Informationen über sie suchen."

Nehmen wir Josua und den Kampf um Jericho. Die Israeliten stehen vor ihrem ersten militärischen Vorstoß ins Land der Verheißung und viel hängt vom Gelingen dieses Unternehmens ab – die Moral ihrer Truppen, das Vertrauen zu Josua, einmal ganz abgesehen von dem Respekt, den ihnen ein Erfolg bei ihrem weiteren Vormarsch bescheren wird. Wie führt Gott die Sache zu einem guten Ende? Zunächst einmal lässt er die Israeliten an sechs Tagen jeweils einmal um die Stadt herummarschieren, vorneweg die priesterliche Blaskapelle. Am siebten Tag sollen sie gleich sieben Mal die Stadt umrunden und beim siebten Mal sollen nicht nur die Posaunen ertönen, sondern das ganze Volk soll ein Kriegsgeschrei anstimmen. Natürlich geht der Plan wunderbar auf. Und nun obacht: Nie wieder wird sich das Wunder wiederholen. Israel wendet diese Taktik nirgends sonst an.

DER UNGEZÄHMTE MANN

Impuls: „Die Sphäre Gottes ist gefährlich, man muss in sie eintreten und kann nicht einfach nur Informationen über sie suchen."

Als Schlafwandler durchs Leben | 304

John Spillane ist Rettungsspringer. Er wird inmitten des schlimmsten Sturms, den das 20. Jahrhundert gesehen hat (*The Perfect Storm*, wie das Buch und der Film im Original heißen), im Nordatlantik abgesetzt. Er soll einen Fischer retten, der über Bord gegangen ist. Der Hubschrauber kann aus Sicherheitsgründen nicht weit heruntergehen und so schlägt Spillane mit einer solchen Wucht auf dem Wasser auf, als ob er aus zehn Metern Höhe auf festen Boden gesprungen wäre. Er ist benommen und verwirrt – genau wie wir, wenn es um die Geschichte unseres Lebens geht. Spillanes Zustand nach dem Sprung ist das perfekte Gleichnis für unseren Zustand: Wir wissen nicht, wer wir wirklich sind, warum wir hier sind, was mit uns geschehen ist oder warum. Deutlicher gesagt: Die meiste Zeit über sind wir im Zustand gemäßigter Betäubung – alles andere als wach, ansprechbar und voll orientierungsfähig.

Hat Gott uns im Stich gelassen? Haben wir nicht genug gebetet? Müssen wir das eben als Teil des Lebens akzeptieren, müssen wir es hinnehmen, auch wenn es uns das Herz bricht? Mit der Zeit haben sich so viele Ereignisse angesammelt, die wir weder mögen noch verstehen, dass unser Vertrauen Schaden nimmt. Wir glauben nicht länger, dass wir Teil eines großartigen und guten Ganzen sind. Wir schränken unser Denken ein auf schieres Überleben. Ich weiß, ich weiß – man hat uns erzählt, dass wir Gott wichtig sind. Und ein Teil in uns glaubt das auch. Aber das Leben hat so eine Art, auf dieser Überzeugung herumzutrampeln und unseren Glauben, dass Gott es wirklich gut mit uns meint, zu unterminieren. Denn wenn er uns wirklich liebt, warum hat er dann nicht _____?
Setzen Sie selbst etwas ein: ... meine Mutter geheilt. ... meine Ehe gerettet. ... mir mehr geholfen.

Der ungezähmte Mann

Impuls: Mit welchem Bild würde ich mein momentanes Lebensgefühl beschreiben?

305 | DAS ANGEBOT IST DAS LEBEN

> In einem lebendigen Menschen verherrlicht sich Gott.
> (Irenäus von Lyon)

Als mir dieses Zitat zum ersten Mal begegnete, reagierte ich unwillkürlich mit dem Gedanken: *Ernsthaft? Mach keine Witze!* – Denn: Ist es das, was man uns laufend erzählt? Dass es Gott vor allem darum geht – und dass Gott seine ganze Reputation dafür in die Waagschale wirft –, dass Sie und ich lebendig werden? Dass sein Plan darauf abzielt? Hmm. Nun, das eröffnet ganz neue Blickwinkel. Mich jedenfalls hat es neugierig gemacht. *Was hat Gott mit mir vor? Was für Absichten habe ich ihm bisher unterstellt und wieso?* Ist es nicht so: Man hat uns immer wieder erzählt, dass Gott sich um uns kümmert, und hat auf einige wirklich bemerkenswerte Verheißungen verwiesen, die das unterstreichen. Aber auf der anderen Seite gibt es so viele Tage unseres Lebens, die einen dunklen Schatten auf unser Herz werfen und auch Gottes Pläne mit uns in ein zweifelhaftes Licht tauchen. Ich las das Zitat noch einmal: „In einem lebendigen Menschen verherrlicht sich Gott." Und ich spürte, wie mein Herz etwas schneller zu schlagen begann. *Wenn das wahr wäre ...*

Ich nahm das Neue Testament zur Hand, um mich zu vergewissern, um selbst nachzulesen, was Jesus anbietet: „Ich bin gekommen, um ihnen das Leben zu geben, Leben im Überfluss" (Johannes 10,10). Wow. Das klingt doch etwas anders als: „Ich bin gekommen, um dir zu vergeben. Punkt." Vergebung ist etwas Großartiges, aber Jesus sagt hier, dass er gekommen ist, um uns *Leben* zu geben. Hmm. Klingt gerade so, als habe der gute alte Irenäus etwas Wichtiges erkannt. „Ich bin das Brot des Lebens" (Johannes 6,48). „Wer an mich glaubt, wie die Schrift sagt, von dessen Leib werden Ströme lebendigen Wassers fließen" (Johannes 7,38; L). Je länger ich in meiner Bibel blätterte, umso mehr sprang mir dieses Thema des verheißenen Lebens in die Augen. Und zwar *überall*.

DER UNGEZÄHMTE CHRIST

Impuls: „In einem lebendigen Menschen verherrlicht sich Gott." Wenn das wahr wäre ...

IN EINER ERZÄHLUNG LEBEN | 306

Das Leben ist keine Liste von Lehraussagen, es ist eine Reihe dramatischer Szenen. Eugene Peterson sagte: „Wir leben in einer Erzählung, wir leben in einer Geschichte. Das Dasein hat die Form einer Geschichte. Wir haben einen Anfang und ein Ende, wir haben eine Handlung, wir haben Charaktere." Geschichten sind die Sprache des Herzens. Unsere Seele spricht nicht in den nackten Tatsachen der Mathematik oder in den abstrakten Aussagen der systematischen Theologie; sie spricht in den Bildern und Emotionen von Geschichten. Wenn wir also die Antwort auf das Rätsel der Erde – und unserer eigenen Existenz – finden wollen, dann werden wir es in Geschichten finden.

Seit Jahrhunderten ist unserer Kultur ihre Geschichte allmählich verloren gegangen. Die Aufklärung machte Schluss mit dem Gedanken, dass es einen Autor gebe, versuchte aber die Vorstellung festzuhalten, wir könnten trotzdem eine Große Geschichte haben, das Leben könnte trotzdem einen Sinn ergeben und alles würde in eine gute Richtung steuern. Die westliche Kultur lehnte das Mysterium und die Transzendenz des Mittelalters ab und setzte ihr Vertrauen auf Pragmatismus und Fortschritt, die Säulen der modernen Zeit. Doch nachdem wir uns einmal des Autors entledigt hatten, dauerte es nicht mehr lange, bis wir die Große Geschichte verloren hatten. In der postmodernen Zeit bleiben uns nur noch unsere kleinen Geschichten. Es ist nicht Pfingsten, es ist Zeit für unser Frühjahrs-Fitnessprogramm. Unsere Vorbilder sind Filmstars, und das höchste Erlebnis der Transzendenz ist die Eröffnung der Skisaison. Das Einzige, was uns noch an eine Geschichte hinter unserer eigenen erinnert, sind die Fernsehnachrichten, eine willkürliche Ansammlung von Szenen und Bildern ohne ein größeres Bild, in das sie sich einfügen. Der zentrale Glaube unserer Zeit ist, dass es keine Geschichte gibt, dass nichts zusammenhängt, dass wir nichts haben außer Bruchstücken, außer dem Durcheinander unserer Tage. Tragödien rühren uns immer noch zu Tränen und Heldentum erhebt immer noch unser Herz, aber eigentlich gibt es für all das keinen Kontext mehr. Das Leben ist nur eine Sequenz von Bildern und Emotionen ohne Reim und Sinn.

Was bleibt uns also übrig? Erfinden wir unsere eigene Geschichte, um unseren Erlebnissen einen gewissen Sinn zu unterlegen. Unser Herz ist dafür geschaffen, in einer Großen Geschichte zu leben; nachdem wir das verloren haben, versuchen wir das Beste aus der Situation zu machen, indem wir unsere eigenen kleineren Dramen entwickeln.

Ganz leise wirbst du um mein Herz

Impuls: Was gibt den Erfahrungen dieses Tages für mich ihren Sinn?

Die Pfütze mit dem Meer verwechseln | 307

Der einzige fatale Irrtum besteht in der Behauptung, dass wir das ersehnte Leben bereits gefunden haben. Das hieße eine Pfütze mit dem Meer verwechseln. Sich erneut auf dieselbe alte Geschichte einlassen. Christopher Fry nennt ein solches Leben „den Schlaf von Gefangenen". Der schlimmste Tag von allen ist der, an dem man die Sklaverei der Freiheit und den Tod dem Leben vorzieht. Wir müssen nicht in diesem Schlaf verharren. Für uns ist die Zeit da, aufzuwachen, aufzustehen vom Schlaf, so, wie es in der Bibel heißt: „Wach auf, du Schläfer, und steh auf von den Toten" (Epheser 5,14; EÜ). George MacDonald betet:

> Wenn meine Seele sich nicht mehr erwecken lässt
> Und nur noch kalte Asche übrig ist von meinem Leben;
> Wenn ich mich kaum erinn're, dass mein Herz
> Einmal lebendig, liebend, voller Sehnsucht war –
> Oh, dann sei du der Erste, sei der Einzige;
> sei Ruf vor einer Antwort meiner Liebe,
> und weck in mir Furcht, Hoffnung und Verlangen ohne Grenzen.
> *(Diary of an Old Soul)*

Unser Herz auf die Reise des Lebens einstimmen, das ist die wichtigste – und die schwierigste – Aufgabe unseres Lebens. Es hängt alles davon ab, was wir mit unserer Sehnsucht anstellen. Wenn Sie sich umsehen, werden Sie feststellen, dass die meisten Menschen mit der Reise abgeschlossen haben. Sie haben ihr Herz verloren. Sie haben sich im Haus der Resignation eingerichtet oder sie sind gefangen in den Kerkern der Verzweiflung. Ich kann das verstehen; ich habe all diese Orte wiederholt aufgesucht und kehre immer noch manchmal zu ihnen zurück. Das Leben liefert jede Menge Gründe und Gelegenheiten, um die Sehnsucht zu unterdrücken. Einer der wesentlichen Gründe ist sicherlich, dass Sehnsucht uns in ein großes Dilemma führt. Etwas ersehnen und es nicht bekommen – ist das nicht die Quelle nahezu all unserer Schmerzen und Sorgen?

Ganz leise wirbst du um mein Herz

Impuls: Welche tiefen Wünsche in mir sind enttäuscht worden oder noch offen? Lasse ich sie trotzdem zu?

308 | Mit dem Herzen sehen

„Ein Sämann ging aufs Feld, um zu säen …"
„Ein Mann wurde von Räubern überfallen …"
„Eine Frau hat zehn Silberstücke und verliert eins davon …"
„Zehn Brautjungfern gingen mit ihren Lampen hinaus …"

Versetzen Sie sich mal in folgende Lage: Sie sind der Sohn Gottes. Sie sind auf die Erde gekommen, um die Menschheit zu retten. Ihr Auftrag lautet, die Wahrheit zu vermitteln, ohne die die Menschen, die Ihnen so wertvoll sind, verloren gehen – für immer. Würden Sie es auf *diese* Art anfangen? Warum kommt er nicht direkt zur Sache und sagt, was anliegt? Wozu all diese Geschichten? Was also hat es mit diesen Geschichten auf sich?

Wir Kinder des Internet und des Mobilfunks und der Rundum-die-Uhr-Nachrichten, wir halten uns für die Erleuchteten. Uns kann keiner etwas vormachen – wir lassen uns nur von *Fakten* beeindrucken. Wir haben uns angewöhnt, Wahr oder Unwahr in Form von Aussage- oder Lehrsätzen auszudrücken. Und solche Lehrsätze sind auch wirklich hilfreich – für bestimmte Dinge. Sacramento ist die Hauptstadt des US-Bundesstaates Kalifornien. Wasser gefriert bei null Grad Celsius. Ihre Schuhe stehen im Wohnzimmer unter dem Sofa. Aber Lehrsätze versagen, wenn es um die wirklich gewichtigen Dinge im Leben geht. Es ist zwar eine Tatsache, dass der amerikanische Bürgerkrieg von 1861 bis 1865 dauerte und dass in diesem Krieg Hunderttausende von Männern starben. Aber diese Fakten allein können niemals vermitteln, was wirklich am Bull Run oder in Antietam, bei Cold Harbor oder bei Gettysburg geschah. Sie haben die Wahrheit über den Bürgerkrieg noch nicht einmal gestreift, solange Sie nicht die Augenzeugenberichte aus jener Zeit gelesen, die Bilder betrachtet, die Schlachtfelder besucht haben.

Um wie viel mehr gilt das für die zentralen Wahrheiten des christlichen Glaubens. Gott liebt Sie; Sie bedeuten ihm etwas. Das ist eine Tatsache, das ist ein Lehrsatz. Ich vermute, die meisten haben ihn schon einige Male gehört. Aber warum sind wir dann nicht die glücklichsten Menschen auf Erden? Der Satz hat unsere Herzen nicht erreicht. Fakten werden meist irgendwo im Gehirn abgespeichert. Sie sprechen uns nicht auf der Ebene an, auf der wir angesprochen werden wollen. Lehrsätze sind etwas für den Verstand, aber wenn Sie eine Geschichte erzählen, dann sprechen Sie zum Herzen.

Deshalb also. Deshalb spricht Jesus, wenn er in eine Ortschaft kommt, auf eine Art und Weise, dass wir unsere intellektuelle Deckung sinken lassen und unsere Herzen öffnen.

Der ungezähmte Christ

Impuls: Welche Worte oder welche Geschichten aus den Evangelien sprechen zu meinem Herzen?

Mitten in einer dramatischen Geschichte | 309

Dies ist eine Welt im Kriegszustand. Wir gehören zu einer viel dramatischeren, viel gefährlicheren Geschichte, als wir es uns je haben träumen lassen. Wir lieben Geschichten wie die *Chroniken von Narnia* oder *Der Herr der Ringe*, weil sie uns etwas über unser Leben erzählen, was wir niemals in den Abendnachrichten hören werden. Und leider auch nicht von den meisten Kanzeln. *Dies ist unsere verzweifeltste Stunde.* Solange diese Erkenntnis nicht in unseren Herzen brennt, verkennen wir die Bedeutung unseres Daseins. Damit schrumpft alles zusammen auf Fast Food und Rechnungen und Anrufbeantworter, und überhaupt, wen kümmert es eigentlich? Sehen Sie, was hier passiert ist? Das Wesentliche unseres Glaubens ist verschwunden. Die Hauptsache, die unserem Leben Sinn verleihen und uns *beschützen* sollte – diese Art des Sehens mit dem Herzen –, ist uns abhandengekommen. Oder ist uns gestohlen worden. Nicht von ungefähr haben diejenigen, die uns wachrütteln und für diese Wirklichkeit sensibilisieren wollten, dafür mit dem Leben bezahlt: die Propheten, Jesus, Paulus, praktisch fast alle Apostel. Ist Ihnen jemals in den Sinn gekommen, dass jemand versucht haben könnte, Sie zum Schweigen zu bringen?

Die Dinge sind anders, als sie erscheinen. Diese Welt ist im Kriegszustand.

Der ungezähmte Christ

Impuls: Wie kann ich einüben, mit dem Herzen zu sehen?

310 | Die herrliche Freiheit

Ein Sprichwort sagt: „Das Leben ist nicht die Generalprobe, sondern die Uraufführung. Deshalb gib alles." Sehr ermutigend. Niemand bekommt jemals all das, was er ersehnt; nicht einmal annähernd. Wenn das alles ist, dann sind wir verloren. Aber was wäre, wenn das Leben in Wirklichkeit *doch* die Generalprobe wäre? Wenn die Uraufführung erst noch kommt? Genau das behauptet Jesus. Er sagt uns, dass wir in Form gebracht, vorbereitet, ausgestattet werden für eine Rolle in dem großen Bühnenstück, das erst noch kommt. In seinem Buch *The Call* zitiert Os Guinness eine wunderbare Geschichte, die Artie Shaw, der berühmte Klarinettist der Big-Band-Ära, erzählt hat:

> Vielleicht zweimal in meinem Leben habe ich das erreicht, was ich wollte. Einmal spielten wir das Stück „These Foolish Things". Am Ende hält die Band kurz inne, und ich spiele eine kleine Kadenz. Noch nie hat jemand diese Kadenz so gut gespielt. Dabei sind es nur fünf Takte. Und doch: Es ist eine feine Sache, so was einmal

im Leben geschafft zu haben. Einen Künstler sollte man stets nach seiner Bestleistung beurteilen, wie einen Athleten. Ich nehme meine ein oder zwei besten Auftritte und sage mir: „Das war das Entscheidende – alles andere war nur Probe."

Alles andere war nur Probe – Probe nicht für ein paar leuchtende Momente, aber für eine Ewigkeit voller Freude. Das zu begreifen ist ungemein befreiend. Wie viele Ihrer Pläne rechnen mit einer unendlichen Zukunft? „Lass mal überlegen. Ich werde ewig leben, folglich kommt es nicht darauf an, ob ich das jetzt schaffe. Ich habe später noch genug Zeit dafür." Das ist so wichtig, weil kein menschliches Leben seine Möglichkeiten hier und jetzt voll ausschöpft.

GANZ LEISE WIRBST DU UM MEIN HERZ

Impuls: *Wie würde sich mein Lebensgefühl ändern, wenn ich mein Leben als eine Probe für den entscheidenden Auftritt verstehen würde, der erst noch kommt? Was genau möchte ich in dieser Probe einüben?*

„DAS BESTE, WAS ICH JE ERLEBT HABE." | 311

Ein Richter, Anfang sechzig, ein Mann mit tadellosem Auftreten und gewählter Ausdrucksweise, nahm mich auf einer Konferenz zur Seite. Leise, fast entschuldigend, sprach er von seiner Liebe zum Segeln, zum Meer und davon, wie er mit einem Freund ein eigenes Boot gebaut hatte. Dann begannen seine Augen zu funkeln. „Wir sind vor ein paar Jahren vor den Bermudainseln gesegelt, als uns ein gewaltiger Sturm aus Nordost erwischte. Er kam wie aus dem Nichts. Acht Meter hohe Brecher in einer selbst gebauten Zehn-Meter-Yacht. Ich dachte schon, wir würden allesamt ertrinken." Dramatische Pause, und dann bekannte er: „Das war das Beste, was ich je erlebt habe."

Vergleichen Sie mal Ihre Eindrücke vom Kinobesuch – sagen wir, in einem James-Bond-Thriller – mit dem Gefühl, das Sie in der letzten Bibelstunde hatten. Der Erfolg solcher Thriller ist praktisch garantiert, und das ist nur so zu erklären, dass die Abenteuerlust jedem Mann ins Herz geschrieben ist. Und dabei geht es nicht nur um Nervenkitzel. Abenteuer *fordern* etwas von uns, stellen uns auf die Probe. Mag sein, dass wir diese Prüfung fürchten – aber andererseits *wollen* wir ja getestet werden, damit wir entdecken können, dass wir den Test bestehen können. Dass wir das Zeug dazu haben. Deshalb ließen meine Söhne und ich uns den Snake River hinuntertreiben, aller Vernunft zum Trotz; deshalb zog ich als junger Mann nach Washington D.C., um herauszufinden, ob ich in diesem Haifischbecken überleben kann. Wenn ein Mann diese Sehnsucht verloren hat, wenn er behauptet, keine Lust auf Abenteuer zu verspüren, dann deshalb, weil er nicht weiß, dass er tatsächlich das Zeug dazu hat, und weil er fürchtet, den Test nicht zu bestehen. So bleibt er lieber auf der sicheren Seite und versucht es erst gar nicht. Man wird lieber sesshaft wie Kain, baut sich seine eigene Stadt und erhebt sich zum König seiner eigenen kleinen Welt.

Aber man kann ihm nicht entkommen – im Herzen jedes Mannes steckt etwas Unbändiges.

Der ungezähmte Mann

Impuls: Was ist für mich „das Beste, was ich je erlebt habe"? Welche Botschaft steckt darin?

Neue Lebensfreude | 312

Gehen wir lieber keine Freundschaften ein, weil unsere Freunde möglicherweise von uns genommen werden? Weigern wir uns zu lieben, weil wir ja verletzt werden könnten? Schieben wir unsere Träume weg, weil Hoffnung enttäuscht worden ist? Sehnsucht haben bedeutet, dass wir unser Herz öffnen für die Möglichkeit des Schmerzes; Sehnsucht niederhalten bedeutet, innerlich zu sterben. Die zitierte Lebensweisheit aus den Sprüchen lautet vollständig so: „Endloses Hoffen macht das Herz krank; ein erfüllter Wunsch schenkt *neue Lebensfreude.*"

Der Weg zum Leben und zur Freude führt durch das Herzeleid der unerfüllten Hoffnung hindurch, nicht darum herum. Ein guter Freund kam erst kürzlich zu dieser Erkenntnis. Als wir beim Frühstück saßen und uns unterhielten, hat er unser Dilemma in die folgenden Worte gekleidet: „Ich stehe am Scheideweg, und ich fürchte mich vor der Sehnsucht. Einundvierzig Jahre lang habe ich versucht, mein Leben zu kontrollieren, indem ich die Sehnsucht unterdrückt habe. Aber so kann man nicht leben. Das weiß ich jetzt. Und doch erfüllt mich der Gedanke mit Schrecken, dass ich sie zulassen und herauslassen soll, denn ich weiß: Dann muss ich auch die Kontrolle über mein Leben aufgeben. Gibt es keine andere Möglichkeit?"

Wir haben zumeist die Möglichkeit gewählt, unsere Sehnsucht auf ein solches Maß zu reduzieren, dass wir damit besser klarkommen. Wir gestehen sie uns nur in kleinen Portionen zu – gerade so viel, wie wir noch handhaben können. Wir gönnen uns hier ein Abendessen, da ein neues Sofa, wir freuen uns auf ein wenig Urlaub; wir genehmigen uns ausnahmsweise einen über den Durst. Aber so funktioniert es nicht. Das grummelnde Erdbeben in uns beginnt sich Bahn zu brechen.

Ganz leise wirbst du um mein Herz

Impuls: „Der Weg zum Leben und zur Freude führt durch das Herzeleid der unerfüllten Hoffnung hindurch, nicht darum herum."

313 | IN IHREN BEZIEHUNGEN

Eva ist Gottes Beziehungsspezialistin, die er der Welt schenkt, damit Beziehungen ihren hohen Stellenwert behalten.

Männer schaffen es, Beziehungen schleifen zu lassen. Sie kümmern sich nicht groß darum, wie es um ihre Beziehungen steht. Monatelang. Manchmal jahrelang. Und die Welt? Die benutzt Menschen und spuckt sie dann einfach wieder aus, wenn sie ausgelaugt und „nicht mehr in Topform" sind. Der Feind verachtet Beziehungen, hasst Liebe in jeder Form, fürchtet ihre erlösende Kraft. Deshalb hat Gott Eva geschaffen. Frauen sind *unverzichtbar*, um Beziehungen zu schützen und ihnen wieder die Bedeutung einzuräumen, die ihnen gebührt. Sie werden manchmal den Eindruck haben, dass außer Ihnen niemandem an Beziehungen gelegen ist. Aber als Frauen dürfen wir an dieser Stelle nicht lockerlassen. Denn Beziehung ist das wichtigste Prinzip im Universum. Gott selbst ist Beziehung – Vater, Sohn, Geist. Frauen verstehen intuitiv, wie wichtig Beziehungen sind. Dieser Sinn für Beziehungen ist unschätzbar. Lassen wir ihn uns nicht ausreden.

Denn hier, im innersten Kreis vertrauter Menschen, sind wir ganz und gar Frau. Darauf müssen wir zuerst unseren Blick richten, hier setzt unsere Frage an: „Was heißt es, meine Schönheit zu zeigen, meine leidenschaftliche Hingabe, meine Liebe? Wo brauchen mich andere als *ezer*, als Lebensspenderin und -hüterin?" Sie spielen eine unersetzliche Rolle in Ihren Beziehungen. Niemand kann für die Menschen in Ihrem Leben das sein, was Sie für diese Menschen sind. Niemand kann anbieten, was Sie zu bieten haben. Gott beruft uns zu vielen Dingen, aber andere lieben – das gehört stets an die erste Stelle. Und sind Ihre Beziehungen etwa nicht gefährdet?

Ihre Aufgabe in der Welt als Gottes Herz für Beziehungen ist lebenswichtig. Der Feind zerstört menschliches Leben am effektivsten, indem er Menschen isoliert. Das einsame Lamm fernab der Herde ist leichte Beute. Und wie schafft er das? Er legt die *ezer* in ihrem Leben lahm. Er redet einer Frau ein: „Was hast du schon anzubieten? Sie kommen auch ohne dich klar." Glauben Sie das keine Sekunde lang. Gott hat Sie beauftragt, die Liebe und die Beziehungen in Ihrer Welt zu hüten und zu schützen. Kämpfen Sie dafür.

WEISST DU NICHT, WIE SCHÖN DU BIST?

Impuls: Welchen Stellenwert räume ich den Beziehungen zu anderen in meinem Leben ein? Wie pflege ich diese Beziehungen?

NIEMAND IST EINE INSEL | 314

Das Leben, das wir führen, ist weit entfernt von dem Leben, das wir eigentlich wollen; und gewöhnlich finden wir rasch jemanden, dem wir die Schuld dafür geben können. Damit unser Verlangen gestillt wird, sind wir auf die Zusammenarbeit von anderen angewiesen. Ich sehne mich nach einer liebevollen Umarmung und einer freundlichen Begrüßung, wenn ich nach Hause komme. Ich wünsche mir, dass meine Söhne mir an den Lippen hängen, wenn ich von den wichtigen Lektionen des Lebens erzähle. Ich möchte, dass meine Arbeit anerkannt wird. Ich hoffe doch, dass meine Freunde in schwierigen Zeiten für mich da sind. „Niemand ist eine Insel", hat der britische Dichter John Donne geschrieben, und das könnte er im Hinblick auf die Sehnsucht geschrieben haben. Wir brauchen andere – wir sind so angelegt. Nur sehr wenige unserer Sehnsüchte erfüllen sich von selbst; *alle* unsere wirklich tiefen Sehnsüchte erfüllen sich nur, wenn andere das ihre dazu tun. Unausweichlich steht jemand im Weg.

Im besten Fall schert sich die Welt nicht um meine Sehnsüchte. Wir werden tagtäglich durch die Gleichgültigkeit anderer verletzt, durch Freunde und Familienmitglieder ebenso wie durch völlig Fremde. Wir denken, wir hätten das mittlerweile als lästige Tatsache akzeptiert, aber innerlich wehren wir uns dagegen. Wir sind nicht dafür geschaffen, dass man uns ignoriert. Und selbst wenn wir vorgeben, dass es uns nichts ausmacht, tut es uns in Wirklichkeit doch in der Seele weh, dass wir in einer Welt leben, der unsere Existenz vollkommen egal ist. Vorkommnisse wie ein Verkehrsstau oder ein verspäteter Flug sind lediglich die *Gelegenheiten*, bei denen sich unsere Verzweiflung Bahn bricht. Sobald unsere Wünsche in direkten Konflikt mit den Sehnsüchten anderer Menschen geraten, wird der Tonfall unweigerlich feindselig.

GANZ LEISE WIRBST DU UM MEIN HERZ

Impuls: Wodurch erreicht mich die Botschaft: „Was du ersehnst, ist nicht wichtig"? Was setze ich ihr entgegen?

315 | WAGEN WIR ES, LEBENDIG ZU WERDEN?

Wir wissen nicht genau, was wir eigentlich wollen, und der Grund dafür ist: Wir sind mit unserer Sehnsucht *nicht vertraut*. Wir versuchen die Sehnsucht unseres Herzens auf sichere Distanz zu halten zu unserem alltäglichen Leben, weil die Sehnsucht uns solche Schwierigkeiten bereitet. Wir sind überrascht von unserem Zorn und fühlen uns bedroht durch das, was sich wie ein wütender Bär in uns anfühlt. Wollen wir wirklich die Büchse der Pandora öffnen? Sie werden die griechische Sage kennen: Pandora war dem Epimetheus vom Göttervater Zeus zur Frau gegeben worden. Die Götter hatten sie mit vielen Gaben ausgestattet, unter anderem mit einer rätselhaften Büchse und der Warnung, die Büchse niemals zu öffnen. Aber schließlich gewann ihre Neugier die Oberhand, und sie hob den Deckel. In diesem Augenblick entwich ein ganzes Rudel böser Geister, Plagen und Seuchen, die Geist und Körper der Menschen befielen. Pandora versuchte die Büchse zu schließen – aber erfolglos; das Unheil nahm seinen Lauf.

Sollen wir also wirklich unser Herz für seine wahren Sehnsüchte sensibilisieren? Sollen wir wirklich lebendig werden? Ist es wirklich besser, wie das Sprichwort sagt, zu lieben und wieder zu verlieren, als niemals geliebt zu haben? Wir sind uns da nicht sicher. Der Vater eines Freundes beschloss nach seiner Scheidung, für den Rest seines Lebens allein zu bleiben. Und das ist unser Dilemma: Wir können offenbar nicht mit der Sehnsucht leben, aber genauso wenig ohne sie. Angesichts dieser Zwickmühle beschließen die meisten Menschen, die ganze Angelegenheit zu begraben und so viel Abstand wie möglich zwischen sich und ihre Sehnsüchte zu bringen. Das ist ein logischer und zugleich tragischer Schritt. Die Tragödie wird noch zehnmal schlimmer, wenn dieser Selbstmord der Seele in der Überzeugung geschieht, dass der christliche Glaube genau dieses Verhalten fordert. Nie waren wir mehr im Irrtum.

GANZ LEISE WIRBST DU UM MEIN HERZ

Impuls: Was ist für mich die zentrale Botschaft des christlichen Glaubens? Was hat er mit meiner tiefsten Sehnsucht zu tun?

FÜR SIE GEBE ICH ALLES | 316

Nichts wirkt so inspirierend auf einen Mann wie eine schöne Frau. Sie bewirkt, dass man eine Festung stürmen, einen Riesen erschlagen, jede Art von Hindernis überwinden möchte. Groß herauskommen. Im Baseball einen Homerun erzielen.

Ein Mann will der Held für die von ihm verehrte Schöne sein. Junge Männer auf dem Weg in den Krieg tragen ein Foto ihrer Geliebten bei sich. Was wären Robin Hood oder König Artus ohne die Frauen, denen ihre Liebe gilt? Einsame Männer, die sinnlose Kämpfe austragen. Indiana Jones und James Bond wären nicht sie selbst ohne eine Schönheit an ihrer Seite, und unausweichlich müssen sie sie verteidigen. Offensichtlich braucht nicht nur jeder Mann einen Kampf, in dem er sich behaupten kann – er braucht vor allem jemanden, *für den* er kämpft. Was sagte Nehemia den wenigen Tapferen, die die unbefestigte Stadt Jerusalem verteidigten: „Fürchtet euch nicht … Kämpft für eure Brüder und Söhne, für eure Töchter und Frauen und für eure Häuser!" (Nehemia 4,8). Der Kampf an und für sich reicht nicht als Rechtfertigung; ein Mann sehnt sich nach dem Zauber der Liebe. Es reicht nicht, einfach nur ein Held zu sein – er will dieser Held in den Augen *eines bestimmten Menschen* sein, und dieser eine Mensch ist die Frau, die er liebt. In Adams Welt gab es bereits den Wind und das Meer, das Pferd und den Falken, aber wie Gott selbst gesagt hat: Komplett war die Schöpfung erst, als Eva dazukam.

Nicht zu leugnen: Im Herzen jedes Mannes steckt etwas Leidenschaftliches.

DER UNGEZÄHMTE MANN

Impuls: Welcher Mensch gibt meinen Kämpfen und meiner Mühe einen Sinn?

317 | DAS HERZ EINER FRAU

Auch das Herz einer Frau birgt drei Ur-Sehnsüchte in sich. Diese Sehnsüchte sind nicht völlig verschieden von denen eines Mannes, und doch sind sie bei einer Frau bemerkenswert anders ausgeprägt. Nicht jede Frau will selbst einen Kampf führen, aber jede Frau will, dass man *um – und für sie* kämpft. Eine Frau will mehr als nur zur Kenntnis genommen werden – sie will als Person *gewollt* werden. Sie möchte, dass man sich um sie bemüht.

Auch jede Frau will ein Abenteuer, aber um daran *teilzuhaben*. „Ich möchte gerne die Isabo in *Der Tag des Falken* sein", sagte mir eine andere Freundin. „Ich will geschätzt, umworben, erobert werden – ja. Aber ich will auch selbst stark sein und *Teil des Abenteuers.*" Zu viele Männer machen den Fehler zu glauben, dass die Frau *selbst* das Abenteuer ist. Aber an dieser Stelle geht es mit der Beziehung unweigerlich bergab. Eine Frau möchte nicht selbst das Abenteuer sein, sie möchte in etwas mit hineingenommen werden, das größer ist als sie selbst.

Und schließlich möchte jede Frau, dass an ihr eine gewisse Schönheit offenbar wird. Nicht Schönheit beschworen, aber Schönheit offenbart, ent-borgen wird. Die meisten Frauen fühlen sich von frühester Jugend an unter dem Druck, schön aussehen zu müssen. Aber davon rede ich nicht. Es geht mir um den tiefen Wunsch, *selbst* die schöne Prinzessin zu *sein* und von sich selbst entzückt sein zu können.

Wenn die Gesellschaft von einer Frau fordert, dass sie hart sein soll, effizient und unabhängig, dann raubt sie ihr das Herz. Aber auch das Christentum verfehlt allzu oft das Herz der Frau. Suchen Sie eine Gemeinde auf, schauen Sie sich um, und dann beantworten Sie die Frage: Was macht eine christliche Frau aus? Halten Sie sich nur an das, was Sie sehen. Höchstwahrscheinlich werden Sie zu folgendem Ergebnis kommen: Eine christliche Frau ist … müde. Alles, was wir der weiblichen Seele zu bieten hatten, war die Aufforderung, „demütig und hilfsbereit" zu sein. Niemand kämpft um ihr Herz; es gibt kein großartiges Abenteuer, in das sie eintauchen könnte, und die meisten Frauen bezweifeln stark, dass es an ihnen eine Schönheit zu entdecken gibt.

Der ungezähmte Mann

Impuls: Welche Vorbilder und welche Erwartungen haben mein Bild davon geprägt, was eine christliche Frau ausmacht?

318 | EINE EINLADUNG

Was wäre, wenn? Was, wenn diese tiefen Sehnsüchte in unserem Herzen uns die Wahrheit erzählen, wenn sie uns das Leben offenbaren, für das wir im Grunde geschaffen sind? Gott gab uns Augen, damit wir sehen können; er gab uns Ohren, damit wir hören können; er gab uns einen Willen, damit wir wählen können, und er gab uns Herzen, damit wir *leben* können. Alles entscheidet sich daran, wie wir mit unserem Herzen umgehen. Ein Mann muss *wissen*, dass er Macht hat, er muss *wissen*, dass er das Zeug dazu hat, ein ganzer Kerl zu sein. Eine Frau muss *wissen*, dass sie schön ist. Sie muss *wissen*, dass sie jeden Einsatz wert ist. „Aber so verstehen Sie doch: Ich lebe mit einem Mann zusammen, der innerlich hohl ist", sagte mir eine Frau. Nein, er ist nicht hohl. Auch dieser Mann ist buchstäblich beherzt. Er hat ein Herz. Kann sein, dass sein Herz geflüchtet ist, wie ein verwundetes Tier, stets auf Sicherheitsabstand bedacht. Aber es ist da. „Ich weiß nicht, wann ich gestorben bin", erklärte mir ein Mann. „Jedenfalls fühle ich mich so, als ob ich nur noch Sauerstoff verbrauche, mehr nicht." Ich verstehe. Sein Herz ist wie tot, es ist, als wäre es gar nicht mehr vorhanden – aber es ist da. Etwas Wildes und Starkes und Kühnes. Es wartet nur darauf, dass es freigesetzt wird.

Wenn Sie herausfinden wollen, wer Sie wirklich sind, wer Sie *als Mann* sind; wenn Sie sich auf die Suche nach einem lebenswerten Leben machen; wenn Sie eine Frau von ganzem Herzen lieben und nicht Ihre Unsicherheit an Ihre Kinder weitervererben wollen, dann müssen Sie vor allem Ihr eigenes Herz wieder aufspüren. Sie müssen sich aufmachen ins Hochland der Seele, in raue und unwegsame Regionen, und müssen sich auf die Fährte dieses scheuen Wildes setzen.

DER UNGEZÄHMTE MANN

Impuls: „Gott gab uns Augen, damit wir sehen können; er gab uns Ohren, damit wir hören können; er gab uns einen Willen, damit wir wählen können, und er gab uns Herzen, damit wir leben können." Inwiefern hilft mir mein Herz, leben zu können?

Mehr als Sündenmanagement | 319

Offenbar scheint sich die Entwicklung zu wiederholen. Die Verheißung des Lebens und der Appell an die Sehnsucht sind erneut verloren gegangen, verschüttet unter Tonnen von religiösen Dogmen, die den Schwerpunkt auf Erkenntnis und richtiges Verhalten legen.

> Die Geschichte hat uns an einen Punkt gebracht, an dem man das Wesen der christlichen Botschaft ausschließlich in Anweisungen zum Umgang mit Sünde sieht: mit Fehlverhalten oder einer falschen Einstellung und den entsprechenden Konsequenzen. In dem, was uns hier als Herz der christlichen Botschaft präsentiert wird, kommt das Leben, unser gegenwärtiges Dasein, entweder überhaupt nicht oder nur ganz am Rande vor.
> (Dallas Willard, *The Divine Conspiracy*)

Willard beschreibt die „Frohen Botschaften", die wir heute haben, als „Evangelien des Sündenmanagements". Sünde ist das Problem, und wir haben die Therapie dafür. Und die besteht bezeichnenderweise aus Erkenntnis oder aus regelgerechtem Verhalten oder aus einer Mischung von beidem. Die Verfechter des Wissens legen den Schwerpunkt darauf, uns lehrmäßig auf Linie zu bringen. Rechtgläubigkeit ist in ihren Augen gleichbedeutend mit Leben. Sehnsucht ist bedeutungslos, *Inhalt* ist das, was zählt.

Aber nun gilt es zu bedenken: Die Pharisäer kannten sich besser in der Bibel aus, als wir es jemals schaffen werden, und es hat ihr Herz *verhärtet*. Erkenntnis ist eben doch nicht alles. Wenn Sie mit der Bibel einigermaßen vertraut sind, dann werden Sie sich erinnern, dass es im Garten Eden zwei Bäume gab –

den Baum der Erkenntnis des Guten und Bösen und den Baum des Lebens. Wir haben den falschen Baum gewählt. Wir haben auf die Erkenntnis gesetzt und das hat uns nicht besonders gutgetan.

Ganz leise wirbst du um mein Herz

Impuls: Was hat mich zuallererst am Glauben begeistert? Was hat mein Herz angesprochen? Was begeistert mich heute?

320 | Wir brauchen Leben

Der christliche Glaube wird oft so dargestellt, als ginge es dabei entscheidend um die Übernahme eines Wissenssystems. Wir lernen, wo die Philister herkamen und wie viel eine Drachme heute wert wäre und alle möglichen Dinge über die alten Griechen, die „im Urtext stehen". Wir lernen alles über die „richtige Lehre". Aber für unsere tiefste Sehnsucht sind die Informationen, die wir so aufnehmen, nahezu bedeutungslos.

Dann sind da noch die Spielregeln. Egal welcher Kirche oder Gemeinde man sich anschließt: Fast immer gibt es eine unausgesprochene Liste (in der Regel recht lang) von Dingen, die man besser nicht tun sollte, und eine weitere Liste der Dinge, die erlaubt oder sogar empfohlen sind – die fällt gewöhnlich sehr viel kürzer aus und umfasst zumeist religiöse Übungen, die keinerlei Beziehung zu unseren tiefsten Sehnsüchten haben, uns dabei aber ordentlich in Atem halten.

Und das, so sagt man uns, ist das Evangelium: Wisse das Richtige; tu das Richtige. Das soll Leben sein? Frohe Botschaft? Wenn wir angesichts dessen nicht sofort in Begeisterung ausbrechen, dann, so denken wir, muss es wohl daran liegen, dass wir nicht geistlich genug sind. Vielleicht begreifen wir es ja, wenn wir die Liste nur lange genug befolgt haben.

Wir brauchen nicht noch mehr Fakten, und wir brauchen ganz sicher nicht noch mehr Verpflichtungen. Wir brauchen *Leben*, und wir halten danach Ausschau, seit wir das Paradies verloren haben. Jesus erweckt unsere Sehnsucht zu neuem Leben, weil er genau dazu gekommen ist: unsere Sehnsucht anzusprechen. Wenn wir die Sehnsucht begraben, können wir nicht mehr verstehen, was er uns sagen will. Aber nun sind wir zur Botschaft der Synagoge zurückgekehrt; wir verkündigen das Gesetz. Und Sehnsucht ist der Feind. Genau genommen ist Sehnsucht, ist unser Verlangen und Begehren das eine entscheidende Hindernis, das uns noch vom Ziel trennt – nämlich uns auf Linie zu bringen. Man fordert uns auf, das tiefste Verlangen in uns zu kreuzigen. Das nennt man dann Heiligung. Oder wie Jesus es den Pharisäern vorgeworfen hat: „Ihr bürdet den Menschen unerträgliche Lasten auf, doch ihr selbst rührt keinen Finger, um diese Lasten zu tragen" (Lukas 11,46).

Ganz leise wirbst du um mein Herz

Impuls: *Inwiefern stimmt diese Beschreibung kirchlicher Wirklichkeit mit meiner Erfahrung überein? Was würde ich in meiner Gemeinde gern verändern, um den Glauben als Kraft zur Lebendigkeit wiederzuentdecken?*

Dürsten | 321

Vergleichen Sie einmal dieses kümmerliche Leben, das uns als Modell für geistliche Reife vorgehalten wird, mit dem Leben, von dem in den Psalmen die Rede ist:

> Du führst mich den Weg zum Leben.
> In deiner Nähe finde ich ungetrübte Freude;
> aus deiner Hand kommt mir ewiges Glück.
> (Psalm 16,11; GN)

> Wie ein Hirsch nach frischem Wasser lechzt,
> so sehne ich mich nach dir, mein Gott!
> Ich dürste nach Gott,
> nach dem wahren, lebendigen Gott.
> Wann darf ich zu ihm kommen,
> wann darf ich ihn sehen?
> (Psalm 42,2f; GN)
>
> Gott, du bist mein Gott, dich suche ich!
> Ich sehne mich nach dir mit Leib und Seele;
> ich dürste nach dir
> wie ausgedörrtes, wasserloses Land.
> (Psalm 63,2; GN)

Hand aufs Herz: Empfiehlt sich ein Mensch, der so spricht, für ein Leitungsamt in meiner Gemeinde? Gott bewahre. Er ist viel zu wenig stabil, allzu leidenschaftlich, allzu wunschgesteuert. Er redet ja nur von Freude und Verlangen und Durst. Aber David, der die meisten dieser Psalmen verfasst hat, war Gottes Aussage zufolge „ein Mann nach seinem Herzen" (1. Samuel 13,14).

Der christliche Glaube hat glücklichen Menschen, die mit den Verhältnissen vollkommen zufrieden sind, nichts zu bieten. Die christliche Botschaft ist für die Hungrigen und Durstigen da – für Menschen, die sich das Leben ersehnen, so wie es ursprünglich gedacht war. Warum appelliert Jesus an die Sehnsucht? Weil Sehnsucht wesentlich ist für sein Ziel: uns Leben zu bringen. Er hat den Lahmen am Teich Bethesda übrigens geheilt. Die beiden Blinden bekommen ihr Augenlicht wieder, und die Frau am Brunnen findet die Liebe, nach der sie gesucht hat. Der Apostel Johannes muss wohl diese Vorgänge vor Augen gehabt haben, als er darüber nachdachte, was Jesus angeboten und in die Welt gebracht hat, und so konnte er sagen: „Wer also dem Sohn vertraut, der hat das Leben" (1. Johannes 5,12).

GANZ LEISE WIRBST DU UM MEIN HERZ

Impuls: „Die christliche Botschaft ist für die Hungrigen und Durstigen da." Was ist mein Hunger und mein Durst?

Vieles ist nicht so, wie es scheint | 322

Der Grund, warum wir Märchen lieben – mehr als nur lieben –, der Grund, warum wir uns zutiefst *mit ihnen identifizieren*, ist, dass sie auf zwei großen Wahrheiten ruhen: Der Held hat wirklich ein Herz aus Gold und die Geliebte besitzt wirklich eine verborgene Schönheit. Ich hoffe, dass Sie inzwischen einen Blick auf Gottes gutes Herz erhascht haben. Aber was ist mit der zweiten Wahrheit – kann es denn sein, dass wir eine verborgene Größe besitzen? Das scheint zu schön, um wahr zu sein.

Das Thema der verschleierten Identität zieht sich durch alle Großen Geschichten. Wie Buechner uns in Erinnerung ruft: „Nicht nur das Böse kommt in der Welt des Märchens getarnt, sondern oft auch das Gute." Die Heldinnen und Helden ergreifen unser Herz, weil wir lange vor ihnen selbst ihre verborgene Schönheit, Tapferkeit und Größe erkennen. Aschenputtel, Dornröschen, Schneewittchen – sie sind eben doch keine einfachen Bauernmägde. Das Biest und der Frosch – sie sind in Wirklichkeit Prinzen. Aladin ist „der noch ungeschliffene Diamant". Wenn die Erzählungen der Bibel uns irgendetwas lehren, von der Schlange im Garten bis zu dem Zimmermann aus Nazareth, dann lehren Sie uns, dass vieles nicht so ist, wie es scheint, dass wir uns nicht vom äußeren Anschein täuschen lassen dürfen.

Ihre Einschätzung Ihrer Seele, die Sie von einer Welt beziehen, die voller Menschen ist, die immer noch ziemlich verwirrt über das Wesen *ihrer* Seele sind, ist wahrscheinlich falsch. C. S. Lewis schrieb:

> Es ist eine ernste Angelegenheit, in einer Welt von möglichen Göttern und Göttinnen zu leben und sich ständig vor Augen zu halten, dass auch der langweiligste und uninteressanteste Mensch, mit dem wir hier zu tun haben, eines Tages ein Geschöpf sein kann, das wir, wenn wir es jetzt schon wüssten, ernsthaft versucht wären zu verehren, oder aber ein Schrecken und Verderben, wie er

uns jetzt höchstens in einem Albtraum begegnet ... Es gibt keine gewöhnlichen Menschen. Wir haben nie mit bloßen Sterblichen gesprochen. (*Das Gewicht der Herrlichkeit*)

GANZ LEISE WIRBST DU UM MEIN HERZ

Impuls: *Ich versuche, in den Begegnungen des heutigen Tages die verborgene Größe jedes Menschen zu erspüren.*

323 | WAS EINE FRAU BEWIRKEN KANN

Es wird ein Tag kommen, an dem die Geschichte dieser Welt erstmals richtig erzählt wird. Das ist eine der Freuden, die beim Hochzeitsfest im Reich Gottes auf uns warten. Und dann wird sonnenklar werden, dass Frauen an jeder großen Aktion Gottes auf dieser Erde wesentlich beteiligt waren.

Ich war versucht, einschränkend „*fast* jeder großen Aktion" zu sagen. Ich wollte nichts übertreiben, außerdem kam mir in den Sinn, dass hin und wieder ja auch Männer Geschichte gemacht haben. Aber da hat Stacy interveniert mit den Worten: „Diese Männer hatten alle Mütter, oder etwa nicht?" Ich hatte an Mose gedacht, der Israel beim Auszug aus Ägypten geführt hat, aber mir dämmerte rasch der Beitrag von Moses Mutter: Sie hatte sein Leben gerettet, als er noch ein Baby war, und dafür ihr eigenes Leben riskiert. Und Moses Schwester war zur Stelle gewesen, um der Tochter des Pharaos eine Amme für das Baby zu empfehlen, das sie da im Schilf gefunden hatte. (Die Amme war natürlich Moses leibliche Mutter.) Einverstanden. Ich geb's zu. Frauen waren an jeder großen Aktion Gottes auf dieser Erde wesentlich beteiligt.

Da sind jene großartigen Ereignisse im Alten Testament wie die Einnahme von Jericho, der erste Brückenkopf im Land der Verheißung, und die Rolle, die Rahab dabei gespielt hat. Oder Esters Mission, um einen Völkermord an ihren Landsleuten zu verhindern. Sie hat damit die Zukunft Israels gesichert … und die der Welt. Es ist auch offensichtlich, dass Frauen das öffentliche Wirken von Jesus unterstützt haben, finanziell und emotional. Frauen haben bei Jesus ausgehalten, als fast alle Männer aus seiner Umgebung das Weite suchten. Wenn wir weiterverfolgen, wie sich das Evangelium ausgebreitet hat und mit ihm die Gemeinde der Christen, treffen wir auf Frauen wie Lydia – ihr Haus wurde zur Basisstation für die Evangelisierung von Thyatira und Philippi; Frauen wie Nympha und Apphia, die wachsende Gemeinden in ihren Häusern beherbergten, wiederum bei großem persönlichem Risiko für sich selbst und ihre Familien. Da ist Priscilla, die ihr Leben aufs Spiel gesetzt hat, um Paulus bei der Ausbreitung des Evangeliums zu helfen, und Junia, die bei Paulus aushielt, als er im Gefängnis war. Von ihr schreibt Paulus, dass sie „bei den Aposteln hoch angesehen" (Römer 16,7) war.

Vor allem aber hing die Rettung der Menschheit vom Mut einer Frau ab – genauer: von einem weiblichen Teenager. Was, wenn Maria Nein gesagt hätte? Was, wenn irgendeine dieser biblischen Frauengestalten Nein gesagt hätte?

WEISST DU NICHT, WIE SCHÖN DU BIST?

Impuls: Wo stehe ich in Gefahr zu glauben, es komme nicht auf mich und meinen Beitrag zu einer anderen Welt an? Was kann mich ermutigen, meine Chancen wahrzunehmen?

HERRLICHE RUINEN | 324

Sicher, wir sind nicht das, wozu wir bestimmt sind, und das wissen wir. Wenn unser Blick zufällig dem eines Fremden begegnet, den wir auf der Straße treffen, schauen wir schnell in eine andere Richtung. Eingezwängt in die peinliche Enge einer Fahrstuhlkabine suchen wir verkrampft irgendetwas, woran wir unseren Blick heften können, um einander nicht anschauen zu müssen. Wir spüren, dass unser wirkliches Ich ruiniert ist, und wir fürchten uns davor, gesehen zu werden. Aber denken Sie einen Augenblick lang an die Millionen von Touristen, die antike Stätten wie das Parthenon, das Kolosseum und die Pyramiden besuchen. Obwohl der Zahn der Zeit, die Elemente und Vandalen ihnen über Jahrhunderte zugesetzt haben und sie nur noch Schatten ihrer früheren Herrlichkeit sind, erfüllen uns diese Ruinen immer noch mit Ehrfurcht. Obwohl sie gefallen sind, lässt sich ihre Herrlichkeit nicht völlig auslöschen. Es ist etwas zugleich Trauriges und Großartiges an ihnen. Und so ist es auch mit uns. Missbraucht, vernachlässigt, gefallen – wir sind immer noch furchtbar und wunderbar zugleich. Wir sind, wie ein Theologe es ausdrückte, „herrliche Ruinen". Doch im Gegensatz zu diesen großartigen Monumenten sind wir, die wir zu Christus gehören, erlöst und werden, wie Paulus sagte, „Tag für Tag" wiederhergestellt in der Liebe Gottes.

Könnte es sein, dass wir, wir alle, die Cheerleader und die Mittelstürmer genauso wie die Übergangenen und die Verspotteten, tatsächlich eine verborgene Größe besitzen? Steckt in uns etwas, das es wert ist, darum zu kämpfen? Die Tatsache, dass wir unsere eigene Herrlichkeit nicht sehen, ist ein Teil der Tragik des Sündenfalls; eine Art geistlicher Gedächtnisschwund hat uns alle ergriffen. Unsere Seele ist dazu gemacht, in der größeren Geschichte zu leben, aber, wie schon Chesterton entdeckte, wir haben unsere Rollen vergessen:

> In wissenschaftlichen Büchern und natürlich in romantischen Erzählungen jeder Art haben wir alle schon von dem Menschen gelesen, der seinen Namen vergaß. Dieser Mensch geht durch die Straßen und kann alles sehen und wahrnehmen; nur kann er sich nicht daran erinnern, wer er ist. Jeder von uns ist der Mensch in dieser Geschichte. Jeder von uns hat vergessen, wer er ist. ... Wir sind alle von ein und demselben geistigen Unheil betroffen; wir haben allesamt unseren Namen vergessen. *(Orthodoxie)*

GANZ LEISE WIRBST DU UM MEIN HERZ

Impuls: Du, Gott, wer bin ich in deinen Augen?

Gebet als Sprache der Sehnsucht | 325

Der Hebräerbrief beschreibt das Gebetsleben Jesu folgendermaßen: „Er hat in den Tagen seines irdischen Lebens Bitten und Flehen mit lautem Schreien und mit Tränen dem dargebracht, der ihn vom Tod erretten konnte"(Hebräer 5,7; L). Das klingt etwas anders als die Art, in der üblicherweise am Sonntagvormittag in den meisten Kirchen zu Gott gebetet wird. „Lieber Herr, wir danken dir für diesen Tag, und wir bitten dich, sei bei uns in allem, was wir sagen und tun. Amen." Kein Flehen, kein lautes Schreien, keine Tränen. Unsere Gebete sind freundlich, bescheiden, vielleicht sogar ehrfürchtig. Eugene Peterson hat solche Gebete „Schnittblumen-Gebete" genannt. Sie unterscheiden sich deutlich von den Gebeten Jesu oder auch von den Psalmen. Das Wettern, die Leidenschaft und die Ekstase, der Zorn und die Einsamkeit, die wir in den Psalmen finden, sind himmelweit entfernt von unseren religiösen Ausdrucksformen. Kaum vorstellbar, dass die Psalmen uns als *Anleitung zum Beten* gegeben worden sind. Sie wirken so – nun ja: *verzweifelt*. Aber E. M. Bounds erinnert uns:

> Sehnsucht verleiht dem Gebet Inbrunst. Die Seele kann nicht teilnahmslos bleiben, wenn sie von einer tiefen Sehnsucht angesteckt und entflammt wird ... Starke Sehnsüchte ergeben starke Gebete ... Die Vernachlässigung des Gebets ist der schreckliche Ausweis von toten geistlichen Sehnsüchten ... Es gibt kein wahrhaftes Gebet ohne Sehnsucht. (*Man of Prayer*)

Ganz leise wirbst du um mein Herz

Impuls: *Bringe ich die Empfindungen meines Herzens im Gebet vor Gott zur Sprache? Wenn nicht, was hindert mich daran?*

326 | Sich für die Sehnsucht schämen?

Eine junge Frau suchte mich auf, weil sie mit ihrem Latein am Ende war. Was ein Jahr zuvor als leichte Depression begonnen hatte, hatte sich tiefer und tiefer in ihr ausgebreitet, bis sie sich bei Selbstmordgedanken ertappte. Wir trafen uns viele Wochen lang und so lernte ich eine prachtvolle Frau mit dem Herzen einer Dichterin kennen. Eine Frau, deren Seele weniger von tragischen Ereignissen als vielmehr von jahrelanger Vernachlässigung verschüttet worden war. Eines Nachmittags hatten wir bereits länger darüber gesprochen, wie sehr sie sich nach Liebe sehnte; wie sie sich schon ein Leben lang fast völlig übersehen und missverstanden fühlte. Es war ein aufrichtiges und sehr bewegendes Gespräch. Als die Zeit um war, fragte ich sie, ob sie mit mir beten wolle. Ich konnte kaum glauben, was dann passierte. Ihre Stimme nahm einen sehr beherrschten, religiösen Tonfall an, und dann sagte sie etwas in der Art: „Gott, danke, dass du hier bist. Zeige mir, was ich tun soll." Ich war sprachlos. *Sie wollen mich wohl veralbern*, dachte ich. *So fühlen Sie sich nun wirklich nicht. Ich kenne den wahren Schrei Ihres Herzens. Sie sind sehr viel verzweifelter, als Sie hier zum Ausdruck gebracht haben.*

Warum ist es uns so peinlich, dass wir Wünsche haben? Warum schämen wir uns so für unsere Sehnsüchte? Warum geben wir vor, dass es uns gut geht, danke schön, dass wir nichts brauchen? Die hartnäckige Witwe war sich nicht zu stolz, Hilfe zu suchen. Genauso wenig wie der Psalmist. Ihre Demut erlaubte es ihnen, ihrer Sehnsucht Ausdruck zu verleihen. Wie selten wenden wir uns an Gott mit dem, was uns wirklich wichtig ist. Wie selten gestehen wir es uns selbst ein.

Wir beten nicht wie Jesus, weil wir uns nicht erlauben, auch nur annähernd so *lebendig* zu sein. Wir erlauben uns nicht, uns einzugestehen, wie verzweifelt unsere Lage wirklich ist. Wir fürchten, dass unsere Sehnsucht uns ruinieren könnte, wenn wir zulassen, dass sie sich zu voller Größe aufrichtet. Ist es da nicht besser, all die Enttäuschung und das Sehnen zu begraben und einfach so weiterzuleben, als ob nichts wäre? Larry Crabb hat darauf hingewiesen, dass ein sehr viel verlässlicherer Weg zu geistlicher Reife anscheinend darin besteht, so zu tun, als ob. Der einzige Preis, den wir dafür zahlen müssen, ist ein Verlust unserer Seele, der Verlust der Gemeinschaft mit Gott, ein Verlust des Ziels und ein Verlust von Hoffnung.

GANZ LEISE WIRBST DU UM MEIN HERZ

Impuls: Könnte es ein Ausweis von Demut sein, meine ganze Wirklichkeit vor Gott zur Sprache zu bringen? Wo stehe ich in Gefahr, Gott gegenüber eine fromme Rolle zu spielen?

FREMDBESTIMMT | 327

Ich bin Lehrer, Seelsorger und Autor und ich bin all das für mein Leben gern. Das war nicht immer so. Ich habe einige Zeit in Washington, D.C., verbracht. Das liegt schon einige Jahre zurück. Es waren zwei der erbärmlichsten Jahre meines Lebens. Was um alles in der Welt hatte ich dort verloren? Ich wollte dort wirklich nicht hin; mein Arbeitgeber hatte mich zu einem Wechsel in die Hauptstadt überredet. Ich kann ihm dafür keinen Vorwurf machen. Wahr ist, dass ich an einem Punkt angelangt war, an dem ich wirklich nicht wusste, was ich eigentlich im Leben wollte. Meine echte Leidenschaft war das Theater gewesen und einige Jahre lang habe ich diesen Traum mit großer Begeisterung verfolgt. Ich hatte meine eigene Theatertruppe und liebte sie. Durch eine Reihe von Vorkommnissen, die für mich nach Verrat aussahen, war ich tief verletzt worden. Ich sagte dem Theater Adieu und suchte mir einen anderen Job. Dann kam das Angebot mit Washington, und obwohl ich nicht mit dem Herzen dabei war, ließ ich meinen Kurs von Leuten bestimmen, die ich bewunderte. Wenn wir kein tiefes und brennendes Verlangen in uns selbst verspüren, dann dauert es nicht lange und unser Leben wird bestimmt von den Wünschen und Forderungen anderer.

Ich kenne viele Christen in einer ähnlichen Lage.

David ist Anwalt, Mitte fünfzig, der immer noch nicht weiß, was er werden will, wenn er dann erwachsen ist. Seine Frau hat ihn vor einem Jahr verlassen. „Er ist innerlich tot", hat sie gesagt.

Paul, Anfang zwanzig, hat keine Vorstellung davon, was er mit sich anfangen soll, nachdem er nun das Studium abgeschlossen hat. Er war so auf akademische Grade fixiert, dass sein Herz zurückgeblieben ist.

Jasmin weiß nicht, ob sie eine Familie gründen oder Single bleiben soll.

Der Schaden ist letztlich ein Leben, das sich selbst verloren geht. Millionen von Seelen treiben ohne einen inneren Kompass durchs Leben, der ihnen die Richtung weisen würde. Sie beziehen Anweisungen von anderen und gestalten ihr Leben nach einem fremden Drehbuch. Der Preis, den sie dafür zahlen, ist hoch. Zu hoch.

GANZ LEISE WIRBST DU UM MEIN HERZ

Impuls: Was ist der innere Kompass, der meinem Leben die Richtung angibt?

328 | DER URSPRUNG DER FREUDE

Der Grund dafür, dass Frauen sich danach sehnen, in ihrer eigenen Schönheit entdeckt zu werden, dass sie fragen: „Gefalle ich dir?", ist einfach der, dass Gott dasselbe tut. Gott ist von faszinierender Schönheit. David betet: „Nur eines erbitte ich vom Herrn, danach verlangt mich: Ich will im Haus des Herrn wohnen alle Tage meines Lebens und die Schönheit des

Herrn schauen" (Psalm 27,4). Kann noch ein Zweifel daran bestehen, dass Gott tatsächlich *verehrt* werden will? Dass er bewundert werden will, dass er uns faszinieren und bezaubern will mit dem, was wir da erblicken? C. S. Lewis schrieb: „Die Schönheit des Weiblichen ist der Ursprung der Freude für die Frau ebenso wie für den Mann. Eva wünscht sich, dass man sich an ihrer Schönheit erfreut, und bringt darin ihren Gehorsam gegenüber Gott zum Ausdruck. Es ist an ihrem Liebhaber, dafür zu sorgen, dass die Geliebte etwas von ihrem eigenen Liebreiz erfährt."

Ich gebe zu, dass die Dinge in Wirklichkeit noch wesentlich vielschichtiger sind. So viel mehr müsste noch gesagt werden, und zugleich geht es hier nicht um unverrückbare Maßstäbe. Ein Mann muss auch einfühlsam sein können und auch von einer Frau wird hin und wieder Kampfgeist verlangt. Aber wenn ein Mann *nur* einfühlsam ist, dann spüren wir: Da ist etwas gravierend falsch gelaufen. Und wenn eine Frau *nur* kämpferisch ist – auch dann spüren wir, dass das nicht ihrer tiefsten Bestimmung entspricht. Betrachten Sie einfach die charakteristischen Verhaltensweisen von kleinen Jungen und kleinen Mädchen und Sie werden feststellen: So falsch liege ich nicht mit meinem Ansatz. Bei Gott jedenfalls gehen Stärke und Liebe Hand in Hand. Oder wie der Psalmist es ausdrückt:

> Eines hat Gott geredet, zwei Dinge sind es, die ich hörte:
> Bei Gott ist die Macht und bei dir, Herr, die Güte.
> (Psalm 62,12-13; Z)

DER UNGEZÄHMTE MANN

Impuls: *Welcher Wesenszug Gottes bestimmt meinen Glauben mehr: seine Macht oder seine Güte und Liebe?*

329 | Der König der Wildnis

Unser städtischer Zoo war jahrelang stolz auf einen der größten Löwen, die ich je gesehen habe. Ein stattliches Tier, fast 250 Kilo schwer, mit einer wunderbaren Mähne und beeindruckenden Pranken. *Panthera leo*, der König der Wildnis. Sicher, er war eingesperrt, aber ich kann Ihnen sagen: Ich fühlte mich jedes Mal gedrängt, meine Kinder vor ihm in Sicherheit zu bringen, als ob er uns zu fassen kriegen könnte, wenn er nur wollte. Trotzdem zog es mich immer wieder zu ihm hin und während die anderen weitergingen, blieb ich zurück, um noch eine Weile in der Gegenwart eines so majestätischen, kraftvollen und tödlichen Wesens verbringen zu können. Vielleicht war es eine Mischung aus Furcht und Bewunderung, vielleicht war es auch nur, dass mir der Anblick dieser großen alten Raubkatze in ihrem Käfig das Herz brach.

Dieses wundervolle, schreckliche Geschöpf hätte die Weite der Savanne durchstreifen sollen, wo es seine Kraft herausbrüllen, alle anderen Steppenbewohner vor Furcht erzittern lassen und Zebras und Gazellen zur Strecke bringen könnte, wann immer seine Natur es dazu trieb. Stattdessen verbrachte der Löwe jede Stunde jedes Tages eines jeden Jahres allein in einem Käfig, der kleiner war als mein Schlafzimmer. Sein Futter wurde ihm durch eine kleine Metalltür serviert. Spätnachts, wenn die Stadt längst zur Ruhe gekommen war, konnte ich manchmal sein Brüllen hören. Es klang nicht wirklich bedrohlich, eher traurig. Während all meiner Besuche im Zoo schaute er mir nicht ein einziges Mal in die Augen. Ich hätte das so gern einmal erlebt, wollte um seinetwillen unter seinem Blick erstarren, wäre froh gewesen, wenn er mit der Pranke nach mir geschlagen hätte. Aber er lag nur da, flach atmend, teilnahmslos und gelangweilt, und hin und wieder wälzte er sich von einer Seite auf die andere.

Denn nach jahrelangem Dahinvegetieren in einem Käfig

glaubt ein Löwe nicht mehr daran, dass er ein Löwe ist ... – und ein Mann glaubt nicht mehr, dass er wirklich ein Mann ist.

DER UNGEZÄHMTE MANN

Impuls: Welche Gitterstäbe in meinem Leben begrenzen die eigentliche Sehnsucht in mir?

DER LETZTE ADAM, DER ZWEITE MENSCH | 330

Jesus von Nazareth trägt in der Bibel viele Namen. Er wird der Löwe von Juda genannt. Der helle Morgenstern. Der wunderbare Ratgeber. Der Friedefürst. Das Lamm Gottes. Es gibt noch viele weitere Namen – jeder von ihnen eröffnet ein Fenster auf all das, was er in Wahrheit ist, alles, was er getan hat, alles, was er noch tun wird. Aber ein Name scheint unserer Aufmerksamkeit entgangen zu sein, und das könnte erklären, warum wir das Evangelium derart missverstehen. Paulus nennt Jesus den letzten Adam und den zweiten Menschen (1. Korinther 15,45-47). Warum ist das so wichtig? Es ist wichtig aufgrund dessen, was der *erste* Adam angerichtet hat.

Unser Urvater Adam und unsere Urmutter Eva waren dazu bestimmt, die Wurzel und der Ursprung der Menschheit zu sein. Was sie sein sollten, das sollten auch wir werden: die Könige und Königinnen der Erde, die Herrscher über alle Geschöpfe, Träger des herrlichen Abbildes eines herrlichen Gottes. Sie waren Gegenüber Gottes in einem Garten, ein großartiger Mann und eine ebenso großartige Frau, und so sollten auch wir werden. Unser Wesen und unser Auftrag hängen mit dem ihren zusammen. Ihre Entscheidungen würden sich auch auf unser Leben auswirken, im Guten wie im Bösen. Es handelt sich um ein tiefes Geheimnis, aber wir können so etwas wie einen Zipfel davon beobachten an der Art, wie Kinder so oft den Fußstapfen ihrer Eltern folgen. Haben Sie nicht auch schon gehört: „Er ist genauso aufbrausend wie sein Vater" oder: „Diesen Esprit hat sie von ihrer Mutter"? Wir sprechen nicht zufällig vom Familienstammbaum, und die ersten Namen in der Liste sind die von Adam und Eva.

Unsere Ureltern haben gewählt, und zwar haben sie das Böse gewählt. Sie haben das eine Gebot – das einzige Gebot – gebrochen. Gott hat ihre Wahl akzeptiert und was daraus folgte, können Sie jeden Abend in den Nachrichten sehen. Die lange Tragödie der Menschheitsgeschichte. Etwas ist in ihren Herzen falsch gelaufen, etwas hat sich *verschoben*, und diese Verschiebung hat jeder von uns mitbekommen.

DER UNGEZÄHMTE CHRIST

Impuls: Wo begegne ich in meinem Leben dem „verschobenen Herzen", das ich mit Adam und Eva teile? Mit welcher Stimme spricht es zu mir?

331 | ELTERN FRAGEN SICH OFT ...

Eltern fragen sich oft, von wem ihre Kinder wohl das Lügen gelernt haben, oder wie es kommt, dass sie von klein auf so selbstsüchtig sind. Das muss den Kleinen nicht erst beigebracht werden; es ist der menschlichen Natur eigen. Paulus schreibt im Römerbrief: „Durch einen einzigen Menschen kam die Sünde in die Welt ... durch den Ungehorsam des einen Menschen [wurden] die vielen zu Sündern" (Römer 5,12.19). Was ich hier wiedergebe, ist natürlich die Lehre von der Erbsünde, eine Grundüberzeugung der Christenheit.

Aber das ist Gott sei Dank noch nicht das Ende vom Lied. Der erste Adam war gewissermaßen ein Muster, ein Rohentwurf, „die Gestalt, die auf den Kommenden hinweist" (Römer 5,14). In Adam kündigt sich bereits ein anderer Mensch an, der erste Vertreter einer neuen Gattung, der Erstgeborene einer neuen Schöpfung. Und dessen Leben bedeutet Verwandlung für diejenigen, die sich mit ihm verbinden: „Wie durch den Ungehorsam des einen Menschen [Adam] die vielen zu Sündern wurden, so werden auch durch den Gehorsam des einen [Jesus Christus, der letzte Adam] die vielen zu Gerechten gemacht werden" (Römer 5,19).

Ein Mensch kommt herab vom Himmel, schlüpft unbeobachtet in unsere Welt hinein, so wie Neo es in *Die Matrix* tut, wie Maximus in *Gladiator*, wie Wallace in *Braveheart*. Aber es ist kein gewöhnlicher Mensch, und seine Mission ist kein x-beliebiger Auftrag. Er kommt als Stellvertreter, als Repräsentant, als Zerstörer eines Systems und Begründer von etwas Neuem. Sein Tod und seine Auferstehung brechen die Macht der Matrix, begnadigen die Gefangenen, lösen die Ketten der Sklaven. Es ist eine historische Tatsache. Es ist wirklich passiert. Und doch ist es mehr als nur Geschichte. Es ist in höchstem Grade mythisch. Lewis sagte: „Indem es Tatsache wurde, wurde es doch nicht weniger mythisch – das ist das Wunderbare."

DER UNGEZÄHMTE CHRIST

Impuls: Durch Leben, Tod und Auferstehung Jesu haben sich die Machtverhältnisse in dieser Welt tatsächlich verändert. Welche Bedeutung hat dieser Glaube für die Einzelheiten des heutigen Tages?

„ICH NEHME IHR STEINERNES HERZ ..." | 332

Sie sind ausgelöst, er-löst worden durch Jesus Christus. Ihr Verrat ist vergeben. Jeder falsche Gedanke, jede Eigenmächtigkeit und jede üble Tat, ihre ganze Gottlosigkeit ist Ihnen ganz und gar verziehen. Das ist für die ganz überwiegende Mehrheit der Christen das zentrale Werk, das Jesus Christus für uns getan hat. Damit wir uns nicht falsch verstehen: Das ist eine zutiefst überwältigende Wahrheit, eine Wahrheit, die uns frei macht und uns Freude bringt.

Aber die Freude hat sich bei den meisten von uns verflüchtigt, denn wir haben festgestellt, dass wir wieder und wieder und wieder Vergebung brauchen. Christus ist für uns gestorben, und doch bleiben wir (so glauben wir zumindest) zutiefst beschädigt. Am Ende stehen jede Menge Schuldgefühle. „Nach allem, was Jesus für Sie getan hat ... und nun stehen Sie *schon wieder* hier und bitten um Vergebung?!" Man kann es ja wohl kaum *Erlösung* nennen, wenn wir uns dazu verdammt sehen, in unserem Leben wieder und wieder die Dinge zu tun, die unseren Erlöser ans Kreuz gebracht haben.

Denken Sie darüber nach: Sie sind nur ein Schatten der Person, die Sie bestimmungsgemäß sein sollten. Und Sie haben keine wirkliche Chance, je diese Person zu werden oder dieses Leben zu gewinnen. Immerhin – Ihnen ist vergeben. Bis ans Ende Ihrer Tage werden Sie immer wieder scheitern in Ihrem Bemühen, so zu werden, wie Gott es für Sie vorgesehen hat. Sie sollten also um Vergebung bitten und es erneut versuchen. Möglicherweise werden Scham und Enttäuschung Ihr Selbstbewusstsein trüben und Ihre Beziehung zu Gott ebenfalls. Wenn diese fortgesetzte Hölle auf Erden zu Ende ist, werden Sie sterben, und Sie werden vor Gott erscheinen müssen, um Rechenschaft darüber abzulegen, wie Sie auf der ganzen Linie gescheitert sind. Aber Ihnen wird vergeben werden. Und schließlich wird man Sie bitten, Ihren Platz im himmlischen Massenchor einzunehmen. Das ist es, was wir unter *Erlösung* verstehen.

Und nun die gute Nachricht: Das hat *nichts* mit dem christlichen Glauben zu tun. Christentum bedeutet mehr. *Viel mehr.* Und nach diesem Mehr haben sich die meisten von uns die längste Zeit ihres Lebens gesehnt.

DER UNGEZÄHMTE CHRIST

Impuls: Wie erkläre ich anderen, was Erlösung im christlichen Glauben bedeutet?

Ihr Herz wurde freigesetzt | 333

> In [Christus] habt ihr eine Beschneidung empfangen,
> die man nicht mit Händen vornimmt, nämlich die Beschneidung,
> die Christus gegeben hat. (Kolosser 2,11)

Nicht genug, dass am Kreuz etwas *für* uns geschehen ist. Etwas tiefgreifendes geschah *mit* uns, als Jesus Christus starb. Erinnern Sie sich? Das Herz ist das Problem. Gott versteht das besser als jeder andere und er packt das Problem bei der Wurzel. Gott hat im neuen Bund versprochen, dass er „das Herz von Stein" wegnehmen wird. Wie das? Indem er uns in den Tod Jesu Christi mit hineinnimmt. Unser Wesen wurde mit Christus ans Kreuz genagelt; wir sind dort mit ihm und in ihm gestorben. Das ist in der Tat ein tiefes Geheimnis – „überaus magisch", wie C. S. Lewis angemerkt hat –, aber dadurch ist es nicht weniger wahr. „Durch sein Sterben ist er ein für alle Mal gestorben für die Sünde ... So sollt auch ihr euch als Menschen begreifen, die für die Sünde tot sind" (Römer 6,10.11). Jesus war der letzte Adam, er zieht den Schlussstrich unter jene unsägliche Geschichte.

Ihnen ist nicht nur vergeben worden. Es ist weit mehr passiert. Gott hat Ihr Herz aus Stein weggenommen. Sie sind befreit von dem, was Sie bisher daran gehindert hat, Ihrer Bestimmung gemäß zu leben. Sie sind gerettet worden von dem Teil Ihrer selbst, der auch noch Ihre besten Absichten sabotiert hat. Ihr Herz ist beschnitten, markiert für Gott. Ihr Herz wurde befreit.

Der ungezähmte Christ

Impuls: *Gott befreit mein Herz vom Misstrauen zum Vertrauen. Wie wirkt sich das heute aus?*

334 | „Ich gebe ihnen ein neues Herz ..."

Die meisten Christen glauben, dass am Kreuz das *eigentliche* Werk Christi geschehen ist. Jesus Christus und das Kreuz; das Kreuz und Jesus Christus – die beiden gehen in unserer Vorstellung Hand in Hand. Die Auferstehung ist beeindruckend, aber – nur eine Art Nachschlag. Sie war natürlich nötig, denn er konnte ja schlecht im Grab bleiben. Oder die Auferstehung ist wichtig, weil Jesus hier bewiesen hat, dass er Gottes Sohn ist. Sein Tod war die *eigentliche* Rettungsaktion für uns. Die Auferstehung ist wie ein Nachwort zu der wirklichen Geschichte; die Medaillenverleihung nach dem Wettkampf. Was wir für wirklich wichtig halten, das kann man sogar sehen. Womit gestalten wir unsere Kirchen, was ziert die Einbände unserer Bibeln, woraus machen wir Schmuckstücke? Das Kreuz ist in aller Welt das Symbol des Christentums.

Gleichwohl: Das Kreuz war nie dazu gedacht, das einzige oder auch nur das zentrale Symbol des christlichen Glaubens zu sein.

Diese Aussage mag Sie schockieren. Aber das zeigt nur, wie weit wir vom Glauben des Neuen Testaments abgekommen sind. Das Kreuz ist nicht der einzige Fixpunkt des christlichen Glaubens. Paulus sagt es so: „Ist Christus nicht auferweckt worden, dann ist unsere Verkündigung leer und euer Glaube sinnlos ... Wenn Christus nicht auferweckt worden ist, dann ist euer Glaube nutzlos, und ihr seid immer noch in euren Sünden" (1. Korinther 15,14.17).

Der ungezähmte Christ

Impuls: *Ich feiere an diesem Tag das neue Leben, das mit der Auferstehung Jesu begonnen hat – ein Leben in Gemeinschaft mit Gott.*

Die Antwort auf die Einsamkeit | 335

Eva wurde erschaffen, weil ohne sie die Welt nicht in Ordnung war. Etwas stimmte nicht. „Es ist nicht gut, dass der Mensch allein bleibt" (1. Mose 2,18; EÜ). Das macht uns einfach sprachlos. Überlegen Sie mal: Die Welt ist noch jung und makellos. Adam in seiner Unschuld ist ein Prachtkerl. Er ist Gottes Gegenüber, nichts steht zwischen den beiden. Sie teilen etwas, wovon wir nur eine schwache Ahnung haben, wonach wir uns sehnen: eine ungetrübte Freundschaft, von keiner Sünde beeinträchtigt. Und trotzdem soll etwas nicht gut sein? Trotzdem fehlt etwas? Was könnte das sein? Eva. Die Frau. Weiblichkeit. Wow!

Um genau zu sein: „Nicht gut" war die Tatsache, dass der Mann „allein" war. „Es ist nicht gut, dass der Mensch allein bleibt. Ich will ihm eine Hilfe machen, die ihm entspricht" (1. Mose 2,18; EÜ). Wie zutreffend! Ganz gleich, was wir sonst über Frauen wissen – jedenfalls wissen wir, dass Frauen durch und durch beziehungsorientiert sind. Kleine Jungs üben bereits auf dem Spielplatz den Konkurrenzkampf; kleine Mädchen ... bauen Beziehungen.

Diese Ausrichtung auf Beziehung ist für Frauen so selbstverständlich, so sehr ihre zweite Natur, dass es ihnen kaum wirklich bewusst ist. Sie interessieren sich mehr für Beziehungen als für irgendetwas sonst. Vergangenen Dezember waren wir in der Nachbarschaft zu einer Weihnachtsparty eingeladen. Regelmäßig einmal im Jahr treffen sich so die Bewohner der Straße – sonst nicht. Die Männer sammelten sich in kürzester Zeit alle in der Küche (in Reichweite der Kartoffelchips) und begannen eine eifrige Debatte über ... Beton. Kein Witz. Das war unser Thema an jenem Abend. Betonierte Hofeinfahrten. In der Zwischenzeit unterhielten sich die Frauen im Wohnzimmer über Sex nach der Menopause.

Weisst du nicht, wie schön du bist?

Impuls: Eine ungetrübte Freundschaft mit Gott – wie kann ich sie heute leben?

336 | Eine harmlosere Geschichte

Manche Sätze, mit denen der Feind uns anklagt, begleiten uns schon seit unserer Jugend; andere kamen erst in späteren Jahren dazu, als der Feind die Gelegenheit erkannte, unsere Angst und unseren Zynismus zu verstärken, indem er jene Ereignisse in unserem Leben „interpretierte", die unsere persönliche Botschaft der Pfeile zu bestätigen scheinen. Sein Ziel ist es, uns zu überzeugen, dass wir uns eine eigene Geschichte erschaffen müssen, um darin zu leben, die nicht so gefährlich ist wie die Göttliche Liebesgeschichte. Solange wir nicht zugeben, dass tief in unserem Herzen Ablehnung und Verletzung, Scham und Trauer, Zorn und Wut sind, werden sich diese Räume in unserem Herzen verfinstern und der Feind nistet sich dort ein, um uns anzuklagen.

Ich spreche nicht nur bildhaft, wenn ich davon rede, dass der Feind uns anklagt. Jeder von uns, Christen eingeschlossen, wird vom Feind gerade so direkt und konkret bedrängt, wie ich es beschrieben habe. Dieser Angriff spielt sich im geistlichen Bereich ab und stützt sich auf Sätze und Stimmen, die uns aus der Vergangenheit vertraut sind. Für uns fühlt es sich so an, als sprächen wir nur mit uns selbst. Und das ist die erste Täuschung des Feindes: „Ich bin gar nicht da. Das bist nur du, der da mit diesen Dingen kämpft." Aschenputtels Stiefschwestern reden ihr ein, es sei ihre Hässlichkeit, die sie zu einem Leben als Küchenmagd verdammte, nicht die Härte und Verachtung, mit der sie sie behandelten. Viele von uns beugen sich ihr ganzes Leben lang dieser Anklage. Und tatsächlich spüren wir tief in unserem Herzen die Angst, die Scham und die Selbstverachtung wie den Angriff eines brüllenden Löwen, egal, was für Techniken zur

Selbstberuhigung wir auch erlernen, um das nach außen hin zu verbergen. Wir verstecken das Brüllen des Löwen, weil er uns davon überzeugt hat, dass es doch nur wir selbst sind, und weil wir nur Spott ernten würden, wenn wir solche Dinge vor anderen zugeben würden.

GANZ LEISE WIRBST DU UM MEIN HERZ

Impuls: Kann ich Gott alles anvertrauen, was mich anklagt? Glaube ich ihm, dass er Licht an diese dunklen Stellen bringen will?

TIEFERE GEMEINSCHAFT MIT GOTT | 337

Andererseits, sobald wir erst einmal über all die Täuschungen und den Betrug nachdenken, mit denen der Feind unser Leben überzieht, neigen wir dazu, uns auf ihn zu fixieren und uns ständig davor zu fürchten, was er wohl als Nächstes im Schilde führt. Sobald wir ihn ernst nehmen, ändert er seine Taktik: Statt uns vorzugaukeln „Ich bin gar nicht da", bringt er uns dazu, uns Tag und Nacht seinetwegen Sorgen zu machen, was schon fast so eine Art Anbetung ist.

Gottes Absicht dagegen ist es, unsere geistlichen Kämpfe zu nutzen, um uns dadurch tiefer in die Gemeinschaft mit ihm hineinzuziehen. Der Trick des Feindes besteht darin, uns zu isolieren und auszulaugen, indem wir ständig darum kreisen, was er getan hat und was er wohl als Nächstes tun wird. Und dazu setzt er unsere persönliche Botschaft der Pfeile sehr effektiv ein. Gott möchte die Angriffe des Feindes benutzen, um die Hindernisse zwischen uns und ihm aus dem Weg zu räumen und unsere Abhängigkeit von ihm als seine Söhne und Töchter auf einer viel tieferen Ebene wiederherzustellen. Sobald wir das verstehen, werden wir den Kampf, in dem wir stehen, völlig anders empfinden. Es geht nicht darum, dass wir uns auf den Feind konzentrieren sollen – im Gegenteil es geht um die Gemeinschaft mit Gott und darum, die Verbindung zu Jesus als der Quelle des Lebens ständig zu suchen und zu vertiefen. Dann wird aus der Erfahrung des Kampfes eher so etwas wie beständiges Gebet.

GANZ LEISE WIRBST DU UM MEIN HERZ

Impuls: „Gottes Absicht ist es, unsere geistlichen Kämpfe zu nutzen, um uns dadurch tiefer in die Gemeinschaft mit ihm hineinzuziehen." Welche meiner Kämpfe und Schwierigkeiten haben meine Beziehung zu Gott vertieft?

338 | BETÄUBENDER GENUSS

Jeder Mensch, so hat G. K. Chesterton einmal empfohlen, sollte sich einmal im Jahr betrinken, denn wenn einem der Alkohol nicht guttue, dann zumindest die Reue am Morgen danach. Nichts ist vergleichbar mit einem bösen Erwachen, ganz gleich, was man getan hat – ob es zu viel Alkohol war, zu viel Essen oder dass man seinem Ärger freien Lauf gelassen hat. Der Kater nach einer leichtfertig begangenen Sünde bringt oft Klarheit und Entschlusskraft. (Wie viele gute Vorsätze werden jeweils am Morgen danach getroffen?) Aber wenn wir es nicht gerade übertrieben haben, wenn wir eben immer nur mäßig über die Stränge schlagen, dann stellt sich solche Klarheit niemals ein. Wir erkennen die Dinge niemals in ihrer wahren Gestalt, weil wir stets unter der Wirkung des Genusses bleiben. Niemand macht sich groß Gedanken darüber. Genuss hat dabei weniger mit echter Freude und Begeisterung zu tun als vielmehr damit, dass wir uns selbst betäuben. Denken Sie an die Befriedigung, die Ihnen Ihre Idole verschaffen: Können sie Ihre Sehnsucht wirklich und gründlich stillen? Oder entspringt die Befriedigung eher aus der *momentanen Abwesenheit* der Sehnsucht?

Ich hatte lange das unbestimmte Empfinden, dass ich Genuss und Vergnügen in meinem Leben überbewertete. Aber ich habe die Funktion des Genusses in meinem Leben erst verstanden, als ich mich intensiv mit Trauer und Verlust auseinandersetzen musste. Ich habe jede Droge ausprobiert, die greifbar war, und nichts funktionierte. Weder Essen noch Schlaf, weder Arbeit noch Lesen – noch nicht einmal Sex. Ich bin meinen Schmerz nicht losgeworden. Und dann ging es mir auf: Wenn ich versuche, bei solchen Gelegenheiten Genuss als Droge einzusetzen, wie viele meiner sogenannten Vergnügungen erfüllen dann letztlich dieselbe Funktion auf einer niedrigeren Ebene?

GANZ LEISE WIRBST DU UM MEIN HERZ

Impuls: Bin ich schon einmal wirklich über mich selbst erschrocken? Was folgte daraus?

EINE EINLADUNG VERÄNDERTE IHR LEBEN | 339

Eine Einladung markiert den Wendepunkt des Märchens von Aschenputtel. Bis zu dem Augenblick, als der Herold des Königs verkündet, dass die Schönen des Reiches zum Ball eingeladen sind, scheint ihr Lebenslauf unwiderruflich vorgegeben zu sein: Sie wird immer die Küchenmagd sein, das Kellerkind. Ihre Feinde werden stets die Oberhand behalten. Ihr ist ein Leben fortgesetzter Enttäuschungen bestimmt, auch wenn sie tapfer den Kopf oben hält. Kein anderes Leben erscheint möglich. Das ist ihr Schicksal. Dann kommt die Einladung zum Hofball. In diesem Moment bricht die Hölle los. Ihre Sehnsüchte werden wach. Ihre Feinde geraten in Zorn. Ihr Leben wird von da an nicht mehr dasselbe sein.

Wie schön, dass am Anfang eine Einladung steht. Als Frau müssen Sie sich nicht abstrampeln und nichts selber arrangieren. Sie müssen Ihr Glück nicht selbst bewerkstelligen. Sie müssen nur antworten. Zugegeben – auch das erfordert Mut. Aschenputtel muss all ihren Mut zusammennehmen und dieser Mut entsprang der tiefen Sehnsucht, das Leben zu finden, für das sie wirklich bestimmt ist – das weiß sie tief in ihrem Herzen. Sie *will* zum Ball. Aber sie muss ihre (durchaus begründeten) Ängste überwinden, um tatsächlich hinzugehen. Und selbst *nachdem* sie mit dem Prinzen getanzt hat, erfordert es noch einmal Mut, nicht alle Hoffnung aufzugeben. (Sie rennt zurück in ihre schmutzigen Arbeitsräume, so wie wir alle.) Aber schließlich wird sie die Frau, die zu sein ihre Bestimmung ist, und das Königreich ist nicht mehr dasselbe. Ein wunderbares Gleichnis.

Die Einladungen unseres Königs erreichen uns auf jede nur denkbare Weise. Ihr weibliches Herz ist an sich schon eine Einladung. Eine Einladung, die auf die persönlichste und intimste Weise übermittelt wird, die man sich nur vorstellen kann. Ihr Liebhaber hat Ihnen etwas ins Herz geschrieben: Er lädt sie ein, ein Leben leidenschaftlicher Liebe zu finden und diese Liebesaffäre als Ihren kostbarsten Schatz zu hüten. Er lädt sie ein, die Schönheit zu entfalten, die in Ihnen steckt, und Ihre Schönheit für andere aufscheinen zu lassen. Er lädt sie ein zum Abenteuer. Sie sollen zum *ezer*, zu der Lebensretterin werden, auf die die Welt so verzweifelt angewiesen ist.

WEISST DU NICHT, WIE SCHÖN DU BIST?

Impuls: Was hat Gott mir als seine Einladung ins Herz geschrieben?

Der Angriff auf unsere Sehnsucht | 340

Der Kampf um die Sehnsucht wird nicht etwa nur in uns und auch nicht nur zwischen uns ausgetragen. Vielmehr wird er auch *gegen uns* geführt, und das ständig. Unsere Sehnsucht steht nahezu ständig unter Beschuss. „Wir kommen in eine sehnsüchtige Welt", sagt Gil Bailie, „und wissen nicht wofür. Wir *sind* Sehnsucht. Und Sehnsucht ist gut, denn sie ist es, die uns zu Gott bringt. Aber unsere Sehnsucht ist nicht fest auf Gott programmiert."

Wir beobachten andere, um von ihnen zu lernen, was wir ersehnen sollen. Aristoteles hat gesagt: Wir sind eifrig nachahmende Geschöpfe. Auf diese Weise lernen wir sprechen; auf diese Weise bewältigen wir fast jede Herausforderung im Leben. Wir wissen das alle, obwohl wir es nicht gerne zugeben.

Ein Beispiel sollte genügen. Ich ging zur Versteigerung einer Werkstatt, um mir einige Werkzeuge anzusehen. Da gab es eine Tischsäge zu einem sehr guten Preis. Ein anderer Typ kam vorbei, blieb vor der Säge stehen, ohne dass er wirklich interessiert schien. Ich machte den Mund auf und beging einen fatalen Fehler: „Wow, der Preis für die Säge ist wirklich in Ordnung." Sie wissen, was dann geschah: Eben noch unbeteiligt, zeigte er auf einmal intensives Interesse, und weil er vor mir dran war, zog er mit der Tischsäge von dannen, der er fünf Minuten vorher grade mal einen müden Blick geschenkt hatte.

Die pausenlosen Versuche, unsere Sehnsucht zu wecken und sie zu vereinnahmen, können eigentlich nur als Angriff gedeutet werden. Von früh bis spät werden wir bearbeitet mit der einen unterschwelligen Botschaft: *Du kannst es schaffen.* Du *kannst* das Leben gewinnen, das du ersehnst. Kauf nur dieses Produkt, sieh diesen Film, fahr dieses Auto, buche diesen Urlaub, werde Mitglied in diesem Fitnessclub. Der einzige Unterschied liegt im Mittel der Wahl, aber jeder stimmt am Ende zu: Wir können das Leben haben, und zwar jetzt.

Ganz leise wirbst du um mein Herz

Impuls: Wer oder was versucht heute, meine Sehnsucht auf ein nur scheinbar lohnendes Ziel zu richten?

341 | DIE LAST DER ERINNERUNG

Wenn ich darüber nachdenke, was bei dieser Reise, auf der ich mich befinde, alles auf dem Spiel steht, wie verletzlich mein Herz und die Herzen derer sind, die ich liebe, wie schnell ich vergesse, dann möchte ich vor Gott niederfallen und ihn um die Gnade der Erinnerung anflehen. George MacDonald sagt das besser:

> Gäb es nur diesen tiefen, heiligen Zauber, der
> mich allezeit an dich erinnerte ...
> Herr, sorge du dafür, trag der Erinn'rung Last:
> Nur wenn ich an dich denke, kann ich zu dir schrei'n;
> Stoß mahnend mich mit der Rute deiner Liebe an.
> Wenn meine Seele sich nicht mehr erwecken lässt
> Und nur noch kalte Asche übrig ist von meinem Leben;
> Wenn ich mich kaum erinn're, dass mein Herz
> Einmal lebendig, liebend, voller Sehnsucht war –
> Oh, dann sei du der Erste, sei der Einzige;
> sei Ruf vor einer Antwort meiner Liebe,
> und weck in mir Furcht, Hoffnung und Verlangen ohne Grenzen.
> *(Diary of an Old Soul)*

Letztlich liegt die Last der Erinnerung nicht bei uns; täte sie es, so müssten wir alle verzweifeln. Jesus wird im Hebräerbrief „der Anfänger und Vollender unseres Glaubens" (12,2) genannt. Er ist es, der die Romanze in unsere Herzen hineingelegt hat, und er ist es, der zuerst unsere Augen öffnete, damit wir sehen, dass unser tiefstes Verlangen in ihm Erfüllung findet. Er hat uns auf dieser Reise in Bewegung gesetzt und er hat sich selbst an das Versprechen gebunden, uns ans Ziel zu bringen. Auch wenn wir ihn für lange Zeit vergessen mögen, er vergisst uns nicht.

Jetzt aber bleibe ich immer bei dir,
und du hältst mich bei der Hand.
Du führst mich nach deinem Plan
und nimmst mich am Ende in Ehren auf ...
Selbst wenn alle meine Kräfte schwinden und ich umkomme,
so bist du doch, Gott, allezeit meine Stärke –
ja, du bist alles, was ich habe! (Psalm 73,23-24.26)

GANZ LEISE WIRBST DU UM MEIN HERZ

Impuls: *Gott ist es, der meinen Glauben geschenkt hat und der ihn ans Ziel gelangen lassen wird. In diesem Vertrauen kann ich gelassen werden.*

DAS LEBEN IST KEINE SEIFENOPER | 342

Wir befinden uns in der Endphase des langen und bösartigen Feldzugs gegen das menschliche Herz. Ich weiß – das klingt gar zu dramatisch. Ich versuche normalerweise den Begriff „Krieg" zu vermeiden, um nicht gründlich missverstanden zu werden. Allzu viele Christen schüren irgendwelche eingebildeten Ängste, um ihre politischen oder wirtschaftlichen Interessen voranzubringen oder einen theologischen Triumph zu erringen. Aber ich gehe nicht mit der Furcht hausieren. Ich spreche ganz ehrlich über das, was sich um uns herum abspielt – *gegen* uns. Solange wir die Dinge nicht beim Namen nennen, werden wir nicht wissen, wie wir ihnen begegnen sollen. Das ist wahrscheinlich auch der Grund, warum viele Menschen sich von Gott verlassen oder betrogen fühlen. Sie dachten, mit der Bekehrung zum christlichen Glauben würden ihre Probleme aufhören oder sich zumindest verringern. Niemand hat ihnen gesagt, dass sie unmittelbar an die vorderste Front beordert werden, und so sind sie ehrlich schockiert angesichts der Tatsache, dass sie unter Beschuss geraten.

Wir befinden uns nicht in einer Vorabendserie, es handelt

sich um eine blutige Schlacht. Ist Ihnen entgangen, mit welch tödlicher Genauigkeit die Wunde verabreicht wurde? Diese Schläge, die Sie abbekommen haben – das waren keine Zufallstreffer. Das waren keine Unfälle. Das war Absicht.

Nein, die Wunde ist zu genau gezielt, als dass sie zufällig sein könnte. Es war ein Versuch, Sie kaltzustellen, Ihre Stärke zu lähmen und Sie aus dem Rennen herauszukatapultieren. Die Wunden, die wir davongetragen haben, wurden uns mit einer Exaktheit zugefügt, die verblüffend ist. Können Sie sich vorstellen, warum sich da jemand so viel Mühe gibt? Warum es überhaupt diese Anschläge auf Ihre Seele gibt? Weil der Feind Sie fürchtet. Sie sind gefährlich. Wenn Sie jemals Ihr Herz wiederfinden und wenn Sie beginnen, tatsächlich beherzt zu leben, dann werden Sie für den Feind zu einem großen Problem. Sie könnten ihm enormen Schaden zufügen – zugunsten des Guten. Erinnern Sie sich, wie kühn, wie entschlossen Gott vorgegangen ist in der Weltgeschichte? Sie sind „ein Zweig von jenem Siegerstamm".

Der ungezähmte Mann

Impuls: *Christsein als ein Leben an vorderster Front ... im Einsatz wofür?*

343 | Familienähnlichkeit

Sicherlich werden Sie zustimmen: Gott ist herrlich. Wer sonst ist so gütig? Wer sonst ist so schöpferisch? Wer sonst ist so stark? Wer sonst ist so fürsorglich? Wer sonst ist so schön? Wer sonst ist so weise? Wer sonst ist so großzügig? Sie stammen von ihm ab. Sind sein Kind. Sein Ebenbild. Sie tragen *seine* Züge. Gott hat Himmel und Erde in all ihrer Pracht erschaffen, die Wüste und das offene Meer, den Bachlauf und die Milchstraße, und hat alles mit dem Prädikat „Gut" versehen. Aber denken

Sie daran: Einzig als er *Sie* erschaffen hat, hat er gesagt: „*Sehr gut*" (1. Mose 1,31). Das sollten Sie nie vergessen. Ihre ursprüngliche Herrlichkeit war größer als all das, was Sie in der Natur jemals zum Staunen gebracht hat.

> An den Heiligen, die im Lande sind,
> an den Herrlichen habe ich all mein Gefallen.
> (Psalm 16,3)

Als Gott Sie erschaffen hat, da hat er Sie mit einer Herrlichkeit ausgestattet, die so großartig ist, dass die übrige Schöpfung daneben verblasst. Eine Herrlichkeit, die nur Ihnen eigen ist, gerade so wie Ihre Fingerabdrücke einmalig sind, wie Ihre Art zu lachen einzigartig ist. Tief in unserem Innern haben wir seither stets nach dieser Herrlichkeit gesucht. Ein Mann möchte sicher sein, dass er wirklich ein Mann ist, dass er wirklich so tapfer ist; dass in ihm ein streitbarer Held steckt, und sein ganzes Leben über wird er sich fragen: „Habe ich wirklich das Zeug dazu?" Eine Frau möchte sicher sein, dass sie wirklich eine Frau ist; dass sie schön ist; dass sie ein bezauberndes, einnehmendes Wesen hat. Und ihr ganzes Leben lang wird sie sich fragen: „Ist an mir eine Schönheit zu entdecken?"

GANZ LEISE WIRBST DU UM MEIN HERZ

Impuls: *Wo entdecke ich in mir und in anderen Spuren der Familienähnlichkeit mit Gott und seinem Wesen?*

344 | Unsere ursprüngliche Herrlichkeit

Der Dichter William Butler Yeats schrieb:

> Ob ich die Wimpern tusche
> Die Augen mehr betone
> Die Lippen scharlach färbe
> Oder bleibe, wie ich bin,
> Kein Spiegel soll mir schmeicheln,
> Denn ich suche lediglich
> Das Gesicht, das mir zu eigen
> vor Anbeginn der Welt.
> („Before the World Was Made")

Genau das ist es. Wenn Sie einen zweiten Blick in den Spiegel werfen, wenn Sie sich erneut in ein Foto von sich vertiefen, dann suchen Sie darin nach einem Widerschein jener Herrlichkeit, von der Sie wissen, dass sie ursprünglich zu Ihnen gehörte – oder sei es auch nur, dass Sie sich wünschen, es wäre so. Sie erinnern sich undeutlich, dass Sie ursprünglich zu etwas Höherem bestimmt waren als zu dem, was aus Ihnen geworden ist. Ihre Geschichte fängt nicht mit Sünde an und Gott sei Dank endet sie auch nicht damit. Sie endet mit der wiederhergestellten Herrlichkeit: „Die er gerecht gemacht hat, die hat er auch verherrlicht" (Römer 8,30). Sie sind bereits verwandelt *worden* und sie werden *weiter* verwandelt. Erst hat Gott Ihnen ein neues Herz gegeben. Nun stellt er Ihre Herrlichkeit wieder her. Er macht Sie wieder ganz und gar lebendig. Denn in einem lebendigen Menschen verherrlicht sich Gott und dieser lebendige Mensch sollen Sie sein.

„Schön, aber warum bemerke ich nichts davon?" Gut beobachtet. Damit kommen wir zum Punkt. Die Tatsache, dass Sie sich weder Ihres guten Herzens noch Ihrer Herrlichkeit bewusst sind, beweist lediglich, wie erfolgreich der Anschlag auf Sie war. Wir nehmen uns selbst nicht richtig wahr.

Der ungezähmte Christ

Impuls: Ich versuche, mich selbst mit den Augen Gottes wahrzunehmen. Was sehe ich?

WARUM GOTT GEGEN UNS VORGEHT | 345

Doch es gibt noch etwas, was Gott über uns weiß und das ihn veranlasst, uns zum Kampf aufzurufen oder manchmal sogar gegen uns in die Schlacht zu ziehen. Die meisten von uns sind irgendwo in ihrem Herzen davon überzeugt, dass unsere Hauptschwierigkeit in der Unberechenbarkeit des Lebens besteht. Wenn wir nur den Schaden überwinden könnten, den andere mit ihren Sünden gegen uns anrichten, und wenn wir nur von den Menschen in unserer Umgebung mehr geliebt würden und vielleicht auch selbst ein bisschen mehr lieben würden, so denken wir, dann hätten wir die Chance, gut zu leben. Meistens sehen wir uns selbst nicht als Leute, die fest entschlossen sind, dem Pfad zu folgen, der zum Tod führt. Die Art und Weise, wie wir leben wollen, fühlt sich doch so richtig an – so sehr wie das Leben –, dass das einzige Problem uns darin zu bestehen scheint, wie die anderen uns behandeln, und in Gottes Gleichgültigkeit gegenüber unseren Bitten um Hilfe. Irgendwo tief im Herzen sind wir alle davon überzeugt, dass im Leben alles glattgehen würde, wenn Gott nur ein bisschen mehr wie die mesopotamischen Hausgötter wäre. Die Wahrheit jedoch ist, dass wir alle mit einer Vorliebe dafür in diese Welt gekommen sind, unser Leben nach unseren eigenen Bedingungen und nach unserer eigenen Weisheit zu führen.

Im ersten Buch Mose wird uns eingehend geschildert, wie Gott im Leben des Jakob sowohl Leid als auch Segen gebrauchte, um ihm zu zeigen, dass sein Heil und seine Hoffnung in der Geschichte einer größeren Erlösung lagen, als er sie sich mit seiner Schlauheit und seinen Manipulationen selbst schaffen konnte; eine Geschichte, deren Autor Gott war. Doch so sehen wir die Sache oft nicht.

GANZ LEISE WIRBST DU UM MEIN HERZ

Impuls: *Glaube ich, dass Gott in meinem Leben tatsächlich am Werk ist und Leid wie Segen in seine Heilsgeschichte hineinwebt?*

346 | SCHÖNHEIT AUFDECKEN

Ganz offensichtlich war der Gott, den Johannes geschaut hat, unbeschreiblich schön. Und das ist ja nur einsichtig: Gott muss eher noch herrlicher sein als seine herrliche Schöpfung, denn sie „erzählt" ja nur von seiner Herrlichkeit und „spiegelt" sie. Johannes beschreibt Gott als so strahlend wie Juwelen, als reich geschmückt in Gold und Rot und Grün und Blau, schimmernd wie Kristall. Bezeichnenderweise sind genau das die Dinge, mit denen Aschenputtel beschenkt wird – dieselben Dinge, die Frauen bis zum heutigen Tag gern tragen, wenn sie sich von ihrer besten Seite zeigen wollen. Hmmmm … Und sind das nicht genau die Komplimente, die auch eine Frau gerne hört? „Du strahlst heute Abend ganz wunderbar. Du siehst atemberaubend aus."

Die Heiligen vergangener Zeiten haben davon gesprochen, dass die größte Seligkeit in der himmlischen Welt darin liegt, einfach die Schönheit Gottes zu betrachten.

> Der Grund dafür, dass Frauen sich danach sehnen, in ihrer eigenen Schönheit entdeckt zu werden, dass sie fragen: „Gefalle ich dir?", ist einfach der, dass Gott dasselbe tut. Gott ist von faszinierender Schönheit und er will verehrt und bewundert werden. (*Der ungezähmte Mann*)

Damit uns das ein für alle Mal klar wird, hat Gott uns Eva gegeben. Den krönenden Abschluss der Schöpfung. Schönheit ist das Wesen einer Frau. Und um das unmissverständlich deutlich zu machen: Schönheit ist für uns immer beides: körperliche Schönheit *gepaart* mit Schönheit der Seele, der Person, des Wesens. Das eine hängt ab vom und entspringt dem anderen. Ja, die Welt verramscht und prostituiert Schönheit, indem sie sie lediglich auf eine willkürlich definierte perfekte Figur reduziert, mit der nur wenige Frauen dienen können. Aber auch Christen reduzieren Schönheit gern oder sie vergeistlichen sie in unangemessner Weise, und dann ist nur noch von „Charakter" die Rede. Wir müssen der Schönheit wieder zu ihrem vollen Recht verhelfen. Die Kirche muss sie wiederentdecken. Schönheit ist zu wichtig, als dass wir auf sie verzichten könnten.

WEISST DU NICHT, WIE SCHÖN DU BIST?

Impuls: *Was macht für mich die Schönheit der Seele, die Schönheit der Person aus?*

RUHENDE SCHÖNHEIT | 347

Gott hat Eva eine schöne Gestalt *und* einen schönen Geist gegeben. In beidem verkörpert sie Schönheit. Sie bringt Schönheit einfach dadurch zum Ausdruck, dass sie Frau ist. Schönheit ist ihr *Wesen*, so wie Gottes Wesen Schönheit ist.

Stacy und ich haben kürzlich ein Wochenende zusammen in Santa Fe, New Mexico, verbracht. Santa Fe beherbergt die drittgrößte Ansammlung von Kunstgalerien weltweit. Wir lieben es, stundenlang durch diese Galerien zu bummeln. Am zweiten Tag fragte mich Stacy: „Hast du auch nur eine Darstellung eines nackten Mannes gesehen?" Auffällig, nicht wahr? Nachdem wir uns vielleicht tausend Kunstwerke angesehen hatten, fiel uns auf, dass nicht eines davon der Schönheit des männlichen Körpers gewidmet war. (Tatsächlich gibt es in der Kunstgeschichte einige Beispiele dafür, aber bezeichnenderweise nur sehr wenige). Der Schönheit der Frau wurde dafür fast überall gehuldigt, in Hunderten von Gemälden, Grafiken und Skulpturen. Das hat seinen Grund.

Zum einen wirkt es etwas lächerlich, wenn nackte Männer sich auf einer Liege räkeln. Das trifft nicht so recht das Wesen von Männlichkeit. Etwas in uns ist versucht zu sagen: „Runter vom Sofa, ran an die Arbeit. Mäh den Rasen. *Tu* irgendwas." Denn Adam kommt am besten zur Geltung, wenn er in Aktion ist. Sein Wesen ist *Stärke in Aktion*.

Zum anderen: Eva passt nicht so recht in eine erbitterte Kampfszene oder in die Pose eines Holzfällers. Seit Urzeiten haben Künstler Eva *ruhend* gemalt (oder fotografiert oder in Stein oder Holz verewigt), wenn sie ihr Wesen zum Ausdruck bringen wollten. Und das gilt quer durch alle Kulturen und Zeitalter. Was haben die Künstler gesehen, was uns verborgen ist? Eva hat eine andere Botschaft für die Welt als Adam. Sie spricht durch ihre Schönheit.

Weisst du nicht, wie schön du bist?

Impuls: Schönheit des Geistes – worin wird sie erkennbar?

348 | Ihr Herz ist gefangen

In unserem Zeitalter der Psychologie haben wir uns angewöhnt, unsere Affären „Süchte" oder „Abhängigkeiten" zu nennen, aber Gott nennt sie „Ehebruch". So ist seine Botschaft an Israel durch Jeremia in ihrer drastischen Wortwahl unmissverständlich:

> Du bist wie eine brünstige Kamelstute, die ständig hin und her läuft, wie eine wilde Eselin, die jeden Pfad in der Wüste kennt; vor Gier schnappt sie nach Luft, und niemand kann sie zurückhalten. Kein Hengst, der sie sucht, muss sich müde laufen: In ihrer Brunstzeit wird er sie schnell finden. Israel, lauf dir nicht die Füße

wund, sieh zu, dass du nicht verdurstest, wenn du den Göttern hinterherrennst! *(Jeremia 2,23-25)*

Gott sagt: „Ich liebe dich, und trotzdem betrügst du mich, sobald dir jemand schöne Augen macht. Das tut mir so weh. Siehst du denn nicht, dass wir füreinander geschaffen sind? Ich möchte, dass du zu mir zurückkommst." Und Israel antwortet wie jeder Süchtige oder Ehebrecher: „Es hat keinen Zweck, mich zu ermahnen! Ich liebe sie nun einmal, die anderen Götter, und hinter ihnen bin ich her!" (Jeremia 2,25).

Vielleicht können wir den Schmerz nachfühlen, den Gott als Israels (und unser) „Ehemann" empfand. Nachdem er Israel von Jugend an zu einer Frau voller Anmut und Schönheit hat heranwachsen lassen, gelingt es ihm nun nicht, ihr Herz von ihren ehebrecherischen Liebhabern zurückzugewinnen. Der lebendige Gott des Universums kann die Eine, die er liebt, nicht für sich gewinnen, nicht wegen irgendeines Mangels auf seiner Seite, sondern weil ihr Herz durch ihre Süchte gefangen ist, durch ihre ehebrecherischen Liebhaber.

GANZ LEISE WIRBST DU UM MEIN HERZ

Impuls: Ich kann mich nicht mehr nach Gott sehnen, als er sich nach mir sehnt ...

DER TOD IST NIEMALS NATÜRLICH | 349

Nach der Verbannung aus dem Paradies wurde es mit der Menschheit immer schlimmer. Kain ermordete Abel, Lamech drohte gleich jeden anderen Menschen zu töten. Die Verdorbenheit des menschlichen Herzens schien außer Kontrolle und noch nicht einmal mehr durch den Fluch aufzuhalten zu sein. Die Menschen lebten sieben-, acht-, ja sogar neun*hundert* Jahre lang. Können Sie sich vorstellen, was sich ein Mensch in einer solchen Zeitspanne an Hilfskonstruktionen zimmern kann? Folglich hat Gott den letzten Schlag erwogen und gesagt: „Mein Geist soll nicht für immer im Menschen bleiben, weil er auch Fleisch ist; daher soll seine Lebenszeit hundertzwanzig Jahre betragen" (1. Mose 6,3; EÜ). Er hat die menschliche Lebenszeit begrenzt. Wie schlau wir uns auch anstellen mögen, um das Paradies zu beschwören – um den Tod kommt keiner herum. Das ist das letzte, unüberwindliche Hindernis.

Und nun achten Sie bitte sorgfältig auf meine Worte. Wir können die Umstände, die den Tod eines Menschen begleiten, niemals völlig erklären. Wohl oder übel akzeptieren wir es, wenn jemand in hohem Alter stirbt. Wir trösten uns darüber hinweg und sagen: *Er hatte ein erfülltes Leben.* Aber der Tod ist *niemals* natürlich. Er war ursprünglich nicht vorgesehen. Das ist die wahre Ursache für den unerträglichen Schmerz der Hinterbliebenen. Unsere Ratlosigkeit wird noch verstärkt, wenn der Tod, wie wir sagen, „vor der Zeit" kommt; wenn er ein Leben in voller Blüte beendet oder gar schon, bevor sich die Blüte entfalten konnte. Jeder Todesfall kann nur dann ansatzweise verstanden werden, wenn wir ihn in die größere Geschichte einordnen, die Gott mit dieser Menschheit schreibt. Und vieles an dieser Geschichte bleibt gegenwärtig noch ein Geheimnis.

GANZ LEISE WIRBST DU UM MEIN HERZ

Impuls: „Der Tod ist die uns zugewandte Seite der Medaille, deren andere Seite Ewigkeit heißt." Was empfinde ich beim Gedanken an meinen eigenen Tod?

Hoffnung lebt von der Sehnsucht | 350

Wenn wir erst einmal akzeptiert haben, dass wir das Leben, das wir suchen, auf eigene Faust weder finden noch selbst zurechtzimmern können, was dann? Dallas Willard schreibt: Es ist lebenswichtig zu wissen, dass das Leben vor uns liegt.

> Ich bin vielen aufrichtigen Christen begegnet, die ungeachtet ihres Glaubens tief enttäuscht darüber sind, wie ihr Leben verlaufen ist. Manchmal ist das lediglich eine Frage, wie sie mit dem Älterwerden umgehen – für die meisten bedeutet es nämlich, dass sie keine Zukunft haben. Oft aber haben sie das nicht erreichen können, was sie im Leben zu erreichen hofften, und das aufgrund der Verhältnisse oder falscher Entscheidungen oder Verhaltensweisen anderer … Viel von der Niedergeschlagenheit dieser guten Leute rührt von dem Unvermögen her zu erkennen, dass ihr Leben vor ihnen liegt – jenes ewige Leben, das für immer im Reich Gottes auf uns wartet. (*The Divine Conspiracy*)

Und Blaise Pascal hat festgestellt: „Wir leben niemals, aber wir hoffen stets auf Leben. Und da wir uns ständig darauf einrichten, glücklich zu sein, ist gewiss, dass wir niemals glücklich sein werden, wenn wir kein anderes Glück erstreben als das, das wir in diesem Leben erfahren können."

Sehnsucht kann nicht leben ohne Hoffnung. Aber wir können nur auf das hoffen, was wir auch ersehnen. Da muss es einfach noch mehr geben, da muss etwas auf dem Weg vor uns sein, das uns das ersehnte Leben zugänglich macht. Um das Herz am Leben zu erhalten, um die tiefe Sehnsucht in uns zu nähren, brauchen wir unbedingt eine klarere Vorstellung von dem Leben, das vor uns liegt.

Ganz leise wirbst du um mein Herz

Impuls: *Inwiefern prägt die Hoffnung an das Leben, das Gott verheißt und das vor mir liegt, mein Lebensgefühl?*

351 | Auf seine Stimme achten

„Noch vieles habe ich euch zu sagen, aber ihr könnt es jetzt nicht tragen. Wenn aber jener kommt, der Geist der Wahrheit, wird er euch in die ganze Wahrheit führen" (Johannes 16,12.13). Da gibt es also noch mehr, was Jesus uns sagen möchte, eine ganze Menge mehr, und nun, wo sein Geist in unserem Herzen wohnt, kann das Gespräch weitergehen. Viele rechtschaffene Leute hören Gott niemals persönlich zu sich reden – aus dem einfachen Grund, weil sie niemand darauf aufmerksam gemacht hat, *dass* er es tut. Aber genau das macht er: Er spricht – großzügig, einfühlsam. „Wer aus Gott ist, hört die Worte Gottes" (Johannes 8,47).

> Wer aber durch die Tür hineingeht, ist der Hirte der Schafe. Ihm öffnet der Türhüter, und die Schafe hören auf seine Stimme; er ruft die Schafe, die ihm gehören, einzeln beim Namen und führt sie hinaus. Wenn er alle seine Schafe hinausgetrieben hat, geht er ihnen voraus, und die Schafe folgen ihm; denn sie kennen seine Stimme … Ich bin der gute Hirte. (Jesus im Johannesevangelium 10,2-4.11)

Man überlässt Schafe in dieser Welt nicht einfach sich selbst. Schafe sind bekannt dafür, dass sie sich leicht verirren, dass sie von wilden Tieren angefallen werden, leicht in Schwierigkeiten geraten, und deshalb müssen sie in der Nähe des Hirten bleiben und seiner Stimme folgen. Kein Hirte kann sich gut nennen, wenn er seine Herde nicht persönlich durch Gefahren hindurchbringt. Aber genau das verspricht Jesus. Er *will* zu Ihnen sprechen; er will Sie auf gutes Weideland führen. Nun passiert das allerdings nicht in einem Augenblick. Mit Gott *wandeln* (wie alte Bibelübersetzungen formulieren), an der Hand Gottes gehen, seiner Leitung folgen – das ist eine Lebensaufgabe. Es will gelernt sein. Unsere Fähigkeit, Gottes Stimme zu vernehmen und seine direkte Anrede an uns herauszuhören, entwickelt sich allmählich. Wie Bruder Lawrence es ausdrückte: Wir „üben uns im Erspüren der Gegenwart Gottes".

Der ungezähmte Christ

Impuls: Wie spricht Gott in die Begebenheiten dieses Tages hinein? Höre ich seine Stimme? Erkenne ich die Anregungen seines Geistes?

Sich im Hören üben | 352

Wenn wir uns darauf einstellen, Gottes Stimme zu hören, dann lauschen wir nicht so, als ob seine Stimme irgendwo von oben oder aus dem Raum um uns her kommen würde. Sie kommt *von innen* zu uns, im Herzen, von dort, wo Gott wohnt. Nun sind die meisten von uns nicht geübt darin, und es wird einige Anläufe brauchen, bis wir gewissermaßen eingestimmt sind auf all das, was da drinnen passiert. Und zwar passiert da eine ganze Menge. Die verschiedensten Einflüsse versuchen, das schöne Instrument des Herzens zum Klingen zu bringen. Die Werbewirtschaft versucht unentwegt, die Saiten des Herzens anzuschlagen. Genau wie Ihr Chef. Der Teufel versteht sich besonders gut darauf, das Herz zu manipulieren. Genau wie viele Menschen – obwohl sie niemals zugeben würden, dass es genau das ist, was sie tun. Wie also wollen Sie herausfinden, was Sie da gerade anspricht? „Wer kann die verschiedenen Kräfte benennen, die in einer Seele wirken?", fragte Augustin, der Mann, der wohl als Erster die Geschichte des Hörens auf das eigene Herz niedergeschrieben hat. „Der Mensch ist unergründlich, o Herr ... die Haare auf seinem Haupt sind viel leichter zu zählen als die Regungen seines Herzens."

Das kann bisweilen recht anstrengend sein. Alle möglichen schlimmen Dinge können sich so geben, als ob sie aus Ihrem Herzen kommen – Zorn, Begierde, Furcht, Eifersucht. Solange Sie denken, dass Sie das sind – dass diese Regungen widerspiegeln, was wirklich in Ihrem Herzen passiert –, solange sind Sie gelähmt. Es wird Sie auf Ihrer Reise ausbremsen. Was Sie da wahrgenommen haben, das ist entweder die Stimme Ihres Fleisches oder ein Versuch des Feindes, Sie aus der Bahn zu werfen, indem er Ihnen alle möglichen Gedanken in den Weg stellt und Sie dafür beschuldigt. Sie müssen daran festhalten: Ihr Herz ist gut.

DER UNGEZÄHMTE CHRIST

Impuls: *Ich achte heute besonders auf die verschiedenen Stimmen in mir und übe mich darin, sie zu unterscheiden. Gottes Stimme ist nicht anklagend, sondern ermutigend.*

353 | DER STROM DER SEELSORGE

Der Strom der Seelsorge fließt uns nicht nur direkt von Jesus Christus zu, jedenfalls nicht *ausschließlich* von ihm. Er fließt auch durch seine Leute. Wir brauchen andere – ja, wir sind dringend auf sie angewiesen. Ja, der Geist ist uns als Beistand geschickt worden. Ja, Jesus spricht persönlich zu uns. Aber oft nimmt er für seine Arbeit auch andere Menschen zu Hilfe. Tatsache ist: Wir haben oft nicht genug Abstand zu uns selbst, um klar beurteilen zu können, was vor sich geht. Schließlich ist es unsere *eigene* Geschichte, die wir zu verstehen suchen, und so können wir manchmal nicht klar unterscheiden, was richtig oder falsch ist, was Wirklichkeit und was Einbildung. Wir sehen den Wald vor lauter Bäumen nicht. Oft muss uns deshalb jemand anders seine Augen leihen, müssen wir ihm unsere Geschichte erzählen und unsere Seele offenlegen. Je ernster unsere Zwangslage, umso schwieriger kann es sein, unmittelbar Gottes Stimme zu hören.

In jeder großen Erzählung muss der Held oder die Heldin sich bei der Suche nach der Lösung für ein Rätsel an jemanden wenden, der älter oder weiser ist. Dorothy sucht den Zauberer, Frodo vertraut sich Gandalf an; Neo hat Morpheus als Berater.

Aber gute Noten in Dogmatik sind nicht das, was die Bibel

mit „die Wahrheit erkennen" meint. Nur wenn die Wahrheit tief in unser Herz hineinreicht, nur dann kann sie uns befreien, genauso wie ein Regen die Erde tief bis zu den Wurzeln der Pflanzen durchfeuchten muss, damit sie wachsen können.

„Siehe, du hast Lust an der Wahrheit im Innern" (Psalm 51,8; RE). Dorthin, ins Innere, gelangen wir mithilfe des Stroms, den wir Seelsorge nennen.

DER UNGEZÄHMTE CHRIST

Impuls: Habe ich einen Menschen, der mir hilft, die Geschichte meines Herzens zu verstehen, und dem ich Einblick in mein Inneres gebe? Wo könnte ich einen solchen Menschen finden?

„WAS HAT GOTT DAMIT WOHL VOR?" | 354

Vor einigen Jahren erlebte ich die schmerzlichste Prüfung meines Berufslebens. In der Geschichte geht es um einen Kollegen, den ich Dave nennen möchte, einen Mann, den ich eingestellt und mit dem ich mehrere Jahre im Gemeindedienst zusammengearbeitet hatte. Wir waren viele Stunden gemeinsam unterwegs, wenn wir in verschiedenen Gemeinden über das christliche Leben sprachen. Schließlich kam ein Moment, in dem ich Dave auf ein paar Probleme in seinem Leben ansprechen musste, die seinem eigenen Dienst und dem übergeordneten Ziel unseres Teams schadeten. Fairerweise muss ich zugeben, dass ich das wohl nicht sehr geschickt anfing, aber das, was als Nächstes geschah, traf mich vollkommen unvorbereitet. Dave stürzte sich auf mich mit der Wildheit eines in die Enge getriebenen Tieres. Er fabrizierte Lügen und verbreitete Gerüchte, um mich beruflich zu vernichten. Sein Handeln war so unverhältnismäßig, dass es kaum zu glauben war, dass wir beide auf dieselben Ereignisse reagierten. Er ging zum Hauptpastor, um ihn dazu zu bewegen, mich zu entlassen. Der Versuch scheiterte, aber unsere Freundschaft ging dabei über Bord, und mehrere andere Leute kamen dabei zu Schaden.

Mitten in dieser Krise sprach ich eines Tages mit meinem Freund Brent über diese Ereignisse und über den Schmerz, den ich über diesen Verrat empfand. Er sagte: „Ich frage mich, was Gott wohl mit alledem im Sinn hat?"

„Gott?", erwiderte ich. „Was hat *der* damit zu tun?" Hier zeigte sich mein praktischer Unglaube. Ich hing in dem Soziodrama fest, in der kleinen Geschichte, und war vollkommen blind für die wahre Geschichte an diesem Punkt in meinem Leben. Brents Frage ließ mich aufhorchen und führte meine Überlegungen auf eine höhere Ebene. Der Prozess unserer Heiligung hängt ganz und gar von unserer Fähigkeit ab, das Leben von der Grundlage dieser Frage aus zu betrachten.

GANZ LEISE WIRBST DU UM MEIN HERZ

Impuls: Wie verändert sich meine Haltung gegenüber momentanen Schwierigkeiten, wenn ich glaube, dass Gott darin seine Hand im Spiel hat und eine Absicht verfolgt?

355 | BLICK INS DREHBUCH

Lassen wir also noch einmal Revue passieren, was wir bisher betrachtet haben. Erstens: Unser Leben ist keine zufällige Reihe von Ereignissen; es erzählt eine Geschichte, die eine Bedeutung hat. Wir befinden uns nicht in einem Film, der schon seit zwanzig Minuten lief, als wir hereinkamen; wir sind in einer Göttlichen Romanze. Da ist wirklich etwas Wunderbares, das unser Herz anzieht; wir werden umworben. Aber da ist auch etwas, das unsere Angst erregt. Wir stehen einem Feind mit üblen Absichten gegenüber. Hat da jemand das Ruder in der Hand? Jemand, der stark und freundlich ist, der Notiz von uns nimmt? Irgendwann in unserem Leben haben wir alle diese

Frage mit „Nein" beantwortet und haben uns eine kleine Geschichte gesucht, um darin zu leben. Aber die Antwort ist „Ja" – da ist jemand, der stark und freundlich ist und Notiz von uns nimmt. Unsere Geschichte ist von Gott geschrieben, der mehr ist als ein Autor, er ist die romantische Hauptfigur in unserem persönlichen Drama. Er hat uns für sich selbst erschaffen, und jetzt setzt er Himmel und Erde in Bewegung, um uns zurück auf seine Seite zu ziehen. Sein Werben um uns erscheint uns wild, weil er unser Herz von den Bindungen und Süchten befreien will, in die uns die Pfeile, von denen wir getroffen wurden, getrieben haben.

Und wir – wer sind wir eigentlich? Wir sind weder Abschaum noch sind wir die Hauptfiguren in der Geschichte. Wir sind die Geliebte; unser Herz ist das Wichtigste an uns und unsere Sehnsucht ist ungestüm, weil sie für einen wilden Gott gemacht ist. Wir sind die Geliebte und wir sind abhängig. Entweder haben wir unser Herz anderen Liebhabern gegeben und kommen aus diesen Beziehungen nicht wieder heraus oder wir haben unser Bestes getan, um die Sehnsucht zu töten (oft mit der Hilfe anderer) und führen ein Leben der Sicherheit, Ordnung und Kontrolle. So oder so spielen wir dem in die Hände, der uns hasst. Satan ist der Todfeind Gottes und darum auch unserer. Er bietet uns gezähmte Liebhaber an, in der Hoffnung, uns zu täuschen, unser Herz zu zerstören und so unsere Rettung abzuwenden oder unsere Heiligung zu behindern. Dies sind in ganz groben Strichen die Bühne, die Figuren und die Handlung. Wie geht es jetzt weiter?

GANZ LEISE WIRBST DU UM MEIN HERZ

Impuls: Welche Rolle spiele ich momentan in diesem Drehbuch? Wie gut werde ich der Rolle gerecht, ein von Gott geliebter und umworbener Mensch zu sein?

Unsere Suche nach dem Goldenen Augenblick ist nicht vergeblich – nicht im Geringsten. Wir hatten lediglich das falsche Timing. Wir wissen nicht genau, wie Gott es anstellen wird, aber das eine wissen wir: Das Reich Gottes bringt die Wiederherstellung. Das Einzige, was für immer vergehen wird, sind die Dinge, die in Gottes Umgebung keinen Platz haben – Sünde, Krankheit, Tod. Aber wir als Gottes Kinder und die Himmel und die Erde, die Gott geschaffen hat – das alles wird weiter existieren. „Dann wohnt der Wolf beim Lamm, der Panther liegt beim Böcklein. Kalb und Löwe weiden zusammen, ein kleiner Knabe kann sie hüten" (Jesaja 11,6; EÜ). Und was Jerusalem angeht: Diese Stadt wird dann „die Begehrte" heißen (Jesaja 62,12), wird der Ort sein, an dem all unsere Sehnsüchte in Erfüllung gehen. Das ist nicht unwichtig, denn hier rühren wir an die Frage: Was werden wir denn *tun* in der Ewigkeit? Wenn alles, was wir dort haben, ein Heiligenschein und eine Harfe sind, dann sind unsere Möglichkeiten ziemlich begrenzt. Aber nun wird uns der ganze Kosmos zur Verfügung stehen. Das sind Aussichten! Und so schreibt George MacDonald an seine Tochter, die er kurz darauf durch Tuberkulose verlieren wird:

> Ich lebe in der Erwartung großer Dinge in dem Leben, das für mich und die Meinen heranreift – wenn wir das ganze Universum für uns haben werden und gute, brave und hilfreiche Kinder im großen Haus unseres Vaters sein werden. Dann, mein Liebes, werden Du und ich und alle die große Freiheit haben, zu der Christus uns befreit. Er wird seine Hand öffnen und uns aussenden wie weiße Tauben, um das Universum auszumessen. (*The Heart of George MacDonald*)

GANZ LEISE WIRBST DU UM MEIN HERZ

Impuls: „Das Reich Gottes bringt die Wiederherstellung der Schöpfung, wie Gott sie gedacht hatte." Wo kann ich heute mit an diesem Reich Gottes bauen?

Eins werden | 357

Nachdem Gott dieses verblüffende Beispiel völliger Einheit gestiftet hat, in dem Mann und Frau miteinander verschmelzen, stellt er die Welt auf dem Kopf. Er sagt uns, dass er sich genau so *sein* Verhältnis zu *uns* vorstellt. Tatsächlich behauptet Paulus: Genau dazu hat Gott die Geschlechtlichkeit und die Ehe erfunden – sie sollen als lebende Metapher dienen. Er zitiert den Schöpfungsbericht und setzt dann noch eins drauf: „‚Deshalb verlässt ein Mann Vater und Mutter, um mit seiner Frau zu leben. Die zwei sind dann eins, mit Leib und Seele.' In diesem Wort liegt ein tiefes Geheimnis. Ich beziehe die Aussage auf Christus und die Gemeinde" (Epheser 5,31f.; GN).

In der Tat ein tiefes Geheimnis. All die atemberaubenden Dinge im Leben sind tiefe Geheimnisse. Das Kreuz ist ein gewaltiges Geheimnis, aber wir können es mithilfe des Alten Testamentes entschlüsseln, denn dort finden wir das Bild vom Opferlamm. Jene ersten Gläubigen haben nicht bis ins Letzte verstanden, was sie da eigentlich taten, aber als dann Jesus kam, erschien die gesamte Ära des rituellen Opfers in einem anderen Licht, und das wiederum hat unser Verständnis des Kreuzes ungemein vertieft.

In ähnlicher Weise müssen wir mit diesem erstaunlichen Vers aus dem Epheserbrief umgehen. Wir müssen zurückblättern und die Bibel als das wahrnehmen, was sie tatsächlich ist – nämlich als die großartigste Liebesgeschichte, die jemals geschrieben worden ist. Gott hat die Menschheit geschaffen für ein intimes Verhältnis mit ihm selbst, als seine Geliebte. Das wird von Anfang an deutlich, denn er hat uns die größte denkbare Freiheit verliehen – die Freiheit, ihn abzuweisen. Der Grund ist offensichtlich: Liebe ist nur dort möglich, wo sie einer freien Entscheidung entspringt. Wahre Liebe ist niemals erzwungen; unsere Herzen können nicht mit Gewalt gewonnen werden. Folglich wirbt Gott um seine Geliebte und erhebt sie zu seiner Königin.

GANZ LEISE WIRBST DU UM MEIN HERZ

Impuls: Die Bibel als großartigste Liebesgeschichte der Welt ... und sie gilt mir. Lasse ich mich hineinziehen in diese Geschichte?

358 | Das kämpferische Herz

In meinen Unterlagen habe ich die Kopie eines Briefes von Major Sullivan Ballou, einem Offizier der Unionstruppen der 2. Division von Rhode Island. Am 20. Juli 1861, am Vorabend der Schlacht am Bull Run, schreibt er an seine Frau in der Vorahnung, dass diese Schlacht seine letzte sein wird. Er spricht zärtlich von seiner nie endenden Liebe für sie, von „der Erinnerung an selige Augenblicke in unserem gemeinsamen Leben". Ballou beklagt die Vorstellung, dass er „die Hoffnung auf weitere Jahre aufgeben muss und nicht mehr an deiner Seite erleben kann, wie unsere Söhne zu ehrenhaften Männern heranwachsen". Doch der Kampf duldet keinen Aufschub, noch nicht einmal um der Liebe willen, und er kann sich dem Geschehen nicht entziehen. „Ich zweifle nicht an der Sache, für die ich angetreten bin; noch fehlt mir das Vertrauen. Mein Mut wankt nicht ... Wie groß ist unsere Verpflichtung gegenüber denen, die vor uns durch das Blut und die Leiden der Revolution gegangen sind ... Sarah, meine Liebe für dich ist unsterblich, sie hält mich mit starken Banden, die nichts und niemand als allein der Allmächtige lösen kann." Aber nun „hat mich ein noch größerer Auftrag erfasst wie ein starker Wind und trägt mich unwiderstehlich dem Schlachtfeld zu".

Ein Mann braucht einen Kampf, den zu kämpfen sich lohnt; eine große Aufgabe für sein Leben, die selbst seine Familie mit einschließt und doch weit über sie hinausreicht. Er braucht eine Mission, der er sich bedingungslos verschreiben kann, selbst wenn diese Mission Einsatz bis zum Tod fordern sollte. Die Fähigkeit zur selbstlosen und völligen Hingabe ist seinem Wesen eingeprägt. Das gilt für jeden von uns. Auch für Sie. Dazu hat Gott Sie geschaffen. Sie sollen sein Vertrauter und *Verbündeter* sein; Sie sollen ihm in der Großen Schlacht zur Seite stehen. Sie haben einen bestimmten Platz in der Schlachtreihe, Gott hat Ihnen einen spezifischen Auftrag zugedacht.

DER UNGEZÄHMTE MANN

Impuls: Gott kämpft um seine Menschen – aber mit anderen Mitteln, als wir sie gewöhnlich im Kampf für nötig halten. Paulus nennt sie die „Waffen des Lichts" (Römer 13,12). Wie sieht ein Kampf mit diesen Waffen aus?

DER VERRÄTER IN UNS | 359

Seit jenem schicksalhaften Tag, an dem Adam ohne Not seine Stärke preisgegeben hat, haben Männer damit zu kämpfen, dass auch etwas in ihnen bei der geringsten Gefahr zur Selbstaufgabe bereit ist. Wir steigen nicht in den Ring, ehe nicht ausgemacht ist, dass wir gewinnen. Wir machen freiwillig keinen Zug, wenn nicht der Erfolg garantiert erscheint. In der Bibel wird dieser Wesenszug „das Fleisch" genannt, oder der „alte Mensch", die sündige Natur, die Eigenliebe. Es ist derjenige Teil des gefallenen Adam in jedem von uns, der stets den leichtesten Ausweg sucht. Es ist einfacher, auf den Golfplatz zu gehen und auf ein paar weiße Bälle einzudreschen, als sich im Büro mit den Leuten zu befassen, die einen Groll auf Sie hegen. Es ist sehr viel einfacher, die Garage aufzuräumen, den Rasen zu mähen, die Briefablage zu machen oder am Auto zu basteln, als mit der fünfzehnjährigen Tochter zu diskutieren.

Um es deutlich zu sagen: Ihr alter Adam ist ein Verleumder, ein Schauspieler, ein selbstsüchtiges Ekel. Und Ihr alter Adam, das sind *nicht Sie*. Wussten Sie das? Ihr Fleisch ist nicht Ihr wahres Ich. Paulus hat im Römerbrief über den Kampf gegen die Sünde geschrieben, eine sehr bekannte Passage, und er erzählt darin eine Geschichte, die uns nur zu vertraut ist:

> Ich will immer wieder Gutes tun und tue doch das Schlechte; ich verabscheue das Böse, aber ich tue es dennoch. Wenn ich also immer wieder gegen meine Absicht handle, dann ist klar: Nicht ich selbst bestimme über mich, sondern die Sünde in mir verführt mich zu allem Bösen. Ich mache immer wieder dieselbe Erfahrung: Das Gute will ich tun, aber ich tue das Böse. Ich wünsche mir nichts sehnlicher, als Gottes Gesetz zu erfüllen. Dennoch handle ich nach einem anderen Gesetz, das in mir wohnt. Dieses Gesetz kämpft gegen das, was ich innerlich als richtig erkannt habe, und macht mich zu seinem Gefangenen. (Römer 7,19-23)

Paulus unterscheidet also fein säuberlich: „Ich weiß, dass ich meine Probleme mit der Sünde habe. Aber ich weiß auch dies – *ich bin nicht identisch mit meiner Sünde*. Das ist nicht mein wahres Herz.

DER UNGEZÄHMTE MANN

Impuls: Ich übe mich in der Wachsamkeit dafür, wo ich versucht bin, den eigentlichen Herausforderungen auszuweichen. Was kann ich dem „alten Adam" in mir entgegenhalten?

360 | IHR WAHRES ICH

Sie sind nicht Ihre Sünde; Sünde ist nicht länger das entscheidende Merkmal eines Mannes, der in Gemeinschaft mit Gott lebt. Ihr Herz ist gut. „Ich schenke euch ein neues Herz und lege einen neuen Geist in euch ..." (Hesekiel 36,26). In der Christenheit hält sich hartnäckig die folgenreiche Lüge, dass wir nichts anderes als „begnadigte Sünder" sind. Ja, wir sind begnadigte Sünder. Aber wir sind weit mehr als das. Wir sind „eine neue Kreatur in Christus". Im Neuen Testament werden Leute wie wir als Heilige bezeichnet, als legitime Kinder Gottes. Im Innersten unseres Seins sind wir gut, „durch Jesus Christus neu geschaffen, um Gutes zu tun" (Epheser 2,10). Ja, es tobt ein Kampf in uns, aber es ist ein *Bürgerkrieg*. Die Schlacht wird nicht zwischen uns und Gott ausgetragen. Vielmehr ist in uns ein Verräter, der gegen unser wahres Ich kämpft und zugleich den Geist Gottes in uns zu sabotieren sucht:

> „Das Gesetz der Sünde und des Todes gilt nicht länger …
> es ist durch ein neues Gesetz aufgehoben, nämlich durch das Gesetz des Geistes Gottes, der durch Jesus Christus das Leben bringt … Von unserem Wesen her lehnen wir Menschen uns gegen Gott auf … Nun aber seid ihr nicht länger eurem selbstsüchtigen Leben ausgeliefert." (Römer 8,2.3.7-9)

Ihr *wahres* Ich ist also auf der Seite Gottes gegen das falsche Selbst. Wenn man das erst einmal begriffen hat, dann sieht die Welt anders aus. Solange ein Mann glaubt, dass sein Herz durch und durch sündig ist, werden ihm alle guten Vorsätze nichts nützen: Beim ersten Kampfeinsatz verlässt ihn der Mut. Warum kämpfen?

DER UNGEZÄHMTE MANN

Impuls: Wie gestaltet sich mein Leben unter dem „Gesetz des Geistes Gottes, der das Leben bringt"?

BEI GOTT ZUR RUHE KOMMEN | 361

Wer seinen Weg mit Gott geht, um den kümmert sich Gott in sehr persönlicher Weise, und diese Seelsorge führt zu einer umfassenden Heilung und Wiederherstellung. Indem wir lernen, in Gottes Gegenwart zu leben und seine Stimme zu hören, kann er nach und nach Dinge in unserem Herzen zur Sprache bringen, die angeschaut werden wollen. Manchmal sind es so schwere Wunden, dass sie uns das Herz gebrochen und einen Riss in der Seele verursacht haben, und dann brauchen wir auch

Gottes heilende Kraft. Manchmal fließt sie uns zu durch einen Menschen, der uns zuhört und mit uns betet; manchmal erfahren wir sie, wenn wir mit Gott allein sind. Wie Psalm 23 sagt: Gott führt uns zu einem Ruheplatz am Wasser, an dem er unsere Seele wieder aufrichten kann. Wir sollten seiner Einladung dorthin ohne zu zögern folgen, sollten zur Ruhe kommen, uns von allem lösen. Wir brauchen Zeit in der Gegenwart Gottes. Oft stellt sich dieses Bedürfnis ein, nachdem Gott ein bestimmtes Thema in unserem Herzen aufgebracht hat oder nachdem wir uns eines Ereignisses bewusst geworden sind, das uns geradewegs zu den Trümmern des Herzens führte.

Wenn wir in der Gegenwart Gottes sind, fernab von allem, was uns ablenken könnte, dann können wir ihn deutlicher vernehmen. Es gibt dort einen geschützten Raum für die jungen und zerbrochenen Stellen in unserem Herzen, in dem sie offenbar werden können.

DER UNGEZÄHMTE CHRIST

Impuls: Welche Dinge, die mein Herz belasten, möchten heute im Licht Gottes angeschaut werden?

362 | EIN BESONDERER HASS

Wir können den Angriff auf die Weiblichkeit – seine lange Geschichte, seine bittere Grausamkeit – nicht verstehen, wenn wir die Warnungen in der Bibel vor widergöttlichen Mächten und Gewalten außer Acht lassen. Damit soll nicht gesagt werden, dass Männer (und Frauen, denn auch sie verletzen und beschädigen andere Frauen) nicht dafür verantwortlich sind, wie sie Frauen behandeln. Ganz und gar nicht. Nur gilt es zu erkennen: Keine Erklärung für die Attacke auf Eva und ihre Töchter ist ausreichend, solange wir dabei den Fürsten der Finsternis unberücksichtigt lassen.

Kommen wir noch einmal zurück auf das, was sich im Garten Eden abgespielt hat. Wen hat der Böse zuerst aufs Korn genommen? Wen hat sich der Feind herausgepickt für seinen Schachzug gegen die Menschheit? Er hätte ja auch Adam wählen können ... hat er aber nicht. Er hatte es auf *Eva* abgesehen. Sie war sein bevorzugtes Opfer. Haben Sie sich schon einmal gefragt, warum? Es könnte sein, dass er sich wie jeder Beutejäger zuerst das in seinen Augen schwächere Opfer vornimmt. Diese Überlegung hat durchaus etwas für sich. Aber wir glauben, dass mehr dahintersteckt. Warum hat der Feind bei seinem Attentat auf die Menschheit gerade Eva ins Visier genommen?

Weil sie bezaubernd ist, unvergleichlich herrlich, und er nicht mehr. Sie spiegelt die Schönheit Gottes. Mehr als jedes andere Geschöpf ist sie ein Bild für die Herrlichkeit Gottes. Ein unmissverständlicher Fingerzeig auf den Schöpfer.

Das ist noch nicht alles. Der Feind hasst Eva auch deshalb, weil sie Leben gibt. Frauen gebären Kinder, Männer nicht. Frauen nähren das beginnende Leben. Wo Frauen sind, geht es lebhaft zu – in Beziehungen, in seelischer und geistlicher Hinsicht. „Der Teufel", sagt das Johannesevangelium, „war schon von Anfang an ein Mörder" (Johannes 8,44). Er bringt den Tod. Er herrscht über ein Reich des Todes. Eva muss für ihn die größte menschliche Bedrohung sein, denn sie bringt Leben. Sie ist Lebensspenderin und Lebensretterin. Der Name Eva bedeutet „Leben spenden" oder „ins Leben rufen". „Adam nannte seine Frau Eva (Leben), denn sie wurde die Mutter aller Lebendigen" (1. Mose 3,20; EÜ).

Man muss nur eins und eins zusammenzählen. Eva verkörpert die Schönheit Gottes *und* sie bringt Leben in die Welt. Deshalb verfolgt sie der Feind mit einer tödlichen Feindschaft.

WEISST DU NICHT, WIE SCHÖN DU BIST?

Impuls: Wo kann ich heute in meinem Umfeld „Lebensspender" oder „Lebensspenderin" sein? Welche Widerstände muss ich dazu überwinden?

363 | UNSERE SITUATION

Ich wiederhole mich an dieser Stelle: Die Geschichte Ihres Lebens erzählt von einem brutalen und fortgesetzten Angriff auf Ihr Herz. Der Angreifer weiß, was aus Ihnen werden könnte – und fürchtet sich davor. Ich hoffe, dass Sie diese Situation immer deutlicher erkennen. Andernfalls werden Ihnen viele Passagen der Bibel rätselhaft bleiben. Vieles in Ihrem *Leben* wird Ihnen rätselhaft bleiben.

> Ich selbst gehe vor dir her und ebne die Berge ein.
> Ich zertrümmere die bronzenen Tore
> und zerschlage die eisernen Riegel.
> Ich gebe dir verborgene Schätze und Reichtümer,
> die im Dunkel versteckt sind.
> So sollst du erkennen, dass ich der Herr bin,
> der dich bei deinem Namen ruft, ich, Israels Gott.
> (Jesaja 45,2.3)

Klingt die Sprache der Bibel nicht manchmal etwas ... übertrieben? Ganz ernsthaft: Ebnet Gott für uns Berge ein? Wir wären ja schon glücklich, wenn er uns helfen würde, die Woche zu überstehen. Was soll das mit den zertrümmerten bronzenen Toren und den zerschlagenen eisernen Riegeln? Nun gut, es klingt heroisch, aber wer braucht so was? Wir leben nicht im antiken Samaria. Wir wären schon zufrieden, wenn wir im Einkaufszentrum einen Parkplatz fänden.

Die Sprache der Bibel passt perfekt, wenn wir uns *tatsächlich* inmitten einer entscheidenden Schlacht befinden. Die Dinge sind nicht so, wie sie erscheinen. Wir wandern durch umkämpftes Gebiet. Dieser Krieg richtet sich gegen Ihr Herz, gegen Ihre Herrlichkeit. Betrachten wir einmal mehr Jesaja 61,1:

> Er hat mich gesandt, damit ich ... alle heile, deren Herz zerbrochen ist, damit ich den Gefangenen die Entlassung verkünde und den Gefesselten die Befreiung.

DER UNGEZÄHMTE CHRIST

Impuls: Gott möchte, dass wir seinen Kampf und sein Werben um seine Menschen zu unserer Sache machen. Wie kann ich heute dieser Sehnsucht Gottes entsprechen?

Eine unheilige Allianz | 364

Im Lauf der Jahre sind wir zu der Einsicht gelangt, dass nur eines *noch* tragischer ist als die Dinge, die uns widerfahren sind: nämlich das, was wir aus diesen Erfahrungen gemacht haben.

Worte sind gefallen, schlimme Worte. Dinge sind geschehen, böse Dinge. Sie haben uns geprägt. Etwas in uns hat sich *verschoben*. Wir haben die Botschaften unserer Wunden verinnerlicht. Wir haben ein verzerrtes Bild von uns selbst akzeptiert. Und von diesem so bestimmten Standort aus haben wir unser Verhältnis zur Umwelt bestimmt. Wir haben uns geschworen, niemals wieder so verletzlich zu sein. Wir haben uns Strategien überlegt, wie wir neuerliche Angriffe abwehren können. Eine Frau, die aus einem verletzten, wunden Herzen heraus lebt, führt ein Leben, das vor allem dem Selbstschutz dient. Sie ist sich dessen nicht immer bewusst, aber es ist so. Das ist unsere Art, uns selbst zu retten.

Darüber hinaus haben wir Methoden entwickelt, um doch noch etwas von der Liebe abzubekommen, nach der sich unser Herz so sehnt. Unsere verzweifelte Sehnsucht nach Liebe und Anerkennung, unser Verlangen nach wenigstens einem Quäntchen Romantik und Abenteuer und Schönheit ließen sich nicht verleugnen. Und so haben wir unser Interesse auf Männer gerichtet oder aufs Essen oder auf Liebesromane; wir sind in unserer Arbeit oder im Gemeindeleben oder in sonst einer Art von Engagement aufgegangen. All das zusammengenommen hat uns zu den Frauen gemacht, die wir heute sind. Viel von dem, was wir für unsere „Persönlichkeit" halten, entspringt in Wirklichkeit den vielen Entscheidungen, uns selbst zu schützen, plus unserem Plan, wie wir etwas von der Liebe abbekommen, für die wir geschaffen sind.

Das Problem ist nur: Unser Plan hat nichts mit Gott zu tun.

Die erlittenen Verletzungen und die Botschaften, die wir daraus gelesen haben, sind eine Art unheilige Allianz mit unserer Natur als Frauen nach dem Fall eingegangen. Seit Eva leben wir mit einem tiefen Misstrauen gegenüber Gott – und gegenüber seinen Absichten mit uns. Es scheint doch klar, dass er uns etwas vorenthält. Wir müssen uns also selber um das Leben kümmern, das wir ersehnen. Wir werden unsere Welt schon in den Griff bekommen. Aber da ist noch dieses Verlangen tief in uns, ein Verlangen nach Nähe, Zärtlichkeit und Leben. Wir müssen eine Methode finden, um dieses Loch aufzufüllen. Eine Methode, die eines nicht von uns verlangt: Verletzlichkeit. Vertrauen zu irgendjemandem. Schon gar nicht Vertrauen zu Gott.

Weisst du nicht, wie schön du bist?

Impuls: Wovor glaube ich mich vor allem schützen zu müssen? Wie beeinflusst diese Angst meine Beziehung zu Gott?

365 | Das ist unsere Zukunft

Es ist die großartige Gemeinschaft beim Fest in *Titanic*, die Freudentränen in mir auslöst. Es ist die glückliche Heimkehr der Jungs von *Apollo 13*. Es ist Maximus, der in die Arme seiner Frau heimkehrt. Die Gefährten, die Gandalf lebend wiederfinden – nun nicht mehr Gandalf den Grauen, der in den Minen von Moria in den Tod stürzte, sondern Gandalf den Weißen, dem der Tod nichts mehr anhaben kann. Und so werden Frodo und Sam von den Hängen des Schicksalsberges gerettet und als sie erwachen, umgibt sie ein neuer, heller Morgen mit Vogelgesang und dem Lachen ihrer Freunde.

Das ist unsere Zukunft.

Nachdem er sein Leben für uns gegeben hat, wurde Jesus von Nazareth ins Grab gelegt. Er wurde beerdigt wie jeder andere Tote. Familie und Freunde trauerten. Seine Feinde triumphierten. Und die Welt drehte sich weiter wie bisher; der größte Teil der Menschheit ging den üblichen Geschäften nach, ohne auch nur eine Ahnung davon zu haben, welches Drama sich um sie her abspielte. Dann, nach drei Tagen und auch in der Dämmerung eines neuen Morgens, nahm seine Geschichte eine dramatische Wendung:

> Früh am ersten Wochentag, gerade als die Sonne aufging, kamen die Frauen zum Grab. Schon unterwegs hatten sie sich besorgt gefragt: „Wer wird uns nur den schweren Stein vor der Grabkammer zur Seite rollen?" Umso erstaunter waren sie, als sie merkten, dass der Stein nicht mehr vor dem Grab lag.
> Sie betraten die Grabkammer, und da sahen sie auf der rechten Seite einen jungen Mann sitzen, der ein langes weißes Gewand trug. Die Frauen erschraken sehr. Aber der Mann sagte zu ihnen: „Habt keine Angst! Ihr sucht Jesus von Nazareth, den Gekreuzigten. Er ist nicht mehr hier. Er ist auferstanden. Seht her, an dieser Stelle hat er gelegen.
> Und nun geht zu seinen Jüngern und zu Petrus, und sagt ihnen, dass Jesus euch nach Galiläa vorausgehen wird. Dort werdet ihr ihn sehen, wie er es euch versprochen hat." (Markus 16,2-7)

Jesus kam zurück. Er tauchte noch einmal auf. Er wurde seinen Jüngern wiedergegeben. Er spazierte in das Haus, in dem sie sich versammelt hatten, um sich gegenseitig in ihrem Gram zu trösten, und fragte, ob er etwas zu essen haben könne. Es war das verblüffendste, unglaublichste, glücklichste Ende einer Geschichte, das man sich nur vorstellen kann.

Und es ist auch das Ende unserer Geschichte.

Im falschen Film?

Impuls: *Christus, der Auferstandene und Lebendige, lebt in mir. Gebe ich ihm Raum?*

Die Texte sind entnommen aus folgenden Büchern von John Eldredge:

Weißt du nicht, wie schön du bist?
(mit Stacy Eldredge)
© Brunnen Verlag 2006

Im falschen Film?
© Brunnen Verlag 2006
Neuauflage 2009 unter dem Titel:
Das Skript.

Der ungezähmte Christ
© Brunnen Verlag 2005

Der ungezähmte Mann
© Brunnen Verlag 2003

Finde das Leben, von dem du träumst
© Brunnen Verlag 2005

Ganz leise wirbst du um mein Herz
(mit Brent Curtis)
© Brunnen Verlag 2002

Der Autor

John Eldredge ist Schriftsteller, Therapeut, gefragter Referent, Ehemann und Vater von drei Söhnen. Er ist Mitbegründer und heutiger Leiter der Seelsorgearbeit „Ransomed Heart Ministries". Er ist Autor zahlreicher erfolgreicher Sachbücher.

John Eldredge lebt mit seiner Frau Stacy und ihren drei Söhnen in Colorado Springs.

Mehr über John Eldredge und seine Arbeit erfahren Sie unter www.ransomedhearts.com